新編諸子集成

論語集釋

三

程樹德 撰
程俊英
蔣見元 點校

中華書局

論語集釋卷二十二

先進上

○子曰：「先進於禮樂，野人也；後進於禮樂，君子也。如用之，則吾從先進。」

【考異】集解：「孔安國曰：『後進與禮樂俱得時之中，斯君子矣。』」似所據古論語「於」字爲「與」。　邢疏亦述作「後進與禮樂」，云：「後進與時消息。」

【考證】孫奕示兒編：先進，指三代而上。後進，指三代而下。謂三代以上，教行俗美，而禮樂達天下，雖野人亦能之，況君子乎？三代而下，政異俗殊，而禮樂有壞闕，惟君子能之，野人則莫之能力也。所以夫子欲從三代之盛時。　論語補疏：皇侃上節注仕作士，謂「先輩五帝以上，後輩三王以還」是也。五帝時淳素，質勝於文。三王時文質彬彬，益野人而爲君子。自時厥後，文益盛，文又勝於質，遽欲其彬彬還爲君子不易得，宜以上古之淳素和之。用，謂變化之。「移風易俗」四字解「用」字最切。孔子時文勝質，既非先進，亦非後進，欲其仍還後進之君子，必先移易以先進之野人也。譬如陰陽宜和，病陰盛者宜以純陽制之，然後乃得其和。孔子從先進，非重野人輕君子，正將由野人而至君子也。注云「因世損益」，得之。因質勝而益之爲君子，因文勝而損之爲君子，損文勝莫如從先進，此聖人裁成輔相之妙也。羣經補義：時人所謂先進之禮樂爲野人，後進之禮樂爲君子，意其指殷以前爲野人，周以後爲君子。孔子從先進，正欲去繁文而尚本質耳。當用文者從周，當用質者從殷，殷輅、周冕及已慤、已戚之類，是其凡例。而室事交户，堂事交階，許子路爲知禮，亦是欲去繁文之意也。是説也，朱子屢言之。朱子曰：「禮時爲大，有聖人者作，必將因今之禮而裁酌其中，令其簡易易曉而可行，必不至復取古人繁縟之禮而施之於今也。孔子從先進已有此意。」又曰：「聖賢有作，衹是以古禮減殺，從今世俗之禮，令有防範節文，不至太簡而已。觀孔子欲從先進。」又曰：「行夏之時，乘殷之輅，便是有意損周之文，從古之樸矣。」然則從先進非從周初之先進。惜抱軒經説：孔子處周文盛之時，守爲下不悖之誼，奉先王之禮而不敢易。故曰今用之，吾從周。此與弟子常言者也。然而周之文固美矣，而其過盛則足以傷質，殆有不及乎夏、商以上者。如用之，則吾從先進。此非與弟子常言而間言之者也。顔淵問爲邦，子告以兼用四代之法，如用之者，亦得邦家而爲一代之制之謂，非尚爲周守法之謂。言豈一端而已，夫各有所當也。嘗謂禮運稱「大道之行，越三代之英」，乃表記所言四代優劣之説，本皆七十子聞於孔子，轉授其徒而後記述。其辭氣抑揚之甚，蓋屢傳而失其本真，然而不可謂全非聖人之旨。要不若論語不明指四代之異，第言先進後進，雖示所願從，而未嘗有所譏議。此固聖人語言之至善，而記之最得真者也。儒者乃解後進爲周末之事，則不然。周之末豈有謂盛周爲野人者？且周末如鄭、衛俗樂固不足言，而舍是又安有所謂樂者哉？樂從先進，固即「樂則韶舞」之謂乎？黄氏後案：皇疏申何，指先進爲五帝以上，後進爲三王以還，卑三王，高五帝，列子、莊子家之言也。北宋諸儒猶沿其謬。近江慎修以先進指殷，後進指周，亦乖孔聖從周之意。論語稽：皇疏以五帝以上爲先進，三王以還爲後進。江永、姚鼐謂殷以前爲先進，三王以還爲後進，殷輅、韶舞即從先進之證。不知夏、殷之禮，杞、宋無徵，况上古乎？周監二代，其文郁郁，孔子所從，著在聖經。若殷輅、韶舞，則猶王者禮樂兼取四代意也。孰爲從古之證，抑豈其然？邢昺以襄、昭爲先進，定、哀爲後進，不知惠則請郊，閔、僖僭禘，襄、昭以前，詎爲樸質？潘維城謂周以後僭越禮樂，不得爲君子，君子當指周初言之。流弊已久，非文質彬彬之君子所能救，夫子欲矯其弊，故從先進。然詳讀經文，語殊不類。按先進謂武王、周公之時，後進謂春秋之世。春秋奢僭，以禮樂之重且大者爲觀美，名物度數，因仍加減。夷王下堂而見諸侯，魯侯受三桓之饗，則君以過謙而卑矣。諸侯宫縣而祭以白牡，擊玉磬朱干，設錫冕，而舞大武，乘大路，大夫臺門旅樹反坫，繡黼丹朱中衣，管仲鏤簋朱紘，山節藻棁，塞門反坫，新築人仲叔于奚曲縣繁纓以朝之類，則臣以侈肆而僭矣。相習既久，自以爲文，而鄙前輩之樸，乃有野人君子之言。程子以此二句爲時人之言，最合口吻。後世如劉宋懸微時葛布燈籠示子孫，而少帝觀之，乃以爲田舍翁未見識面，亦其類也。

【集解】包曰：「先進後進，謂士先後輩也。禮樂因世損益，後進與禮樂俱得時之中，斯君子矣。先進有古風，斯野人也。將移風易俗，歸之淳素，先進猶近古風，故從之。」

按：校勘記：「皇本『仕』作『士』。釋文：『包云謂仕也。』是陸又以此注爲包注。」今從之。

【唐以前古注】釋文引鄭注：先進後進，謂學也。　喪服傳疏引鄭注：野人，粗略也。　皇疏：此孔子將欲還淳反素，重古賤今，故稱禮樂有君子野人之異也。先進後進者，謂先後輩人也。先輩，謂五帝以上也。後輩，謂三王以還也。

【集注】先進後進，猶言前輩後輩。野人，謂郊外之民。君子，謂賢士大夫也。程子曰：「先進於禮樂，文質得宜，今反謂之質樸而以爲野人。後進之於禮樂，文過其質，今反謂之彬彬而以爲君子。蓋周末文勝，故時人之言如此，不自知其過於文也。用之，謂用禮樂。孔子既述時人之言，又自言其如此，蓋欲損過以就中也。」

【別解一】邢疏：此章孔子評其弟子之中仕進先後之輩也。「先進於禮樂野人也」者，先進謂先輩仕進之人，準於禮樂，不能因世損益，而有古風，故曰朴野之人也。「後進於禮樂君子也」者，後進謂後輩仕進之人也，準於禮樂，能因時損益，與禮樂俱得時之中，故曰君子之人也。「如用之則吾從先進」者，言如其用之以爲治，則吾從先輩朴野之人。夫子之意，將移風易俗，歸之淳素。先進猶近古風，故從之也。　傅慎微宗城縣新修宣聖廟記引論語「先進於禮樂」，釋云：孔子所謂先進者，堯、舜、禹、湯、文、武、周公之時仕進者也。所謂後進者，孔子之時仕進者也。先進之於禮樂，並田野之人教之。後進之於禮樂，止教好善君子而已。

【別解二】劉氏正義：此篇皆說弟子言行，先進、後進即指弟子。　大戴禮衛將軍文子篇：

「吾聞夫子之施教也，先以詩世。」盧辯注引此文，則先進後進皆謂弟子受夫子所施之教，進學於此也。禮王制云：「樂正崇四術，立四教，順先王詩、書、禮、樂以造士。春秋教以禮、樂，冬夏教以詩、書，王大子、王子、羣后之大子、卿大夫元士之適子、國之俊選皆造焉。凡入學以齒，大樂正論造士之秀者以告于王，而升諸司馬，曰進士。司馬辨論官材，論進士之賢者以告於王，而定其論。論定然後官之，任官然後爵之，位定然後禄之。」尚書大傳：「古之帝王者必立大學小學，使王大子、王子羣后之子，以至公卿大夫元士之適子，十有三年，使入小學，見小節焉，踐小義焉。年二十入大學，見大節焉，踐大義焉。小師取小學之賢者登之大學，大師取大學之賢者登之天子，天子以爲左右。」是古用人之法皆令先習禮樂，而後出仕，子産所云「學而後入政」者也。其國之俊選不嫌有卑賤，故王大子等入學皆以齒，所謂天子元子視士者也。夫子以先進於禮樂爲野人，野人者，凡民未有爵禄之稱也。春秋時，選舉之法廢，卿大夫皆世爵禄，皆未嘗學問。及服官之後，其賢者則思爲禮樂之事，故其時後進於禮樂爲君子。君子者，卿大夫之稱也。觀子路問成人，夫子答以臧武仲、孟公綽、卞莊子、冉求諸人。又云：「文之以禮樂，可爲成人。」此四人先已出仕，若文以禮樂，則亦後進於禮樂之君子也。夫子弟子多是未學，故亟亟以禮樂教之。所云興於詩，立於禮，成於樂，即是從先進。而冉求則以禮樂願俟君子。子路且以有民人社稷，何必讀書乃爲學。讀書者，讀禮樂之書也。當時子路、冉有皆已仕，未遑禮樂，而夫子以禮樂爲重，故欲從先進，變當時世爵禄之法，從古選舉正制也。用之，謂用其人也。後進於禮樂雖亦賢者，然朝廷用人當依正制，且慮有不肖濫入仕途也。此章之義沉薶千載，自盧辯戴記注發之，而後人莫之能省。至邢疏但知先進後進指弟子，而以進爲仕進，以從先進爲歸淳素，猶依注説爲之。宋氏翔鳳發微謂先進爲士民有德者登進爲卿大夫，自野升朝之人，後進謂諸侯卿大夫皆世爵禄，生而富貴，以爲民上，是謂君子。説皆得之。但以進爲仕進，先進爲殷法，先進後進俱不兼弟子，尚未爲是。故略本諸義，别爲釋之。

按：以上二説均可各備一義。

【别解三】論語述何：此章類記弟子之言行夫子所裁正者。先進謂先及門，如子路諸人，志於撥亂世者。後進謂子游、公西華諸人，志於致太平者。

【餘論】論語意原：夫子之從先進，非從其野也，當時之人以爲野也。不從後進，非不從君子也，當時之人自以爲君子也。石渠意見：商尚質，周雖尚文，其初猶因商之舊。「如用之，則吾從先進」，蓋欲從質以矯其文之過也。觀「與其奢也寧儉，與其不遜也寧固」，可以知聖人之意矣。

【發明】反身録：問：在今日必如何方是從先進？曰：只不隨時套，便是從先進。

○子曰：「從我於陳、蔡者，皆不及門也。」

【考異】皇本「門」下有「者」字。天文本論語校勘記：古本、足利本、唐本、津藩本、正平本「也」上有「者」字。

【考證】鄉黨圖考：孟子云：「君子之厄於陳、蔡之間。」言間者，兩地相接之處。陳即今陳州府。蔡始封在今汝寧之上蔡縣，其後平侯徙汝寧之新蔡縣，皆與陳相近。新蔡在陳南，夫子哀二年至陳，若非適蔡，則不得至陳、蔡之間。哀二年十二月，蔡昭侯畏楚，遷於吴之州來之蔡城，今在鳳陽府壽州北三十里，與陳相距數百里，中間隔絶，亦不得言陳、蔡之間也。然則絶糧陳、蔡之時，當在自陳遷蔡時，指故地上蔡言之耳。蔡既遷，則故蔡地皆屬於楚。是時楚昭王賢，葉公亦賢。夫子欲用楚，故如蔡如葉。按哀四年傳云：「左司馬販、申公壽餘、葉公諸梁致蔡於負函。」十六年傳云：「蔡葉公在蔡。」蓋故蔡邑，葉公兼治之。夫子自陳如蔡，就葉公耳，與蔡國無涉也。蓋以爲哀四年事，故年譜云：「哀公四年，孔子六十二歲自陳遷蔡，絶糧於陳、蔡之間。」經傳小記（劉氏正義引）：爾雅「淮南有州黎丘」，注：「今在壽春縣。」案鹽鐵論：「孔子能方不能圜，故飢於黎丘。」哀公二年，蔡遷於州來。四年，孔子自陳適蔡。三歲，吴伐陳，楚救陳。軍於城父，使人聘孔子，於是絶糧陳、蔡之間。鹽鐵論所謂黎丘，蓋即州黎之丘也。此直從史記在六年，而陳、蔡之間，據新遷之蔡言，蓋其地距陳雖遠，然中間無他國相隔，則亦爲陳、蔡之間矣。劉氏正義：孔門弟子無仕陳、蔡者，故注以爲不及仕進之門。孟子云：「君子之厄於陳、蔡之間，無上下之交也。」無上下之交，即此所云不及門也。孔子世家言匡人拘孔子，孔子使從者爲甯武子臣於衛，然後得去。雖甯武子非孔子同時人，然必有從者臣衛之事，誤以屬之甯武子耳。及陳、蔡之厄，孔子亦使子貢如楚，楚昭王興師迎孔子，然後免。又檀弓「夫子將之荆，先之以子夏，申之以冉有」，可知夫子周游，亦賴羣弟子仕進得以維護之。今未有弟子仕陳、蔡，故致此困厄也。論語補疏：堯典「詢于四岳，闢四門」，鄭氏注云：「卿士之職，使爲己出政教於天下。言四門者，亦因卿士之私朝在國門。魯有東門襄仲，宋有桐門右師，是後之取法於前也。」孔穎達用孔傳，而正義引此文云：「論語云：『從我於陳、蔡者，皆不及門也。』門者，行之所由，故以門言仕路。」孔以闢門爲求賢之路，與鄭異。鄭以門爲卿士之家，則及門者謂仕於卿大夫之私朝也。周禮大司馬「辨名號之用，帥以門名」，注云：「帥，謂軍將。以門名者，所被徽識，如其在門所樹者也。軍將皆命卿。古者軍將，蓋爲營治於國門。魯有東門襄仲，宋有桐門右師，皆上卿爲軍將者也。」春官小宗伯：「掌三族之别，以辨親疏。其正室皆謂之門子，掌其政令。」注云：「正室，適子也。將代父當門者也。」襄九年戲之盟，「鄭六卿公子騑、公子發、公子嘉、公孫輒、公孫蠆、公孫舍之及其大夫、門子皆從鄭伯」。注云：「門子，卿之適子。」卿之子稱門子，是卿以門名。卿當門以門名，適子代父當門則稱門子，其仕於卿大夫之門謂之及門矣。

按：此章自集注解及門爲及孔氏之門，且合下「德行」爲一章，後人多左袒其説。余對此有數疑焉。尤氏侗艮齋雜説引陳善辨曰：「陳、蔡從者，豈止十人？患難之時，何必分列四科乎？斯知鄭説未敢從也。」此可疑者一。從陳、蔡者，據世家有顔淵、子貢、子路，吕氏春秋慎人篇有宰予，他皆無考。然弟子列傳尚有子張，何以不列？墨子非儒篇有子張氏之儒，在孔門自成一派，並非碌碌無所表見，不應漏未列入。此可疑者二。毛西河指出冉有於魯哀三年爲季康子所召，不應於此年復有一冉有從夫子於陳、蔡，此可疑者三。論語稽云：「陳、蔡之厄在哀四年庚戌，孔子時年六十一，子游十六，子夏十七。子夏詩有序，書有説，易與喪服有傳，其傳聖道之功甚大。檀弓所記凡十四事，皆以子游一言而決，蓋以習禮列於文學，三代典章之遺，賴子游而存。惟當從陳、蔡時尚在童稚之年，似稍嫌言之過早。此可疑者四。竊謂以經解經，當以孟子「君子之厄於陳、蔡之間，無上下之交也」爲此章確解。所謂不及門者，即無上下之交之義。謂弟子中無仕陳、蔡者，故致斯厄。鄭注不及仕進之門，意欠明瞭，故後儒別爲之説。今得劉氏寶楠爲之疏解，則終以古義爲安也。俞氏平議亦以門爲仕進之門，爲不及正義所説之精確，以諸賢多仕於季氏，而夫子以爲不及門，蓋其時猶未仕也，則失之矣。

【集解】鄭曰：「言弟子從我而厄於陳、蔡者，皆不及仕進之門而失其所也。」

【唐以前古注】皇疏引張憑云：道之不行，命也。唯聖人安時而處順，故不期於通塞。然從我於陳、蔡者，何能不以窮達爲心耶？故感於天地將閉，君子道消，而恨二三子不及開泰之門也。　筆解：韓曰：「門，謂聖人之門。言弟子學道，由門以及堂，由堂以及室，分等降之差，非謂言仕進而已。」李曰：「如由也升堂未入於室，此等降差別。不及門，猶在下列者也。」

【集注】孔子嘗厄陳、蔡之間，弟子多從之者。此時皆不在門，故孔子思之，蓋不忘其相從於患難之中也。

○德行：顔淵、閔子騫、冉伯牛、仲弓。言語：宰我、子貢。政事：冉有、季路。文學：子游、子夏。

【考異】七經考文補遺：古本「德行」上有「子曰」二字。　論語稽求篇：舊有「子曰」字，故史記冉伯牛傳云：「孔子稱之爲德行。」史記弟子傳政事二人列前，言語二人列後。　索隱曰：「論語一曰德行，二曰言語，三曰政事，四曰文學。今此文政事在言語上，是其記有異也。」　鹽鐵論殊路章：「七十子皆諸侯卿相之才。政事：冉有、季路。言語：宰我、子貢。」亦以政事處言語上。　後漢書文苑傳：「安得孔仲尼，爲世陳四科。」注曰：「謂德行、政事、文學、言語也。」以言語處文學下。　范仲淹推委臣下論：「孔子之辨門人，標以四科：一曰德行，二曰政事，三曰言語，四曰文學。」蘇轍上范資政書：「孔子之稱其門人，曰德行、文學、政事、言語，亦各殊科。」劉弇論語講義序：「德行、文學、政事、言語，科雖不同，而同謂之才。」次列俱與論語不同。　新序雜事篇：「孔子曰：『言語：宰我、子貢。』」以此爲孔子言。　翟氏考異：按考文補遺每云古本，皆以證其與皇本同也。今檢皇氏本惟別分此爲章，「子曰」字未嘗有。其疏則云：「此章無子曰者，是記者所書，並從孔子印可而録在論中也。」二字之無尤確鑿。物氏以彼國別藏寫本謬稱古本，未可援之實史記矣。孔子呼弟子皆名，此書字不名，亦可知非孔子語，而史記固不獨于伯牛云然也。弟子傳又云：「孔子以仲弓爲有德行。」孔子以爲子游習于文學。」蓋漢時人以上節連此爲一辭，因皆誤指爲孔子語耳。

【考證】論語稽求篇：史記弟子列傳于「受業身通者七十有七人，皆異能之士」下，即接「德行顏淵」至「子游子夏」三十字，則此一節本統記七十二人中之最異能者，非從陳、蔡人也。從陳、蔡一時顛沛，焉得奇才異能皆與其間，可分門列部如此？況此時伯牛、閔子騫輩俱不可考。即冉求一人，明明于哀公三年爲季康子所召，又三年而後及陳、蔡之難，其實冉求正仕魯，至哀公十一年尚爲季氏帥師戰清，見于左傳，則此一人顯然不從陳、蔡者，故康成以爲此節與前節不連爲一章，而皇氏亦云各爲一章。所爲皇氏者，隋、周之間，江右傳古學者有賀循、賀瑒、崔靈光、皇甫侃等。唐儒引經多稱皇氏，此其言必有據者。劉氏正義：史記仲尼弟子列傳：「孔子曰：『受業身通者七十有七人，皆異能之士也。德行：顏淵、閔子騫、冉伯牛、仲弓。政事：冉有、季路。言語：宰我、子貢。文學：子游、子夏。』」是此四科爲夫子平時所論列，不必在從陳、蔡時。弟子傳先政事於言語，當出古論。周官師氏注云：德行，内外之稱。在心爲德，施之爲行。顏子好學，於聖道未達一間。閔子騫孝格其親，不仕大夫，不食污君之禄。仲弓可使南面，荀子以與孔子並稱。冉伯牛事無考，觀其有疾，夫子深歎惜之。此四子爲德行之選也。孟子公孫丑篇：「宰我、子貢善爲説辭，冉伯牛、閔子善言德行，孔子兼之，曰：『我於辭命則不能也。』」是言語以辭命爲重。毛詩定之方中傳：「故建邦能命龜，田能施命，作器能銘，使能造命，升高能賦，師旅能誓，山川能説，喪紀能誄，祭祀能語。」此九者皆是辭命，亦皆是言語。弟子列傳：「宰予利口辨辭，子貢利口巧辭。」是宰我、子貢爲言語之選也。夫子言「求也藝，由也果，可使從政」，是冉有、季路爲政事之選也。沈氏德潛吴公祠堂記曰：「子游之文學以習禮自見。今讀檀弓上下二篇，當時公卿大夫士庶凡議禮弗决者，必得子游之言以爲重輕。故自論小斂户内，大斂東階，以暨陶詠猶無諸節，其間共一十有四，而其不足於人者，惟縣子『汰哉叔氏』一言，則其畢生之合禮可知矣。」朱氏彝尊文水縣十子祠堂記曰：「徐防之言『詩、書、禮、樂定自孔子，發明章句始于子夏』。蓋自六經删述之後，詩、易俱傳自子夏，夫子又稱其可與言詩，儀禮則有喪服傳一篇，又嘗與魏文侯言樂。鄭康成謂論語爲仲弓、子夏所撰，特春秋之作不贊一辭。夫子則曰：『春秋屬商。』其後公羊、穀梁二子皆子夏之門人。蓋文章可得而聞者，子夏無不傳之。文章傳，性與天道亦傳，是則子夏之功大矣。」由沈、朱二文觀之，是子游、子夏爲文學之選也。徐幹中論智行篇：「人之行莫大於孝，莫顯於清。曾參之孝，有虞不能易。原憲之清，伯夷不能間。然不得與游、夏列在四行之科，以其才不如也。」此則故爲苛論，不免以辭害義矣。論語竢質：聖門弟子多矣，分爲四科，而惟記此十人者，各就其所長之尤專目之爾。釋文云：「鄭以合前章。」則以此十人爲從陳、蔡。案太史公書孔子厄於陳、蔡，惟子路、子貢、顔子三人從，餘皆不在，則此與前章不宜合也。

按：先進一篇皆記弟子言行。此章依史記爲夫子平時所論列，而記者記之，不必在從陳、蔡時。清初學者多持此種見解，兹從之。

【唐以前古注】皇疏引范甯云：德行，百行之美也。四子俱雖在德行之目，而顔子爲其冠。言語，謂賓主相對之辭也。政事，謂治國之政也。文學，謂善先王典文。又引王弼云：此四科者，各舉其才者也。顏淵德之俊，尤兼之矣。弟子才不徒十，蓋舉其美者以表業分名，其餘則各以所長從四科之品也。筆解引說者曰：字而不名，非夫子云。韓曰：「論語稱字不稱名者多矣，仲尼既立此四品，諸弟子記其字而不名焉，別無異旨。德行科最高者，易所謂『默而識之，故存乎德行』，蓋不假乎言也。言語科次之者，易所謂『擬之而後言，議之而後動』，擬議以成其變化，不可爲典要，此則非政法所拘焉。政事科次之者，所謂『雖無老成人，尚有典刑』，言非事文辭而已。文學科爲下者，記所謂離經辨志，論學取友，小成大成，自下而上升者也。」李曰：「仲尼設四品以明學者，不問科使自下升高，自門升堂，自學以格於聖也，其義尤深，但俗儒莫能循此品第而窺聖奧焉。凡學聖人之道始於文，文通而後正人事，人事明而後自得於言，言忘矣而後默識己之所行，是名德行，斯入聖人之奧也。四科如有序，但注釋不明所以然。」

按：陳鱣古訓云：「筆解皆依集解，獨此注今本集解皆無之，不知出自誰氏。」

【集注】弟子因孔子之言，記此十人，而并目其所長，分爲四科。孔子教人各因其材，於此可見。程子曰：「四科乃從夫子於陳、蔡者耳。門人之賢者固不止此，曾子傳道而不與焉。故知十哲，世俗論也。」

按：唐以前人於此章分合雖有異論，從無以十人爲從陳、蔡者。開元時至據此立十哲之名。以四科爲從夫子於陳、蔡，其論實自宋儒發之，可謂創解。雖可備一說，然終覺於義未安者，則以從陳、蔡決不止此十人，而十人中又有未從陳、蔡者。程子以曾子不與爲疑，因而武斷爲限於從陳、蔡者，然何以解於子張明明與陳、蔡之厄而四科乃不列其名耶？故余終以古注爲安，而不敢曲從也。

【餘論】王樵四書紹聞編：四科者，弟子所目，夫子未嘗以是設科也。聖人教人，各因其材，使入於道後各有所成。言其所長，則有是四者之目耳。如子貢長於言語，其學豈必不以德行爲本？

【發明】反身録：孔門以德行爲本，文學爲末，後世則專以文學爲事，可以觀世變矣。自後世專重文學，上以此律下，下以此應上，父師以此爲教，子弟以此爲學，朋友以此切磋，當事以此觀風，身非此無以發，家非此無以肥，咸知藉此梯榮，誰知道德爲重？或偶語及，便目爲迂，根本由此壞矣。根本既壞，縱下筆立就千篇，字字清新警拔，徒增口耳之虚談，紙上之贅疣，究何益於身心，何補於世道耶？然則文不可學乎？曰亦看是何等之文。夫開來繼往，非文不傳，黼黻皇猷，非文不著，若斯之文，何可以不學。顧學之自有先後，必本立而後可從事也。否則，即文古如班、馬，詩高如李、杜，亦不過爲文人詩人而已。昔人謂大丈夫一號爲文人，斯無足觀，有味乎其言之也。東塾讀書記：德行、言語、政事、文學，皆聖人之學也，惟聖人能兼備之。諸賢則各爲一科，所謂「學焉而得其性之所近」也。惟諸賢各爲一科，故合之而聖人之學乃全。後世或講道學，或擅辭章，或優幹濟，或通經史，即四科之學也。然而後世各立門户，相輕相詆，惟欲人之同乎己，而不知性各有所近，豈能同出於一途？徒費筆舌而已。若果同出一途，則四科有其一而亡其三矣，豈聖人之教乎？　又云：世説新語有德行、言語、政事、文學四門。隋崔賾撰八代四科志三十卷，蓋爲八代人作傳而分爲四科也。自古以來，可傳之人無出於四科之外者也。　又云：四科之學非但不可相詆，抑且不可妄談。講道學者談詞章，辨政事者論經學，皆多乖謬，詞章經學兩家亦然。幸而其説不行，但爲識者所嗤而已，不幸而其説行，則更誤人矣。凡非己之所長者，不必置喙也。

○子曰：「回也非助我者也，於吾言無所不説。」

【考證】徐幹中論智行篇：仲尼亦奇顔淵之有盛才也，故曰：「回也非助我者也，於吾言無所不説。」顔淵達於聖人之情，故無窮難之辭，是以能獨獲亹亹之譽，爲七十子之冠。

【集解】孔曰：「助猶益也。言回聞言即解，無發起增益於己也。」

【唐以前古注】皇疏：聖人爲教，須賢啓發。游、參之徒，聞言輒問，是助益於我，以增曉導。而顔淵嘿識，聞言説解，不嘗口諮，於我教化無益，故云「非助我者，於吾言無所不説」也。又引孫綽云：所以每説吾言，理自玄同耳，非爲助我也。言此欲以曉衆且明理也。

【集注】助我，若子夏之起予，因疑問而有以相長也。顔子於聖人之言默識心通，無所疑問，故夫子云然。其辭若有憾焉，其實乃深喜之。

【餘論】陽明全集：道本無窮盡，問難愈多，則精微愈顯。聖人之言，本自周徧，但有問難之人，胷中窒礙，聖人被其一難，發揮愈加精神。若顔子聞一知十，胷中了然，如何得問難？故聖人亦寂然不動，無所發揮，故曰非助。鹿善繼四書説約：言下求解，即聰明者亦有時不説。無所不説，蓋有得於言之外者矣。踏其實地，故即語言文字而無不真有得於言之先者矣。會其本原，故雖枝分派異而無不合。

○子曰：「孝哉閔子騫！人不間於其父母昆弟之言。」

【考證】太平御覽四百一十三引師覺授孝子傳云：閔損字子騫，以德行稱。早失母，後母遇之甚酷，損事之彌謹。損衣皆槁枲爲絮，其子則綿纊重厚。父使損御，冬寒失轡，後母子御則不然。父怒詰之，損默然而已。後視二子衣，乃知其故，將欲遣妻。損諫曰：「大人有一寒子，猶上垂心。若遣母，有二寒子也。」父感其言，乃止不遣。藝文類聚孝部引説苑云：閔子騫兄弟二人，母死，其父更娶，復有二子。子騫爲其父御車失轡，父持其手，衣甚單。父則歸呼其後母兒，持其手，衣甚厚温。即謂其母曰：「吾所以娶汝，乃爲吾子。今汝欺我，去無留！」子騫前曰：「母在一子單，母去三子寒。」其父默然。故曰：「孝哉閔子騫！一言其母還，再言三子温。」韓詩外傳：子騫早喪母，父娶後妻，生二子。疾惡子騫，以蘆花衣之。父察之，欲逐後母。子騫曰：「母有一子寒，母去三子單。」父善之而止。母悔改之，遂成慈母。亢倉子順道篇：閔子騫問孝於仲尼，退而事之于家，三年人無間于父母兄弟之言。論衡知實篇：孔子曰：「孝哉閔子騫！人不間于其父母昆弟之言。」虞舜大賢，隱藏骨肉之道，宜愈子騫。瞽叟與象使舜治廩浚井，意欲殺舜。舜當見殺己之情，早諫豫止。既無如何，宜避不行，何故使父與弟得成殺己之惡，使人間非父弟，萬世不滅？　毛詩素冠傳：閔子騫三年喪畢，見於夫子，援琴而絃切切而哀。作而曰：「先王制禮，不敢過也。」

按：父母慈而子孝，此事之常，不足道也。閔子之孝，古書所記略同。夫子於七十子中獨稱閔子孝，殆非無故。闕里志孔庭記亦云：「閔子後母以蘆花衣之，父欲逐母，閔子曰：『母在一子寒，母去三子單。』母聞之，遂成慈母。」與上所載大同小異，當屬可信。

【集解】陳（羣）曰：「言閔子騫爲人，上事父母，下順兄弟，動静盡善，故人不得有非間之言也。」

按：羣字長文，潁川許昌人，官至司空，魏志有傳。何晏集解採魏代説論語者，羣及王肅、周生烈凡三家，以附漢儒之後。取陳説僅三節。其説季路問事鬼神章，與世説新語注引馬融正同，蓋羣説多述前人，故何氏已引包、孔、馬、鄭，不復再標陳曰也。

【唐以前古注】皇疏：子騫至孝，事父母兄弟盡於美善，故凡人物論，無有非間之言於子騫者也。

又引顏延之云：言之無間，謂盡善也。

【集注】胡氏曰：「父母兄弟稱其孝友，人皆信之無異詞者，蓋其孝友之實，有以積於中而著於外，故夫子歎而美之。」

【别解】九經古義：後漢書：「范升奏記王邑曰：『升聞子以人不間於其父母爲孝，臣以下不非其君上爲忠。』」注：「論語云云。間，非也。言子騫之孝，化其父母兄弟，言人無非之者。忠臣事君，有過即諫，在下無有非君者，是忠臣也。」　潛研堂答問：漢書杜鄴對策言：「孔子善閔子騫守禮，不苟從親，所行無非禮者，故無可間也。」此即陳義所本。論語補疏：漢書杜鄴傳：舉方正，對曰：昔曾子問從令之義。孔子曰是何言與云云。後漢范升傳：「升奏記王邑云云。」又云：「知而從令，則過大矣。」二者皆引以爲從令之證。蓋以從令而致親於不義，則人必有非間其父母昆弟之言。唯不苟於從令，務使親所行均合於義，人乃無非間其親之言，是乃得爲孝。然則閔子之孝，在人無間於其父母昆弟之言。人所以無間於其父母昆弟之言者，以其不苟從親令也。陳注「動静盡善」，或即指此。依類聚引説苑，御覽引孝子傳云云，閔子不從父令，則後母不遣，是其上事父母。兩弟温暖無愠心，而恐母遣而兩弟寒，是下順兄弟。於是父感之，其後母及兩弟亦感之。可知則此一不從父令而諫，一家孝友克全，尤非尋常不苟從令可比。孔子稱其孝，兼言兄弟，正指此事，是所謂「動静盡善」也。後母之酷可間，二子獨緜纊可間，父不能察後妻可間。一諫而全家感化，父母不失其慈，二子不失其悌，使可間化而爲無可間，閔子之孝，不啻大舜之「又不格姦」。若恭世子不肯傷公之心，不言志而死，非可言孝也。不字作無字解自明。人無非間之言，不是無非間閔子之言，乃無非間其父母昆弟之言也。

按：亢倉子順道篇：「閔子人無間其於父母昆弟之言。」是以間作非間解，其源甚古。近人如錢坫、黄式三亦主是説，大抵即陳羣説而申之者。於理雖通，然如此解則「孝哉閔子騫」句當作夫子言之，「不」字改作「無」，方合口吻。今考魯論既無稱弟子字之例，而「不」與「無」明明有别，又不可改竄經文，似當仍從朱注爲是。

【餘論】湛園未定藁（釋地引）：夫子作春秋，賢之書字僅十二人，弟子無有以字稱者，稱閔子騫直是述時人之言。當時其父母昆弟皆謂之孝矣，而時人亦同稱之曰孝哉閔子騫，此所以無間於父母昆弟之言也。趙佑温故録：五字是直述時人之辭，故稱氏稱字，與「賢哉回也」殊。人言即從其父母昆弟之言來，故曰不間。四書典故辨正引方文輈曰：孔子嘗言：「以貌取人，失之子羽。」史記孔子曰：「天下無行，仕於家臣。惟季次未嘗仕。」季次者，公皙哀之字也。又曰：「孔子以爲子游習於文學。」皆稱字之證。然魯論無此例，不當據子史以亂經也。論語稽求篇：子騫，閔損字，夫子似不宜以字呼弟子，故近説書家有謂「孝哉閔子騫」一句，正是人言而夫子述之。謂孝哉一言，人與其父母昆弟俱無間然。初聞之甚以爲當，且呼字亦有謂。按不間句有二説。後漢陳羣係陳仲弓之孫，其釋此有云：「閔子行孝，動静盡善，人于其父母昆弟間所言，無可非間。」此言閔子言善，人自服之。此一説也。又范升九歲能通論語，其奏記王邑有曰：「升聞子以人不間於其父母兄弟爲孝，臣以下不非其君上爲忠。」劉昭注：「此謂閔子行孝，父母昆弟皆化之，故人無毁言。」此又一説也。據韓詩外傳稱，閔子後母曾虐視閔子，父欲出母，而閔子留之。其於父母昆弟間不無可議，故舊解如此。陳氏數世孝友，范升一代儒術，其兩説雖不盡同，然俱有義理。從來人無間言皆作非間解。容齋三筆：昔謂論語出於有子、曾子之門人，予意亦出於閔氏門人。論語所記孔子與門人語，及門弟子問答，皆斥其名，未有稱字者。至閔氏獨云子騫，終此書無名者。論語足徵記：此章經文當作「子言孝哉閔子騫」，與

「子言衛靈公之無道也」句法相同。彼章校勘記曰：「皇本、高麗本作『子曰衛靈公之無道久也』。釋文『子曰衛靈公之無道』，云：『一本作子言，鄭本同。』」然則彼章有作「曰」作「言」之異本，此章「子曰」亦當作「子言」矣。孝哉也，人不間於其父母昆弟之言也，皆夫子之辭。閔子騫乃記者語，猶子謂顏淵曰、子謂子夏曰之比。且如史記仲尼弟子列傳「孔子以仲弓爲有德行。孔子以爲子游習於文學」。皆以記者之言代述夫子之意，與此文同。

按：崔氏此論，變動經文，未敢苟同。惟以孝哉五字爲夫子語，則余頗然其説。古人中多有以字行者，不止周氏柄中所舉各例。容齋所論及湛園、趙佑之説，不足據也。

○南容三復白圭，孔子以其兄之子妻之。

【考異】史記弟子傳：「容三復『白圭之玷。』」「圭」字作「珪」。　太平御覽珍寶部述此文，題作論語雍也篇。

按：劉寶楠以仲尼弟子列傳引多「之玷」二字，當出古論。

【考證】大戴禮衛將軍文子篇：「獨居思仁，公言言義。其聞詩也，一日三復『白圭之玷』，是南宮縚之行也。夫子信其仁，以爲異姓。」盧辯注：「謂以兄之子妻之也。言一日三復者，猶『子路終身誦之』也。」

【集解】孔曰：「詩云：『白圭之玷，尚可磨也。斯言之玷，不可爲也。』南容讀詩至此，三反覆之，是其心慎言也。」

【唐以前古注】皇疏引包述云：南容深味白圭，擬志無玷，豈與縲絏非罪同其流致。猶夫子之情實深天屬，崇義弘教，必自親始，觀二女攸歸，見夫子之讓心也。

按：此條玉函山房論語包氏章句輯本漏列，兹特補入。

【集注】詩大雅抑之篇曰：「白圭之玷，尚可磨也。斯言之玷，不可爲也。」南容一日三復此言，事見家語，蓋深有意於謹言也。此邦有道所以不廢，邦無道所以免禍，故孔子以兄子妻之。范氏曰：「言者行之表，行者言之實，未有易其言而能謹於行者。南容欲謹其言如此，則必能謹其行矣。」

【發明】四書訓義：嫁子者必擇能齊其家者而使之觀刑，聖人之所以爲法於天下也。家人之象曰：「君子以言有物而行有恒。」行固在所謹，而言尤要焉。人之爲言，或致慎於人情險阻之地，而以門内爲便安之所，可以唯吾言而無關於利害。不知一家之内，言之不謹，則喜怒溢而好惡不平，恩威褻而教戒不嚴。惟君子知言爲吾心之聲，非但以隱忍求免於世，實恐一發而成吾身之玷。惟言無玷，則家人之聞見不僻，而從違以壹，此修身齊家一致之理也。

○季康子問：「弟子孰爲好學？」孔子對曰：「有顏回者好學，不幸短命死矣，今也則亡。」

【考異】皇本「亡」下有「未聞好學者」五字。釋文：「『康子問弟子』，一本作『季康子』，鄭本同。」是定本無「季」字。王氏柏論語通義：前有季康子兩問，無「對」字，此「對」字疑誤矣。四書辨證：後有季康子三問，皆有「對」字，則此「對」字非誤明矣。

【音讀】湛淵静語：「季康子問：弟子孰爲好學」，與下「季子然問：仲由、冉求可謂大臣與」，「問」字皆當讀斷。

【唐以前古注】皇疏：此與哀公問同而答異者，舊有二通。一云：緣哀公有遷怒貳過之事，故孔子因答而箴之也。康子無此事，故不煩言也。又一云：哀公是君之尊，故須具答。而康子是臣爲卑，故略以相酬也。又引江熙云：此與哀公問同。哀公雖無以賞，要以極對。至於康子，則可量其所及而答也。又引孫綽云：不應生而生曰幸，不應死而死曰不幸。

【集注】范氏曰：「哀公、康子問同而對有詳略者，臣之告君不可不盡，若康子者，必待其能問乃告之，此教誨之道也。」

【餘論】論語稽：按哀公、康子問同，而孔子之答不同，不但君臣之分也。哀公有爲之君，得賢可以自輔，故以顏子之學詳告之。康子權臣，其延覽賢才，蓋欲爲强私弱公之助。且季氏嘗用冉有、季路矣，又欲用閔子騫、高柴矣，而卒無可匡救，故夫子只惜顏子之死，而更無餘辭。

【發明】四書訓義：顏子好學之實詳於告哀公之辭，乃終始惟稱顏子而歎嗣者之無人，則非顏子之潛心以治其性情，雖通六藝者繁有其人，而不足以言學，不足以言好，姝姝暖暖守一先生之言而竊其華，亦奚足尚哉？

○顏淵死，顏路請子之車以爲之椁。

【考異】皇本「椁」字作「槨」，下同。　七經考文：足利本脱「以爲之椁」四字。　論衡問孔篇述此，「椁」字作「槨」。

【考證】論語稽：請車爲椁，朱注從孔説，以爲賣車買椁，箋注家皆無以正其誤。按賣車買椁之説有八不可解。喪大記：「士棺六寸，棺椁之間容甒。」甒，酒器也。則椁大於棺無幾，其值要亦不多。顔氏貧不能辦，容或有之，孔子何不能爲辦？一也。孔子制於中都，四寸之棺，五寸之椁，其葬鯉也固當以士禮，然與其有棺無椁，何不從庶人之禮，爲俱四寸棺五寸椁乎？二也。孔子未聞甚貧，顔路但請助一椁可也，安見遂無一帛一粟而獨以車請？三也。孔子有羔麛狐之裘皆貴服，且亦當有他器物，何於回、鯉之椁皆以不徒行爲辭，若車外更無長物可賣？四也。王制：「命車不粥於市。」孔子爲大夫，其車當亦命車，顔路何敢請賣？五也。即謂路非真欲請車，特以探厚葬之可否，然必以車爲指名何也？六也。孔子在衛，脱驂以贈館人之喪，必更買驂而反魯，路何不以驂爲請？七也。且經本文曰請車，曰爲椁，絶無買賣意義。八也。今考禮經，乃知以車爲殯棺之椁。檀弓：「天子之殯也，菆塗龍輴以椁，加斧於椁上，畢塗屋。」又曰：「天子龍輴而椁幬，諸侯輴而設幬。」喪大記：「君殯用輴欑，至於上畢塗屋。大夫殯以幬欑，至於西序，塗不暨于棺。士殯見衽塗上帷之。」士喪禮：「士殯掘肂見衽。」按輴，車也。天子畫龍，故曰龍輴。菆欑訓叢，叢木也。爲殯也以椁者，非葬時之椁，乃塗所叢之木如椁也。曰加斧於椁上，則此亦名椁矣。斧者，畫覆棺之衣爲斧文，即幬也。肂者，埋棺之坎也。衽者，古人棺不釘，於棺蓋之縫加衽而以皮束之。君三衽三束，大夫士皆二也。王制：「大夫士庶人三日而殯，三月而葬。」顔子，士也。三日之後，三月未葬之前，當殯於西序。其殯也，當掘肂見衽，帷其上而塗之，不當用車。顔路請車爲椁，蓋欲殯時以孔子之車菆塗爲椁，非葬時之椁也。

按：此解發前人未發，確不可易。

論語後録：日伍緝之從西征記曰：魯人藏夫子所乘車於廟中，是顔路所請者也。獻帝時廟遇火燒之。

【集解】孔曰：「路，淵父也。家貧，欲請孔子之車，賣以作椁。」

【唐以前古注】皇疏引繆協云：顔路之家貧無以備禮，而顔淵之德美稱於聖師，喪予之感，痛之愈深，二三子之徒將厚其禮，路率情而行，恐有未允，而未審制義之輕重，故託請車以求聖教也。

【集注】顔路，淵之父，名無繇，少孔子六歲，孔子始教而受學焉。椁，外棺也。請爲椁，欲賣車以買椁也。

子曰：「才不才，亦各言其子也。鯉也死，有棺而無椁。吾不徒行以爲之椁。以吾從大夫之後，不可徒行也。」

【考異】史記弟子傳作「材不材」。高麗本「鯉」下無「也」字，「吾不」下有「可」字，「不可徒行也」，作「吾以不可徒行」。論衡問孔篇引「可」下有「以」字。

【考證】邢疏：據年譜，則顔淵先伯魚卒，而此云「鯉也死」，又似伯魚先死者。王肅家語注云：

「此書久遠，年數錯誤，未可詳也。或以爲假設之辭也。」禮記曲禮正義：許慎以爲論語稱「鯉也死」，時實未死，假言死耳。鄭康成以論語云「有棺無椁」，是實死未葬已前也。故鄭駁許慎云：「設言死，凡人于恩猶不然，況聖人乎？」四書釋地又續：仲尼弟子列傳：顔回少孔子三十歲，余謂「三十」下脱「七」字。蓋生於魯昭公二十八年丁亥，卒于哀公十二年戊午，方合三十二歲之數。是年伯魚亦卒在前，不然則如王肅注「鯉也死，有棺而無椁」爲設事之辭，豈不笑滚了人！翟氏考異：按史記云：「顔子年二十九髪盡白，蚤死。」其死年無所記，但云早耳。旁考之，則顔子之死乃在哀公十四年獲麟之後，其次年子路亦死，故公羊傳連識之曰：「有以麟告者，孔子反袂拭面，涕沾袍。顔淵死，子曰：『噫！天喪予！』子路死，子曰：『噫！天祝予！』」公羊氏去聖較近，所傳述定得本真。顔子實後伯魚死二年，時年當四十一。而孔子言其短命者，仁者宜壽，雖四十亦短命耳。王肅僞造家語，摭拾史文，於「蚤死」上妄增「三十一」三字，而邢氏復轉取之以疏此論語。甚矣王肅僞家語之害於經者大也！論語稽求篇：孔氏謂孔子時爲大夫，言從大夫後不可徒行，謙辭。而正義謂孔子五十六爲司寇，顔淵之卒，孔子年六十一，是時已去位。杜預所謂「嘗爲大夫而去故言後」是也。孔氏注「時爲大夫」，不知所據。獨先仲氏謂「從大夫後」與「爲大夫後」不同，不問在位不在位。即陳恒弑君章，子曰「以吾從大夫之後」，明明在哀公十四年夫子去位之後，亦不是爲大夫後。蓋從者，隨也，與「爲」字迥别。隨大夫解作做大夫，謬矣。此因夫子謙德，不欲明言爲大夫，故曰曾隨大夫後。大夫有車，則前乘車後徒行不可。此與陳恒章曰「曾隨大夫後，不敢不告」，統是一義。不然哀公三子豈不知子是大夫，必曰吾曾作大夫耶？顏淵死時在孔子去位之後，此不必言。但伯魚之死亦有言在顏淵後者，據史記，顏淵少孔子三十歲，至二十九歲髮盡白，早死。家語亦云：「顏淵少孔子三十歲，二十九歲而髮白，三十一歲早死。」據史記，則三十加二十九，在夫子當五十九歲。據家語，則三十加三十一，在夫子當六十一歲。夫子五十六爲司寇，行攝相事，是年即去位，則五十九與六十一總在夫子去位之後，所云不必言者此也。獨是伯魚之死，據史記當在夫子七十歲時，距顏淵之死已九年所矣，與論語所記鯉死在前不合。予嘗參校諸書，知其間原有誤者，顏淵之死斷不在夫子六十一時。何也？夫子五十六仕魯，在定公十四年，然仕魯去魯亦總在一年之間。自此適衛適陳，凡兩往返而復至于衛，實爲哀公之三年，是年夫子已六十歲矣。明年自陳適蔡爲六十一，又明年自蔡遷葉爲六十二，又明年去葉返蔡爲六十三，然而是年當陳、蔡之厄，爾時子路愠見，子貢色作，匪兕之歌獨顏淵能解之，則是夫子六十三時顏子依然在也。即自是以後，自楚返衛，自衛返魯，凡論語所記顏子言行可與世家參考者，則多在夫子六十以後，七十以前，豈有其人已死而尚見行事且載其語言者？嘗考顏淵之死，公羊傳及史記世家所載年月則實在哀公十四年春狩獲麟之際，夫子是時已泣麟矣，而顏淵、子路同時俱死，因連呼喪予、祝予，而有道窮之嘆，則是顏淵之死在夫子七十一歲，非六十一歲；在哀公十四年，非四年。其間舛錯所爭，確確以十年爲斷，則必弟子列傳所云少孔子三十歲者，原是四十之誤，而史記一傳寫，家語又一傳寫，遂不能辨。向使改三爲四，則顔淵前後蹤蹟俱無所誤，而以此考伯魚之死，則剛在淵死之前。按家語夫子年十九娶宋之幵官氏，又一年而生伯魚，則伯魚之生，在夫子已二十歲矣。史記云：「伯魚年五十，先孔子死。」以二十加五十，正當夫子七十歲，爲哀公之十三年，是魚死在七十歲，淵死在七十一歲，先後相距剛值一年。鯉死之諭，引痛正切，如此則論語可讀，史記、家語諸書可據，孔氏不必誤，王肅不必疑矣。若闕里志載孔子六十九歲伯魚卒，時哀公十二年，則考究不精，誤遲一年。而明儒薛應旂作甲子會記，載戊午年孔子六十九歲，伯魚卒，顔回卒，則欲記魚死在回前而無所考證，妄爲溷載，且沿闕里志並孔子年譜之誤，如此又何足記也。

三餘續筆（集箋引）：史記孔子世家：「魯襄公二十二年孔子生，年七十三，以魯哀公十六年四月己丑卒。」仲尼弟子傳：「顔回少孔子三十歲，年二十九髮盡白，早死。」是顔子卒時，孔子年五十九也。世家又云：「伯魚年五十，先孔子卒。」按孔子以二十歲生伯魚，伯魚卒時孔子年六十九，觀此夫子所言，則是顔子之卒在伯魚後。邢疏亦無能爲之説，而引王肅家語注：「此書久遠，年數錯誤，或以爲假設之辭。」則非情也。今詳考孔子世家於孔子去魯十四歲反魯後，述顔淵喟然嘆曰「仰之彌高」云云。繼云：「魯哀公十四年春狩大野，叔孫氏車子鉏商獲獸，以爲不祥。仲尼視之，曰：『麟也。』取之，曰：『河不出圖，雒不出書，吾已矣夫！』顔淵死。孔子曰：『天喪予！』及西狩獲麟，孔子曰：『吾道窮矣。』」哀公十四年，夫子年七十二。顔子卒年，列傳謂二十九，非是，當從家語作三十一。世家於哀公十四年西狩獲麟，敍及顔子之卒，則是顏子少夫子四十歲，列傳「三」字是「四」字之訛。又考世家，哀公十一年，孔子年六十九，魯以幣召孔子，孔子歸魯，是年鯉卒。若以顏子少孔子三十歲，則顏子卒時孔子年六十二，正當哀公之四年，孔子方與顏子同厄於陳、蔡之間，顏路何緣於道途中請子之車以爲椁？以此推之，則顏子之卒必在哀十一年孔子歸魯後可知。而孔子因是有「以吾從大夫之後，不可徒行」之語。世家繫顏子之卒於西狩獲麟之歲，是顏子之卒後伯魚之卒三年，故夫子云鯉亦有棺無椁，不然，夫子何以出此不倫之語哉？又按白虎通曰：「臣七十懸車致仕。臣以執事趣走爲職，七十退去避賢者，所以長廉恥也。懸車，示不用也。」顏子卒時孔子七十二，正在懸車致仕之年，故顏路請子之車以爲椁，而夫子曉之以從大夫之後不可徒行。是年夏請討陳恒，曾沐浴而朝，告於哀公，亦以從大夫之後故耳。以此推論當日情事，則顏路之請不爲無因，而夫子第示以義之所不可而亦非有所靳也。此皆可以意揣而得之者也。

潘氏集箋：顏子卒年經無明文，史記繫「蚤卒」於「年二十九，髮盡白」之後，則不以二十九爲卒年矣。三十一之説出自王肅家語，不足信。而三餘續筆又引作三十二，未知何本。而與後録必以少孔子三十歲爲「三（籒文四）十」之訛，恐亦未確。蓋既未確知卒年，則安知其必非三十邪？考異謂在哀公十四年，年譜謂在十三年，悉屬臆斷。雍也篇「短命」條下可互參。總之在伯魚後，不必定其爲何年也。顏路請車，續筆謂當夫子懸車致仕之時，夫子故答以以吾從大夫之後云云，於情事爲合。

論語足徵記：近儒臧氏拜經日記、翟氏四書考異、潘氏古注集箋、劉氏正義皆謂顏淵卒年惟見於家語，家語王肅僞造，不足信，定爲年四十一。此説亦非也。顏淵實少孔子四十歲，誤在史記之「三」字。家語雖僞，其言顏淵壽數非無據也。列子力命篇曰：「顏淵之才不出衆人之下，而壽四八。」案四八者，三十二也，與家語之三十一止差一歲，當時列子舉成數耳。三國志吳孫登傳：「權立登爲太子，年三十三卒。臨終上疏曰：『周晉、顏回有上智之才，而尚夭折，況臣年過其壽。』」是時王肅之家語未出，而其言如此，與列子意同，則顏淵之壽安得踰此？家語之言信而有徵也。春秋繁露隨本消息篇：「顏淵死。子曰：『天喪予！』子路死。子曰：『天祝予！』西狩獲麟。子曰：『吾道窮！吾道窮！』三年，身隨而卒。」史記孔子世家孔子年七十三卒，然則顏淵死時孔子年七十一，顏淵壽三十一，少孔子四十歲，後伯魚三年死也。

【集解】孔曰：「鯉，孔子之子伯魚也。孔子時爲大夫，言從大夫之後不可徒行，謙辭。」

按：劉寶楠評此注云：「鄭注：『鯉，孔子之子伯魚也。』此僞孔所襲。顏子卒時，夫子久不居位。而注云時爲大夫，謙言從大夫之後，顯然謬誤，其爲僞託無疑。」

【唐以前古注】皇疏引繆協云：子雖才，不可貧求備；雖不才，而豐儉亦各有禮。制之由父，故鯉死也而無椁也。又引江熙云：不可徒行，距之辭也。可則與，故仍脱左驂賻舊館人；不可則距，故不許路請也。鯉也無椁，將以之且塞厚葬也。

【集注】鯉，孔子之子伯魚也，先孔子卒。言鯉之才雖不及顏淵，然己與顏路以父視之，則皆子也。孔子時已致仕，尚從大夫之列，言後，謙辭。

【餘論】論語集注考證：顏路他無所請而至於請車，夫子亦他無可予而至於拒之，則顏路疑於求而夫子幾於吝。今考其時，則顏淵之死且葬，適當厄陳、蔡之後，自楚反陳之餘，此正夫子之窮也。夫喪事稱家之有無，夫子既以此處其子，安得不以處顏子乎？夫子遇舊館人之喪，嘗脱驂以致賻矣，而不能爲顏子之椁，彼一時此一時，貧富不同也。

○顏淵死。子曰：「噫！天喪予！天喪予！」

【考證】劉氏正義：漢書董仲舒傳贊：「劉歆以爲伊、吕乃聖人之耦，王者不得則不興。故顏淵死，孔子曰：『噫！天喪余！』唯此一人爲能當之，自宰我、子貢、子游、子夏不與焉。」顏師古注：「言失其輔佐也。」蓋天生聖人，必有賢才爲之輔佐。今天生德於夫子，復生顏子爲聖人之耦，並不見用於世，而顏子不幸短命死矣，此亦天亡夫子之徵，故曰「天喪予」。潘氏集箋：喪，説文云：「亡也。」公羊哀十四年傳注：「予，我。天生顏淵爲夫子輔佐，死者，天將亡夫子之證。」是則天喪予者，猶云天亡我也。

【集解】包曰：「噫，痛傷之聲。」何曰：「天喪予者，若喪己也。再言之者，痛惜之甚也。」

【唐以前古注】皇疏：夫聖人出世，必須賢輔，如天將降雨，必先山澤出雲。淵未死則孔道猶可冀，縱不爲君，則亦得爲教化。今淵既死，是孔道亦亡，故云天喪我也。又引繆播云：夫投竿測深，安知江海之有懸也，何者？俱不究其極也。是以西河之人疑子夏爲夫子，武叔賢子貢於仲尼，斯非其類耶？顏回盡形，形外者神，故知孔子理在回，知淵亦唯孔子也。又引劉歆云：顔是亞聖之偶，然則顔、孔自然之對物，一氣之别形，玄妙所以藏寄，既道旨所由讚明，敍顔淵死則夫子體缺，故曰：「噫！天喪予！」諒卒實之情，非過痛之辭，將求聖賢之域，宜自此覺之也。

按：歆，劉向少子，漢書附見向傳。其注論語不見於本傳，漢書藝文志及隋、唐二志均未著録，蓋佚已久，録之以備一家。

【集注】噫，傷痛聲。悼道無傳，若天喪己也。

【餘論】讀四書叢説：顔淵死，四章以次第言之，當是天喪第一，哭之慟第二，請車第三，厚葬第四。蓋門人雜記夫子之言，故不計前後也。齊夢龍語解（經正録引）：孔子嘗曰：「文王既没，文不在兹乎？」羲、黄、堯、舜、禹、湯之傳於文王，孔子固已任之己矣，猶覬其或可以傳之回也。回存，則己雖死而道不亡；回死，則其繫己以不亡者幾何時哉？

○顔淵死，子哭之慟。從者曰：「子慟矣！」曰：「有慟乎？非夫人之爲慟而誰爲？」

【考異】皇本、高麗本「爲」下有「慟」字。論語古訓：文選夏侯常侍誄曰：「非子爲慟，吾慟爲誰。」是古本有「慟」字。論衡問孔篇引作「吾非斯人之慟而誰爲」。

【考證】論語古訓：「慟」字説文所無，漢景君碑云「驚⿰忄重傷裹」，武榮碑云「感哀悲⿰忄重」，郭仲奇碑云「悲⿰忄重剥裂」，李翊夫人碑云「⿰忄重切剥兮年不榮」，皆作「⿰忄重」。⿰忄重从心，重聲。鄭云：「變動容貌。」動亦从重聲。下「從者曰子慟矣」，亦是見夫子容貌變動而言也。

【集解】馬曰：「慟，哀過也。」孔曰：「不自知己之悲哀過也。」

【唐以前古注】釋文引鄭注：慟，變動容貌。　皇疏：謂顏淵死，子往顏家哭之也。慟，謂哀甚也。既如喪己，所以慟也。從者，謂諸弟子也。隨孔子往顏淵家，有見孔子哀甚，故云：「子慟矣。」初既不自知，又向諸弟子明所以慟意也。夫人，指顏淵也。　又引繆協云：聖人體無哀樂，而能以哀樂爲體，不失過也。　又引郭象云：人哭亦哭，人慟亦慟，蓋無情者與物化也。

按：郭氏援老、莊釋經，未必即聖人之意。論語稽云：「聖人哀樂不過乎中，哭淵而慟，從者猶覺之，而孔子不自覺，所謂『觀過知仁』也。孔子云：『五十以學易，可以無大過矣。』此則小過未能免。然有爲而爲，慟所當慟，則亦不得爲過矣。」

【集注】慟，哀過也。哀傷之至，不自知也。夫人，謂顏淵。言其死可惜，哭之宜慟，非他人之比也。

○顏淵死，門人欲厚葬之。子曰：「不可。」門人厚葬之。子曰：「回也視予猶父也，予不得視猶子也，非我也，夫二三子也。」

【考異】唐石經初刻「猶子」下「也」字作「曰」。

【考證】論語稽：檀弓：「夫子之喪顏淵、子路，皆若喪子而無服。」然則減膳徹樂，宜如卿大夫喪衆子之禮，降於適子而隆於殤子，但不爲服而已，心喪是也。夫子言回以父事我，我不得以子遇回，蓋深惜之。且顏路於夫子，外兄弟也。禮，兄弟之子猶子，蓋引而近之也，故夫子云然。

【集解】禮，貧富有宜。顏淵貧而門人欲厚葬之，故不聽。馬曰：「言回自有父，父意欲聽門人厚葬，我不得制止，非其厚葬故云爾。」

【唐以前古注】皇疏引王弼云：有財，死則有禮；無財則已焉。既而備禮，則近厚葬矣，故云孔子不聽也。又引范甯云：厚葬非禮，故不許也。門人欲厚葬何也？緣回父有厚葬之意，故欲遂門人之深情也。言回雖以父視我，我不得以子遇回，雖曰師徒，義輕天屬，今父欲厚葬，豈得制止。言厚葬非我之教，出乎門人之意耳。此以抑門人而救世弊也。

【集注】喪具稱家之有無，貧而厚葬，不循理也，故夫子止之。蓋顏路聽之，歎不得如葬鯉之得宜，以責門人也。

○季路問事鬼神。子曰：「未能事人，焉能事鬼？」曰：「敢問死。」曰：「未知生，焉知死？」

【考異】七經考文：一本作「子路敢問死」，古本「死」上有「事」字。鹽鐵論論鄒章引孔子曰：未得事人，焉能事鬼神？皇、邢本、唐石經「敢問」上並有「曰」字，匡謬正俗引同。南軒解本有「曰」字。

【集解】陳曰：「鬼神及死事難明，語之無益，故不答也。」

按：世説簡傲篇注引馬曰：「死事難明，語之無益，故不答。」此陳所襲。

【唐以前古注】皇疏：外教無三世之義，見乎此句也。周、孔之教唯説現在，不明過去未來。而子路此問事鬼神，政言鬼神在幽冥之中，其法云何也。此是問過去也。孔子言人事易，汝尚未能，則何敢問幽冥之中乎？故曰：「焉能事鬼？」此又問當來之事也，言問今日以後死事復云何也。亦不答之也，言汝尚未知，即見生之事難明，又焉能豫問知死没也？又引顧歡云：夫從生可以善死，盡人可以應神，雖幽顯路殊，而誠恒一。苟未能此，問之無益，何處問彼耶？

【集注】問事鬼神，蓋求所以奉祭祀之意。而死者人之所必有，不可不知，皆切問也。然非誠敬足以事人，則必不能事神。非原始而知所以生，則必不能反終而知所以死。蓋幽明始終初無二理，但學之有序，不可躐等，故夫子告之如此。程子曰：「晝夜者，死生之道也。知生之道，則知死之道。盡事人之道，則盡事鬼之道。死生人鬼，一而二，二而一者也。或言夫子不告子路，不知此乃所以深告之也。」

【餘論】四書辨疑：注文本宗程子之説而又推而廣之也。程子以晝夜諭生死，晝諭生，夜諭死，此乃生死常理，人人之所共知者。注言原始而知所以生，却是説受胎成形初爲父母所生之生；反終而知所以死，又是説預知所死之由也。不惟所論過深，與程子之説亦自不同。所謂「死者人之所必有，不可不知，皆切問也」，又言「幽明無二理，但學之有序，不可躐等」，此又迂遠之甚也。夫二帝、三王、周公、仲尼之道切於生民日用須臾不可離者，載之經典，詳且備矣，而皆不出於三綱五常人倫彝則之間而已，未聞教人幽明次序必須知死也。必欲於常行日用人道之外，推窮幽明之中不急之務，求知所以死者之由。縱能知之，亦何所用？今以季路爲切問，誠未見其爲切也。夫子正爲所問迂闊不切於實用，故言：「未能事人，焉能事鬼？未知生，焉知死？」知生，謂知處生之道，非謂徒知其生，如原始知所以生，晝夜如生死之生也。蓋言事人之道尚且未能，又焉能務事鬼神乎？生當爲者且未知，又焉用求知其死乎？此正教之使盡人事所當爲者，非所以教事鬼神告其知死也。

趙佑溫故録：禮有五經，莫重於祭。古之所爲事鬼神者，嘗無不至，則子路之問不爲不切。夫先王之事鬼神，莫非由事人而推之，故生則盡養，死則盡享。惟聖人爲能饗帝，惟孝子爲能享親。云事鬼也，莫非教天下之事人也。吾未見孝友不敦於父兄，而愛敬能達乎宗廟者也。則盡乎事鬼神之義矣。進而問死，欲知處死之道也。人有所當死，有所不當死。死非季路所難，莫難乎其知之明，處之當。然而死非可預期之事，故爲反其所自生。君子之窮理盡性以至於命，歸於得正而斃。其不敢以父母之身行殆，不敢以匹夫之諒爲名者，皆惟其知生。敬吾生，故重吾死也。否則生無以立命，死適爲大愚而已。則盡乎知死之義矣。子嘗言之矣，務民之義，即所以事人；敬鬼神而遠之，即所以事鬼也。夫孝者善繼人之志，善述人之事。事死如事生，事亡如事存，孝之至也。所謂能事人能事鬼也。「人之生也直，罔之生也幸而免」，所以教知生。「志士仁人，無求生以害仁，有殺身以成仁」，所以教知死也。孟子曰：「知命者不立乎巖牆之下。」盡其道而死者，正命也。桎梏死者，非正命也。所謂知生知死也。

論語稽：神從申從示，乃天地流行之氣之發舒者也。鬼從由從人從厶，乃天地陰私之氣之反而歸者也。易曰：「精氣爲物，遊魂爲變。」蓋鬼神者，二氣之良能。天地無氣，不能成物。秉此氣而生則爲人，反此氣而歸太虚則爲鬼神。知人之所以爲人，則知鬼神之所以爲鬼神矣。死從歺從匕。生象草木茁發之形。氣積則生，氣散則死，一而二，二而一者也。子路之問，求之虚。夫子教之，徵諸實。

【發明】反身録：問：先儒謂生死乃氣之聚散，氣聚而生，一死便都散了，無復有形象尚留於冥漠之内，然歟？曰：氣一散而便都與之俱散者，草木是也。蓋草木本無知覺，故氣散而與之俱散。人爲萬物之靈，若一死而亦與之俱散，是人與草木無殊。靈隨氣滅，無鬼無神，則季路事鬼神之問，夫子宜答以無鬼，何以曰焉能事鬼？而古今郊社之禮，六宗之禋，五祀之修，王者之禘祫，士庶之蒸嘗，一切崇德報功之典，追遠之舉，皆虚費妄作，爲不善於幽者當無所忌矣。生死一理，知生則知死矣。氣變而有形，形變而有生。生者造物之所始，死者造物之所終，故生之必有死，猶晝之必有夜。自古及今，無一獲免。而所以生所以死之實，則不因生死爲存亡，不隨氣機爲聚散也。氣有聚散，理無聚散。形有生死，性無加損。知此，則知生知死。學至於知生知死，學其至矣。夫誠知性無加損，則知所以盡性，終日乾乾，攝情歸性，湛定純一，不隨境遷，晝如此，夜如此，生如此，自然死亦如此矣。一念萬年，死猶不死，此堯、舜、孔、孟及歷代盡性至命者知生知死之實際也。苟爲不然，徒知何益。問：斯説蓋就性功純一者言，若在未嘗從事性功之人，其知生知死奈何？曰：此在各人心術何如耳。誠知人之生也本直，生而不罔，斯死而無歉。生能俯仰無愧，死則浩然天壤。生時正大光明於天下，死自正大光明於後世。若關壯繆、司馬光、文天祥、海剛峰諸人是也。問：此就心術正大行履無咎者言，下此則奈何？曰：下此則蚩蚩而生，昧昧而死。生而茫然，死而惘然。生既不能俯仰無愧浩然坦蕩於世上，屬纊之時，檢點生平，黯然消沮，自貽伊戚於地下，存不順而没不寧，何痛如之。蚤知如此，何至於此。此季路之所以問死，而學者之所以不可不知也。蓋知終方肯善始，知死方肯善生，知死期不可預定，則必兢兢思所以自治。惟恐今日心思言動違理，而無以善始善生，便非他日所以善終而善死。生時慎了又慎，免得死時悔了又悔。昔人謂少壯不努力，老大徒傷悲。余則謂生時不努力，死時徒傷悲。

康有爲論語注：易曰：「原始反終，故知死生之説。精氣爲物，游魂爲變，故知鬼神之情狀。」又曰：「通乎晝夜之道，而知原始反終。」通乎晝夜，言輪迴也，死於此者復生於彼，人死爲鬼，復生爲人，皆輪迴爲之。若能知生所自來，即知死所歸去。若能盡人事，即能盡鬼事。孔子發輪迴游變之理至精，語至玄妙超脱。或言孔子不言死後者，大愚也。蓋萬千輪迴，無時可免，以爲人故只盡人事，既身超度，自證自悟，而後可從事魂靈。知生者能知生所自來，即已聞道不死，故朝聞道，夕死可也。孔子之道，無不有死生鬼神，易理至詳，而後人以佛言即避去，必大割孔地而後止，千古大愚，無有如此，今附正之。

黄氏後案：易傳曰：「原始反終，故知死生之説。精氣爲物，游魂爲變，是故知鬼神之情狀。」知死知鬼神，非夫子五十知天命不能及此。夫子不答，猶是不語怪神之意也。下章類記子路之死，一以見知死之難，一以見夫子之獨知此也。

按：鬼神生死之理，聖如孔子，寧有不知？此正所以告子路也。昔有舉輪迴之説問伊川者，伊川不答。所以不答者，以輪迴爲無耶？生死循環之理不可誣也。以爲有耶？與平日闢佛言論相違也。此宋儒作僞之常態。至康氏乃發其覆，此如大地中突聞獅子吼，心爲爽然，洵孔氏之功臣也。

○閔子侍側，誾誾如也；子路，行行如也；冉有、子貢，侃侃如也。子樂。「若由也，不得其死然。」

【考異】皇本「閔子」下有「騫」字，「若」上有「曰」字。天文本論語校勘記：古本、足利本、唐本、津藩本、正平本「閔子」下有「騫」字，唐本、津藩本、正平本「冉有」作「冉子」，古本、唐本「樂」下有「曰」字。漢書敘傳「幽通賦『固行行其必凶』」，顔師古注曰：「論語稱閔子云云。子樂，曰：『若由也，不得其死然。』」文選幽通賦及崔子玉座右銘兩注皆引論語「子路行行如也。子曰：『若由也，不得其死然。』」論語集説：此「子樂」下脱「子曰」二字。輔廣論語答問：「子樂」不若「子曰」之協于文勢也。示兒編：「子樂」必當作「子曰」，聲之誤也。始以聲相近而轉「曰」爲「悦」，繼又以義相近而轉「悦」爲「樂」。知由也不得其死，則何樂之有？論語竢質：此書之例，記者稱諸弟子輒字而不名，在夫子口中皆名而不字。此稱「由也」，自是孔子之言，今奪去「曰」字非也。翟氏考異：漢書無引此文處，集注仍洪氏爲説，洪當誤憶師古漢書注爲漢書耳。然皇氏義疏本自有「曰」字，何宋代諸儒竟無見者，致煩紛紛擬議，不得已取證及史注耶？此可知皇氏疏自宋南渡時已佚。讀書叢録：此句本別爲一章，「曰」上脱「子」字。文選注引皆作「子曰」。或謂「樂」即「曰」字之僞，非也。淮南子精神訓注：季路仕于衛，衛君父子争國，季路死。孔子曰：「若由也，不得其死然。」言不得以壽命終也，故曰然。

按：此節應從皇本增「曰」字，翟氏説是也。説文解字「侃」字下引論語：「子路侃侃如也。」説文繫傳「誾」字下引論語曰：「冉有誾誾如也。」蓋由許君誤記，不足爲據。

【考證】宋翔鳳過庭録：説文解字：「侃，剛直也。從㐰。㐰，古文信。從川，取其不舍晝夜。論語曰：『子路侃侃如也。』」此引作「侃侃」，是正字。鄉黨篇之「侃侃」，及此下文「冉有、子貢侃侃如也」，並當爲「衎衎」，假借作「侃侃」，故並訓爲和樂也。鄭注論語：「行行，剛强之貌。」與許君解侃爲剛直義同。「行行」疑涉下文「衎衎」而誤。蓋古文論語「冉有、子貢侃侃如也」，本作「衎衎」。

潘氏集箋：案冉有、子貢氣象皆非侃侃者，則「侃侃」或爲「衎衎」之通借，必謂古文論語作「衎衎」，究無確證；而謂「行行」涉下文「衎衎」而誤，尤不可信。蓋鄭注已作「行行」，當非誤字，不可以不見他經傳而疑之也。羣經識小：行字古讀平聲，入陽韻，去聲便當入漾韻，其轉入庚敬韻者，後世之音也。黄氏後案：皇本作閔子騫，以上下文參玩之，是也。誾，斷之借字。閔子在德行科，如不屈於季氏，是斷斷守正之貌。鹽鐵論「諸生誾誾争」，鹽鐵彼文亦以誾誾爲持正貌。「侃侃」者，「衎衎」之借字。隸釋漢碑唐扶頌：「衎衎誾誾，尼父授魯，曷以復加。」碑語正用此文。冉有、子貢才智有餘，得動而樂之象，故曰衎衎。三國志蜀郤正傳曰：「侃侃庶政，冉季之治也。」亦言庶事康熙之意也。韓子文集韓宏碑云：「事親孝謹，侃侃自將。」亦以侃侃爲和樂之義也。朱子文集等書以冉子、端木子爲剛直有餘，説皆未瑩。夫子既云不得其死，上文何以云樂？注以「樂」即「曰」字之誤，以漢書敍傳幽通賦注、文選幽通賦注及崔子玉座右銘注考之，「樂」當爲「曰」。注引洪説，「漢書」下奪一「注」字。此篇類記諸弟子之事，上章言事人事鬼，與厚葬節爲一類；言知生知死，與此章爲一類。以子路之賢而猶未免禍，知死所以難也。雖然，未死而言此，危之正愛之也。其死也，夫子哭之曰：「噫！天祝予！」豈非賢者之難遘也邪？幽通賦「固行行其必凶兮，免盜亂爲賴道」，注：「應劭曰：『子路得免盜與亂，聞道於仲尼也。』」

【集解】鄭曰：「樂各盡其性也。行行，剛强之貌。」孔曰：「不得以壽終也。」

【唐以前古注】皇疏：卑者在尊者之側曰侍，此明子騫侍於孔子座側也。誾誾，中正也。子騫性中正也，亦侍孔子座側也。行行，剛强貌也。子路性剛强也，此二人亦侍側也。侃侃，和樂也，二子竝和樂也。孔子見四子之各極其性，無所隱情，故我亦懽樂也。孔子見子路獨剛强，故發此言也。由，子路名也。不得其死然，謂必不得壽終也，後果死衛亂也。又引袁氏云：道直時邪，自然速禍也。論語隱義（御覽卷三百六十六引）：衛蒯聵亂，子路興師往。有狐黯當師曰：「子欲入邪？」曰：「然。」黯從城上下麻繩鉤子路，半城，問曰：「爲師邪？爲君邪？」曰：「在君爲君，在師爲師。」黯因投之，折其左股，不死。黯開城欲殺之，子路目如明星之光曜，黯不能前，謂：「畏子之目，願覆之。」子路以衣袂覆目，黯遂殺之。」

按：隋志有論語隱一卷，郭象撰。又有論語隱義注三卷，並云亡。朱彝尊經義考於論語隱、論語隱義注外別出隱義，云：「隋志不載，但有其注載七録，未審即郭象論語隱否。」案郭書以隱名，兹云隱義注者，疑是後人衍象義而注之。白帖、御覽引凡二節，或題隱義，或題隱義注。其語鄙俚似小説，與郭氏體略不類，應皆是注者以異聞附益之。此條據余氏蕭客古經解鉤沉屬此句下，今從之。

【集注】行行，剛强之貌。子樂者，樂得英才而教育之。尹氏曰：「子路剛强，有不得其死之理，故因以戒之。其後子路卒死於衛孔悝之難。」洪氏曰：「漢書引此句上有『曰』字。」或云：「上文『樂』字即『曰』字之誤。」

按：漢書無引此事處。漢書敍傳幽通賦云：「游聖門而靡救兮，顧覆醢其何補。固行行其必凶兮，免盜亂爲賴道。」顏注：「論語稱：『子路行行如也。子樂，曰：若由也，不得其死然。』」洪氏殆引此注而誤記爲漢書。然皇疏本自有「曰」字，何宋代諸儒竟無一見者。可知皇疏本在宋南渡時已失傳也。

【餘論】四書詮義：祇就氣象上看，皆是英才，已自可樂。蓋誾誾、行行、侃侃，自與俗情世態天地懸隔。次節因其過剛而戒之，欲其有以變化氣質也。

【發明】四書訓義：剛柔皆道之用也。剛之過或不足以通吉凶之故，而柔之過則人欲易溺而天理不能自持，故聖人之所嘉予者惟剛，而聖教之裁成，必使卓然自拔於流俗。以直方而不屈，雖憂患之不免，而聖人終有取焉。志正則氣伸，氣不餒則神傳於容貌之間，故諸子侍側，夫子目擊而知其所養也。夫剛者可以自持而不可以加物，決於任道而非決於任志，志之任，其何以盡屈伸進退之理？剛加於物，而能不忤於物乎？夫喜其剛而又爲之憂，蓋欲有以善剛之用，乃雖爲之憂而不易其喜，則以靡靡者之生固不如行行者之死也。見利而歆，遇難而餒，闇然求媚於世，誠不如死之久矣。

○魯人爲長府。閔子騫曰：「仍舊貫，如之何？何必改作？」

【考異】九經古義：釋文云：「魯讀仍爲仁，今从古。」揚雄將作大匠箴曰：「或作長府，而閔子不仁。」用魯論也。拜經文集：魯讀「仁」字爲句，言仁在舊貫，改作是不仁也。陳讀義雖通而稍迂，古作「仍」字，義益明，故鄭從之。仍、仁音相近也。

【音讀】甕牖閒評：洪慶善解論語云：「長如字，今人多作上聲。左氏傳長府，長字無音，則論語當作如字無疑。」

【考證】四書釋地：左傳昭二十五年「公居於長府」，杜注：「長府，官府名。」九月戊戌，伐季氏，遂入其門。長府今不知所在，意其與季氏家實近。公居焉，出不意而攻之。論語鄭注：「長府，藏名也。藏財貨曰府。」又意公微弱，將攻權臣，必先據藏貨財之府，庶可結士心。亦一解。後反覆尋究始得之。蓋應劭曰：「曲阜在魯城中，委曲長七八里。」酈道元曰：「阜上有季氏宅，宅有武子臺，臺西北二里爲周公臺，周公臺南四里許爲孔廟，即夫子之故宅也。」然則今知得孔廟所在，則可以知季氏宫，由季氏宫又可想像而得長府地矣。翟氏考異：魯人改作長府，因季氏惡昭公也。左傳昭公二十五年：「公居長府，伐季氏，入之。孟氏、叔孫氏共逐公徒，公遜于齊。」長府，蓋魯君别館，稍有畜積扞禦，可備騷驚之所。季氏惡公恃此伐己，故于已事後率魯人卑其閈閎，俾後此之爲魯君者不復有所憑恃，其居心寧可問乎？閔子無諫諍之責，能爲婉言諷之，則自與聖人强公弱私之心深有契矣。如是説經，似尤覺聖賢見義之大，含旨之深。羅氏路史禪通紀曾旁論及是，而語焉未詳，竊申而備之。凌鳴喈論語解義（劉氏正義引）：疇昔昭公嘗居是伐季氏矣。定、哀之間，三家因欲改爲之，將以弱所恃也。稱魯人，衆也。是時三家皆欲之。包慎言温故録：案長府，宫館之屬，非藏名也。漢書元帝紀詔曰：「惟德薄不足以充入舊貫之居，其令諸宫館希幸御者勿繕治。」注：「應劭曰：『舊貫者，常居也。』」此足爲證。昭公欲伐季氏，而先居長府，必其地爲君常所臨幸，故人不以爲疑。魯人爲長府，蓋欲擴其舊居以壯觀瞻。魯君失民數世矣，隱民皆取食於季氏，復爲長府以重勞之，是爲淵驅魚也。閔子故婉言以諷之。後漢書郎顗傳顗上書曰：「夏禹卑室，盡力致美。又魯人爲長府，閔子騫曰：『仍舊貫，何必改作。』臣以爲諸所繕修，事可減省。」郎顗引經，亦以長府爲宫館，義與元帝詔若合符契，不可易也。　劉氏正義：諸説略有異同，惟閻氏得之，而義亦未盡。蓋府自是藏名，周官玉府職云：「掌王之金玉玩好兵器。凡王之獻金玉兵器文織良貨賄之物，受而藏之。」内府職云：「掌受九貢九賦九功之貨財良兵良器，以待邦之大用。凡四方之幣獻之金玉齒革兵器，凡良貨財入焉。」又外府掌邦布及王后世子祭服，是兵器藏内府，不藏外府。然則玉府掌兵器亦當在内。魯之長府自是在内，而爲兵器貨賄所藏。魯君左右多爲季氏耳目，公欲伐季氏而不敢發，故居於長府，欲藉其用以伐季氏，且以使之不疑耳。昭公伐季氏在二十五年，孔子時正居魯，則知魯人爲長府正是昭公居之，因其毁壞而欲有所改作，以爲不虞之備。但季氏得民已久，非可以力相制。故子家羈力阻其謀，宋樂祁知魯君必不能逞，而閔子亦言仍舊貫，言但仍舊事，略加繕治，何必改作，以諷使公無妄動也。論語書之曰「魯人」，明爲公諱，且非公意也。當時伐季之謀，路人皆知，閔子所言，正指其事，然其辭微而婉，故夫子稱其「言必有中」也。若如翟説，魯人指季平子。淩説，魯人指三家在定、哀時爲長府者，欲改爲之以奪魯君之所恃。夫昭公居長府以伐季氏，其事已無成，定、哀即欲伐季氏，亦斷無仍居長府，蹈此覆轍，而煩三家之重慮之也。且既患公復居長府，何不毁壞之，而反從而修治也？即如包説長府是别宫，非藏名，則昭公居長府以伐季氏，將何所取意耶？諸説於情事多未能合。若閻氏以長府去季氏家近，亦非是。長府自在公宫内也。　湖樓筆談：「魯人爲長府」，鄭注曰：「長府，藏名也。藏財貨曰府。」夫藏財貨之府，非如苑囿之可爲游觀，如其未壞，必不改作，壞而改作，則無可議。竊謂魯人之爲長府，季氏意也。考之左傳，昭公之攻季氏，實居於長府。然則季氏之改作長府，猶趙簡子之欲毁晉陽之壘也。趙簡子不云乎：「吾見壘培，如見寅與吉射也。」季氏之見長府，不亦如見昭公乎？且非特此而已，魯一國之衆過長府之下，皆指而目之曰：「此昔吾君昭公所居以攻季氏者也。」忠義之士必有太息流涕者，而季氏子孫不得安枕矣。此季氏之所以必欲改作也。閔子曰：「仍舊貫，如之何？何必改作？」子曰：「夫人不言，言必有中。」魯論讀「仍」爲「仁」，夫舊貫何以言仁？蓋動其不忍之心也。舊貫可愛，舊君獨不可思乎？此孔門之微言，而魯人傳其舊讀，惜乎鄭君之不知從也。其後季氏使閔子騫爲費宰，閔子騫曰：「如有復我者，則我必在汶上矣。」夫孔子之聖而躬爲季氏吏，由、賜之徒仕季氏者多矣，豈閔子而以仕季氏爲恥？且辭之則已耳，何必有汶上之言？疑此事亦在昭公遜齊之年，汶上自魯適齊之道，示將從故君於齊耳。

按：以上諸説，當以劉氏正義所説爲允。

【集解】鄭曰：「長府，藏名也。藏貨財曰府。仍，因也。貫，事也。因舊事則可也，何乃復更改作。」

【集注】長府，藏名，藏貨財曰府。爲，蓋改作之。仍，因也。貫，事也。王氏曰：「改作勞民傷財，在於得已，則不如仍舊貫之善。」

【別解】四書稗疏：集注云「藏貨財曰府」，然則府頽敝而改爲之亦奚不可，而必仍其舊哉？若謂別作一府以斂財多積，則魯於是時四分公室，民食於家，亦惡從得貨財而多積之，如後世瓊林左藏封椿之厚儲以供君用邪？ 按太公爲九府，府者，泉布金刀之統名也。 其曰長者，改短而長，輕而重也。 圜曰泉，方而長曰幣。 冠圜泉於首下作刀形曰金刀，皆橢長而不圜。 錢譜有漢鑄厭勝錢，溝心錢，皆其遺制。 五銖興，而始無不圜者矣。 改作長府者，改其形模，視舊加長也。加長則所值倍增，用銅少而鑄作簡，乃近代直十當五當兩之法，一旦驟改，則民間舊幣與銅同價，而官驟收其利，此三家所以亂舊典而富私門也，故閔子以仍舊貫折之。 貫，錢繫也，或曰緡，或曰貫，皆以繫計多寡之稱。 府改價增，則貫減而少，仍舊者，使以舊府取足貫也。

按：此說從「貫」字著想，頗有意義，可備一說。

【餘論】論語經正録引王船山曰： 案春秋「新延廄」，穀梁傳曰：「其言新，有故也。」公羊傳曰：「新延廄者何？ 修舊也。」「新作南門」，穀梁傳曰：「作，爲也。 有加其度也。 言新有故也，非作也。」又「新作雉門及兩觀」，穀梁傳曰：「言新有舊也。 作，爲也，有加其度也。」審是則修舊曰新，有加其度曰作曰爲。 度，王者之法制也，有加其度，則僭擬矣。 故曰作曰爲，皆臣子不忍斥君父之僭擬而諱之之辭也。 記者曰爲，閔子曰何必改作，則魯人僭爲王者之府明矣。 言魯人則見非魯君之意，而魯之士大夫慫恿之又明矣。 閔子諫以仍舊貫，欲魯人之以善導君而修舊耳。公羊傳曰：「修舊不書。」春秋無作長府之文，蓋從閔子之諫而僅修舊耳。 閔子一言而有數善，故夫子亟偁之。 四書翼注論文： 春秋於定、哀之世，作雉門兩觀則書，築蛇淵囿則書，城西郛、城毗、城邾瑕則書，獨不書爲長府，蓋以閔子之言而止歟？

子曰：「夫人不言，言必有中。」

【考證】經傳釋詞：夫，猶此也。禮記檀弓「夫夫也」，鄭注：「夫夫，猶言此丈夫也。」趙佑温故録：夫人不言，反逗語，此例見於經者，如中庸「有弗學」，孟子「故君子有不戰」，檀弓「伯氏不出而圖吾君」皆是。

【集解】王曰：「言必有中，善其不欲勞民更改作也。」

【集注】言不妄發，發必當理，惟有德者能之。

○子曰：「由之瑟奚爲於丘之門？」

【考異】皇本作「由之鼓瑟。」七經考文：古本有「鼓」字。天文本論語校勘記：古本、足利本、唐本、津藩本、正平本「由之」下有「鼓」字。

按：馬注言「子路鼓瑟」，皇、邢二疏並同，是唐人所見本皆有「鼓」字。

【考證】家語辨樂解：子路鼓琴，孔子聞之，謂冉有曰：「甚矣由之不才也！夫先王之制音也，奏中聲以爲節，入於南，不歸於北。南者，生育之鄉。北者，殺伐之域。故君子之音温柔居中，以象生育之氣，憂愁之感不加於心也，暴厲之動不在於體也，夫然者乃所謂治安之風也。小人之風則不然，亢厲微末以象殺伐之氣，中和之感不載於心，温和之動不存於體，夫然者乃所以爲亂之風。今由也匹夫之徒，曾無意於先王之制，而習亡國之聲，烏能保其六七尺之體也哉？」冉有以告子路，子路懼而自悔，静思不食，以至骨立。夫子曰：「過而能改，其進矣乎。」説苑：子路鼓瑟，有北鄙之聲。子曰：「南者，生育之鄉。北者，殺伐之域。故舜造南風之聲，其興也勃焉。紂爲北鄙之聲，其亡也忽焉。」翟氏考異：說苑載此事原作「鼓瑟」，家語爲「鼓琴」，明正德時，何氏孟春校注家語，從說苑改「瑟」，而毛氏汲古閣依北宋板仍刊作「琴」，集注引家語「子路鼓瑟，有北鄙殺伐之聲」，則當時朱子所見却是「瑟」字。

【集解】馬曰：「子路鼓瑟不合雅、頌。」

【唐以前古注】皇疏：子路性剛，其鼓琴瑟亦有壯氣。孔子知其必不得以壽終，故每抑之。汝鼓瑟得在於我門，我門文雅，非用武之處也，故自稱名以抑之也。奚，何也。侃謂此門，非謂孔子所住之門，故是聖德深奥之門也，故子貢答武叔曰：「得其門者或寡也。」

【集注】程子曰：「言其聲之不和，與己不同也。」家語云：「子路鼓瑟，有北鄙殺伐之聲。」蓋其氣質剛勇而不足於中和，故其發於聲者如此。

【餘論】劉氏正義：白虎通禮樂篇：「瑟者，嗇也，閑也。所以懲忿窒欲，正人之德也。」郭璞注爾雅云：「長八尺一寸，廣一尺八寸，二十七弦。」邵氏晉涵正義引禮圖，雅瑟廣長與郭注同，惟二十三弦與郭異。頌瑟長七尺二寸，廣一尺八寸，二十五弦。而風俗通又言今瑟長五尺五寸，皆是依仿古制，不能畫一。

門人不敬子路。子曰：「由也升堂矣，未入於室也。」

【集解】馬曰：「升我堂矣，未入室耳。門人不解，謂孔子言爲賤子路，故復解之。」

【集注】門人以夫子之言，遂不敬子路，故夫子釋之。升堂入室，諭入道之次第，言子路之學已造乎正大高明之域，特未深入精微之奧耳，未可以一事之失而遽忽之也。

【餘論】黄氏後案：升堂豈易許哉？喜告過則改之，誠恐有聞則勉之；力辭叛者之要言，必成其信；贈處者之求益，堪知其謙；墮費未盡大猷，治蒲亦祗小試；勇足以立千乘之功而不流於霸，明足以斷單辭之獄而不入于偏，此仲子之所以不可及也。論語稽：門堂室皆所謂造聖賢之域也。夫子教人和平中正，造其域者氣質悉化。子路陶淑雖久，其生性不近春温而近秋殺，故於鼓瑟之頃偶流露焉，而夫子戒之。

按：子路之死，夫子蓋預知之，故戒之不止一次，而卒之無救於其死者，故曰「死生有命」。

○子貢問：「師與商也孰賢？」子曰：「師也過，商也不及。」曰：「然則師愈與？」子曰：「過猶不及。」

【考異】皇本「問」下有「曰」字，「賢」下有「乎」字，「不及」下有「也」字。

【考證】禮記仲尼燕居云：「子曰：『師，爾過，而商也不及。』子貢越席而對曰：『敢問將何以爲此中者也？』子曰：『禮乎禮。夫禮所以制中也。』」鄭注：「過與不及，言敏鈍不同，俱違理也。」家語弟子行篇：子貢語衛將軍文子曰：「美功不伐，貴位不喜，不侮不佚，不傲無告，是顓孫師之行也。學之深，送迎必敬，上交下接若截焉，是卜商之行也。」

【集解】孔曰：「言俱不得中。」何曰：「愈猶勝也。」

【唐以前古注】皇疏：師，子張。商，子夏也。孰，誰也。子貢問孔子欲辨師、商誰爲賢勝也。過，謂子張性繁冗，爲事好在避過而不止也。言子夏性疎闊，行事好不及而止也。愈，勝也。子貢又問若師爲事好過，好過則爲勝耶？答言既俱不得中，則過與不及無異也，故云「過猶不及」也。又引江熙云：聖人動爲物軌，人之勝否未易輕言。兩既俱未得中，是不明其優劣以貽於來者也。

【集注】子張才高意廣而好爲苟難，故常過中。子夏篤信謹守而規模陿隘，故常不及。愈，猶勝也。道以中庸爲至，賢智之過雖若勝於愚不肖之不及，然其失中則一也。

【餘論】四書改錯：子張賢智固有之，若子夏愚不肖，則夫子口中定無有此。按中庸過不及以道教言，道教屬君子，而過與不及則屬之鮮能之民，如後所云夫婦之愚、夫婦之不肖者。若此過不及則專以氣質言，謂氣質不齊，有此二等，然互相勝負，無可優劣，有時過勝不及，有時不及亦勝過，故曰猶。猶者，等也，齊一也。嘗讀禮記，子張與子夏各除喪而見孔子，張則哀痛已竭，彈琴成聲，曰：「不敢不及也。」夏則哀痛未忘，彈琴不成聲，曰：「不敢過也。」即此一節，亦一過一不及之證。然而喪尚哀戚，一則哀不足而禮有餘，一則禮不足而哀有餘，子夏之不及較勝於子張之過有顯然者。故此苟引經，當引洪範三德證此猶字。三德者，正直、剛克、柔克也。正直以無偏無側據作首德，而高明剛克、沈潛柔克即過不及也，皆氣質也。然而正直，德也，高明、沈潛，亦德也。三德並列，有何勝負，其解「猶」字當如此。

論語集釋卷二十三

先進下

○季氏富於周公，而求也爲之聚斂而附益之。子曰：「非吾徒也。小子鳴鼓而攻之，可也。」

【考異】皇本作「附益也」，「而攻之」無「而」字。七經考文：一本「求」下無「也」字，「益」下無「之」字。論衡順鼓篇引此章作「小子鳴鼓攻之」。黃氏後案：經文求也之稱，記者無此體。下「子曰」宜移在「季氏」之上。禮大學篇鄭君注引此章文，「非吾徒也」上無「子曰」二字。漢書諸侯王表注、後漢書楊秉傳注引此文皆以爲孔子之言，可證也。

【考證】左傳哀公十一年：季氏欲以田賦，使冉有訪諸仲尼。曰：「丘不識也。」三發，卒曰：「子爲國老，待子而行，若之何子之不言也？」仲尼不對，而私於冉有曰：「君子之行也，度於禮，施取其厚，事舉其中，斂從其薄，如是則以丘亦足矣。若不度於禮而貪冒無厭，則雖以田賦，將又不足。且子季孫若欲行而法，則周公之典在。若欲苟而行，又何訪焉？」弗聽。十二年春王正月，用田賦。魯語：仲尼私於冉有曰：「汝不聞乎？先王制土，藉田以力，而砥其遠邇；

賦里以入，而量其有無；任力以夫，而議其老幼。於是乎有鰥寡孤疾，有軍旅之出，則徵之；無則已。其歲收，田一井出稯禾秉芻缶米，不是過也。先王以爲足。若子季孫欲其法也，則有周公之藉矣。若欲犯法，則苟而賦，又何訪焉？」翟氏考異：說文：「富，備也。一曰厚也。」此富祇合訓厚，以與薄稅斂之薄反對。季氏之用賦厚於周公，典籍故云「富於周公」也。魯自宣公稅畝而田賦倍，已富厚於周公矣。及此而冉有復爲季氏訪問田賦，即所謂「爲之聚斂而附益」也。夫子既以正告，冉有仍不勸救季氏，卒用田賦，夫子所以欲絕之也。此事又詳著於外傳魯語，以證論語，似最允協。若依舊說，則周公勳貴有之，曷嘗以之致富，而乃與富人相衡量哉？

論語發微：春秋繁露曰：「大旱者，陽滅陰也。陽滅陰者，尊壓卑也。固其義也，雖大甚，拜請之而已，無敢有加也。大水者，陰滅陽也。陰滅陽者，卑勝尊也。日食亦然，皆下犯上，以賤傷貴，逆節也。故鳴鼓而攻之，朱絲而脅之，爲其不義也。此亦春秋之不畏强禦也。」按董生之言，知魯有季氏，世卿專政，祿去公室，攘奪克剥，而有用田賦之事。是亦卑勝尊，賤傷貴，不義之至者。與季氏不能聽，冉有不能救，厥罪惟均，故鳴鼓而攻。若深疾冉有，實正季氏之惡。

楊豫孫西堂日記：周公不之魯，次子世爲周公於畿内共和是也。周、召世爲三公，猶魯之有三桓，世爲卿也。故曰季氏富於周公，非謂文公旦也。論語竢質：左傳桓十八年有周公黑肩，當周莊王時。莊十六年有周公忌父，當周莊王時出奔虢，惠王立而復之。又僖九年有宰周公孔，皆周文公之子孫世食采于周者。此周公又其後也。富，謂采地所入多也。諸侯之卿不得侔於天子之卿，乃季氏四分魯國有其二，采地多於王朝卿士，故曰富於周公。稱天子之卿相形，明其踰侈無度爾，非封於魯之周公也。羣經平議：此周公非周公旦也。擬人必以其倫，以季氏而擬周公，非其倫也。所謂周公，乃春秋時之周公，如周公黑肩、周公閱是也。蓋欲言季氏之富，而但舉晉、韓、魏、齊陳氏之屬與之比較，則本爲同列，即富過之，亦不足深罪，故必曰富於周公，以見季氏以侯國之卿而富過於王朝之宰也。泰伯篇「如有周公之才之美」，孔注曰：「周公者，周公旦。」正義曰：「以春秋之世，別有周公。恐與彼相嫌，故注者明之。」然則孔注於此章不曰周公旦，明是春秋時之周公，正義乃曰「魯其後也」，失經意，且失注意矣。

按：俞氏之說是也。孔注止云「周公，天子之宰，卿士」，並不云周公旦。皇疏所解極爲明晰，其以爲周公旦者，蓋宋儒不學之過也。

【集解】孔曰：「周公，天子之宰卿士也。冉求爲季氏宰，爲之急賦稅也。」鄭曰：「小子，門人也。鳴鼓，聲其罪以責之。」

【唐以前古注】皇疏：季氏，魯臣也。周公，天子臣。食采於周，爵爲公，故謂爲周公也，蓋周公旦之後也。天子之臣地廣祿大，故周公宜富。諸侯之臣地狹祿小，季氏宜貧。而今僭濫，遂勝天子臣，故云「季氏富於周公」也。又引繆協云：季氏不能納諫，故求也莫得匡救。匡救不存其義屈，故曰「非吾徒也」。攻譏於求，所以深疾季氏。子然問，明其義也。

【集注】周公以王室至親，有大功，位冢宰，其富宜矣。季氏以諸侯之卿而富過之，非攘奪其君、刻剥其民，何以得此？冉有爲季氏宰，又爲之急賦税以益其富。非吾徒，絶之也。小子鳴鼓而攻之，使門人聲其罪以責之也。聖人之惡黨惡而害民也如此。然師嚴而友親，故已絶之而猶使門人正之，又見其愛人之無已也。范氏曰：「冉有以政事之才施於季氏，故爲不善至於如此，由其心術不明，不能反求諸身而以仕爲急故也。」

【餘論】論語或問：或問：冉求學夫子，於門弟子中亦可謂明達者，今乃爲季氏聚斂何耶？曰：冉求之失不待於聚斂而後見，自其仕於季氏，則已失之矣。蓋當是之時，達官重任皆爲公族之世官，其下則尺地一民皆非國君之有，士唯不仕則已，仕則未有不仕於大夫者。冉求於此，豈亦習於衰世之風而不自知其非歟？然使其仕於季氏而能勸之，黜其彊僭而忠於公室，則庶乎小貞之吉矣。今乃反爲之聚斂，是使權臣愈彊，公室愈弱也，故孟子以「無能改於其德而賦粟倍他日」言之。蓋不自知其學之未至，而謂從仕爲士之常，是以漸靡以至此耳。曰：然則夫子曷爲不於其仕季氏而責之也？曰：聖人以不仕爲無義，而猶望之以小貞之吉也。朱子語類：人最患資質弱，剛如子路，雖不得其死，百世之下，其勇氣英風尚足以起頑立懦。若冉有之徒，都自扶不起。如云可使足民，豈不知愛民而反爲季氏聚斂。范氏云：「其心術不明。」惟是心術不明，到此都不自知。又云：「以仕爲急。」惟以仕爲急，故從季氏之惡。四書改錯：此聖門敗闕既已顯著，則從而盡情唾罵應所不免。但「自扶不起」四字恰似擡舉不成人者，雖夫子師長亦不忍出口，况直呼其名曰求之徒，又三稱曰他，其鄙棄不屑如是，則忝作學生恐亦非所應有矣。乃歷陳罪狀，則又並無一當者。聖門仕季氏，有何不是？夫子初作季氏小吏，繼作孟氏五屬臣，及進爲司寇，而後由、賜之徒得以入仕，是聖門雖不反身，亦求仕不得，此亦何處可急，而反復以急仕責之？況求不急仕，而夫子之急反過於求。觀其失位，將之荆即先冉有，在陳聞季氏復召冉有，即期以大用，則急仕固無害。然且期大用，不必小貞之吉也。人讀書論世，思進退古今人物，而於春秋事實未嘗窺見。周制重世官，然自公族食采外，亦何嘗一民尺地皆非君有？國有民有地，民出徒役，地出賦税，皆公家主之。即軍賦軍役，舊制所云大國三軍者，亦征自公家，而第於行軍時使三卿受役並受賦已耳。惟三家爲三卿，則以改車爲行之際極重徒衆，因之自征徒役，而祇以邑税仍還之公，此襄十一年作三軍，所云三分公室，昭五年舍中軍，所云四分公室者，是徒役，不是賦税。況三軍而外，其爲役爲税者何限。故宣公税畝，見於春秋。哀公問年饑而用田賦，則不惟見春秋，而並見論語。是什一什二皆君自爲政，未可謂一民尺地非君有也。特用田賦時，雖哀公親問有若，而有若不許；及季康子使冉有親問夫子，而夫子以苟行絶之，乃卒用田賦，則冉子不能無過矣。冉兩仕季氏，桓子不用冉而康子用之。且聚斂與田賦一事又適相合，夫子之責之當在此時。其曰「富於周公」者，正以周公指公家，謂公苦年饑而季氏頗富，此非救饑，實附富也。以公邑加斂，季所共也。此並責康子也，注者全不曉也。

○柴也愚，參也魯，師也辟，由也喭。

【考異】四書湖南講：此必夫子平時零碎議論，門人彙記於此，故不用「子曰」字冠首。史記弟子傳：「師也僻，參也魯，柴也愚，由也喭。」次序不同，「辟」字作「僻」。皇本「辟」作「僻」。

尚書無逸篇正義引論語：「由也諺。」以「喭」作「諺」。翟氏考異：楊慎升菴外集曰：「論語『由也諺』，或作『喭』，見文選注。」董斯張吹景集亦言：「『由也諺』之諺史記作『喭』。」蓋前明所刊論語多爲「諺」者。集注考證謂：「凡傳稱『喭曰』者皆从言。古文篆字之从言者皆作口。」則兩文通用。阮元校勘記：說文有「諺」無「喭」，「喭」乃「諺」之俗字。

【考證】劉氏正義：弟子列傳：「高柴字子羔。少孔子三十歲。子羔長不盈五尺，受業孔子，孔子以爲愚。」集解引鄭玄曰：「衛人。」子羔亦稱季羔，見左傳。檀弓作子臯，「臯」與「羔」同。家語作子高，齊人，少孔子四十歲。高既爲氏，不當又爲字。三十、四十積畫相亂，衛、齊二說亦異，當以鄭氏爲是。釋文云「畔喭」，皇本、釋文所見本並作「呅喭」。書無逸云：「乃逸乃喭。」僞孔傳：「叛諺不恭。」叛諺與畔喭同。焦氏循論語補疏：「大雅皇矣『無然畔援』，箋云：『畔援，跋扈也。』韓詩云：『武强也。』漢書敍傳注作『無然畔換』。文選魏都賦云『雲撤叛換』，劉淵林注：『叛換猶恣睢也。』換、援、諺聲近相通。」黄氏後案：辟，讀若左傳「闢西辟」之辟，偏也，以其志過高，而流於一偏也。馬注以辟爲邪僻文過，固非。禮五帝德篇有「容貌取人，於師改之」之言。荀子非十二子曰：「禹行而舜趨，子張氏之賤儒也。」此朱子訓辟爲便辟之所本。愚、魯、辟、喭以生質言，非言習也。諸經言便辟者，謂便習。其盤旋退避之容，不可以訓辟。戴禮所言或謂指堂堂寬大之貌，或謂聖人不以顏貌取人，禮記亦後人所坿益。若荀子譏末流之弊，尤不可援以注此經也。喭，剛猛失容也。皇疏：王弼云：「喭，剛猛也。」説與鄭君義同。邢本「吸喭」作「畔諺」，沿俗改字。而疏云：「舊注作吸喭。字書：『吸喭，失容也。』言子路性行剛强，常吸喭失於禮容也。」疏義猶本舊説不誤。朱子以「喭」同「諺」，訓粗俗。子路篇云：「野哉由也。」是朱子注所據。然彼以一事言之耳。段氏尚書撰異曰：「仲氏子可謂之粗，不可謂之俗。豈有見義必爲，縕袍不恥，車裘不私，如仲氏子而或以爲俗者？古書所引諺皆老成典型之言。説文：『諺，傳言也。』」

【集解】弟子高柴字子羔。愚，愚直之愚。孔曰：「魯，鈍也。曾子性遲鈍。」馬曰：「子張才過人，失在邪僻文過。」鄭曰：「子路之行失於吸喭。」

【唐以前古注】皇疏引王弼云：愚，好仁過也。魯，質勝文也。僻，飾過差也。喭，剛猛也。

【集注】柴，孔子弟子，姓高，字子羔。愚者，知不足而厚有餘。家語記其「足不履影，啓蟄不殺，方長不折。執親之喪，泣血三年，未嘗見齒。避難而行不徑不竇」，可以見其爲人矣。魯，鈍也。程子曰：「參也竟以魯得之。」又曰：「曾子之學誠篤而已。聖門學者聰明才辨不爲不多，而卒傳其道乃質魯之人爾，故學以誠實爲貴也。」辟，便辟也，謂習於容止，少誠實也。喭，粗俗也。傳稱喭者，謂俗論也。楊氏曰：「四者性之偏，語之使知自勵也。」吴氏曰：「此章之首脱『子曰』二字，或疑下章『子曰』當在此章之首，而通爲一章。」

按：集解本此合下章爲一章，朱子分兩章，今從朱子。

【餘論】經正録：辟喭字義，集注蓋從呂與叔「辟謂便而少誠，喭謂俗而少學」爲說，不如古說爲長。

四書詮義：有其病則有其善，愚者必厚重，魯者必誠樸，辟者才必高，喭者性必直，此皆聖門氣質有偏而未爲習染所壞者。愚者充以學問，魯者勵以敏求，辟者歛以忠信，喭者文以禮樂，祇因其好處，克去其偏處，便可至於中庸，故語之使知自勵也。

○子曰：「回也其庶乎，屢空。賜不受命，而貨殖焉，億則屢中。」

【考異】說文注：今之「婁」字本是屢空字，「屢」字乃後人所加。　漢書貨殖傳：「孔子譏子貢曰：『賜不受命，而貨殖焉，意則屢中。』」師古注曰：「意讀曰億。」　隸續録漢陳度梅碑曰：「貨殖孔曰，意則屢中。」李覯集陳公燮字序「夫子謂賜也意則屢中」，本史記作「億」。　皇本「億」作「憶」。

【音讀】論語詳解：「其庶乎屢空」當作一句讀。　翟氏考異：何氏「空」凡二解：一云空匱，一云虛中。據說文空祇一音，蓋俱宜如字讀苦紅反。如孟子「空乏其身」，小雅「杼軸其空」，亦惟如字是也。近人以空匱別讀去聲，據小雅「不宜空我師」，空訓窮，音苦貢反。意猶可通。陸氏釋文既不用苦紅，亦不用苦貢，而云力從反，未詳。　經讀考異：此凡兩讀，何氏集解言：「回庶幾聖道，雖屢空匱而樂在其中。」是以「乎」字絶句，近讀從之。又云：「屢，猶每也。空，猶虛中也。言其于庶幾每能虛中者，是以屢空。」連上「庶幾」爲句。

【考證】論語後録：讀與易「其殆庶幾乎」同。繫辭：「子曰：『顏氏之子，其殆庶幾乎？有不善未嘗不知，知之未嘗復行也。』」虞翻注：「幾，神眇也。」翻説幾，以上「知幾其神」故云爾。侯果訓庶爲冀，然則庶幾猶云冀近於知幾也。知幾者唯聖人，顔子亞聖但近之，然與億則屢中者又相去遠矣。左傳：「仲尼曰：『賜不幸言而中，是使賜多言者也。』」夫子懼其多言，故每抑之。

論語稽求篇：空者，窮也。詩節南山「不宜空我師」，作不宜窮我師解。古貧、窮本二義，而時俗通語即呼貧爲窮，此正本空字而兼其義者。蓋家有虧匱，身有缺乏，歉也，亦貧也。生計無去路，窮也。家歉無日贏，生計有時絶，故曰屢空。後漢賈逵傳：「帝謂馬防曰：『賈逵母病，此子無人事於外，屢空，將從孤竹之子於首陽山矣。』」觀其用「屢空」二字，而加「無人事於外」一句，正窮乏之義。

劉氏正義：爾雅釋言：「庶幾，尚也。」又云：「庶，幸也。」史記伯夷列傳：「然回也屢空，糟糠不厭。」鹽鐵論地廣云：「夫賤不周知，貧不妨行。顔淵屢空，不爲不賢。孔子不容，不爲不聖。」是漢人解屢空皆爲空匱。廣雅釋詁：「殖，積也。」周語「財蓄殖」，韋昭解：「殖，長也。」子貢貨殖，謂居貨財以生殖也。億，度也。貨殖傳云：「子贛既學於仲尼，退而仕衛。發貯鬻財曹、魯之間，七十子之徒最爲饒。而顔淵簞食瓢飲，在於陋巷。子贛結駟連騎，束帛之幣，聘享諸侯，所至，國君無不分庭與之抗禮。然孔子賢顔淵而譏子贛曰：『回也其庶乎，屢空。賜不受命而貨殖焉，意則屢中。』」班傳全引此文，而以「賜不受命」二句爲孔子所譏，是「意則屢中」即承上貨殖言。

論衡知實篇：「賜不受命而貨殖焉，億則屢中。罪子貢善居積。意貴賤之期，數得其時，故貨殖多，富比陶朱。」又云：「子貢善意，以得貨利。」蓋論衡以「意貴賤之期」解億字。「數得其時」，數解屢字，得其時解中字。此漢人解誼之最顯然可據者。

【集解】言回庶幾聖道，雖數空匱而樂在其中矣。賜不受教命，惟財貨是殖，億度是非。蓋美回所以勵賜也。一曰：「屢，猶每也。空，猶虛中也。以聖人之善道，教數子之庶幾，猶不至於知道者，各内有此害。其於庶幾每能虛中者，惟回懷道深遠。不虛心不能知道，子貢雖無數子之病，然亦不知道者，雖不窮理而幸中，雖非天命而偶富，亦所以不虛心也。」

【唐以前古注】皇疏：解此義者凡有二通。一云：庶，庶幾也。屢，每也。空，窮匱也。顏子庶慕於幾，故遺忽財利，所以家每空貧而簞瓢陋巷也。又一通云：空，猶虛也。言聖人體寂而心恒虛無累，故幾動即見。而賢人不能體無，故不見幾，但庶幾慕聖而心或時而虛，故曰屢空。其虛非一，故屢名生焉。云「賜不受命而貨殖焉」者，此孔子又評子貢累也。亦有二通。一云：不受命者，謂子貢性動，不能信天任命，是不受命也。而貨殖者，財物曰貨，種藝曰殖。子貢家富，不能清素，所以爲惡也。又一通云：殷仲堪云：「不受矯君命。」江熙云：「賜不榮濁世之禄，亦幾庶道者也。雖然有貨殖之業，恬愉不足，所以不敢望回耳。」亦曰不受命者，謂子貢不受孔子教命，故云不受命也。云「憶則屢中」者，此亦有二通。一云：憶，謂心憶度事宜也。言子貢性好憶度是非而屢幸中，亦是失也，故君子不憶不幸也。又一通云：雖不虛心如顏，而憶度事理必亦能屢中也。又引王弼云：其庶乎屢空，庶幾慕聖，忽忘財業，而數空匱也。命，爵命也。憶，憶度也。子貢雖不受爵而能富，雖不窮理而幸中，蓋不逮顏之庶幾，輕四子所病，故稱

「子曰」以異之也。又引顧歡云：夫無欲於無欲者，聖人之常也。有欲於無欲者，聖人之分也。二欲同無，故全空以目聖。一有一無，故每虛以稱賢。賢人自有觀之，則無欲於有欲；自無觀之，則有欲於無欲。虛而未盡，非屢如何。又引太史叔明云：顏子上賢，體具而微則精也，故無進退之事，就義上以立屢名。按其遺仁義，忘禮樂，隳支體，黜聰明，坐忘大通，此忘有之義也。忘有頓盡，非空如何。若以聖人驗之，聖人忘忘，大賢不能忘忘，不能忘忘，復爲未盡，一未一空，故屢名生也焉。筆解：韓曰：「一說：屢，猶每也。空，猶虛中也。此近之矣。謂富不虛心，此說非也。吾謂回則坐忘遺照，是其空也。賜未若回每空，而能中其空也。『貨』當爲『資』，『植』當爲『權』，字之誤也。子貢資於權變，未受性命之理，此蓋明賜之所以亞回也。」

【集注】庶，近也，言近道也。屢空，數至空匱也。不以貧窶動心而求富，故屢至於空匱也。言其近道，又能安貧也。命，謂天命。貨殖，貨財生殖也。億，意度也。言子貢不如顏子之安貧樂道，然其才識之明亦能料事而多中也。程子曰：「子貢之貨殖，非若後人之豐財，但此心未忘耳。然此亦子貢少時事，至聞性與天道，則不爲此矣。」

【別解一】論語補疏：此章宜以「不受命」三字爲之樞。皇疏引殷仲堪云：「不受矯君命。」江熙云：「賜不榮濁世之禄，亦庶幾道者也。雖然有貨殖之業，恬愉不足，所以不敢望回耳。」兩說於受命爲合。揆論語此文，謂顏子不受禄命，則貧而至於屢空。子貢不受禄命，則貨殖而屢中。相較回也，其庶幾乎。「貨殖」上用一「而」字，明從「屢空」作轉。同一不受禄命，回不貨殖故屢空，賜貨殖而屢中，故不屢空。兩「屢」字亦相呼應。不善貨殖者，損折亦能屢空，賜則能屢中，謂如其所億度而得贏餘也。回非不能貨殖屢中，其至於屢空，本不貨殖以得贏餘，故空乏也。先提起「其庶乎」三字，下文倒裝互發，周、秦之文，往往如此，而此文尤其靈妙者也。何氏以不受命爲不受教命，辭義遂不可達。

【別解二】羣經平議：不受命而貨殖自是一事。古者商賈皆官主之，故呂氏春秋上農篇曰：「凡民自七尺以上屬諸三官，農攻粟，工攻器，賈攻貨。」高誘注曰：「三官，農、工、賈也。」以周禮考之，質劑掌於官，度量純制掌於官，貨賄之璽節掌於官。下至春秋之世，晉則絳之富商韋藩木楗以過於朝，鄭則商人之一環必以告君大夫，蓋猶皆受命於官也。若夫不受命於官，而自以其財市賤鬻貴，逐什一之利，是謂不受命而貨殖。管子乘馬篇曰：「賈知賈之貴賤，日至於市而不爲官賈。」此其濫觴歟？蓋不屬於官，即不得列於太宰之九職，故不曰商賈，而曰貨殖。子貢以聖門高第，亦復爲之，陶朱、白圭之徒由此起也。太史公以貨殖立傳而首列子貢，有開必先，在子貢固不得而辭矣。

按：此章之義仍以朱注爲長。以爲教命固非，以爲禄命、官命者亦未是也。蘇氏秉國四書求是云：「其庶乎，未明指其所庶若何。以下文『不受命』對觀之，蓋即指受命而言。」其説良確。左傳：「仲尼曰：『賜不幸而言中，是使賜多言者也。』」意其人足智多謀，且善於治生。太史公貨殖列傳以子貢居首，非無因也。或據吴越春秋，以爲子貢精六壬之學，故料事多中，億字非泛泛意度之詞，則失之鑿矣。

【別解三】論語集説：空者，意必固我不留於中也。顔子之庶幾於聖人者，以其屢空也。言屢，則有時而不空矣，未若聖人之純也。反身録：問：屢空果室之空匱耶？抑心之空虚也？曰：簞瓢陋巷，室之空匱何待言。屢空還是説心之空虚。心惟空虚，是以近道，惟其近道，故不以空匱動其心。亦惟屢空而未至於常空，如夫子之空空，是以未達一間。若以屢空爲空匱，不但同門如曾子之七日不火食，歌聲若金石；原憲之踵決，子夏之肘露，可以稱屢空，稱庶乎。後世狷介之士，亦有居無卓錐，食無隔宿，而恬坦自若者，亦可以稱屢空，稱庶乎矣。先儒所以解空爲空匱，深駁空虚無物之説者，蓋恐學人墮於禪寂，不得不爲之防。誠能明物察倫，深造自得，空豁其心，内外兩忘，而惺惺不昧，有體有用，不至操失其柄，體用俱空，庶不負先儒防微苦心。四書恒解：屢空，空字前人恐流於佛之言空，故訓爲空匱。然佛之言空，亦謂性體空明，私欲净盡耳，非謂人倫日用皆屬空幻也。人心易動而難盡，易雜而難純。雖聖人德已大成，猶必精一執中。常人憧憧朋從，無一息之安止。聖人以存養教人，收視返聽，敬止執中，收有覺之放心，復虚明之天性，始於操存，終於神化，孟子所謂「養氣而不動心」也。夫子教人爲仁，即是此理。

按：解空爲空虚，前人久有此説。劉氏本其心得以著書，非空談可比。其特點在不闢佛老，異於宋儒之作僞。原書俱在，兹特發其凡如此。

【餘論】朱子文集（答潘恭叔）：屢空祇是空乏之空，古人有簞瓢屢空之語是也。但言顏子數數空匱而不改其樂耳。下文子貢貨殖，正對此相反而言，以深明顏子之賢也。若曰心空，則聖人平日之言無若此者，且數數而空，亦不勝其間斷矣。此本何晏祖述老、莊之言，諸先生蓋失不之正耳。

按：此章之義當然以集解第一説爲正，朱子之説是也。惟自何晏以來，即已兩説並存，皇侃義疏亦同。陸、王一派學者尤多祖此説，是書以兼收並蓄爲宗旨，故仍存其説，附於別解之後。

【發明】康有爲論語注：孔子立命爲大義，以人之富貴貧賤皆有命在。故爲陶、猗之子，黄白坐擁。黔婁之兒，儋石不可得。命宜富者，不求亦富。命當貧者，求之亦貧。故舉世滔滔，皆爲求富，而富終不可得。且才智明達工於殖貨者，人以爲才能所致，不知亦其命所固有也。鄙人孤生，未嘗貨殖，而未嘗無財。又時遭大難，而未嘗中絶。累驗於人，無有錯反。人之顛倒於財富中而欲以力求之者，亦愚而不知命也。孝經緯曰：「善惡報也。」命有造之者，今之貧富乃其受報。故人宜早積功德以造將來之命，若日營瑣瑣之務，而荒累世之功，則非智者也。孔子故因顏子、子贛二人以明之。以顏子之才明，假而殖貨，豈止億中。然命終短夭，則亦不能富也。

黄氏後案：顏子苟有心求富，何至任其屢空。朱子注言其不求富是也。不求富，乃受命也。貨殖者，發貯鬻財之商賈也。馬、班、范、陳四史皆以貨殖爲商賈。韓詩外傳曰：「子貢，衛之賈人，學於孔子，遂爲天下顯士。」則其初年嘗爲此也。古之人如舜則耕稼而陶而魚，而賣貴頓邱，買賤傳虛也。膠鬲則魚鹽也。經之所規，不在貨殖，而在不受命。「不受命而貨殖焉」爲一句，言其以智力挽之，而意在取富也。億則屢中者，能適時用而取世資也。論衡實知篇引此而申之曰：「罪子貢善居積，意貴賤之期，數得其時，故貨殖多，富比陶朱。」仲任之言，漢師相傳舊説也。或曰：以億中取富，異於污下之術矣。而猶嫌不受命乎？曰：理財之事，當順天之自然，不可違命以求富。故貨殖致富，莫非命也，而惟順受之者爲正命。論語稽：人生貧富雖由天命，而治人謀食亦吾人立身之大端。顔子安命，子貢不安命。顔子安命，卒未嘗爲命所困。子貢不安命，而其實窮通貧富仍在命中。任智而行，徒多憧擾，何如任天而動，較爲坦蕩也。

○子張問善人之道。子曰：「不踐迹，亦不入於室。」

【考異】釋文：「迹」，本亦作「跡」。說文繫傳「衜」字下引論語「不衜迹」。四書釋地三續：「之道」二字宜衍。以答不貼「道」字故。翟氏考異：善人生質雖美，不由實踐，則亦不能造於深奥。若以答辭作如是解，庶於「道」字貼合。

【集解】孔曰：「踐，循也。言善人不但循追舊迹而已，亦少能創業，然亦不入於聖人之奥室。」

【唐以前古注】皇疏：問其道云何而可謂爲善人也。踐，循也。迹，舊迹也。言善人之道亦當别宜創建善事，不得唯依循前人舊迹而已。又雖有創立，而未必使能入聖人奥室也。

【集注】善人，質美而未學者也。程子曰：「踐迹，如言循途守轍。善人雖不必踐舊迹，而自不爲惡，然亦不能入聖人之室也。」

【别解一】經學卮言：言問善人之道，則非問何如而可以爲善人，乃問善人當何道以自處也。故子告以當效前言往行以成其德。譬諸入室，必踐陳除堂户之迹，而後可循循然至也。蓋有不踐迹而自入於室者，唯聖人能之。堯、舜禪而禹繼，唐、虞讓而殷、周誅是也。亦有踐迹而終不入於室者，七十子之學孔子是也。若善人上不及聖，而又非中賢以下所及，故苟踐迹，斯必入於室；若其不踐迹，則亦不能入於室耳。

【别解二】劉氏正義：漢書刑法志：「孔子曰：『如有王者，必世而後仁。善人爲國百年，可以勝殘去殺矣。』言聖王承衰撥亂而起，被民以德教，變而化之，必世然後仁道成焉。至於善人，不入於室，然猶百年勝殘去殺矣。」據志此言，以善人指諸侯言。上篇言「聖人善人吾不得見之」。彼言善人，義亦同也。王者以德教化民，制禮作樂，功致太平。若善人爲邦百年，仍不能興禮樂之事，故僅可勝殘去殺。若仁道猶未能成，所謂不入於室也。漢志所云，於義亦通。

【别解三】東塾讀書記：有何注、皇疏、邢疏、朱注皆非者。子張問善人之道章，謂善人不能入室，然則何謂道乎？（閻百詩四書釋地三續已疑之。）陳厚甫先生云：「此言善人之道，當踐迹乃能入聖人之室。如不踐迹，亦不能入室。言質美未可恃也。」澧謂此章必如此解乃通。王無功答陳道士書云：「君子相期於事外，豈可以言語詰之哉？仲尼曰：『善人之道，不踐迹。』老子曰：『夫無爲者，無不爲也。』釋迦曰：『三災彌綸，行業湛然。』」此誤解「不踐迹」三字，遂混於老、釋之説，故説經不可不慎。

按：此章以第二説、第三説較爲可信。

○子曰：「論篤是與，君子者乎？色莊者乎？」

【考異】論語集注旁證：按注疏本皆以此節合上節爲一章，故以與讀平聲，與兩「者乎」爲一例。然以此爲善人之證，解近鑿，故集注不從。

按：潘維城集箋云：「集解以此合前章。皇疏謂：『子曰云云者，此亦答善人之道也，常是異時之問，故更稱子曰；俱是答善，故共在一章也。』案節首别著『子曰』字，又其語氣非似答問者，疑當别爲一章。」余謂章首明有「子曰」字，其爲别一章無疑。今從朱子。

【音讀】釋文：與音餘。七經小傳：與，讀如黨與之與。

【集解】論篤者，謂口無擇言。君子者，謂身無鄙行。色莊者，不惡而嚴，以遠小人。言此三者皆可以爲善人。

【唐以前古注】皇疏引殷仲堪云：夫善者淳穆之性，體之自然，雖不擬步往迹，不能入閫奥室，論篤質正，君子之一致焉。

按：上章及此章韓、李均有筆解，義無可取，而此章尤不知所謂，恐係後人僞託，茲不録。

【集注】言但以其言論篤實而與之，則未知其爲君子者乎，爲色莊者乎，言不可以言貌取人也。

【别解】論語意原：色莊者，不踐履其實也。君子者，躬行而不務外也。論其篤實而與之，抑與君子乎？抑與色莊乎？言必與君子。此又因子張而言也。

【餘論】四書辨疑：君子不以言舉人，謂不專信其言，聽言未得其實，而又必觀其行也。不知言，無以知人也，正患不能辨其言之真僞耳。果知其言虚僞不情，則當待爲小人而不取。果知其言篤實無妄，則當待爲君子而取之。今既明知言論篤實，而乃又有色莊之疑，語言虚僞者既不取，言論篤實者亦不取，則天下之言皆不足信。聖人教人以知言，亦爲無用之虚語矣。况言論出於口，顔色在於面，言色兩處，各不相關，今疑口中言論篤實，恐是面上顔色莊嚴，亦不可曉。此與上章「不踐迹」文皆未詳，不敢妄説。

○子路問：「聞斯行諸？」子曰：「有父兄在，如之何其聞斯行之？」冉有問：「聞斯行諸？」子曰：「聞斯行之。」公西華曰：「由也問聞斯行諸，子曰『有父兄在』；求也問聞斯行諸，子曰『聞斯行之』。赤也惑，敢問。」子曰：「求也退，故進之。由也兼人，故退之。」

【考異】皇本「如之何其聞斯行之」下有「也」字。

【音讀】經讀考異：舊讀連文爲句，或有獻疑者，引書微子云「若之何其」，詩「夜如何其」，並以「其」字爲助詞絶句，似此「如之何其」亦當爲一句。愚謂不然。若「如之何其徹也」，「如之何其廢之」，孟子「如之何其受之」，「如之何其可也」，又豈可以「其」字絶句？從舊讀爲是。

【考證】潛研堂答問：曲禮：「父母存，不許友以死，不有私財。」檀弓：「未仕者不敢税人，如税人則以父兄之命。」注云：「不專家財也。」白虎通云：「朋友之道，親存不得行者二：不得許友以其身，不得專通財之恩。友饑則白之於父兄，父兄許之，乃稱父兄與之，不聽即止。故論語曰『有父兄在，如之何其聞斯行之』也。」包咸之説蓋出於此。吴志：「全琮以父命齎米數千斛到吴市易。琮悉以賑贍士大夫，空船而還。」裴松之引論語「有父兄在」之文，謂琮輒散父財，誠非子道。亦用包説。

【集解】包曰：「振窮救乏之事。」孔曰：「當白父兄，不得自專。惑其問同而答異。」鄭曰：「言冉有性謙退，子路務在勝尚人，各因其人之失而正之。」

【唐以前古注】皇疏：或問曰：禮若必諮父兄，則子路非抑；若必不諮，則冉求非引。今夫子云進退，請問其旨。或答曰：夫賑施之理，事有大小，大者車馬，小或一餐。若其大者必諮，小可專行。而由施無大小，悉竝不諮。求大小悉諮。今故抑由之不諮，欲令其竝諮；引冉之必諮，令其竝不諮也。但子路性進，雖抑而不患其退；冉求性退，雖引不嫌其過也。

【集注】兼人，謂勝人也。張敬夫曰：「聞義固當勇爲，然有父兄在，則有不可得而專者。若不稟命而行，則反傷於義矣。『子路有聞，未之能行，惟恐有聞』。則於所當爲不患其不能爲矣，特患爲之之意或過，而於所當稟命者有闕耳。若冉求之資稟失之弱，不患其不稟命也，患其於所當爲者，逡巡畏縮而爲之不勇耳。聖人一進之一退之，所以約之於義理之中，而使之無過不及之患也。」

【發明】張履祥備忘録：聞斯行之，以之策勵懦弱，則可補其不及。若「有父兄在」一語，人人可以遵守，本此行之，永可無弊。凡事不可告語父兄質之師友者，終是不可行也。

○子畏於匡，顏淵後。子曰：「吾以女爲死矣。」曰：「子在，回何敢死？」

【考證】論語補疏：毛西河説最精善。吕氏春秋孟夏紀勸學篇云：「曾點使曾參，過期而不至。人皆見曾點曰：『無乃畏耶？』曾點曰：『彼雖畏，我存，夫安敢畏？』孔子畏於匡，顏淵後。孔子曰：『吾以汝爲死矣。』顏淵曰：『子在，回何敢死？』」兩事相比，然則回何敢死，正是回何敢畏。高誘注訓畏爲死，謂由畏而死，即檀弓「死而不弔」之畏矣。以畏而死，則子必不死，故知子在。以畏而死，則不可死，故顏子不敢死，即曾子安敢畏。以曾證顏，義本明白。何從來未見及此，而待西河之雄辨也？西河之辨善矣，何亦不引證及此也？檀弓：「死而不弔者三：畏、厭、溺。」鄭注「畏」字云：「人或時以非罪攻己，不能有以説之死之者，孔子畏於匡。」鄭氏引「子畏於匡」之畏，證「死而不弔」之畏，且以死而不弔爲輕身忘死，豈孔、顏而輕身忘孝以畏而死乎？是回所以不敢死，鄭已明之。惜鄭氏論語此注，何氏不採也。孟子云：「莫非命也，順受其正，是故知命者不立乎巖牆之下。」立巖牆之下，則恐其厭。厭而死，猶畏而死，俱爲非命。莫者，無也，不可非命而死，乃爲知命。孟子此文與「子在，回何敢死」相發明。子在者，聖人知命，不死於非命也。回何敢死者，大賢知命，不死於非命也。論語此文明聖賢知命之學，其所以能不死者。史記孔子世家言：「孔子使從者爲甯武子臣於衞，然後得去。」索隱云：「家語子路彈劍而歌，孔子和之。曲三終，匡人解圍而去。」今此取論語「文王既没」之文，及從者臣甯武子然後得去，蓋夫子再厄匡人，或設辭以解圍，或彈劍而釋難。檀弓正義引世家云：「陽虎嘗侵暴於匡，時又孔子弟子顏刻爲陽虎御車。後孔子亦使刻御車從匡過，孔子與陽虎相似，故匡人謂孔子爲陽虎，因圍欲殺之。孔子自説，故匡人解圍也。自説者，謂卑辭遜禮。論語注云『微服而去』，謂身著微服，潛行而去，不敢與匡人鬬，以媚悦之也。」此所引與今史記不同，而微服爲遭宋桓司馬事，見孟子。此時以貌似陽虎被圍，但明其非虎，則圍可解，不必微服，不必使從者爲甯武子臣也。琴操云：「匡人告匡君曰：『往者陽虎今復來至。』乃率衆圍孔子，數日不解。子路悲感，悖然大怒，張目奮劍，聲如鐘鼓。孔子曰：『由來，今汝欲鬬名，爲戮我於天下。爲汝悲歌而感之，汝皆和我。』孔子乃引琴而歌，音曲甚哀。有暴風擊拒，軍士僵仆，於是匡人乃知孔子聖人，瓦解而去。」蓋微服所以脱桓魋，彈琴所以解匡人。魋惡其習禮，故微服自廢於禮，以柔魋之怒。匡人憾虎暴，故彈琴以明其非虎。各有所當，可想見聖人解難之妙用。若鬬，必死於畏矣，故琴操戒子路之欲鬬，而禮疏稱其不敢與匡人鬬。不鬬所以不死，不死所以爲知命。皇疏引李充言「輕死非明節」是也。邢疏云：「孔子謂顏淵曰：『吾以汝爲以死與匡人鬬也。』」謂鬬則致死，然則回不敢死，正回之不敢鬬也。史記集解引包注作「己無所致死」，邢疏一則云「回必致死」，再則云「言不敢致死」，包注「敢死」宜作「致死」。

【集解】孔曰：「言與孔子相失，故在後。」包曰：「言夫子在，己無所敢死。」

【唐以前古注】皇疏引李充云：聖無虛慮之悔，賢無失理之患，而斯言何興乎？將以世道交喪，利義相蒙，或殉名以輕死，或昧利以苟生，苟生非存理，輕死非明節，故發顏子之死對以定死生之命也。又引庾翼云：顏子未能盡窮理之妙，妙有未盡，則不可以涉險津；理有未窮，則不可以冒屯路。故賢不遭聖，運否則必隱；聖不值賢，微言不顯。是以夫子因畏匡而發問，顏子體其旨而仰酬。稱入室爲指南，啓門徒以出處，豈非聖賢之誠言，互相與起予者也？

按：翼字稚恭，鄢陵人，亮弟，官至大都督，鎮武昌、襄陽。晉書有傳。阮孝緒七録有庾翼論語釋一卷。隋書經籍云：「梁有一卷，亡。」僅皇疏引其釋「子畏於匡」一節而已。馬國翰譏其似後世制義，非解經之體，宜其泯没無傳也。

筆解：韓曰：「『死』當爲『先』字之誤也。上文云『顏淵後』，下文云『回何敢先』，其義自明，無死理也。」

按：改「死」爲「先」，不特竄亂經文，且意極粗淺。退之雖陋，疑不至此，必係後人僞託。觀程子外書亦云「先」字之誤，恐出伊川之手，但無確據耳。

【集注】後，謂相失在後。何敢死，謂不赴鬭而必死也。胡氏曰：「先王之制，民生於三，事之如一，惟其所在，則致死焉。況顏淵之於孔子，恩義兼盡，又非他人之爲師弟子者而已。即夫子不幸而遇難，回必捐生以赴之矣。捐生以赴之，幸而不死，則必上告天子，下告方伯，請討以復讎，不但已也。夫子而在，則回何爲不愛其死以犯匡人之鋒乎？」

【餘論】四書纂疏：死生亦大矣，以爲何敢死，則不以死爲重，而以輕於死爲重也。當問答之時，爲師者知弟子必能赴義，而已不疑其重死以求生；爲弟子者亦不以死爲難，但以死而合於義爲難。於死生猶然，他可知已。　劉氏正義：曲禮云：「父母在，不許友以死。」顏子事夫子猶父，故云：「子在，回何敢死？」呂氏春秋勸學篇：「曾子曰：『君子行於道路，其有父者可知也，其有師者可知也。』曾點使曾參，過期而不至。人見曾點曰：『無乃畏耶？』曾點曰：『彼雖畏，我存，夫安敢畏？』孔子畏於匡，顏淵後，孔子曰：『吾以汝爲死矣。』顏淵曰：『子在，回何敢死？』顏回之於孔子也，猶曾參之於父也。」此周、秦人解誼之最古者。蓋顏子隨夫子行，忽遇匡人之難，相失在後。夫子必心焉望之，望之而不至，則疑其爲匡人所殺。雖在顏子必不輕身赴鬬，如子路之愠怒奮戟，然亂離之時，或不幸而死於非命，此亦人事所恒有。及後顏子來見，夫子喜出望外，故直道心之所疑，初不料顏子之未死也。至顏子之對夫子曰：「子在，回何敢死？」夫夫子遇難而曰「子在」何也？蓋以夫子狀類陽虎，匡人疑爲陽虎而誤圍之，非真欲殺夫子。此直俟其細詢踪跡，審其動静，自足知之。書傳言夫子絃歌不輟，曲三終而匡人解甲。忠信篤敬，蠻貊可行，此豈陽虎之所能爲者。蓋不待夫子自辨，而聖德光著，匡人已知決非陽虎矣。夫子之不輕於一死，顏子蓋真知之，故曰子在。而因子在不敢就死，自必潛身遠害，或從他道迂行，此其所以相失在後也。惟知子在，故顏子獨後。惟顏子獨後，而夫子又疑爲死，聖賢往迹及其心事可按文而得之。他說以「死」爲「先」字之誤；或以子在爲在圍中，死爲赴鬭，皆不合。

論語稽：胡氏說以意爲之，無所依據。且其時天子賞罰不行，晉爲方伯，正三家分據之時，顏子即告之，亦復何補？況云捐生以赴之，又安有不死者乎？竊謂當準父仇之說，顏子以父視夫子而無服，則復夫子之仇，亦當準不共戴天之義，而執兵以從主人之後爲正。

【發明】四書摭餘說：生人最重守身，不獲已而死，必得死所，如死君父，死社稷，死軍國重事，未有無名而死者。無名而死，即謂之死於非命。桓魋欲殺夫子，夫子且微服避之，豈有匡人因夫子貌類陽貨，欲以殺貨者殺子，而子反肯俛首就戮爲貨代死，是死輕於鴻毛也。禮有死而不弔者三，其一曰畏。鄭康成曰：「畏，謂人或以非罪攻己，不能有以說之而死者。」王肅謂孔子畏匡，德能自全也。子知其不可死而不死，而惟恐回不知而誤死之也。故見回而即曰以女爲死，是喜其不死之辭也。回固知子之必不死，而遂亦不死，而子果在也，則直應之曰：「子在，回何敢死？」是在則回之所能料子者，敢則回之所能自定者，一聖一賢，答問俱有精義，豈若匹夫匹婦之自擲其軀者哉？春秋終獲麟，孔子同時有喪予、祝予之歎。他日聞衛難而料仲由之必死，此日被匡圍而幸顏淵之不死，無他，所遇不同也。

○季子然問：「仲由、冉求可謂大臣與？」子曰：「吾以子爲異之問，曾由與求之問。所謂大臣者，以道事君，不可則止。今由與求也，可謂具臣矣。」曰：「然則從之者與？」子曰：「弑父與君，亦不從也。」

【考異】舊文「臣」爲「忈」。釋文：「『忈』，古文『臣』字，今本作『臣』。」論語旁證：唐武后以𠁈、忈等字代君、臣等字，而不知古本論語已有「忈」字，則非盡出臆造也。史記弟子傳：子路爲季氏宰。季孫問曰：「子路可謂大臣與？」文選從軍詩注作「孔子對曰」。

【考證】世族譜：子然、平子，意如之子。潘氏集箋：史記弟子傳：「子路爲季氏宰。季孫問曰：『子路可謂大臣與？』」不言冉求，又以季子然爲季孫，與此微異。論語發微：文選注四十七引論語摘輔象曰：「子然公順多略。」知季子然亦弟子之一。戴望論語注：子然疑即季襄。包慎言溫故録：韓詩外傳云：「大夫有諍臣三人，雖無道不失其家。季氏爲無道，僭天子，舞八佾，旅泰山，以雍徹，然而不亡者，以有冉求、季路爲宰臣也。故曰：『有諤諤諍臣者其國昌。』」

【集解】孔曰：「季子然，季氏子弟。自多得臣此二子，故問之。謂子問異事耳。則此二人之問，安足大乎。言備臣數而已。問爲臣皆當從君所欲邪，二子雖從其主，亦不與爲大逆。」

【唐以前古注】皇疏引孫綽云：二子者，皆政事之良也，而不出具臣之流，所免者唯弑之事，其罪亦豈小哉？夫抑揚之教，不由乎理，將以深激子然，以重季氏之責也。又引繆協云：中正曰：「所以假言二子之不能盡諫者，以説季氏雖知貴其人而不能敬其言也。」

【集注】子然，季氏子弟。自多其家得臣二子，故問之。異，非常也。曾，猶乃也。輕二子以抑季然也。以道事君者，不從君之欲。不可則止者，必行己之志。具臣，謂備臣數而已。意二子既非大臣，則從季氏之所爲而已。言二子雖不足於大臣之道，然君臣之義則聞之熟矣，弑逆大故，必不從之。蓋深許二子以死難不可奪之節，而又以陰折季氏不臣之心也。

【餘論】南軒論語解：或曰：「弑父與君亦不從，何必由、求而能之？」曾不知順從之臣，其始也惟利害之是徇而已。履霜堅冰之不戒，馴至蹉跌，以至於從人弑父與君者，蓋多矣。如荀彧、劉穆之之徒，其始從曹操、劉裕之時，亦豈遂欲弑父與君哉？惟其漸浸順長，而勢卒至此耳。　四書辨疑：注文中既言子然季氏子弟，其人豈肯自以季氏之所爲爲問？夫子亦無指説季氏之惡以答季氏子弟之理。蓋子然聞夫子具臣之言，意謂具臣爲旅進旅退隨衆之人，故以從之者與爲問。「者」字須當細看。從之者，謂是從人之人，非謂專從季氏也。夫子弑父與君之言，亦是汎言。或有欲爲如此之惡者，仲由、冉求亦不肯從。子然所問，夫子所答，皆非專指季氏而言也。　四書通引胡泳曰：方子然欲假由、求以誇人，故夫子極言其失大臣之道。及其欲資由、求以助己，又言其有人臣之節。應答之頃，可以存宗國衰微之緒，沮季氏彊僭之心，脱由、求不得其死之禍，所以爲聖人之言也。　梁氏旁證：不可則止，漢儒無注。皇疏始以諫不從則去釋之。孫氏奕曰：「大臣以道格君心之非，則無復有發於政害於事者，此所謂不可則止。」此説甚新。然子貢問友章亦言「不可則止」，句法正同，仍從皇疏爲是。　劉氏正義：「以道事君，不可則止」者，謂事君當以正道。若君所行有過失，即以道諫正之。止，謂去位不仕也。曲禮云：「爲人臣之禮不顯諫，三諫而不聽則逃之。」白虎通諫諍篇：「諸侯之臣諍不從得去何？以屈尊伸卑，孤惡君也。」並言大臣事君之法。劉敞春秋意林：「具臣者，其位下，其責薄，小從可也，大從罪也。大臣者，其任重，其責厚，小從罪也，大從惡也。」公羊莊二十四年「曹羈」下傳云：「三諫不從，遂去之，君子以爲得君臣之義也。」注云：「孔子曰：『所謂大臣者，以道事君，不可則止。』此之謂也。不從得去者，仕爲行道，道不行，義不可素餐，所以申賢者之志，孤惡君也。」夫二子非黨惡之臣，然不能直伸己志，折奸人僭竊之萌，故曰具臣。

【發明】論語稽：季氏歌雍舞佾，竊魯政，直與其家混而爲一。子然爲其子弟，豈知魯之尚有君哉？其以由、求爲大臣，蓋儼然視季之家爲魯之國矣。夫子顯揭大臣之義以示之曰：「以道事君，不可則止。」而抑由、求以僅備臣數，正所以抑季氏也。乃子然誤會其意，以爲二子受吾豢養，將如鷹犬之從吾指使，吾將得其死力，中情叵測，流露口吻。故夫子又揭君父大義以折之，其維持綱常名教之意亦深切矣。

按：專制之世，其權臣常欲化家爲國，此視國爲一姓之私物之弊也。

○子路使子羔爲費宰。

【考異】釋文：左傳作「子羔」，家語作「子高」，禮記作「子皐」，三字不同，其實一也。史記弟子傳作「使子羔爲費、郈宰」。論衡藝增篇：子路使子羔爲郈宰，孔子以爲不可。後漢書劉梁傳注引文「使」上有「將」字。劉氏正義：戴氏望説：「史記『費』字後人所增。張守節正義引括地志，釋郈在鄆城宿縣，未言費所在，知所見本無費字。漢地理志東平國無鹽縣有郈鄉，今山東東平州東境也。子路以隳郈後不可無良宰，故欲任子羔治之。」案戴説頗近理。然論語集解亦不釋郈，則包、周、馬、鄭諸家所據本皆作「費」，豈當時已文誤，莫之能正耶？

【考證】潘氏集箋：史記弟子傳作「費」，論衡藝增篇作「郈宰」，無單言「費」者，與此不同。　讀書叢録：左氏定十二年傳：「仲由爲季氏宰，將隳三都。於是叔孫氏隳郈，季氏隳費。」子路之使子羔當在此時，或費或郈，擇一使之。　四書典故辨正：費自南遺爲宰，其子南蒯繼之。昭十二年，南蒯以費叛，奔齊，公不狃爲費宰。定十二年，子路爲季氏宰，隳費，不狃奔齊。使子羔當在不狃出奔之後。史記作「爲費、郈宰」，蓋是時費、郈俱隳，故欲以子羔鎮撫之。

【集注】子路爲季氏宰而舉之也。

子曰：「賊夫人之子。」

【集解】包曰：「子羔學未熟習而使爲政，所以爲賊害也。」

【唐以前古注】皇疏引張憑云：季氏不臣，由不能正，而使子羔爲其邑宰。直道而事人，焉往不致弊；枉道而事人，不亦賊夫人之子乎？

【集注】賊，害也。言子羔質美而未學，遽使治民，適以害之。

子路曰：「有民人焉，有社稷焉，何必讀書，然後爲學？」

【考異】論衡問孔篇述此「有社稷焉」在「有民人焉」上。

【考證】四書稗疏：天子爲天下立社曰大社，自立社曰王社；諸侯爲百姓立社曰國社，自立社曰侯社；皆與稷同宮而別壇。大夫士食於君，義無私報，以有稼穡之事焉，故祭法曰：「大夫言社而不言稷。」則有社而無稷矣。稷之臣爲厲山氏，爲周祖棄大夫卑，不敢與爲禮也。費之有社稷，僭也。古者有分土無分民，大夫且不得有民人，而況社稷乎？子路習於僭而不知，故夫子重斥之。論語後録：人讀如「女得人焉」之人，謂賢才也。劉氏正義：於時世卿持禄，不由學進，故子路言仕宦亦不以讀書爲重也。韓詩外傳：「哀公問於子夏曰：『必學然後可以安國保民乎？』子夏曰：『不學而能安國保民者，未之有也。』」即夫子此言之旨。左氏傳：「子皮欲使尹何爲邑，子産曰：『未知可否。』子皮曰：『愿，吾愛之，不吾叛也。使夫往而學焉，夫亦愈知治矣。』子産曰：『不可。人之愛人，求利之也。今吾子愛人則以政，猶未能操刀而使割也，其傷實多。子之愛人，傷之而已，其誰敢求愛於子？僑聞學而後入政，未聞以政學者也。若果行此，必有所害。』」與夫子此語意同。

【集解】孔曰：「言治民事神，於是而習之，亦學也。」

【集注】言治民事神皆所以爲學。

【餘論】學禮管釋：社稷皆祀土神也。土爰稼穡，社與稷不能分而爲二，言稷必兼言社，言社不必言稷，而稷在其中。鄭氏所謂「稷者，社之細」是也。社稷共祀於一壇，歷考諸經傳，只有社壇，並無稷壇。自王莽官社之外，復增官稷，光武州治之社無稷，而後世遂社稷分壇，失古義矣。

子曰：「是故惡夫佞者。」

【集解】孔曰：「疾其以口給應，遂己非而不知窮者也。」

【唐以前古注】皇疏引繆協云：子路以子羔爲學藝可仕矣，而孔子猶曰不可者，欲令愈精愈究也。而於時有以佞才惑世，竊位要名，交不以道，仕不由學，以之宰牧，徒有民人社稷，比之子羔，則長短相形。子路舉茲以對者，所以深疾當時，非美之也。夫子善其來旨，故曰「是故惡夫佞者」，此乃斥時，豈譏由乎？

【集注】治民事神固學者事，然必學之已成，然後可仕，以行其學。若初未嘗學，而使之即仕以爲學，其不至於慢神而虐民者幾希矣。子路之言，非其本意，但理屈詞窮，而取辨於口以禦人耳。故夫子不斥其非，而特惡其佞也。范氏曰：「古者學而後入政，未聞以政學者也。蓋道之本在於修身，而後及於治人。其説具於方册，讀而知之，然後能行，何可以不讀書也？子路乃欲使子羔以政爲學，失先後本末之序矣。不知其過而以口給禦人，故夫子惡其佞也。」

【餘論】朱子文集（答陳明仲）：子路非謂不學而可以爲政，但謂爲學不必讀書耳。上古未有文字之時，學者固無書可讀，而中人以上，固有不待讀書而自得者。但自聖賢有作，則道之載於經者詳矣，雖孔子之聖，不能離是以爲學也。捨是不求而欲以政學，既失之矣，況又責之中材之人乎？然子路使子羔爲宰本意，未必及此，但因夫子之言而託此以自解耳，故夫子以爲佞而惡之。四書翼注論文：何必讀書，並非廢學之説。古人爲學，果然不單指讀書一樣，臯、夔、稷、契無書可讀，左史倚相能讀三墳、五典、八索、九丘，亦不聞施有政也。子路言人民社稷，何必讀書，是言學之途不止讀書，非廢學也。但子路使子羔本意，不過欲爲季氏得一良宰，又使子羔得禄仕。此一副議論，乃隨口撰出，故夫子不斥其非而惡其佞，以其言本不乖謬也。

○子路、曾皙、冉有、公西華侍坐。

【考證】黄公紹古今韻會：皙本从白，論語、孟子、史記却俱从日。五經文字：晳多相承從日，非。史記弟子傳：曾黬字皙。論語竢質：説文解字曰：「黬，雖晳而黑也。从黑，箴聲。古人名黬字晳。」然則下文「點爾何如」、「吾與點也」之「點」皆誤也，當作「黬」，音如緘。讀書證疑：史記弟子傳：「曾蒧字子晳。」古人名字相配。説文：「晳，人色黑也。黬，雖晳而黑也。古人名黬字晳。」是「箴」乃「黬」之省。今曾蒧作「點」，説文：「點，小黑也。」義與「黬」同。劉氏正義：侍坐者，謂四子侍於夫子坐側也。上篇或言侍，或言侍側，此獨言侍坐，明四子亦坐也。子路少孔子九歲，冉有少孔子二十九歲，公西華少孔子四十二歲。惟曾皙年無考，其坐次在子路下，是視子路年稍後。

【集解】孔曰：「皙，曾參父，名點。」

【集注】皙，曾參父，名點。

子曰：「以吾一日長乎爾，毋吾以也。

【考異】釋文：「以」，鄭本作「已」。皇本「毋」作「無」。蘇濂石渠意見補缺：以、已通用。已，止也，謂毋以我年長，止而不言。論語後録：説文：「已，以也。以，用也。」二字義同。檀弓「般爾以人之母嘗巧，則豈不得以」，注：「以與已字本同。」是以、已古字通用。

【音讀】經讀考異：集注云：「以吾一日長乎汝」，讀從「爾」字絶句。考此「乎」字宜斷爲句，「爾」字屬下連讀。當時師弟情事，皆以吾與爾爲詞。又「乎」字爲句，此正誘之盡言，神理如見。何氏集解：「孔曰：『言我問女，女毋以我長故難對。』」玩注「女毋以我長」句，明是「爾」字屬下讀。

【集解】孔曰：「言我問女，女無以吾長故難對也。」

【唐以前古注】皇疏：孔子將欲令四子言志，故先説此言以勸引之也。爾，汝也。言吾今一日年齒長大於汝耳，汝等無以吾年長而不敢言己志也。

【集注】言我雖年少長於女，然女勿以我長而難言。蓋誘之盡言，以觀其志，而聖人和氣謙德於此亦可見矣。

【別解】丹鉛録：王符云：「以吾一日長乎爾，長，老也。無吾以也，以，用也。孔子言老矣不能用也，而付用於四子也。」論語駁異：謂毋吾以爲不我用，甚徑捷，且有「雖不吾以」可證。

劉氏正義：「毋吾以」者，「毋」與「無」同，皇本作「無」。以，用也。言此身既差長，已衰老，無人用我也。釋文云：「吾以，鄭本作『已』。」鄭謂「毋以我長之故，已而不言。已，止也」，義似紆曲。

論語訓：毋，無。以，用也。言已老矣，明王不興，終不見用，已無當世之志也。

按：以釋爲用，與下「則何以哉」以字相應，於義爲長，較舊義似勝。

居則曰：『不吾知也！』如或知爾，則何以哉？」

【集解】孔曰：「女常居云：人不知己，如有用女者，則何以爲治乎。」

【唐以前古注】皇疏：居，謂弟子常居時也。吾，弟子自謂也。言汝等常居之日，則皆自云無知吾者也，言如或有人欲知用汝等，汝等則志各欲何爲治哉。

【集注】言女平居則言人不知我，如或有人知女，則女將何以爲用也。

【發明】反身録：古人務實，平居不望人知，如或知之，即有以副其知。今人務名，平居多望人知，及其知之，不過知其章句文藝耳。若求實用，則何以哉？束手而已。雖未必人人如是，而習俗移人，蓋亦多矣，吾人可不勉哉！

子路率爾而對曰：「千乘之國，攝乎大國之間，加之以師旅，因之以饑饉；由也爲之，比及三年，可使有勇，且知方也。」夫子哂之。

【考異】皇本「率」作「卒」，所載何氏注亦作「卒」，「饑」作「飢」。翟氏考異：「率」字諸字書訓義頗多，獨未有以輕遽爲訓。若卒之讀倉未切者，廣韻却訓急遽。皇本作「卒爾」，與孟子梁惠王「卒然」義正相合。今之作「率」，似因形近致訛。劉氏正義：皇侃本作「卒爾」。莊子人間世篇「率然附之」，釋文：「率，又作『卒』。」是率、卒二字通用。孟子梁惠王篇「卒然問曰」，其義正同。曲禮：「侍於君子，不顧望而對，非禮也。」注曰：「禮尚讓。不顧望，若子路率爾而對。」疏曰：「若問多人，則侍者當先顧望，坐中有勝己者宜先，而已不得率爾先對。」呂大臨曰：「如恐人之先己，若有所爭然。」

按：率爾，當如曲禮注疏所引，方與下文「其言不讓」針對。子路年長，固當先對，何至見哂？何注失之。

七經考文：一本「可使」下有「民」字。　釋文：「饑」，鄭本作「飢」。

按：説文：「饑，穀不熟爲饑。從食，幾聲。飢，餓也。從食，几聲。」此作「饑」爲是。

【考證】爾雅釋天：「穀不熟爲饑，蔬不熟爲饉。」郭注：「疏、蔬同，草果可食者之通名。」穀梁襄二十四年傳：一穀不升謂之嗛，二穀不升謂之饑，三穀不升謂之饉，四穀不升謂之康，五穀不升謂之大侵。　墨子七患篇：一穀不收謂之饉，二穀不收謂之饑。

按：三説各具一義，録存備考。許氏説文同爾雅，故集注從之。

羣經平議：攝，猶籋也。説文竹部：「籋，箝也。」徐鍇繫傳曰：「今俗作鑷。」然則「攝」之通作「籋」，猶「籋」之俗作「鑷」也。周官司弓矢職鄭注曰：「并夾，矢籋也。」是籋有夾義。籋乎大國之間，猶云夾乎大國之間，包注未得。　論語補疏：荀子禮論云：「其立哭泣哀戚也，不至於隘攝傷生。」楊倞注：「隘，窮也。攝猶戚也。」此戚即蹙字，窮蹙與迫同。　楚辭哀時命「衣攝葉以儲與兮」，王逸章句云：「攝葉，不舒貌。迫蹙，故不舒。」

按：俞説義長，可從。

【集解】率爾，先三人對也。方，義方也。包曰：「攝，迫也。迫於大國之間也。」馬曰：「哂，笑也。」

【集注】率爾，輕遽之貌。攝，管束也。二千五百人爲師，五百人爲旅。因，仍也。穀不熟曰饑，菜不熟曰饉。方，向也，謂向義也。民向義則能親其上，死其長矣。哂，微笑也。

「求！爾何如？」對曰：「方六七十，如五六十，求也爲之，比及三年，可使足民。如其禮樂，以俟君子。」

【考異】皇本「民」下有「也」字。

【音讀】湛淵静語：「求，爾何如」、「赤，爾何如」，皆夫子呼其名而問。「求」、「赤」之下皆當讀斷。焦竑筆乘續集：余童子時聞部使者臨學官，諸生誦「點，爾何如」，至「點」字作一讀，使者動色嘉歎，蓋人多忽此故耳。

【考證】經義述聞：廣雅：「與，如也。」與可訓如，如亦可訓與。鄉飲酒禮：「公如大夫入。」言公與大夫入也。此如字當訓爲與。下「如會同」之如同。經傳釋詞：如猶與也，及也。「方六七十，如五六十」、「宗廟之事如會同」，如字並與與同義。書堯典曰：「修五禮、五玉、三帛、二生、一死贄，如五器。」史記虞卿傳：「趙王問樓緩曰：『予秦地如毋予孰吉？』」新序善謀篇「如」作「與」，是其證。如、與聲相近，故如訓爲與，與亦可訓爲如。劉氏正義：王制、孟子皆言公侯方百里，伯七十里，子男五十里。周官大司徒云：「公五百里，侯四百里，伯三百里，子二百里，男百里。」與王制、孟子不同。蓋周官言封域，王制、孟子專就出税之田言耳。春秋時列國兼併，小國見侵削，不能如制，故有此六十里之國。

【集解】求性謙退，言欲得方六七十如五六十里小國治之而已也。孔曰：「求自云能足民而已，謂衣食足也。若禮樂之化，當以待君子，謙也。」

【集注】「求！爾何如」，孔子問也。下放此。方六七十里，小國也。如，猶或也。五六十里，則又小矣。足，富足也。俟君子，言非己所能。冉有謙退，又以子路見哂，故其辭益遜。

【發明】黄氏後案：足民之術，朱子於後篇注以制田里、薄稅斂言之。先君子嘗呼式三告之曰：「大學言生衆、食寡、爲疾、用舒，治家以此而家富，治國以此而國富，使民之家皆如是，則足民之道也。」又告式三曰：「用之者舒，近解渾言節儉，未得其確。試以一家言之，宫室衣服之備，嫁子娶妻之資，一無可省，而當循次爲之，不可遽迫，治國者大役不可頻興，不可存迫欲立功之心而輕議更張也。」式三自聆庭訓，求之周官理財之法，禮記量入爲出之言，無不符合。於以知斯道粲然於經訓之中，而外此所言皆岐説也。漢書循吏傳所言富民之道曰躬率儉約，勸民農桑畜牧種樹；曰開通溝瀆，起水門提閼；曰禁止嫁娶送終奢靡，務出於儉約。其富國之道，奏省上林繕治供張，及樂府諸戲，及太官園冬種葱韭之類。其術亦如此，而止於此。歎班史之慎。

「赤！爾何如？」對曰：「非曰能之，願學焉。宗廟之事，如會同，端章甫，願爲小相焉。」

【考異】七經考文：一本「曰」上有「敢」字。考文補遺：古本「非」下有「敢」字。

【考證】姚旅露書：禮記：「諸侯玄端以祭。」「端」古「冕」字，此「端章甫」之端未必與禮記異。翟氏考異：玉藻：「天子玄端以朝日聽朔，諸侯玄端以祭。」鄭氏俱云：「端當爲冕字之誤。」蓋以服之尊卑，玄端卑于皮弁，諸侯皮弁聽朔，不應天子轉服其卑，故知其字誤。若天子卒食玄端以居，大夫士朝玄端夕深衣，義無可疑，遂各如字，則「端」與「冕」古未嘗通以也。周禮司服「齊服有玄端素端」，先鄭云：「衣有襦裳爲端。」後鄭云：「端者，取其正也。衣袂屬幅廣袤等也。」端本端正爲義，音亦何容通變。樂記云：「端冕而聽古樂。」表記云：「端冕則有敬色。」若云「端」古「冕」字，何以言端更言冕乎？姚氏偶爾管闚，造次立説，不足爲據。論語稽：鄭注以端章甫爲諸侯日視朝之服，而以宗廟之事爲祭祀，會同爲朝見天子，是三事也。朱子以章甫爲禮冠，而上二句從鄭説，是二事也。禮經於大夫士朝服、朝朔、助祭、朝聘、燕享諸冠服，皆有可考。而祭祀有贊者，見特牲饋食禮。享燕有贊者，見公食大夫禮。朝聘有擯者，見聘禮。會盟有相，見左氏傳。皆相也，而皆未言其冠服。今公西華云云，宜即端章甫矣。郊特牲、士冠記並云：「委貌，周道也。章甫，殷道也。毋追，夏后氏之道也。」又魯人誦孔子曰：「章甫衮衣。」禮儒行曰：「孔子少居魯，衣逢掖之衣。長居宋，冠章甫之冠。」荀子哀公問儒者服「章甫絇履」。則章甫者，殷冠也，儒者之冠也。相者，相禮必用儒者，此殆周用四代禮樂，故以殷冠爲相者之服歟？不然，則孔子與赤當從時王之制，何得冠章甫？即謂孔子殷人，居宋可冠之，然何得冠於仕魯時？且公西華與哀公何亦爲是言乎？是章甫當以相者之禮冠爲斷，而祭祀、燕享、朝聘、會同之相皆冠之矣。又按相者，如滿清内之禮部鴻臚等官，外之禮生。特古人不設專官，行禮時以士大夫之賢者爲之耳。四書拾義：宗廟之事，祭祀在其中，獨此經不得指祭祀，宜主朝聘而言。下言「如會同」者，會同不在廟而在壇，舉宗廟不言朝聘，舉會同不言壇坫，皆互文見義。如「不見宗廟之美、百官之富」，言宗廟可該禮器，言百官可該朝廷也。趙佑温故録：會同，周禮謂之大朝覲，或在京師，或不在京師，有大會同、小會同。注疏皆以朝，受贄於朝，享於廟。覲，贄享皆於廟。會同則爲壇於國外，在既朝覲後。朝覲有常期，會同無常期。諸侯有不順服者，王將有征討之事，則爲壇於國外，合來朝之諸侯而命事焉，所謂「時會以發四方之禁」也。十二歲王如不巡狩，則六服盡朝。朝禮即畢，王亦爲壇合諸侯而命政焉，所謂「殷同以施天下之政」也，皆會同於京師也。其因巡狩征討與田獵所至而行會同，如啓有鈞臺之享，成有岐陽之蒐，穆有塗山之會，宣王之會同有繹，晉文之築王宫於踐土，皆各在其當方之國，所謂大會同也。若諸侯遣使來聘，天子使卿大夫與之行會同之禮，則曰小會同。按朝覲於廟，已統在宗廟之事中，故獨言會同。時已久廢，故言如。金鶚禮説：爾雅釋詁：「會，合也。」又云：「會，對也。」説文云：「同，合會也。」是會、同二字本義原止二人相合。曲禮云：「諸侯相見於郤地曰會。」春秋所書公會某君於某，皆兩君相見也。相見於郤地可謂之會，則相見於宗廟之中亦可謂之會矣。至於數君十餘君聚會，不於廟而於壇。左定四年經云：「公會劉子、晉侯、宋公、蔡侯、衛侯、陳子、鄭伯、許男、曹伯、莒子、邾子、頓子、胡子、滕子、薛伯、杞伯、小邾子、齊國夏于召陵。五月，公及諸侯盟於臯鼬。」傳云：「衛子行敬子言於靈公曰：『會同難，嘖有煩言，莫之治也。其使祝佗從。』」此十餘君聚會稱會同之證。十餘國聚會，所謂嘖有煩言者，必貴有言語之才以爲相。若兩君相見，則長於禮樂者可爲相也。公西華志於禮樂，則其所謂會同者，必指兩君相見言之。又云：兩君相見，自在宗廟之中，爲諸侯之事，故曰宗廟會同，非諸侯而何？自注：「宗廟之事不一，而會同其一事也。故曰宗廟之事如會同。如字乃指點詞，非更端詞。」

劉氏正義：朝聘會同擯相之服，經無明文。舊説謂君臣同服。聘禮賓主既同用皮弁，則擯介亦當用皮弁，而朝與會同皆爲皮弁可知。此於經無徵，直以意爲之説。案士冠禮：「主人玄端爵韠，擯者玄端，賓如主人服，贊者玄端從之。」賈疏云：「擯者不言如主人服，別言玄端，則與主人不同可知。」然則主人玄端爲士之正服，擯者玄端爲朝服。合之論語此文有朝聘會同，則凡士之爲擯者，自助祭外，皆用朝服而非皮弁可知。然朝服當云委貌，今云章甫者，以章甫與委貌同爲玄冠也。郊特牲、士冠記並云：「委貌，周道也。章甫，殷道也。毋追，夏后氏之道也。」鄭注士冠記云：「委猶安也，言所以安正容貌。章，明也。殷質，言以表明大夫也。甫或爲父。毋，發聲也。追猶堆也。夏后氏質，以其形明之。三冠皆所服以行道也。其制之異同未之聞。」白虎通紼冕云：「所以謂之委貌何？周統十一月爲正，萬物始萌小，故爲冠飾最小，故曰委貌。委貌者，言委曲有貌也。殷統十二月爲正，其飾微大，故曰章甫。章甫者，尚未與極其本相當也。夏統十三月爲正，其飾最大，故曰毋追。毋追者，言其追大也。」案此則三代冠制稍有大小之差。班言其形，鄭君兼釋其義，互相備耳。周用六代禮樂，當時本有章甫，爲大夫士之冠。故夫子冠章甫之冠，魯人誦孔子亦云「袞衣章甫」，及此子華又言「端章甫」，皆當時禮冠用章甫之證。若當時未有此制，而夫子與子華乃舍周之委貌而服殷冠，是畔民也。乃解者疑其與禮不合，又以子華爲謙。夫子華能爲大相而謙言小相可也，未有舉其禮服而亦謙不敢用，且未聞以前代之制而用爲謙言，此亦理之未可達矣。

【集解】鄭曰：「我非自言能也，願學爲之，宗廟之事，謂祭祀也。諸侯時見曰會。殷頫曰同。端，玄端也。衣玄端，冠章甫，諸侯日視朝服也。小相，謂相君禮者。」

【唐以前古注】皇疏：周禮六服各隨服而來，是正朝有數也。而時見曰會，此無常期。諸侯有不庭服者，王將有征討之事，則因朝竟，王命爲壇於外，合諸侯而發禁，亦隨其方。若東方不服，則命與東方諸侯共征之，此是時見曰會也。又王十二年一巡狩，若王有事故，則六服諸侯並來京師，朝王受法，此是殷頫曰同也。而鄭玄注云「殷頫曰同」者，周禮又有時聘曰問，殷頫曰視，並是諸侯遣臣來京師也。王有事故，諸侯不得自來而遣臣來聘王，此亦無定時，是時聘曰問也。又元年，六服唯侯服獨來朝京師，人少，故諸侯並遣臣來京師視王，是殷頫曰視也。鄭玄云「殷見曰同」者，廣頫見之言通也。章甫，殷冠也。然周家諸侯日視朝之服，服緇布衣、素積裳、冠委貌，此云玄端日視朝者，容是周末禮亂者也。

【集注】公西華志於禮樂之事，嫌以君子自居，故將言己志而先爲遜辭，言未能而願學也。宗廟之事謂祭祀，諸侯時見曰會，衆頫曰同。端，玄端服。章甫，禮冠。相，贊君之禮者。言小，亦謙辭。

按：四庫提要：「此與周禮文異者，宋代諱殷，故改殷爲衆。」張存中通證知引周禮而不能辨其何以不同。

「點！爾何如？」鼓瑟希，鏗爾，舍瑟而作，對曰：「異乎三子者之撰。」

【考異】説文解字引論語此文曰：鏗，苦閑切。一讀若掔。玉篇「𢫬」字下曰：「口耕切。論語曰『𢫬爾，捨瑟而作』。」與「鏗」同。類篇、集韻並引論語「𢫬爾」，云：「或作揁。」王氏漢志考證：集韻引論語「焕爾捨瑟而作」。釋雅：「愌」與「鏗」轉假無因，恐是誤也。集韻「鏗」字下今無引「愌爾」之言，王伯厚藝文志注引之，必別見一本。潘氏集箋：禮記樂記云「鐘聲鏗」，周禮典同「高聲硍」，注：「杜子春云：『高，謂鐘形容高也。』玄謂高，鐘形大上上大也。高則聲上藏，袞然旋如裹。」蓋皆指鐘聲言之。以「鏗」雖不見説文，而注中三引皆從金，從堅，似非所以狀瑟聲者。竊疑此「鏗」字亦當讀爲袞，以象舍瑟聲之旋如裹也。

按：説文無「鏗」字，而注凡三見。「臤，堅也。讀若鏗鏘之鏗。」手部：「摼，擣頭也。讀若『鏗爾舍瑟而作』。」車部：「轒，車轒鉉也。讀若論語『鏗爾舍瑟而作』。」吴氏遺著據此，謂許書原本當有「鏗」字，轉寫脱之。

釋文：「撰」，鄭作「僎」。論語古訓：鄉飲酒禮云：「遵者降席，席東南面。」注：「今文遵爲僎，或爲全。」是全、僎本通，故讀「僎」爲「詮」，非改字也。臧在東曰：「異乎三子者之僎，言不能如三子之善。一似有不足言者，故子曰『何傷，各言其志』，誘之言也。孔訓撰爲爲政之具，是己未言而先輕視三子之長以自取異，較之率爾之形益甚矣。」按：鄭以點爲謙言，故夫子云「何傷」以解之。若僞孔訓爲爲政之具，是正點自負，有異三子，視子路之率爾更有甚矣。以此知鄭義精審，多若此也。

【音讀】四書蒙引：「鏗爾」帶下句讀，是以手推瑟而起，其音鏗爾也。

【考證】論語偶記：爾雅釋樂云：「徒鼓瑟謂之步。」注謂獨作之。曾點但鼓瑟，未有口歌。又云：少儀云：「侍坐弗使，不執琴瑟。」則點之侍坐鼓瑟，必由夫子使之。論語後録：說文解字：「僎，具也。詮亦具也。」是僎、詮同義。詮字從全，古「全」與「僎」通。

【集解】孔曰：「思所以對，故其音希也。鏗爾者，投瑟之聲也。舍瑟而作，置瑟起對也。撰，具也，爲政之具也。」

【唐以前古注】釋文引鄭注云：僎讀曰詮，詮之言善也。

【集注】四子侍坐，以齒爲序，則點當次對，以方鼓瑟，故孔子先問求、赤而後及點也。希，間歇也。作，起也。撰，具也。

子曰：「何傷乎？亦各言其志也。」曰：「莫春者，春服既成，冠者五六人，童子六七人，浴乎沂，風乎舞雩，詠而歸。」

【考異】釋文：「莫」，本亦作「暮」。　徐鉉新修字義：「暮」譌謬，本作「莫」，日在茻中也。　皇本「冠者」上有「得」字。　周禮司巫疏引論語「童子六七人」在「冠者」句上。天文本論語校勘記：古本、足利本、唐本、津藩本、正平本「冠者」上有得字。

【考證】家語弟子解：曾點疾時禮教不行，欲修之，孔子善焉。論語所謂「浴乎沂，風乎舞雩之下」。　論衡明雩篇：曾晳言風乎舞雩，風，歌也。讀「風」如「諷」。　困學紀聞：王充云：「風，歌也。」仲長統云：「諷於舞雩之下。」愚謂以風爲諷，則與「詠而歸」一意矣，還當從舊説。　翟氏考異：仲氏惟樂志論云：「風於舞雩之下，詠歸高堂之上。」今後漢書本傳自爲「風」字，王氏云云，不可具悉。　四書釋地：沂有徐州之沂，有青州之沂，此指徐州言，出魯魯縣尼丘山西北，逕魯之雩門，注於泗水；與出泰山蓋縣艾山南，至下邳入泗，杜預所謂大沂水者別。　水經注：沂水北對稷門，一名高門，一名雩門。南隔水有雩壇，壇高三丈，即曾點所欲風處也。　齊召南水道提綱：雩河即浴沂之沂水，源出曲阜縣東南之尼山下，北流數十里，折而西北六十里，又西流經曲阜南，又西南至兗州府城東，南注泗水。其大沂水出沂州府沂水縣西北之東鎮沂山，經沂州府城東南，又西南入江南邳州界，經邳州城南，西入運河。　寰宇記：舞雩壇在沂水南，當縣南六里臨沂。　方輿紀要：舞雩壇在曲阜城東南二里，引鼂山水爲池，至壇西曰雩水。水經泗水注：「沂水北對稷門，稷門亦曰雩門。左傳莊十年，公子偃請擊宋師，竊從雩門蒙臯比而出者也。門南隔水有雩壇，壇高三丈，曾點所欲風舞處也。」　顧棟高春秋大事表：沂水在今曲阜縣南二里，西入滋陽縣境，合於泗水，論語所謂「浴乎沂」即此。齊亦有沂水，今沂州府沂水縣西北一百七十里。雕崖山接蒙陰縣界，南流至江南宿遷縣北，匯爲駱馬湖，又南入運河，書「淮、沂其乂」是也。又出武陽之冠石山者亦謂之沂水，在今兗州府費縣，俗呼小沂水，哀二年「取沂西田」是也。

【集解】孔曰：「各言己志，於義無傷。」包曰：「莫春者，季春三月也。春服既成，衣單袷之時。我欲得冠者五六人，童子六七人，浴乎沂水之上，風涼於舞雩之下，歌詠先王之道，歸夫子之門也。」

【唐以前古注】水經沂水注引鄭注：沂水出沂山。郊特牲正義引鄭注：沂水在魯城南，雩壇在其上。釋文引鄭注：饋，饋酒食也。魯讀饋爲歸，今從古。皇疏引王弼云：沂水近孔子宅，舞雩壇在其上，壇有樹木，遊者託焉也。皇疏：暮春，謂建辰夏之三月也。年有四時，時有三月，初月爲孟，次者爲仲，後者爲季。季春是三月也。不云季春而云暮春者，近月末也。月末其時已暖也，春服成者，天時暖而衣服單袷者成也。已加冠，成人者也。五六者，趣舉其數也。童子，未冠之稱也。又有未冠者六七人也。或云：冠者五六，五六三十人也。童子六七，六七四十二人也。四十二就三十合爲七十二人也。孔子升堂者，七十二人也。沂，水名也。暮春者，既暖，故與諸朋友相隨往沂水而浴也。風，風涼也。舞雩，請雨之壇處也。請雨祭謂之雩。雩，吁也，民不得雨故吁嗟也。祭而巫舞，故謂爲舞雩也。沂水之上有請雨之壇，壇上有樹木，故入沂浴，出登壇，庇於樹下逐風涼也。　筆解：韓曰：「『浴』當爲『沿』字之誤也。周三月，夏之正月，安有浴之理？」

【集注】莫春和煦之時。春服，單袷之衣。浴，盥濯也，今上巳祓除是也。沂，水名，在魯城南，地志以爲有温泉焉，理或然也。風，乘涼也。舞雩，祭天禱雨之處，有壇墠樹木也。詠，歌也。

【别解一】公羊傳：「桓公五年，大雩。」注：「使童男女各八人，舞而呼雩。」疏曰：「論語云『冠者五六人，童子六七人』，乃魯人正雩，故其數少。此見書於經，非正雩，故其數多，又兼男女矣。春秋説云『冠者七八人，童子八九人』者，蓋又天子雩也。」　論衡明雩篇：魯設雩祭於沂水之上。暮者，晚也。春，謂四月也。春服既成，謂四月之服成也。冠者，童子，雩祭樂人也。浴乎沂，涉沂水也。象龍之從水中出也。風乎舞雩，風，歌也。詠而饋，詠，歌；饋，祭也。歌詠而祭也。説論之家以爲浴者，浴沂水中也。風，乾身也。周之四月，正歲二月也。尚寒，安得浴而風乾身？由此言之，涉水不浴，雩祭審矣。春秋左氏傳曰：「啓蟄而雩。」又曰：「龍見而雩。」啓蟄、龍見皆二月也。春二月雩，秋八月亦雩。春祈穀雨，秋祈穀實。當今靈星，秋之雩也。春雩廢，秋雩在，故靈星之祀歲雩祭也。孔子曰：「吾與點也。」善點之言，欲以雩祭調和陰陽，故與之也。　論語發微：王仲任説論語此條最當。其云説論之家，當指魯論，當時今文魯論最盛也。其以雩在正歲二月則非。蒼龍昏見東方，在正歲四月，始舉雩祭。故左傳「龍見而雩」，杜注以爲建巳。若啓蟄則夏正郊天而非雩。　論語暮春，春盡爲暮，已將四月。故云春服既成，言時已暖也。然建巳之月，亦不可浴水中而風乾身。浴沂，言祓濯於沂水而後行雩祭。蓋三子者之僎，禮節民心也。點之志由鼓瑟以至風舞詠饋，樂和民聲也。樂由中出，禮自外作，故孔子獨與點相契。唯樂不可以僞爲，故曾晳託志於此。孔子問：「如或知爾，則何以哉？」何以言何以爲治，若以魯論所説，則點有遺世之意，不特異三子，並與孔子問意反矣。劉氏正義：今案宋説雩在正歲四月，非二月，甚是。又以浴爲祓濯，亦較論衡涉水之訓爲確。予友柳氏興恩解此文亦從論衡，云：「春服既成，謂雩時所服也。國語楚語：『在男曰覡，在女曰巫。是使制神之處位次主，而爲之牲器時服。』韋昭解：『時服，四時服色所宜。』又春秋繁露求雨篇言『春雩之制，祝服蒼衣，小童八人，服青衣而舞之』是也。」今案由繁露文觀之，此冠者疑即祝類，童子即雩舞童子也。五六人者，或五人或六人也。六七人者，或六人或七人也。太平御覽禮儀部漢舊儀曰：「禮后稷於東南，常以八月祭。舞者七十二人，冠者五六三十人，童子六七四十二人，爲民祈農報功。」然則冠者童子皆是舞人，而五六、六七則合七十二人之數。又晉張協洛禊賦「童冠八九」，八九亦合七十二人。疑漢、晉時雩禊之制本用七十二人，而遂以論語所云五六、六七以巧合之也。又漢唐扶頌：「四遠童冠，摳衣受業。五六六七，化導若神。」此以童冠爲曾點弟子，是魯論之説。而隸釋載員興宗答洪丞相書指七十二子，失之遠矣。竊以古論解此節爲雩祀，自是勤恤愛民之意。其時或值天旱，未行雩禮，故點即時言志，以諷當時之不勤民者。

【別解二】四書稗疏：朱子謂韓愈、李翺疑裸身出浴之非禮，而不知漢上巳祓除官民潔於東流之制，故改「浴」爲「沿」。不知改「浴」爲「沿」者乃王充之定論，非退之筆解之創説也。暮春非必上巳之期，潔身亦非有周之禮。束晳引周公營雒之事以徵上巳之禮，其詩曰「羽觴隨波」，此言流觴以飲，未言浴也。浴者，溱、洧秉蕑之淫風耳。莫春之初，正寒食風雨之候，北方冰凍初釋，安能就水中而裸戲？或謂沂有温泉，而褫衣於未浴之先，拭體於出浴之際，風寒慘肌，亦非人所可堪也。且温泉必出山谷石磵之中，其下有硫黄礜石，水之平流者不得有之。朱子云地志以爲沂有温泉者，乃出自泰山蓋縣之沂水，東南逕齊、莒之境，南至下邳入泗者也。水經注言彼沂水至陽都縣南合温水，上承温泉陂，西南入沂水，則温、沂之合在今沂州境内，去魯數百里而遥，曾晳何事跋涉以往浴乎？此之沂水與彼沂水，名同實異，出魯城東南尼丘山，平地發泉，繞魯城東門，北對雩門，門南隔水有雩壇。酈道元云：「曾點所欲風舞處也。」稍西即與泗水合於魯城西南，兩沂水相去懸絶，惡得以齊地温水之沂爲魯舞雩側石之流乎？此尤朱子所未悉也。

羣經平議：世傳韓昌黎論語筆解皆不足采，惟此經「浴」字謂是「沿」字之誤，則似較舊説爲安。風之言放也。詩北山篇「或出入風議」，鄭箋云：「風，放也。」僖四年左傳：「唯是風馬牛不相及也。」尚書柴誓正義引賈逵注曰：「風，放也。」「風」與「放」一聲之轉。風乎舞雩者，放乎舞雩也。沿乎沂，放乎舞雩，猶孟子曰「遵海而南，放乎琅邪矣」。沈濤十經齋文集：考祓禊之禮，於古無徵。晉書束晳傳言周公卜成洛邑，因流水以泛酒。秦昭王三月上巳置酒河曲。出吴均續齊諧記，不足爲據。宋書禮志、續漢志注補引韓詩曰：「鄭國之俗，三月上巳，之溱、洧兩水之上，招魂續魄，秉蘭草祓除不祥。」則亦以爲溱、洧之淫俗，非鄗、洛之盛典。周禮女巫「掌歲時祓除釁浴」，注：「歲時祓除，如今三月上巳如水上之類。」蓋鄭舉漢法以況周制。西京雜記載：「戚夫人正月上辰出池邊盥濯，食蓬餌以祓妖邪，三月上巳張樂於流水。」續漢禮儀志：「是月上巳，官民皆絜於東流水上，曰洗濯祓除，去宿垢爲大絜。」是西漢始於宮闈，東京則沿爲民俗。古祓除皆除惡之祭，女巫之祓除即女祝之禬禳。禮月令「九門磔禳以畢春氣」，注謂：「昂有積尸大陵之氣，佚則厲隨而出，行磔牲以禳於四方之神，所以畢止其災。」周禮男巫「春招弭以除疾病」，注：「招，招福也。弭讀爲敉。敉，安也，安凶禍也。招弭皆有祀衍之禮。」杜篤祓禊賦謂：「巫咸之徒，秉火祈福。」猶存古制。魏、晉以後，但以絲竹觴詠爲樂，而蔡邕、張協之徒且以論語舞雩當之，匪特義異古訓，抑更事乖前典。

按：以上二說，第一說主張雩祭。陔餘叢考云：「果如其說，以雩祭調和陰陽，則亦爲邦者之事也。又何必問求、赤非爲邦歟？」第二說反對修禊。考月令「季春，天子始乘舟」，蔡邕章句：「乘舟，禊於名川也。」論語『暮春者浴乎沂』，今三月上巳祓禊於水濱，蓋出於此。」張協洛禊賦：「顧新服之既成，將祓除於水濱。」又云：「攜朋接黨，童冠八九。」亦同蔡氏章句之說。又賈公彥疏周禮「歲時祓除」曰：「見今三月三日水上戒浴是也。」說最近理。漢學家因攻朱之故，務事事與之相左，如此節朱注用上巳祓除說，本出古注，何等文從字順。今必改爲雩祭，止爲一「饋」字，生出許多曲說。殊不知歸、饋古本通用。至昌黎喜改古書，尤爲無取。故雖存其説而闕其誤謬如右。

夫子喟然歎曰：「吾與點也！」

【音讀】史記弟子傳：孔子喟爾嘆曰：「吾與蒧也！」翟氏考異：説文「黵」字下云：「古人名黵字子皙。」彼不云曾黵，又音古咸切。六書故謂黵即點，似未可信。然集韻二十四鹽有「點」字，音之廉切。注云：「人名。魯有曾點。」則曾皙名實可讀平聲矣。詳審其意，恐即因緣説文。按：王氏論語訓：「史記弟子列傳不言皙、參一家，此別一曾點也。」未知何據。考孟子：「琴張、曾皙、牧皮者，孔子所謂狂矣。」其人蓋習於道家言者，未必即曾子父也。

【集解】周曰：「善點之獨知時也。」

【唐以前古注】皇疏：孔子聞點之願，是以喟然而歎也。既歎而云吾與點也，言我志與點同也。所以與同者，當時道消世亂，馳競者衆，故諸弟子皆以仕進爲心，唯點獨識時變，故與之也。又引李充云：善其能樂道知時，逍遥游詠之至也。夫人各有能，性各有尚，鮮能舍其所長而爲其所短。彼三子者之云，誠可各言其志矣。然此諸賢既以漸染風流，飡服道化，親仰聖師，誨之無倦，先生之門，豈執政之所先乎？嗚呼！遽不能一忘鄙願而暫同於雅好哉！諒知情從中來，不可假已，唯曾生超然，獨對揚德音，起予風儀，其辭清而遠，其指高而適，亹亹乎固聖德之所同也。三子之談，於兹陋矣。筆解：李曰：「仲尼與點，蓋美其樂王道也。餘人則志在諸侯，故仲尼不取。」

【集注】曾點之學，蓋有以見夫人欲盡處，天理流行，隨處充滿，無少欠闕。故其動静之際，從容如此。而其言志，則又不過即其所居之位，樂其日用之常，初無舍己爲人之意。而其胸次悠然，直與天地萬物上下同流，各得其所之妙，隱然自見於言外。視三子之規規於事爲之末者，其氣象不侔矣。故夫子歎息而深許之，而門人記其本末獨加詳焉，蓋亦有以識此矣。

按：丹鉛録云：「朱子易簀之前，悔不改此節注，留後學病根。」張氏甄陶曰：「或疑朱子之書，舉世遵守，今子何忽另翻窠臼？」曰：不然。朱注無不可從，但一百條中，亦有二三條錯處。君子之過如日月之食，不希罕後學汙下阿好，此纔是真知篤信。若一味違心强附其説，則朱注徒取信於不分黑白面牆而立之人，亦不足貴矣。蓋曾晳在孔門中不過一狂士，孔子不應輕許引爲同志，一可疑也。既許之矣，何不莞爾而笑，而乃喟然而歎？二可疑也。果係夫子與之，何以後來又被訓斥？三可疑也。可見夫子之意，完全感慨身世，自傷不遇。所謂與點者，不過與汝偕隱之意。而以爲人欲净盡，天理流行，已屬隔膜之談。況又以爲具備堯、舜氣象，豈非癡人説夢哉！

【餘論】蘇子由古史：四子之言，皆其志也。夫子之哂由也以其不讓，而其與點也以其自知之明與？如曾晳之狂，其必有不可施於世者矣。苟不自知而强從事焉，禍必隨之。其欲從弟子風乎舞雩，樂以忘老，則其處己也審矣。不然，孔子豈以不仕爲貴者哉！黄氏日鈔：四子侍坐，而夫子啓以「如或知爾則何以哉」，蓋試言其用於世當如何也。三子言爲國之事，皆答問之正也。曾晳，孔門之狂者也，無意於世者也，故自言其瀟灑之趣，此非答問之正也。夫子以行道救世爲心，而時不我與。方與二三子私相講明於寂寞之濱，乃忽聞曾晳浴沂歸詠之言，若有得其浮海居夷之意，故不覺喟然而歎，蓋其所感者深矣。所與雖點，而所以歎者豈惟與點哉！繼答曾晳之問，則力道三子之美，夫子豈以忘世自樂爲賢，獨與點而不與三子者哉？升庵全集：夫子以行道救世爲心，而時不我與。方與二三子私相講明於寂寞之濱，而忽聞曾晳浴沂之言，若有獨契於浮海居夷之志，曲肱飲水之樂，故不覺喟然而歎，蓋其意之所感者深矣。所與雖點，而所以歎者豈惟與點哉！至於三子出而曾點後，蓋亦自知答問之非正，而蒙夫子之獨與，故歷問之。而夫子歷道三子之美，夫子豈以忘世自樂爲賢，獨與點而不與二三子哉？後世談虛好高之習勝，不原夫子喟歎之本旨，不詳本章所載之始末，單摭與點數語而張皇之，遺落世事，指爲道妙，但欲推之過高，而不知陷於談禪，其失豈小哉！程子曰：「子路、冉有、公西華言志自是實事。」此至論也。又曰：「夫子與點，蓋與聖人之志同，便是堯、舜氣象。」又曰：「上下與天地同流。」且天地同流，惟堯、舜可以當之，曾點何如人，而與天地同流，有堯、舜氣象乎？朱子晚年，有門人問與曾點之意。朱子曰：「某平生不喜人説此語，論語自學而至堯曰，皆是工夫。」又易簀之前，悔不改浴沂注一章，留爲後學病根，此可謂正論矣。東塾讀書記：朱注云：「三子規規於事爲之末。」又采程子云：「子路等所見者小，孔子不取。」王氏復禮四書集注補云：「夫子問如或知爾則何以哉，三子以抱負對，正遵師命，豈可云規規於事爲之末乎？孔子既言赤也爲之小，孰能爲之大，而乃云所見者小，明與聖經相反。」此則程、朱之説亦有未安，王氏辯之是也。　羣經識小：三子承知爾之問，兵農禮樂，言志之正也。點之别調，夫子獨許之者，亦以見眼前真樂在己者可憑，事業功名在人者難必。喟然一歎，正不勝身世之感也。　四書翼注論文：注中只有「即其所居之位，樂其日用之常」是正解，其餘俱錯，不可附會。夫子與點，不是驚喜其堯、舜氣象，如獲異寶。堯、舜氣象曷嘗有春風沂水來？　魯岡或問：夫子聽諸子説事功時，點忽説眼前樂事，正動夫子與時偕止之意，故喟然一歎而偶許之。點疑夫子所與在此不在彼，幾落巢、許窠臼，此狂者之過也。夫子兼與之進之以與時偕行，事功亦何可少也。聖門必如顏子方是中行，故曰「惟我與爾有是夫」。　小倉山房文集：聖人無一日忘天下，子路能兵，冉有能足民，公西華能禮樂，倘明王復作，天下宗予，與二三子各行其志，則東周之復，期月而已可也。無如轍環天下，終於吾道之不行，不如沂水春風，一歌一浴，較浮海居夷，其樂殊勝。蓋三子之言畢，而夫子之心傷矣。適曾點曠達之言泠然入耳，遂不覺歎而與之，非果與聖心契合也。如果與聖心契合，在夫子當莞爾而笑，不當喟然而歎。在曾點當聲入心通，不違如愚，不當愈問而愈遠，且受嗔斥也。　論語集注述要：自「曾點之學」以下至「氣象不侔矣」各語，自是朱子體會有得之言。然以爲曾點言志時本意如此，則未敢必。

三子者出，曾晳後。曾晳曰：「夫三子者之言何如？」子曰：「亦各言其志也已矣。」曰：「夫子何哂由也？」曰：「爲國以禮，其言不讓，是故哂之。」

【考異】皇本「夫子何哂由也」作「吾子」，「曰爲國以禮」，「曰」上有「子」字。　七經考文：案義疏云：「曾點呼孔子爲吾子也。」「吾」字不誤。

【集解】包曰：「爲國以禮，禮貴讓。子路言不讓，故笑之。」

【集注】點以子路之志乃所優爲，而夫子哂之，故請其説。夫子蓋許其能，特哂其不遜。

「唯求則非邦也與？」「安見方六七十如五六十而非邦也者？」「惟赤則非邦也與？」「宗廟會同，非諸侯而何？赤也爲之小，孰能爲之大？」

【考異】皇本作「宗廟之事如會同，非諸侯如之何」，「小」下「大」下各有「相」字。　釋文：「宗廟會同」，本或作「宗廟之事如會同」，「非諸侯而何」，一本作「非諸侯如之何」。　舊文「非邦」上有「焉」字。　釋文曰：「焉，於虔反。本今無此字。」　天文本論語校勘記：足利本、唐本、津藩本、正平本作「宗廟之事如會同非諸侯如之何」。　翟氏考異：邢疏謂二節皆夫子自爲問答，而非曾皙問，夫子答也。觀此句舊有「焉」字，則其自爲問答益明。

【集解】孔曰：「明皆諸侯之事，與子路同，徒笑子路不讓也。赤謙言小相耳，孰能爲大相者也。」

【唐以前古注】皇疏：孔子更證我笑非笑子路之志也。若笑子路有爲國之志，則冉求亦是志於爲國，吾何獨不笑耶？既不笑求，豈獨笑子路乎？故云「唯求非邦也與」，言是邦也。「安見方六七十如五六十非邦也」者，亦云是邦也。又引赤證我不笑子路志也。赤云宗廟會同，會同即是諸侯之事，豈曰非邦，而我何獨不笑乎？又明笑非笑志也。

【集注】曾點以冉求亦欲爲國而不見哂，故微問之。而夫子之答無貶辭，蓋亦許之。此亦曾皙問而夫子答也。孰能爲之大，言無能其右者，亦許之之辭。

按：經傳考證謂：「此皆孔子之言，所以申明子路見哂之故。方六七十如五六十，與宗廟會同，莫非爲邦之事，特詞意謙巽，使人不覺耳。非曾皙問而夫子答也。邢疏辭不別白，皇疏得之。集注以爲曾皙問夫子答，於義爲短。」

【餘論】黄氏後案：經兩言「非邦也與」，猶言皆國之事也，安見非邦之事，反詰之辭。「非諸侯之事而何」，意同。孔注云：「明皆諸侯之事。」說經簡而晐。後儒或以千乘及六七十五六十俱是諸侯，赤云相是相天子亦諸侯，非也。閻氏釋地、淩氏禮經釋例斥其謬。又云：皇疏以兩節係夫子自爲問答之言是也。夫子言此者，正以樂天知命之心，與憂民濟世之志，兩者竝行不悖，三子之撰皆可嘉許，欲曾氏知此而勉於實事也。融貫全章，想見聖門教育英材，獎勵無方，令讀書者味長意永。若因一哂而疑爲邦之非，且再問而不悟，曾氏如此愚乎？讀之少味。

義門讀書記：曾點非自喜見許，真以夫子爲必薄三子而復問也。蓋狂者平日心胸灑落，或不暇於細務。一聞三子之言，未嘗不以爲實事切務，必不可少。異撰之言，仍寓謙退在其間也，正狂者進取處，未可以他日行不掩言，疑其夷然不屑，一往放曠爲樂也。

【發明】反身録：孔門諸賢，兵農禮樂，大以成大，小以成小，平居各有以自信。今吾人平居其所自信者何在？兵耶？農耶？禮樂耶？三者咸兼耶？僅有其一耶？抑超然於世務之外，瀟灑自得，志在石隱耶？如志非石隱，便應將經世事宜實實體究，務求有用。一旦見知於世，庶有以自效，使斯世見儒者作用，斯民被儒者膏澤，方不枉讀書一場。若只尋章摘句，以文字求知，章句之外，凡生民之休戚，兵賦之機宜，禮樂之修廢，風化之淳漓，漠不關心，一登仕途，所學非所用，所用非所學，無惑乎國家不得收養士之效，生民不得蒙至治之澤也。經世之業，平居儘學之有素，及一當事任，猶多不能中窾中會，盡協機宜。苟未嘗學之有素，而欲望其臨時有所建樹，不亦謬乎？殷浩以蒼生自負，房琯以將略知名，一出猶成敗局，況平居諳練不及二人乎？

張履祥備忘録：四子侍坐，固各言其志，然於治道亦有次第。禍亂戡定，而後可施政教。初時師旅饑饉，子路之使有勇知方，所以戡定禍亂也。亂之既定，則宜阜俗，冉有之足民，所以阜俗也。俗之既阜，則宜繼以教化，子華之宗廟會同，所以化民成俗也。化行俗美，民生和樂，熙熙然遊於唐、虞、三代之世矣，曾晳之春風沂水，有其象矣。夫子志乎三代之英，能不喟然興歎。又曰：聖賢教人，必不使但爲空言。今人好言吾與點也，而於子路、冉有、公西華之志則鄙而不屑。何不反己自量，果能爲國三年，可使有勇知方否？能使足民否？宗廟會同能爲相否？無一能之，徒爲大言，不知窮經稽古，隱居求志，誠爲何義也？

按：曾點在孔門無所表見，其學其才均在三子之下。朱子語類中關於此章論述不少，惜皆沿其師堯、舜氣象謬説，並天理流行一派套語，多隔靴搔癢之談，玆故不録。

論語集釋卷二十四

顔淵上

○顔淵問仁。子曰：「克己復禮爲仁。一日克己復禮，天下歸仁焉。爲仁由己，而由人乎哉？」

【考異】孟子萬章上篇章句引論語作「問爲仁」。皇本「克」字作「尅」。

【音讀】羣經平議：此當以「己復禮」三字連文。己復禮者，身復禮也，謂身歸復於禮也。能身復禮，即爲仁矣，故曰克己復禮爲仁。下文曰：「一日克己復禮，天下歸仁焉。爲仁由己，而由人乎哉？」必如孔注，然後文義一貫。孔子之意，以己與人對，不以己與禮對也。正義不能申明孔注，而漫引劉説以申馬注約身之義，而經意遂晦矣。

【考證】左傳昭公十二年：仲尼聞楚靈王事，曰：「古也有志，克己復禮，仁也。信善哉！」困學紀聞：或謂克己復禮，古人所傳，非出於仲尼，故左傳云云。胥臣又曰：「出門如賓，承事如祭，仁之則也。」蓋左氏粗聞闕里緒言，每每引用，而輒有更易。又曰：孔門獨顔子爲好學，所問曰爲仁，曰爲邦，成己成物，體用本末備矣。翟氏考異：後漢書郎顗薦李固云：

「顔淵十八，天下歸仁。」未知其本出何書。儻緣論語敷演，不免於僞濫矣。歲歷綿遠，篇籍放逸者多。即同顔淵事，新論言其不以夜浴改容，今亦不見所出。凡此類當且闕疑。惠士奇禮説：克爲敏德，以己承之。孔子曰克己，曾子曰己任，一也。己之欲非己，猶身之垢非身。爲仁由己，是謂當仁。仁以成己，惟敏乃成。訓己爲私，濫於王肅，浸於劉炫，異乎吾所聞。論語稽求篇：馬融以約身爲克己，從來説如此。夫子是語本引成語。春秋昭十二年，楚靈王聞祈招之詩，不能自克，以及於難。夫子聞之，歎曰：「古也有志，克己復禮，仁也。楚靈王若能如此，豈其辱於乾谿！」據此，則克己復禮本屬成語，夫子一引之以歎楚靈王，一引之以告顔子。此問無解，而在左傳則明有不能自克，作克己對解。克者，約也，抑也。己者，自也。故春秋莊八年書「師還」，杜預以爲善公克己復禮。而後漢元和五年，平望侯劉毅上書云：「克己引愆，顯揚側陋。」謂能抑己以用人，即北史稱馮元興「卑身克己，人無恨者」。唐韓愈與馮宿書：「故至此以來，克己自下。」直作卑身、作自下解。若後漢陳仲弓誨盜曰：「觀君狀貌不似惡人，宜深尅己反善。」別以「克」字作「尅」字，正以掊尅損削皆深自貶抑之義。歸仁即稱仁，與上句「爲仁」爲字同。禮記哀公問：「君子也者，人之成名也。百姓歸之，名謂之。」則百姓之歸亦祇是名謂之義，此真善於釋歸者。揅經室集論語孟子仁説：顔子克己，己字即是自己之己，與下文「爲仁由己」相同。若以克己己字解爲私欲，則下文「爲仁由己」之己斷不能再解爲私，與上文辭氣不相屬矣。且克己不是勝己私也，克己復禮本是成語，夫子既引此語以論楚子，今又引以告顔子，雖其間無解，而在左傳則明有不能自克，作克己對解。克者，約也，抑也。己者，自也。何嘗有己身私欲重煩戰勝之説？後漢元和五年，平望侯劉毅上書云：「克己引愆，顯揚仄陋。」謂能抑己以用人，即北史稱馮元興「卑身約己，人無恨者」。唐韓愈與馮宿書：「故至此以來，克己自下。」直作卑身自下解。若陳仲弓誨盜曰：「觀君貌不似惡人，宜深尅己反善。」别以「克」字作「尅」字，正以掊尅損削皆深自貶抑之義故云。則是約己自尅，不必戰勝，況可詁私字也？理也。

按：此章爲漢學宋學之争點，詳見漢學商兑，兹不具述。平心論之，同一「己」字而解釋不同，終覺於義未安，阮氏之説是也。朱注爲短，蓋欲伸其天理人欲之説，而不知孔氏言禮不言理也。

【集解】馬曰：「克己，約身也。」孔曰：「復，反也。身能反禮，則爲仁矣。」馬曰：「一日猶見歸，況終身乎？」孔曰：「行善在己，不在人也。」

【唐以前古注】皇疏：尅，猶約也。復，猶反也。言若能自約儉己身，返反於禮中，則爲仁也。于時爲奢泰過禮，故云禮也。一云：身能使禮反返身中，則爲仁也。又引范甯云：克，責也。復禮，謂責克己失禮也。非仁者則不能責己復禮，故能自責己復禮則爲仁矣。亂世之主不能一日克己，故言一日也。「爲仁由己，而由人乎哉」，言爲仁在我，豈俟彼爲仁耶？筆解：韓曰：「孔、馬得其皮膚，未見其心焉。吾謂回問仁，仲尼答以禮，蓋舉五常之二以明其端焉。故下文云：『非禮勿視，非禮勿聽，非禮勿言，非禮勿動。』又舉五常之四以終其義。」李曰：「仁者，五常之首也。視聽言貌思，五常之具也。今終之以動者，貌也。貌木爲仁。此問非顔回身體，安能究仲尼之心？」

【集注】仁者，本心之全德。克，勝也。己，謂身之私欲也。復，反也。禮者，天理之節文也。爲仁者所以全其心之德也。蓋心之全德莫非天理，而亦不能不壞於人欲。故爲人者必有以勝私欲而復於禮，則事皆天理，而本心之德復全於我矣。歸，猶與也。又言一日克己復禮，則天下之人皆與其仁。極言其效之甚速而至大也。又言爲仁由己，而非他人所能預，又見其機之在我而無難也。日日克之，不以爲難，則私欲净盡，天理流行，而仁不可勝用矣。

按：解經與作文不同，作文須有主意，方能以我御題；解經則否，不可先有成見。集注之失，即在先有成見。如此章孔子明言復禮，並未言理。止言克己，並未言私欲。今硬將天理人欲四字塞入其内，便失聖人立言之旨。或曰：即將克己復禮解爲克私欲復天理，有何害處（方東樹之言）？余曰不然。解經須按古人時代立言，孔子一生言禮不言理，全部論語並無一個理字。且同一「己」字，前後解釋不同，其非經旨甚明。其病總在先有成見，此端一開，後來解經者莫不挾其私見，假託聖言，以伸其説。如李剛主論語傳注，則用其師顔習齋之説。康有爲論語注，則用其張三世之説。皆襲此故智者也。阮氏元曰：「朱子中年講理，晚年講禮，蓋理虚而禮實也。」是朱子已自悔其説之非矣，後人何必代古人文過耶？

【餘論】漢學商兑引淩廷堪曰：「爲仁由己，而由人乎哉」，人己對稱，正是鄭氏「相人偶」之説。

又引焦循曰：劉光伯嗜欲與禮義交戰之言，意主楚靈王，因上文有「不能自克」語望文生義耳，與論語何涉？邢叔明勦襲之以釋論語，遂開集注訓己爲私欲之論，與全部論語人己對舉之文枘鑿不入矣。

劉氏正義：爾雅釋詁：「克，勝也。」又：「勝，克也。」轉相訓。此訓約者，引申之義。顏子言「夫子博我以文，約我以禮」，約如約束之約，約身猶言修身也。後漢書安帝紀「夙夜克己，憂心京京」，鄧皇后紀「接撫同列，常克己以下之」，祭遵傳「克己奉公」，何敞傳「宜當克己以疇四海之心」，凡言克己，皆如約身之訓。法言謂「勝己之私之謂克」，此又一義。劉炫援以解左傳「克己復禮」之文，意指楚靈王多嗜慾、誇功伐而言。乃邢疏即援以解論語，朱子集注又直訓己爲私，並失之矣。

東塾讀書記：克己復禮，朱子解爲勝私欲。爲仁由己，朱子解爲在我。兩「己」字不同解。戴東原孟子字義疏證駁之，澧謂朱注實有未安，不如馬注解克己爲約身也。或疑如此則論語無勝私欲全天理之説，斯不然也。勝私欲之説，論語二十篇中固多有之。「富與貴，是人之所欲也，不以其道得之，不處也。」不處者，勝之也。勝私欲不行焉」，不行者，勝之也。「棖也慾，焉得剛？」慾者，多嗜欲。剛者，能勝之也。又有不明言欲者。君子有三戒：戒色，戒得。色與得者，欲也。戒者，勝之也。樂驕樂，樂佚遊，樂宴樂，皆欲也。明其爲損，則當勝之也。

四書改錯：馬融以約身爲克己，從來説如此。惟劉炫曰：「克者，勝也。」此本揚子雲「勝己之私之謂克」語，然己不是私，必從「己」字下添「之私」二字，原是不安。至程氏直以己爲私，稱曰己私，致朱注謂身之私欲，別以「己」上添「身」字，而專以「己」字屬私欲。於是宋後字書皆注己作私，引論語「克己復禮」爲證，則誣甚矣。毋論字義無此，即以本文言，現有「爲仁由己」己字在下，而一作身解，一作私解，其可通乎？　論語竢質：説文解字曰：「克，肩也。」詩「佛時仔肩」，毛傳云：「仔肩，克也。」鄭箋云：「仔肩，任也。」蓋肩所以儋荷重任，克訓肩，則亦訓任矣。克己復禮，以己身肩任禮也。言復者，有不善未嘗不知，知之未嘗復行，周易所謂「不遠復」也。克己復禮，仁以爲己任矣，故爲仁也。孟子曰：「湯、武身之也」，克己之謂也。又曰「湯、武反之也」，復禮之謂也。　黄氏後案：樊遲問仁問知章明智以成仁之道，此言禮以成仁之道。五德之相爲用，猶六律六吕之旋相爲宫也。馬注訓克己爲約身，謂約非禮之身以反於禮。式三謂克己，猶言深自克責也。皇疏引范甯説「克訓責」是也。克己復禮，克責己之失禮以復之也。後漢書臧洪傳「去者克己」，李注云：「自責不責人也。」彼李注必本此經古注，語甚明憭。三國志魏書楊阜傳云：「克己内訟，聖人所記。」又公孫瓚傳注引袁紹與瓚書云：「曾不尋討禍源，克心罪己。」吴書諸葛恪傳云：「士大夫如許子將輩，所以更相謗訕，或至於禍。惟坐克己不能盡如禮，而責人專以正義。」諸書所言克己語意正同。如此則下言天下歸仁，言由己不由人，語意一貫。揚子法言問神篇：「勝己之私之謂克。」是解克爲勝私，非訓己爲私。且以克己訓責己，而去私之學在其中也。注言本心全德，申之者語多虚障。朱子仁説言仁者温然愛人利物之心，則此注當指愛利之本心。申注者渾言本心，援引釋氏言「認識未生前本來面目」者尤謬也。

顔淵曰：「請問其目。」子曰：「非禮勿視，非禮勿聽，非禮勿言，非禮勿動。」顔淵曰：「回雖不敏，請事斯語矣。」

【考異】禮記曲禮正義：「論語孔子謂顔回曰：『非禮勿動，非禮勿言，非禮勿視，非禮勿聽。』」前後易置。

【考證】經義述聞：動與視聽言並列，則動當爲動容貌。疏訓動爲行事，以爲身無擇行，則文義不倫矣。　潘氏集箋：洪範五事：一曰貌，二曰言，三曰視，四曰聽。論語季氏篇：「君子九思：視思明，聽思聰，貌思恭，言思忠。」皆以視聽言與貌並列。而此獨言動不言貌者，以言貌則文不成義，述聞説是也。　劉氏正義：目者，如人目有所識別也。凡行事撮舉總要謂之目。注言條目者，非止一目，當有細數，若木枝條也。鄭注云：「欲知其要。」顔回意以禮有三百三千，卒難周備，故請問其目。」是目爲事之要。周官簭人「四曰巫目」，注云：「目，謂事衆筮其要所當也。」亦訓目爲要。視聽言動，皆在己不在人，故爲仁由己不由人也。禮中庸云：「齊明盛服，非禮不動，所以修身也。」蓋視聽言動，古人皆有禮以制之。若曲禮、少儀、内則諸篇，及賈子容經所載，皆是其禮。惟能克己復禮，凡非禮之事所接於吾者，自能有以制吾之目而勿視，制吾之耳而勿聽，制吾之口而勿言，制吾之心而勿行，所謂克己復禮者如此。春秋繁露天道施篇：「夫禮，體情而防亂者也。民之情不能制其欲，使之度禮，目視正色，耳聽正聲，口食正味，身行正道，非奪之情，所以安其情也。」周語單子論晉侯事曰：「步言視聽，必皆無謫，則可以知德矣。

視遠曰絶其義，足高曰棄其德，言爽曰反其信，聽淫曰離其名。夫目以處義，足以踐德，口以庇信，耳以聽名，故不可不慎也。」然則視聽言動，古人皆致慎之，所以勉成德行，而不使不仁者加乎其身也。

【集解】包曰：「知其必有條目，故請問之。」鄭曰：「此四者，克己復禮之目。」王曰：「敬事斯語，必行之也。」

【唐以前古注】周官春官簭人疏引鄭注：欲知其要。顔回意以禮有三百三千，卒難周知，故請問其目。

【集注】目，條件也。顔淵聞夫子之言，則於天理人欲之際已判然矣，故不復有所疑問而直請其條目也。非禮者，己之私也。勿者，禁止之辭。是人心之所以爲主，而勝私復禮之機也。私勝則動容周旋無不中禮，而日用之間莫非天理之流行矣。事如事事之事，請事斯語，顔子默識其理，又自知其力有以勝之，故直以爲己任而不疑也。

【餘論】論語集注考證：自古聖賢相傳，至夫子教人爲學則曰爲仁。然而仁爲何理，孔門初無明言，前人未有正訓。蓋古者義理素明，不待訓説。自制文字之初，此理已分明，仁字從人從二，古篆凡重字則於本字之下從二，仁字從人而旁從二，是人人字，言人之所以爲人也。又科斗古文仁從人一心，或作千心，謂仁即人一心之理，千人所共之心也。故孔門論學，但曰爲仁，集注所謂「全其心之德」也。至子思、孟子時，異端之言仁者漸差，故子思、孟子正言其名義。子思曰：「仁者，人也。」孟子曰：「仁，人心也。」又曰：「仁也者，人也。」合而言之，道也。又曰：「不仁不智，無禮無義。」推而爲四端之説。然自此以來，異端日多，義理日晦，諸儒不察，更無定論。韓子獨以博愛名仁，程子非之，以爲仁是性，愛是情，然亦以爲仁無正訓，言愛言覺皆非也。但合孔、孟言仁處觀之，一二歲得之未晚。如曰：「公而以人體之則爲仁。」又曰：「四德之元，猶五常之仁。」偏言則一事，專言則包四者，仁之正訓，可謂「引而不發躍如也」。至朱子言之始明備，曰：「仁者，天地生物之心，而人得之以爲心者也。」此即程子所謂「四德之元」也，孟子所謂「仁，人心也」。曰「仁者，心之德，愛之理」，心之德者，專言之也。愛之理者，又偏言之也。而此章正名之曰「心之全德」，可謂盡矣。凡集注言仁帶及人處，則曰心之德，愛之理。獨説心處與爲學處，則曰「心之全德」。曰心德之全，是於專言偏言處，又分別明辨矣。然此章帶禮説，孟子對義説，又兼四性説，程子又兼五常説，學者不可不思。蓋心之全德，天理渾然，其中自是無所不備。聖賢切於明道教人，故就中又指出其間體段子目，以此仁之中，又自有裁制各當處謂之義，又各有節文處謂之禮，藏在中而有分辨謂之智，無非著實謂之信。既備諸體段，故見諸發見，謂之四端五常，而不害其爲仁之渾然也。而語録又有梅仁杏仁之喻，人之心德謂之仁，故梅杏之心亦謂之仁，正取此義。古人既以人心之仁名梅杏之仁，學者試以梅杏之仁反觀吾心之仁，梅杏有此仁，故種之即生；人心有此仁，故感之即動而愛。然梅杏之仁，種之而生，生而長，長而花，花而實，如此則梅杏仁中專是生之性，已具此長成收藏之性在其中矣。使仁之中不具此生長收藏之性，則何以生之後有幹枝花實長成收藏之節哉？又梅杏之實有此仁，是元初之種有此仁，故生而爲梅杏之實無不有此仁，此所謂天地生物之心而人得之以爲心者。論仁者至朱子人心全德之訓，可謂明備。今推明會粹其説，以俟學者。東塾讀書記：孔子答諸賢之問，朱注多以爲因其失而告之，此未可悉信也，昔人駁難者多矣。灃謂非禮勿視四語，若以告他人，則亦可謂其人視聽言動多非禮，故夫子戒之矣。夫子以此告顏淵，可見告諸賢者，非必因其有失也。

【發明】困學紀聞：過則勿憚改，非禮勿視，非禮勿聽，非禮勿言，非禮勿動，己所不欲，勿施於人，勿欺也，皆斷以勿。蓋去惡不力，則爲善不勇。又曰四勿九思，皆以視爲先。見弓以爲蛇，見寢石以爲伏虎，視汩其心也。閔周者黍稷不分，念親者莪蒿莫辨，心惑其視也。吴筠心目論：「以動神者心，亂心者目。」陰符經：「心生於物，死於物，機在目。」蔡季通釋其義曰：「老子曰：『不見可欲，使心不亂。』西方論六根六識，必先曰眼曰色，均是意也。」

按：般若經：六根者，謂眼、耳、鼻、舌、身、意。六塵者，謂色、聲、香、味、觸、法也。眼見爲色塵，耳聞爲聲塵，鼻齅爲香塵，舌嘗爲味塵，身染爲觸塵，意著爲法塵，合爲十二處也。復次六識者，本自一心，遍由六根門頭而成。六識，謂從見爲眼識，從聞爲耳識，從齅爲鼻識，從嘗爲舌識，從染爲身識，從分别爲意識。如是根塵識三事，合爲十八界。若如實知自性皆空，是爲能學六根六塵六識。葉知道曰：「目者，一身之照鑒，五行精華之所聚，於心尤切。目動心必隨，心動目必注。心之虚靈，千變萬化，欲加檢防，先以視爲則。」蓋亦深明此理者。故必如王伯厚之讀論語，而後可謂之發明。

○仲弓問仁。子曰：「出門如見大賓，使民如承大祭。己所不欲，勿施於人。在邦無怨，在家無怨。」仲弓曰：「雍雖不敏，請事斯語矣。」

【考異】史記弟子傳：仲弓問政。孔子曰：「出門如見大賓云云。」劉氏正義：史記弟子傳作「仲弓問政」，馮氏登府異文考證以爲古論。然前後章皆是「問仁」，不應此爲「問政」，史記誤也。

【考證】左傳僖公三十三年：胥臼季曰：「臣聞之，出門如賓，承事如祭，仁之則也。」馮氏論語解：左傳仲尼曰：「古也有志，克己復禮，仁也。」蓋古有此語，惟顏子可以從事於此。又曰：「出門如賓，承事如祭，仁之則也。」古有此語，惟仲弓可以從事於此。論語稽：二語又見子貢問一言章，以定公問興邦喪邦章推之，則亦古語也。又子貢曰：「我不欲人之加諸我也，吾亦欲無加諸人。」又中庸：「施諸己而不願，亦勿施於人。」皆大同小異，則二語爲古之常語可知。又管子小問篇引語曰：「非其所欲，勿施於人，仁也。」亦其證也。孿經室集：孔子惟與顏子、仲弓論南面爲邦之道，此章大賓大祭專指天子而言。周禮凡言大賓客，皆諸侯朝覲之禮。爾雅曰：「禘，大祭也。」可見非朝覲禘祫不得稱大賓大祭，此與夏時、殷輅之例同。劉氏正義：在邦，謂仕於諸侯之邦。在家，謂仕於卿大夫家也。觀下篇子張問士，夫子告以在邦在家可證。包注以在邦指諸侯，在家指卿大夫，失之矣。

【集解】孔曰：「爲仁之道莫尚乎敬。」包曰：「在邦爲諸侯，在家爲卿大夫。」

【唐以前古注】皇疏：恕己及物，則爲仁也。先二事明敬，後一事明恕，恕敬二事乃爲仁也。又引范甯云：大賓，君臣嘉會也。大祭，國祭也。仁者舉動使民事如此也。傳稱臼季言：「出門如賓，承事如祭，仁之則也。」

【集注】敬以持己，恕以及物，則私意無所容而心德全矣。内外無怨，亦以其效言之，使以自考也。

【别解】論語補疏：皇侃以敬恕爲二事，非也。克己復禮，仁也。古志之言也，孔子引以答顏淵。非禮勿視，非禮勿聽，非禮勿言，非禮勿動，孔子所以解克己復禮也。出門如賓，承事如祭，仁之則也。晉臼季之言也，孔子引以答仲弓。己所不欲，勿施於人，在邦無怨，在家無怨，孔子所以解「出門如見大賓，使民如承大祭」也。非禮勿視，非禮勿聽，非禮勿言，非禮勿動，爲克己復禮之目。出門如見大賓，使民如承大祭，爲己所不欲勿施於人之目。非禮勿視，非禮勿聽，非禮勿言，非禮勿動，則出門如見大賓，使民如承大祭矣。在家無怨，仁及乎一家矣。在邦無怨，仁及乎一國矣。天下歸仁，仁及乎天下矣。仁及家國天下，不過己所不欲，勿施於人。故爲人由己而不由人，由己有所欲而推之，則能好天下之所好，由己所不欲而推之，則能惡天下之所惡。人以非禮加己，己所不欲也，即勿視、勿聽、勿言、勿動，勿施於人也。勿施於人即是克己，克己而不以非禮施人，即復禮也。克己復禮，未詳其目，故顔淵請問之。出門如見大賓，使民如承大祭，先已詳其目，而後反復明之，不煩更問。此兩章問仁，互相發明，文亦錯綜入妙。後漢臧洪傳云：「使主人少垂忠恕之情，來者側席，去者克己。」以克己爲忠恕，是克己復禮者，即己所不欲，勿施於人也。

【餘論】四書近指：聖人論仁，俱從應用處操存此心，出門使民以至人己家邦，處處與天下相操。人情物理上透不過，畢竟功夫有漏。六句非一片小心，是一片真心，能行於天下爲仁。

○司馬牛問仁。子曰：「仁者其言也訒。」

【考異】釋文「訒」字作「仞」，下同。

【考證】説文：訒，頓也。從言，刃聲。論語後録：刃頓爲頓，言頓爲訒。其言也訒，言之頓矣。故夫子曰：「君子欲訥於言。」論語古訓：蓋人有所不忍言者，其詞必頓。忍亦從刃聲，義相反而成也。包慎言温故録：公羊宣八年：「冬十月己丑，葬我小君頃熊，雨，不克葬。庚寅，日中而克葬。」傳：「而者何？難也。乃者何？難也。曷爲或言而，或言乃？乃難乎而也。」注：「孔子曰：『其爲之也難，言之得無訒乎？』皆所以起孝子之情也。」案依何氏意，似訒者謂其辭之委曲煩重，心有所不忍而不能徑遂其情，故言之亦多重難。鄭注云：「訒，不忍言也。」説與何氏同。牛之兄桓魋有寵於宋景公，而爲害於公。牛憂之，情見乎辭，兄弟怡怡，不以義傷恩也。而魋之不共，上則禍國，下致絶族，爲之弟者必須涕泣而道。徐遵明公羊疏申解論語云：「言難言之事，必須訒而言之。」蓋訒而言正所以致其不忍之情，故夫子以爲仁。潘氏集箋：頓，當讀爲利鈍之鈍。頓、鈍古字通。

【集解】孔曰：「訒，難也。牛，宋人，弟子司馬犂。」

按：史記仲尼弟子傳：「司馬耕字子牛。」是牛名耕，不名犂。此注不知何本。

【唐以前古注】釋文引鄭注：訒，不忍言也。皇疏：古者言之不出，恐行之不逮，故仁者必不易出言，故云其言也訒。一云：仁道既深，不得輕說，故言於人仁事必爲難也。又引王弼云：情發於言，志成則言疎，思深則言訒也。又引江熙云：禮記云：「仁之爲器重，其爲道遠。舉者莫能勝也，行者莫能致也。勉於仁者，不亦難乎？」夫易言仁者，不行之者也。行仁然後知勉仁爲難，故不敢輕言也

【集注】司馬牛，孔子弟子，名犂，向魋之弟。訒，忍也，難也。仁者心存而不放，故其言若有所忍而不易發，蓋其德之一端也。夫子以牛多言而躁，故告之以此，使其於此而謹之，則所以爲仁之方，不外是矣。

曰：「其言也訒，斯謂之仁已乎？」子曰：「爲之難，言之得無訒乎？」

【考異】皇本「斯」下有「可」字，「已」下有「矣」字。史記弟子傳：斯可謂之仁乎？纂疏、纂箋俱作「矣乎」。公羊傳宣公八年何休注引孔子曰：其爲之也難，言之得無訒乎？

【集解】孔曰：「行仁難，言仁亦不得不難矣。」

【唐以前古注】皇疏：牛又疑云：「言語之難，便可謂此爲仁乎？」一云：不輕易言於仁事，此便可謂爲仁乎？凡行事不易，則言語豈得妄出而不難乎？又一云：行仁既難，言仁豈得易？

【集注】牛意仁道至大，不但如夫子之所言，故夫子又告之以此。蓋心常存，故事不苟。事不苟，故其言自有不得而易者，非强閉之而不出也。楊氏曰：「觀此及下章再問之語，牛之易其言可知。」

【餘論】黄氏後案：朱子注云「心常存，事不苟」，爲仁之心常存，爲仁之事不苟也。最可怪者，近解襲用孟子求其放心、失其本心及存心之言，混謂精神内斂，此心自存，而遂以瞑目静坐爲存心，爲求放心，以認本來面目爲認本心。異説所由起也。

○司馬牛問君子。子曰：「君子不憂不懼。」曰：「不憂不懼，斯謂之君子已乎？」子曰：「内省不疚，夫何憂何懼？」

【考異】皇本作「斯可謂君子已乎」。七經考文：足利本作「斯可謂之君子已乎」，集注本或作「矣乎」。史記弟子傳作「斯可謂之君子乎」。天文本論語校勘記：古本、唐本、津藩本、正平本作「斯可謂君子已乎」，足利本「謂」下有「之」字。

【集解】孔曰：「牛兄桓魋將爲亂。牛自宋來學，常憂懼，故孔子解之。」包曰：「疚，病也。自省無罪惡，無可憂懼。」

【集注】向魋作亂，牛常憂懼，故夫子告之以此。牛之再問，猶前章之意，故復告之以此。疚，病也。言由其平日所爲無愧於心，故能内省不疚，而自無憂懼，未可遽以爲易而忽之也。

【餘論】論語意原：夫子之言雖爲牛設，然不憂，仁也；不懼，勇也。仁且勇，雖死生之變，怡然處之，非君子而何？劉氏正義：不憂不懼，即「仁者不憂，勇者不懼」之義。注謂牛憂懼，夫子以不憂不懼解之。夫桓魋謀亂，有覆宗絶世之禍，牛爲之弟，豈得漠然無動於心？孟子謂：「越人關弓射我，我談笑而道之。其兄關弓而射我，則己垂涕泣而道之。」如此乃爲親親，乃爲仁。今牛因兄爲亂，常致憂懼，乃人倫之變，人情之所萬不能已者。而夫子解以不憂不懼，是教牛以待越人者待兄也。悖義傷教，遠失此經之旨。云「自宋來學」者，據桓魋未作亂，司馬牛來學於夫子時也。

按：劉氏之説非也。不憂不懼，即孟子所謂不動心。蓋待兄關切是一事，不動心又是一事，各不相蒙。内典以憂即煩惱，爲惡心所之一，無論何時，均不應有。蓋樂雖未必爲善，而憂則無不爲惡者，孔子所以言「君子坦蕩蕩，小人長戚戚」也。

論語稽：君子之不憂懼，所謂坦蕩蕩也。然如北宫黝、孟施舍之徒，秉天地剛强之氣，白刃可蹈，衽金革死而不厭，亦近似之。故司馬牛以爲疑。夫子言内省不疚，與孟子之言「集義所生」者同。

【發明】四書近指：憂從中來，懼自外至，總之皆因有疚。即彊爲鎮定，而神不恬，氣先靡矣。内省不疚者，中庸之無惡也，大學之自慊也，此是聖學。松陽講義：君子所以異於人者，以其心常泰然。世間可憂可懼之事最多，而不能以累君子之心。處平常之時，有得失之可憂懼也，君子則得失當前，不憂不懼。處變故之時，有利害之可憂懼也，君子則利害當前，不憂不懼。或以不憂懼而聽天下之紛紜，或更以不憂懼而消天下之禍變，故恒人終身擾擾於憂懼中者，君子止見其坦蕩蕩而已。君子這箇地位豈是可容易到得的？此夫子知牛在憂患中，而示以處憂患之道。雖未指其事而言之，而其教之也至矣。「内省不疚」一語，意味深長。朱子以「平日所爲無媿於心」補夫子言外之意。又當思平日所爲何以能無媿於心，必也如顔子之克己，孟子之集義，真積力久，一私不存，事事合義，其庶幾乎。想此時司馬牛事勢已危急，然祇是自反，事事從天理上行，尚可救得。即不然，亦於心無媿。若爲憂懼所擾，不但累心，勢必立脚不住，病痛不可言矣。古人處事變祇有此一條路，並無别法。淮海近語：中庸「君子戒謹恐懼」，此曰「不憂不懼」何也？惟戒謹恐懼，所以不憂不懼。戒謹恐懼便是内省不疚實功。反身録：余生平多疚，初冥然莫知自省，終日意氣自若，自謂無憂無慮。後稍知所向，每一内省，輒慙汗無以自容，時憂時懼，食息不寧，夢魂之間，未嘗不愯然如有所失，甚矣無憂無懼之難也。省之不蚤，以至於此，噬臍何及！願我同仁，鑒我覆車，及早内省，淬厲身心，不至有疚，夫何憂何懼。

○司馬牛憂曰：「人皆有兄弟，我獨亡。」

【考證】論語偶記：牛之兄弟不獨向魋。左氏哀十四年傳：「宋景公將討桓魋。司馬子仲曰：

『不得左師不可。』」注：「左師，向魋兄向巢也。」又「子頎騁而告桓司馬。」注：「頎，桓魋弟。」又「司馬欲入，子車止之。」注：「車亦魋弟。」又「司馬牛致其邑與珪焉而適齊。」注：「牛，桓魋弟也。」據此，則向巢諸人並是牛之兄弟。觀傳記左師每食擊鐘，汰侈可見。迨受命伐魋不克，遂欲質大夫以入，而卒入曹與魋合，子頎、子車蚤與魋爲黨，一族之中，戾氣幾徧，惟牛凄然孤立。牛獨亡兄弟之憂，似發於向巢、向魋出奔之後。蓋魋等叛迹未彰，牛亦未能不以之爲兄弟，隱憂雖深，何能舉以告人？即子夏慰解之辭，斷不當其兄弟無故之日，而反泛引四海皆兄弟之語以相曉。因悟夫子卒於向魋作亂之後二年，「商聞之矣」之言，亦是夫子没後語，如檀弓「曾子曰聞之矣」之類。

黃氏後案：依舊説，是豫憂兄弟之不可依託，將有禍也。式三謂左傳哀公十四年載司馬牛之適齊適吴，至魯而卒，是總記其數年之事。司馬牛言此，是魋、巢等或奔或死，而身棲於異國之時耳，觀下子夏之言可知。

【集解】鄭曰：「牛兄桓魋行惡，死亡無日，我爲無兄弟也。」

【唐以前古注】皇疏：爲其兄桓魋有罪，故己恒憂也，所以孔子前答云君子不憂也，此所憂之事也。亡，無也。牛兄行惡，必致殘滅，不旦則夕，即今雖暫在，與無何異，故云我獨亡也。

【集注】牛有兄弟而云然者，憂其爲亂而將死也。

子夏曰：「商聞之矣：死生有命，富貴在天。君子敬而無失，與人恭而有禮。四海之内，皆兄弟也。君子何患乎無兄弟也？」

【考異】文選運命論注引無「矣」字。論衡命禄篇、辨祟篇皆引孔子曰：「死生有命，富貴在天。」又問孔篇説「天厭之」及「賜不受命」，亦皆引二句爲孔子語。鹽鐵論和親章引作「皆爲兄弟也」，下接以「内省不疚」二語。皇本「皆」下有「爲」字。文選蘇子卿古詩註引論語有「爲」字，無「也」字。天文本論語校勘記：古本、足利本、唐本、津藩本、正平本「皆」下有「爲」字。

【音讀】羣經平議：「失」當讀爲「佚」。周官大宗伯鄭注「以防其淫失」，釋文曰：「『失』，本作『佚』。」莊子徐無鬼篇「若邮若失」，釋文曰：「『失』，司馬本作『佚』。」是「失」與「佚」通，言君子敬而無敢佚樂也。「敬而無佚」與「恭而有禮」對文，無佚申言敬，有禮申言恭也。若過失則敬與恭皆不可有，不得專屬之敬矣。程子遺書：或問：人有以「君子敬而無失與人」爲一句，是否？伊川曰：「不可。」

【考證】大戴禮曾子制言上：曾子門弟子或將之晉，曰：「吾無知焉。」曾子曰：「何必然？往矣。有知焉謂之友，無知焉謂之主。且夫君子執仁立志，先行後言。千里之外，皆爲兄弟。苟是之不爲，則雖汝親，庸孰能親汝乎？」說苑雜言篇：夫子曰：「敏其行，修其禮，千里之外，親如兄弟。若行不敏，禮不合，對門不通矣。」羣經識小：魋奔齊，牛復適吴。吴人惡之而反，趙簡子召之，陳成子亦召之，因過魯而卒於魯郭門之外，此憂想當其時。故死生富貴，子夏以解其意，未幾而卒，則或以憂而死矣。四書典故辨正：牛以無兄弟爲憂，而子夏語以

「四海之内皆兄弟」者，欲其之他國以避禍也。魋嘗欲弑宋公，殺孔子，凶惡素著，滅亡無日矣。爲之弟者，諫之不從，去之不能，惟有見幾而作，不與其亂焉可耳。但牛本宋公族，爵禄有列於朝，決然舍去，人情所難。故子夏不便顯言而微辭以諭之曰「死生有命，富貴在天」，是破其繫戀之私。曰「敬而無失，恭而有禮」，則示以涉世之道。曰「四海之内皆兄弟」，若謂天壤甚大，唯吾所之，何必懷此都也。牛不能從，至禍亂既作，而後出奔，匆匆不暇擇國，卒至安身無地，客死道途，豈非其自致哉！　戴望論語注：牛以魋故，喪其世禄，出奔他國，故稱天言命以寬牛之憂。明有命當順受其正，在天，非人所能爲。

【集解】包曰：「君子疏惡而友賢，九州之人皆可以禮親也。」

【唐以前古注】皇疏引繆播云：死生者，所稟之性分。富貴者，所遇之通塞。人能令善之以福，不能令所稟異分，分不可易，命也。能修道以待賈，不能遭時必泰，泰不可必，天也。天之爲言，自然之勢運，不爲主人之貴賤也。

【集注】蓋聞之夫子。命稟於有生之初，非今所能移；天莫之爲而爲，非我所能必，但當順受而已。既安於命，又當修其在己者，故又言苟能持己以敬而不間斷，接人以恭而有節文，則天下之人皆愛敬之如兄弟矣。蓋子夏欲以寬牛之憂，故爲是不得已之辭，讀者不以辭害意可也。胡氏曰：「子夏四海皆兄弟之言，特以廣司馬牛之意，意圓而語滯者也，唯聖人則無此病矣。且子夏知此，而以哭子喪明，則以蔽於愛而昧於理，是以不能踐其言爾。」

【餘論】四書辨疑：兄弟同本連枝，天倫至親，無他人相混之理。然既以其言爲有病矣，而又譏其不能踐其言，必使子夏絶父子之情，而以寬牛之言自寬曰：「四海之内皆父子也。君子何患乎無父子？」以此自處，然後爲能踐其言也？比之前病，不又甚歟？　潛研堂文集：宋儒説論語者，於諸弟子之言，往往有意貶抑。然細紬繹此文，自「死生有命」至「四海之内皆兄弟也」，皆子夏述所聞之言，初無一語自造。蓋牛以無兄弟爲憂，故以「四海皆兄弟」之文爲證，乃以「何患無兄弟」足成之。若但云「死生有命，富貴在天」，則與無兄弟之憂何與焉？孔子曰：「大道之行，不獨親其親，不獨子其子。」又曰：「聖人能以天下爲一家。」横渠張氏西銘云「民吾同胞」，即四海皆兄弟之説也。子夏所聞，即孔子之緒論，又何語病之有？　四書改錯：四書集注補曰：「夫子曰：『效其行，修其禮，千里之外，親如兄弟。』」子夏之言正出自夫子。而謂意圓而語滯，且謂聖人無此病，已瞎詬矣，乃猶憎其蔽於愛而昧於理。夫宋人動輒言理，吾不知夫子千里兄弟之言果蔽愛昧理與否。但就經論經，祇解牛憂，不得又牽他日喪明之事以并責之。朱子自云：「讀書且就本文看，不必又生枝節。」又云：「龜山解經常有牽纏的病，如解苗而不秀，就牽引揠苗。其於本文無所發明，却又去生此議論。」又門人問「惟恐有聞」，因舉子路數事以明之。朱氏便云：「今只當就子路有聞上考究，不須如此牽二三説。若牽二三説，不知尊意要從此處學子路，還只要求子路不是處。」其言之淩厲如此。今但論四海兄弟，而忽及喪明，是曲求子夏不是也，是不考究本文也，是枝節也。吾不意責人蔽愛而自坐蔽愛又如此。　論語集注補正述疏：史記稱子夏爲魏文侯師，是自春秋時而戰國也。其年當百有數十焉，其爲師時必非喪明也。如其衰老喪明，安必以哭子故乎？曾子之年未聞踰百也，豈逮子夏喪明之年而罪之乎？且子夏爲喪服傳，論語稱其問孝，則深於禮而必哀者也。而檀弓云：「曾子怒曰：『商！女何無罪也？』」乃云：「喪爾親，使民未有聞焉。喪爾子，喪爾明。」蓋怒而呼其名而罪之也。執喪豈因使人有聞乎？皆檀弓傳聞之失也，論衡禍虚篇固疑之矣。論語集注述要：四海皆兄弟，原有此理。張子西銘曰：「民吾同胞物吾與。」曰：「凡天下疲癃殘疾鰥寡孤獨，皆吾兄弟之顛連而無告者。」豈非廣兄弟之義於天下？子夏非有兼愛之意，何以有疾？論語所録諸子之言，原皆擇其精者，未可以一出諸子，即刻意求病也。

按：玩此節語氣，自「死生有命」至「皆兄弟也」皆孔子語，惟「君子何患乎」一句乃子夏語。胡氏句讀之不知，敢於輕議前賢，可謂妄已。是書力矯前人攻朱之習，然貶抑聖門之罪亦決不輕恕。故列舉先儒之説，並糾其誤謬如右。

【發明】潘氏集箋：論衡命義篇引此云：「不曰『死生在天，富貴有命』者何則？死生者以性爲主，無象在天。禀得堅强之性，則氣渥厚而體堅强，堅强則壽命長，壽命長則不夭死。禀性軟弱者，氣少泊而性羸窳，羸窳則壽命短，短則蚤死。故言有命，命則性也。至於富貴所禀，猶性所禀之氣，得衆星之精。衆星在天，天有其象，得富貴象則富貴，得貧賤象則貧賤，故曰在天。在天如何？天有百官，有衆星，天施氣而衆星布精，天所施氣，衆星之氣在其中矣。人禀氣而生，含氣而長，得貴則貴，得賤則賤。貴或秩有高下，富或貲有多少，皆星位尊卑小大之所授也。」

○子張問明。子曰：「浸潤之譖，膚受之愬，不行焉，可謂明也已矣。浸潤之譖，膚受之愬，不行焉，可謂遠也已矣。」

【考異】漢書五行志引文「愬」字作「訴」。後漢書儒林傳注引論語亦作「訴」。漢書五行志、王尊傳、晉書五行志俱引作「可謂明矣」。

【考證】周書謚法解：「譖訴不行曰明。」漢書五行志注：師古曰：「膚受，謂初入皮膚以至骨髓也。」文選東京賦「末學膚受」，注：「末學，謂不經根本。膚受，謂皮膚之不經於心匈。」劉氏正義：說文「濅」本水名，此作「浸」即「濅」之省。廣雅釋詁：「濅，漬也。濅，積也。潤，益也，漬也。」漢書高五王傳「事浸淫聞於上」，顏師古注：「浸淫，猶言漸染也。」此言譖者徐徐用言來說己，如水漸漬，久之生潤濕，令人常不覺也。「皮膚外語非其內實」者，說文：「臚，皮也。膚，籀文臚。」釋名釋形體：「膚，布也，布在表也。」愬者本無情實，而徒爲皮膚外語，故曰膚受。以其在外所受，非內實如此。文選東京賦「末學膚受」，注：「膚受，謂皮傅之不經於心匈。」即馬義也。

【集解】鄭曰：「譖人之言，如水之浸潤，漸以成之。」馬曰：「膚受之愬，皮膚外語，非其內實也。無此二者，非但爲明，其德行高遠，人莫能及。」

【唐以前古注】後漢戴憑傳注引鄭注：膚受之愬，謂受人之訴辭皮膚之，不深知其情核也。

按：論語古訓：「此與馬説小異，似是鄭注。穀梁傳敍云『膚淺末學』。漢書五行志云『膚受之訴』，師古曰：『膚受，謂初入皮膚以至骨髓也。』後漢張衡傳云『後人皮傅』，注：『傅音附。方言：「秦、晉之言，非其事謂之皮傅。」謂不深得其情核，皮膚强相傅會也。』文選東京賦云『末學膚受』，注：『末學，謂不經根本。膚受，謂皮膚之不經于心匈。』皆與此合。」劉寶楠云：「皇疏亦謂馬此注與鄭不類，而未引鄭注之文。今戴憑傳注以受爲聽者所受。後漢張法滕馮度楊傳論『膚受之言互及』，李賢注：『謂彼皮膚之言而受之，不知其情核者也。』正戴憑傳注所引論語注之義。此與馬注膚受爲喻言不同，故皇氏、陳氏皆各辨之。然聽者既以受之，奚有不行之明？終是馬義勝也。」

皇疏引孫綽云：問明而及遠者，其有高旨乎？夫賴明察以勝讒，猶火發滅之以水，雖消災有方，亦已殆矣。若遠而絶之，則佞根元拔，鑑巧無跡，而遠體默全。故知二辭雖同，而後喻彌深。微顯之義，其在兹乎？又引顔延之云：譖愬不行，雖由於明，明見之深，乃出於體遠。體遠不對於情僞，故功歸於明見。斥言其功故曰明，極言其本故曰遠也。

【集注】浸潤，如水之浸灌滋潤漸漬而不驟也。譖，毁人之行也。膚受，謂肌膚所受，利害切身，如易所謂「剥牀以膚」，切近災者也。愬，愬己之冤也。毁人者漸漬而不驟，則聽者不覺其入而信之深矣。愬冤者急迫而切身，則聽者不及致詳而發之暴矣。二者難察，而能察之，則可見其心之明而不蔽於近矣。此亦必因子張之失而告之，故其辭繁而不殺，以致丁寧之意云。

【餘論】論語意原：形容小人之形狀，無若聖人之言。凡譖愬者，使其正言之，人人皆識之矣。惟如水之浸潤不暴而易深，膚之受垢無形而易入，於此不行焉，可謂明矣。明不足言也，可謂遠矣。害正殖邪，召禍産亂，皆譖愬者之爲也。消之於未萌，折之於方來，非遠而何？黄氏後案：前漢書屢引「膚受之愬」，顔氏於五行志注云：「膚受，謂初入皮膚以至骨髓也。」顔氏訓受爲入，以狀其愬之深，謂肌膚深入，語之刺骨者也。皇氏疏云：「膚者，人肉皮上之薄繳也。拙相訴者，亦易覺也。若巧相訴者，亦日日積漸稍進，如人膚皮之受塵垢，當時不覺，久久方覩不净。」皇氏疏既駁馬注與鄭君不類，此説或本鄭君。韓子文集送齊暤下第序，孫注曰：「膚受者，如膚受塵垢，久之乃見。」意與皇合，又一説也。經既言明，又言遠，知言徹任善專，明自遠也。

論語稽：子張才高意廣，好爲苟難，其以明問，已有無遠不燭之意。然讒惑之禍，其所蔽者正在近不及防之地，苟能不蔽於近，則遠者自不能蔽矣。兩曰不行，正除蔽之要旨也。

按：集注以遠即指明之遠而言，古注則明是明，遠是遠。考皇疏所引孫焯、顔延之之説，均與集注合，兹從集注。

【發明】松陽講義：此章與子張論明，謂祇在人情物理上能精細便是明，便是明之遠，不必遠求。大抵好高之人，往往窮極於天地古今之遠，而失之於人情物理之近，自以爲明，其暗已甚。不知明者是非邪正不惑而已，而是非邪正之淆於譖愬者最多，二者行，天下日以多事，究竟非二者之過，而使之行者之過。我胸中未有主張，故投之而易入，激之而易動。果能養得定見得透，是非邪正，洞然於我心，彼二者之術雖工，自無間而可入，無隙而可乘，此所謂不逆詐、不億不信、而先覺者也。若於此看不破立不定，任其顛倒，縱使明乎天地之理，達於古今之故，非徒無益，而我之才識皆爲彼之所用。才愈高，識愈多，爲病愈甚。不可謂明，何論遠乎？劉氏正義：漢書劉向傳：「讒邪之所以並進者，由上多疑心。既已用賢人而行善政，如或譖之，則賢人退而善政還。夫執狐疑之心者，來讒賊之口。持不斷之意者，開羣枉之門。讒邪進則衆賢退，羣枉盛則正士消。」由向此言觀之，凡人君信譖愬之言，皆由君心多疑所致。多疑即是不明也。荀子致士篇：「衡聽、顯幽、重明、退奸、進良之術，朋黨比周之譽，君子不聽；殘賊加累之譖，君子不用；隱忌雍蔽之人，君子不近；貨財禽犢之請，君子不許。凡流言、流說、流事、流謀、流譽、流愬，不官而衡至者，君子慎之。」是衡聽顯幽，乃絶譖愬之萌。漢書梅福傳：「博覽兼聽，謀及疏賤。令深者不隱，遠者不塞，所謂辟四門、明四目也。如此則讒賊奚由而至？即有一二宵小妄施譖愬，而人君知人之明，終不可欺掩之也。」

〇子貢問政。子曰：「足食，足兵，民信之矣。」

【考異】高麗本「民信」上有「使」字。皇本「民信」上有「令」字。天文本論語校勘記：足利本、唐本、正平本「民信」上有「使」字，古本「使」作「令」。

【考證】日知録：古之言兵，謂五兵也。故曰「天生五材，誰能去兵」。世本：「蚩尤以金作兵，一弓、二殳、三矛、四戈、五戟。」周禮司右「五兵」，注引司馬法曰「弓矢圍，殳矛守，戈戟助」是也。

「詰爾戎兵」，詰此兵。「踊躍用兵」，用此兵。「無以鑄兵」，鑄此兵也。秦、漢以下始謂執兵之人爲兵，如信陵君得選兵八萬人，項羽將諸侯之兵三十餘萬，見於太史公之書，而五經無此語也。四書釋地三續：日知録謂古人言兵皆指器，余證以四書，知足兵去兵及孟子所言兵果皆器也。

按：古者兵出於農，上地可任者家三人，中地可任者二家五人，成數具存，何以去得？去兵是去民也。故邢疏以凶器釋兵，而顧氏亦以兵爲五兵也。趙佑温故録：「莊八年公羊書『祠兵』，注：『殺牲饗士卒。』隱四年左傳：『諸侯之師敗鄭徒兵。』尤步卒稱兵之明文，則足兵還當兼人與器也。」恐非。

【集注】言倉廩實而武備修，然後教化行而民信於我，不離叛也。

子貢曰：「必不得已而去，於斯三者何先？」曰：「去兵。」

【音讀】釋文：一讀「而去於斯」爲絶句。黄氏後案：「必不得已」句略逗，「而去於斯三者」連讀爲一句。經讀考異：近讀從「去」字絶句。據釋文云：「一讀『而去於斯』爲絶句。」則「三者何先」另爲一句。子貢所問「有美玉於斯」，即如此例。

【考證】黄氏後案：孟子言：「制梃可以撻秦、楚之堅甲利兵。」賈子言：「鉏耰棘矜不敵於鉤戟長鎩，而斬木爲兵，揭竿爲旗，陳涉以此敵强秦之勢。」今有爲政者於此，糧可供給，民無叛志，豈以矢亡兵盡爲不足守乎？故夫子之言不得已而去兵，猶可守也。

【集注】言食足而信孚，則無兵而守固矣。

子貢曰：「必不得已而去，於斯二者何先？」曰：「去食。自古皆有死，民無信不立。」

【考異】皇本無「子貢」二字，「無信」作「不信」。　風俗通義正失篇引作「古皆没」。　呂氏春秋季秋紀注引作「非信不立」。

【考證】周書于謹傳：古人云：「去食去兵，信不可失。」　四書賸言：子貢所問，原是問政，故夫子以政答之。即足兵一政，其平時行政時早立一足之之法，如司徒諸職，凡族師遂人各校夫家之衆寡可任役者，而丘甸諸長則又簡井邑之車乘牛馬可供賦者；及有事，而司徒征徒庶以旗致萬民，小司徒即會萬民之卒伍以赴軍旅；其閒鄉師以下，各帥其夫役，簡其兵器，治其馬牛車輦，以受法於司馬；即天官宮伯各官各守者，亦且作宮衆以佐戎行。此兵政也，此無時不足者也。乃一旦有荒札之事，則當行荒政。又或有軍旅之事，則當行軍政。此皆不得已也。然而遇荒政則急食，遇軍政則急兵，其宜足宜去，又不必問所先也。乃萬一凶而又荒，如中庸所云「菑害並至」，子路所云「加之以師旅，因之以饑饉」者，則在荒札時固當大弛力征，凡虞衡塲圃皆不興地守地職諸役。即使强敵在境，惟移民通財，庶冀補救。故食政不去，而至於族師起徒，遂人較役，丘甸治車輦牛馬，凡會司徒而致司馬者，皆一概屏去。蓋食不足以養衆，則析骸易子，聚益多累，反不若因民以守，所稱相保相比者之足以自固，故曰去兵。此去兵之政，而未嘗於兵有去留也，兵不可去也。又非曰使不足便是去也，兵無不足時也。嘗推其實政，知夫子此言正老實經濟，非虛誣者。考古制軍法，天子六軍，其所征之數衹不過七萬五千人。而王畿千里，實有五百十萬餘家。以一家三口約計之，其爲民而不爲兵者約數百倍於爲兵之數。則民果能信，是以一千五百數十萬之民而去此七萬五千之兵，何不可也？若去食，則并荒政之薄征亦去之，此易曉者耳。

黄氏後案：子貢以食信二者必不得兼，直是困守孤城，糧食已絶，以創殘餓羸之民，别無補苴經營之術，欲全活民生，計惟率衆降敵，不則將死鼓，馭死轡，百吏死職，士大夫死行列，俾斯民亦共安於義命所當然，庶於上下相孚之心可謂不負，夫子故示之以守信而死也。或疑一死報國，與民共盡，其信終歸無益，曷若保全生靈，如魏咎之約衆降敵而自殺乎？曰信義不敢負，所益大矣。有益於將亡者，張巡、許遠守睢陽而死節，韓子謂其以一城捍天下，以千百就盡之卒，戰百萬日滋之師，蔽遮江、淮，沮遏其勢，天下賴以不亡也。有益於既亡後者，如王蠋以布衣盡節，而齊立襄王，鼓勵忠勇之氣，國轉亡而爲存也。有益在萬世者，身與民共守其信，綱常賴以不墜也。

【集解】孔曰：「死者古今常道，人皆有之，治邦不可失信。」

【唐以前古注】皇疏：子貢又諮云：「已奉知治國必須食兵信三事，若假令被逼，必使除三事之一而辭不得止，則三事先去何者耶？」答曰：「兵比二者爲劣，若事不獲，則先可去兵也。」子貢又問：「雖餘食信二事，若假令又被逼使去二事之一，則先去何者也？」孔子又答云：「若復被逼去二中之一，則先去食。」孔子既答云去食，又恐子貢致嫌，故更此爲解之也，言：「人若不食，乃必致死。雖然，自古迄今，雖復食亦未有一人不死者，是食與不食俱是有死也。而自古迄今，未有一國無信而國安立者。今推其二事，有死自古而有，無信國立自古而無，今寧從其有者，故我云去食也。」又引李充云：「朝聞道夕死，孔子之所貴。捨生取義，孟軻之所尚。自古有不亡之道，而無有不死之人，故有殺身非喪己，苟存非不亡己也。

【集注】民無食必死，然死者人之所必不免，無信則雖生而無以自立，不若死之爲安。故寧死而不失信於民，使民亦寧死而不失信於我也。

【餘論】四書釋地：陳幾亭謂由也果，於天下事無一不喜其大全，故問君子則以爲未盡於修己，問政則以爲未盡於先勞。賜也達，於天下事無一不思其究竟，故問士則必窮其次，問政則必窮其所去。似子貢之志卑矣，然實不卑。四書辨疑：一章中兩「信」字本是一意，注文解「民信之矣」則云「民信於我」，此以信爲國家之信也。解「民無信不立」則云「民無食必死，然死者人之所不免，無信則雖生而無以自立」，此却説信爲民之信，立亦民之自立也。又曰「寧死而不失信於民，使民亦寧死而不失信於我」，前一句信在國，後一句信在民。後又分人情民德二説。云「以人情而言，則兵食足而後吾之信可以孚於民」，此説信亦在國也。繼云「以民德而言，則信本人之所固有，非兵食所得而先」，此説信又在民矣。不惟信字交互無定，而兵食與信先後之説自亦不一，聖人本旨，果安在哉？王滹南曰：「民信之者，爲民所信也。民無信者，不爲民信也。

爲政至於不爲民信，則號令日輕，紀綱日弛，賞不足以勸，罰不足以懲，委靡頽墮，每事不立矣。故寧去食，不可失信。」此說二信字皆爲國家之信，立亦國事之立也，文直理明，無可疑矣。

李光地論語劄記：古者兵寓於民，非如後世別有兵之目也。然則所謂去兵者，馬牛車甲器械之不備，戰陣之未講焉爾。如新造之邦，凶荒之歲，所急在生聚儲蓄安集勞來，何暇於厲戎講武，此不得已而去兵之說也。去食與無食不同，如傳載「易子析骸」，是窘於不得食耳，非去之也。去之者，若遇凶災，則損經用薄禄廩，而不一毫多取於民之類，此不得已而去食之說也。自古皆有死，是說到義理盡處，言極去食之禍不過至於死耳。雖死，信猶不可棄也，況未必至於死乎？

【發明】反身録：人心一失，餘何足恃，雖有粟，烏得而食諸？兵雖多，適足以階亂。隋洛口倉、唐瓊林庫，財貨充盈，米積如山，戰將林立，甲騎雲屯，不免國亡家破者，人心不屬故也。善爲政者，尚念之哉！　又曰：自古皆有死，乃貪生怕死之徒，往往臨難苟免，雖偷生得幾日，生則抱慚氣短，究竟終歸於死，死則遺臭無窮，何如死孝、死忠、死節、死義，死而無愧，照耀千古之爲得耶？等死耳，而死有重於泰山，有輕於鴻毛者此也。　松陽講義：學者讀這章書，要知聖賢立身行政，只是一箇正其誼不謀其利，明其道不計其功。平居籌畫兵食，原都是道義作用，到生死關頭，亦決不肯離道義而談兵食。程子所謂「餓死事小，失節事大」，就是這箇意思。今人遇小利害，輒思苟且，看聖人此等議論，豈不愧死。　論語傳注：如韓信驅市人以戰，非素拊循士卒，是謂去兵。時勢窮促，食信不可並得，如張巡枵腹致死，而守睢陽，是謂去食。蓋食足信乎，雖空拳持梃，可使撻堅；君民一心，雖羅雀掘鼠，可與圖存。如其無信，則子棄其父，臣背其君，喪無日矣，何立之有？

○棘子成曰：「君子質而已矣，何以文爲？」

【考異】皇本「成」作「城」。七經考文：一本「文爲」作「爲文」。天文本論語校勘記：古本、足利本、唐本、津藩本、正平本「成」作「城」。

【考證】潘氏集箋：漢書古今人表、蜀志秦宓傳作「革子成」。論語後録、羣經義證、拜經日記並據詩「匪棘其欲」，禮記引作「匪革其猶」，謂棘、革古通。拜經日記又謂：「古論語作『棘』，今論語作『革』，即毛詩爲古文，禮記爲今文可證。」史記索隱「高祖功臣侯者棘朱」，漢表作「革朱」，革音棘，棘姓蓋子成之後也。太史公親見孔氏古文有棘子成，故年表定從「棘」字。至孟堅時魯論盛行，故隨之作「革」，所據各異也。漢人蓋讀棘如革，又鄧名世姓氏辨證書云：「春秋齊、楚皆有棘，齊邑在西安縣東戟里亭，楚邑在譙縣東北棘亭。」然則子成之先必齊或楚人仕衛者。過庭録曰：「鹽鐵論相刺篇云：『紂之時，内有微、箕二子，外有膠鬲、棘子。』按『棘』與『鬲』通。史記楚世家『三鬲六翼』，墨子耕柱篇作『三棘六異』，蓋膠鬲亦稱棘子，故其後以棘子爲氏。膠鬲仕殷，衛是殷都，故子孫在衛也。方輿紀要：『棘亭在歸德府永城縣西南，故酇縣東北。』或是子成采邑。」劉氏正義：列子湯問篇：「殷湯問於夏革。」莊子逍遥游「湯之問棘也」，莊子釋文引李云：「湯時賢人。」又云：「是棘子。」鹽鐵論相刺篇：「紂之時，内有微、箕二子，外有膠鬲、棘子。」疑棘子本殷人，衛居殷都，棘子成即棘子後也。知爲大夫者，以子夏云夫子，當時稱大夫皆爲夫子也。

【集解】鄭曰：「舊説云：棘子成，衛大夫。」

【集注】棘子成，衛大夫。疾時人文勝，故爲此言。

【餘論】經傳釋詞：以，用也。爲，語助辭。下篇「雖多，亦奚以爲」，「何以伐爲」，「無以爲也」，訓義並同。

子貢曰：「惜乎夫子之説君子也。駟不及舌。

【音讀】語類：問：「『惜乎』九字古注祇作一句説，先生作兩句説，如何？」曰：「若作一句説，則『惜乎』二字無着落。」

黄氏日鈔：注謂棘子成之言乃君子之意。竊案上文棘子成曰「君子質而已矣」，故子貢惜其説君子有未是，恐其所言非別有君子之意也。　經讀考異：此凡兩讀，集注言子成之言乃君子之意，是以「説」字斷句。張惟適曰：「『惜乎夫子之説君子也』二句，十三字作一氣讀。君子即上文君子，説字即指上二句，謂其論君子專主質，不合文質不可相無道理，總是惜其失言，無兩層意。」（引見四書釋地）是又以「君子也」屬上作一句讀。　四書辨證：張惟適曰：「『惜乎夫子之説君子也』十三字作一氣讀，君子即上文君子，説即指上二句，謂其論君子專主質，不合文質不能相無道理，總是惜其失言，無兩層意。」

按：皇疏：「夫子，謂呼子成爲夫子，言汝所説君子，用質不用文，爲過失之甚。」所謂君子，即上文之君子。是舊説如是，應九字作一句讀，集注失之。

【考證】鄧析子轉辭篇云：一聲而非，駟馬難追。一言而急，駟馬不及。潘氏集箋：左定九年傳：「鄭駟歂殺鄧析而用其竹刑。」則鄧析在子貢之前。今子貢之言，辭意略同，疑古有此語。

【集解】鄭曰：「惜乎夫子之説君子也。過言一出，駟馬追之不及。」

【唐以前古注】皇疏：子貢聞子城之言而譏之也。夫子，謂呼子城爲夫子也。言汝所説君子，用質不用文，爲過失之甚。故云「惜乎夫子説君子」，此所惜之事也。駟，四馬也。古用四馬共牽一車，故呼四馬爲駟也。人生過言一出口，則雖四馬駿足追之，亦所不及。

【集注】言子成之言，乃君子之意。然言出於舌，則駟馬不能追之，又惜其失言也。

【餘論】四書辨疑：注文本謂棘子成疾時人文勝，故以君子之意稱之，此可謂不察人之瞋喜也。「君子質而已矣，何以文爲」，正與史弘肇所謂「安用毛錐子」語意無異，故對子貢發如此之言，非疾時人文勝，乃是疾孔子所教子貢之徒文勝也。子貢正謂妄意譏毀聖人之教，故傷歎而警之也。惜乎乃傷歎之辭。説，猶論也。蓋言可惜乎子之所以論君子也，此言既出，駟馬不能追及其舌而返之也。此與「一言以爲知，一言以爲不知」之意同。蓋所以深警其非，未嘗稱有君子之意也。

按：陳氏以子成之言乃譏孔子，可謂發前人未發，其論確不可易。

文猶質也，質猶文也。虎豹之鞹猶犬羊之鞹。」

【考異】皇本「鞟」字作「鞹」，「犬羊之鞹」下有「也」字。說文解字引論語「虎豹之鞹」。太平御覽引此節文，上題「子曰」二字。翟氏考異：法言修身篇：「犂牛之鞹與玄騂之鞹，有以異乎？」小變論語之文，亦不省「邑」作「鞹」。

【考證】潘氏集箋：易革九五象辭云：「大人虎變，其文炳也。」上六象辭云：「君子豹變，其文蔚也。」是虎豹之皮，本皆有文者也。「鞟」，說文作「鞹」，云：「去毛皮也。論語：『虎豹之鞹。』从革，郭聲。」陳鱣曰：「今作鞟，俗省。」詩載驅正義引說文云：「鞟，革也。」與今本說文不同，鄭此注合，疑唐時說文有此異本。然按說文「革」訓云：「獸皮治去其毛曰革。」則文不同而義同也。韓詩外傳四：「南苗異獸之鞟猶犬羊也。」作「鞟」。論語後録：夫子曰：「質勝文則野，文勝質則史。文質彬彬，然後君子。」子貢之言，蓋出於此。

按：「鞹」，邢本作「鞟」，今从皇本作「鞹」，與說文合也。

【集解】孔曰：「皮去毛曰鞹。虎豹與犬羊別者，正以毛文異耳。今使文質同者，何以別虎豹於犬羊耶？」

【唐以前古注】釋文引鄭注：鞟，革也。皇疏：更爲子城解汝所說君子用質不用文所以可惜之理也。將欲解之，故此先述其意也。言汝意云文猶質，質猶文，故曰「何用文爲」者耳。述子城意竟，故此又譬之不可也。鞹者，皮去毛之稱也。虎豹所以貴於犬羊者，政以毛文炳蔚爲異耳。若今取虎豹及犬羊皮，俱滅其毛，唯餘皮在，則誰復識其貴賤，别於虎豹與犬羊乎？譬於君子，所以貴者，政以文華爲别，今遂若使質而不文，則何以别於君子與衆人乎？

【集注】鞟，皮去毛者也。言文質等耳，不可相無，若必盡去其文而獨存其質，則君子小人無以辨矣。夫棘子成矯當時之弊，又無本末輕重之差，胥失之矣。

【餘論】四書辨疑：單讀此注，辭與義皆通，然與經文不能相合。若以猶爲須，文須質也，質須文也，此之謂不可相無，而猶字未嘗訓須也。所謂「若必盡去其文而獨存其質」者，此亦經中所無。正爲經文無此一節，所以不能通也。此段疑有闕誤，不可强説。四書改錯：此貶抑聖門之尤無理者。禮凡言文質，只是質朴與文飾兩相對待之辭，並無曰質是本、文是末者。自楊氏誤解質文，引禮器以「甘受和，白受采，忠信之人可以學禮」爲證，遂疑質是忠信，文是禮，誤以本質之質作質文之質。向使質是忠信，則文不當勝忠信；文是禮，則質又不當勝禮。相勝且不可，何况相去？朱氏既引楊説，於質勝章疑爲質是本，文是末，此原是錯，而此竟直稱質爲本，文爲末，則錯認假逢丑父爲真齊頃公矣。論語集注述要：「文猶質也」二句，與下二句意不相接，故集注須補「若必盡去其文而存其質」二句，下文方有着落。鄭氏汝諧至謂「虎豹」句上疑有闕文，即疑本文上下不接也。及讀古注曰：「虎豹與犬羊别者，正以毛文異耳。」今使文質同者，何以别虎豹與犬羊耶云云。」遂恍然知「文猶質也」二語乃承子成語意而來。兩「猶」字非同等不可相無之意，乃不能分别之意，謂既去文存質，則質外無文，即質即文，是文與質無所分别，一如虎豹犬羊無毛文之分別。作如此解，則上下四句一正一喻，一氣相承，中間自不須費力添補矣。

○哀公問於有若曰：「年饑，用不足，如之何？」

【考異】釋文：「饑」，鄭本作「飢」。皇本亦作「飢」。

【考證】翟氏考異：說苑政理篇：「魯哀公問政於孔子。對曰：『政有使民富。』哀公曰：『何謂也？』孔子曰：『薄賦斂，則民富矣。』公曰：『若是，則寡人貧。』孔子曰：『詩云「凱悌君子，民之父母」，未見其子富而父母貧者也。』」按右與論語義相近，似即一事而傳之不得其真也。四書經注集證：春秋哀公十二年春，用田賦。其冬十二月，有螽。十三年九月，有螽。十二月，又有螽。又連年用兵於邾，又有此災，所謂「年饑，用不足」也。有若之問，當在此時，蓋其情亦迫矣。

【集注】稱有若者，君臣之辭。用，謂國用。公意蓋欲加賦以足用也。

有若對曰：「盍徹乎？」

【考異】考工記匠人注引作「盍徹與」。

【考證】四書稗疏：集注之言徹法，在論語則曰：「同溝共井之人，通力合作，計畝均收。」在孟子則以「都鄙用助，鄉遂用貢」，謂周之徹法如此。集注之自相牴牾，唯此最爲可訝。意朱子必有成論，而門人所記録，或因朱子前後立說之未定而各傳之，以成乎差也。以實求之，則孟子集注之說較長，而論語注合作均收之說則事理之所必無者也。後世而欲知三代之制，既經秦火，已無可考。若周之徹法，自詩稱「徹田爲糧」而外，他不經見。徹田爲糧者，言賦税之法，非言民間之農政也。作之與收，無與於賦税，民自耕而自入，原不待於君之區畫，君而强爲之制，衹以亂民之心目，民亦未有能從者也。以周禮考之，遂人則曰：「以興鋤利民。」杜子春讀鋤爲助，謂「起人民令相佐助」，是明各治其田，而時有早遲，力有贏縮，故令彼此易工以相佐助也。遂師則曰：「巡其稼穡，而移用其民以救其時事。」是亦各治其田，唯有水旱之急，則移易民力以相救也。里宰則曰：「以歲時合耦於耡，以治稼穡。」緣北方土燥水深，耒耜重大，必須兩人合耦而後可耕，本家不足，則與鄰近相得者爲耦，彼此互耕。然耦止兩人，不及八家，而唯耕有耦，播擾芸獲固不爾也。故詩言「侯彊侯以」，緣一夫自耕之不給，故須彊以相佐，如通八口以合作。則乘時有人，亦無資於彊以矣，此耕不合作之明徵也。抑遂人掌治野之事，夫間有遂，遂上有徑，十夫有溝，溝上有畛，藉令八家之夫，共耕九百畝，而田無適主，則九百猶百畝，八家猶一家，遂與徑又何用曲分町畦乎？且云十夫有溝，則與一井九夫之制犬牙互入，而集注云「同溝共井之人，通力合作」，則同溝者不但共井，而移彼就此，共井者不必同溝，而又奚以爲之通耶？此以周禮、周頌參訂求實，知八家之自耕其夫田，而無通力合作之事矣。乃抑以事理推之，亦有必不然者。人之有彊羸之不齊，勤惰之不等，愿詐之不一，天定之矣。雖聖人在上，亦惡能取而壹之乎？如使聖人能使其民人己心力之大同而無間，則並此井田疆界可以不設，而任其交相養矣。王者制法，經久行遠，必不取姦頑疲懦不齊之數而使之自激於不容。已以厚生興行，未有遽以君子長者之行望愚氓，而冀後世子孫皆比屋可封之俗也。今使通力合作，則惰者得以因人而成事；計畝均收，則姦者得以欺冒而多取；究不至於彼此相推，田卒污萊，虞詐相仍，鬬訟蠭起而不止，立法之不臧，未有如此之甚者也。且一夫之田雖曰百畝，而一易再易，迭相倍加。百畝之田雖曰一夫，而老幼婦子，多寡不齊，十六而爲餘夫，未十六以前未嘗不可任穡事也。今使一夫之家，老幼食者八九人，而可勝耕者一人而已。又一夫之家食者四五人，而可耕者二三人。自合作者言之，則必計畝出夫，而人少者不足，人衆者有餘。自均收言之，則但因畝以分，而此有餘，彼且不飽。使耕盡人力，而收必計口，則彼爲此耕，而此受彼養，恐一父之子不能得此，而況悠悠之鄰里乎？孟子言：「百畝之糞，上農夫食九人」，乃至「下食五人」。則强弱勤惰之不同，而食者多，佐耕者衆，則所獲亦必豐也。今通八家而合爲一，上農亦此耕，下農亦此耕也，何所分五等之上下？而上農亦此收，下農亦此收也，又何有九八七六五人之異哉？則合作均收，事所必無，理所必不可，亦不待辯而自明矣。故鄭氏考工記注云：「以載師職及司馬法論之，周制畿内之田用夏之貢法。以詩、春秋、論語、孟子論之，周制邦國用殷之助法。」蓋通貢助而謂之徹，而孟子欲以專行之一國耳，則孟子集注之説確有所本，而論語注則朱子以意推測，見爲盛世大同之風，而喜其説之矜異，不能自廢。門人之所以兩存而成乎盭蹠，職此繇也。要之人各自治其田而自收之，此自有粒食以來，上通千古，下通萬年，必不容以私意矯拂之者。而徹者，賦法也，非農政也，亦不可混而無别也，盡之矣。

論語稽求篇：徹與助無别，皆什一法。其改

名徹者，以其通貢助而言也。按春秋宣十五年傳云：「穀出不過藉。」所云藉者，正是助法。杜預所謂「借民力以耕公田」。穀禄所出，不踰此數，故曰不過，此正孟子所云「助者藉也」之藉。則徹仍是助，故當時亦即以藉名徹，即公羊、穀梁亦俱曰「什一而藉」，並無他義。若其名徹之意，則後漢陸康傳曰：「徹者，通也，言其法度可通萬世而行也。」故舊注引鄭康成説亦祇云：「徹，通也，爲天下之通法。」惟周禮匠人注引孟子「請野九一而助，國中什一使自賦」語，謂「畿内用夏之貢法，邦國用殷之助法」。又云「合郊内郊外而通其率爲十取其一」，則徹之爲通，亦祇是通貢助通内外，與通行天下諸通字立義已耳。穀梁傳云：「古者什一，藉而不税。私田稼不善則非吏，公田稼不善則非民。」所云非者，謂責而罪之。夫惟公自公，私自私，不通耕作，故公稼不善，得以罪民；私稼不善，得以罪吏。且春秋左氏、公、穀與孟子則皆周人，況孟子即經也。孟子云：「春省耕而補不足，秋省斂而助不給。」又云：「上農夫食九人，上次食八人，中食七人，中次食六人，下食五人。」亦惟耕力有不齊，收獲有差等，故云。（趙岐注孟子云：「民耕五十畝者，貢上五畝，曰貢。耕七十畝者，以七畝作，助公家之耕，曰助。耕百畝者徹，通十畝以爲賦，曰徹。」則貢、助、徹但異名而實則一法，此與春秋傳、孟子及諸儒之説又不同。）崔述三代經界考：公田、私田之名，惟助有之，徹未嘗有也。如以爲本助而今税畝，則有若不當對以盍徹，孟子不當云「周人百畝而徹」也。如以爲本徹而今税畝，安得復有所謂公田、所謂餘畝者乎？玩有若之對，似徹法已廢而欲復之者。徹者，通也，通衆夫共耕之，不以畝别，而但通計其粟多寡而取之也。今曰稅畝，則是不復以粟多寡爲程，而但計畝之多寡爲粟之程也。既各計其畝之多寡爲程，則是亦無待於通衆夫而共耕之也。然則非但加一爲二，與徹之數不符，而履畝定稅，亦必與徹之制不同矣。大抵徹之取民名爲少，而君與民一體，貧富同之，是以人咸盡力，田疇闢，家室盈，而財亦無中飽旁漏，故國用常寬然有餘。稅畝之取民名爲多，而君與民不一體，始則取必於田而不問民，繼且取必於粟而亦不深問田，久之君與民遂不相知，君務自足而不恤民，民亦各務自足而莫肯盡力以奉君，是以君民交困，利歸私室，三桓得以乘其隙而竊之，甚至兼并之豪、居奇之賈皆得藉以自潤，而公室常苦貧，無以待凶荒也。

論語釋故：周禮不言徹，故鄭云：「諸侯謂之徹。」又鄭釋徹義，以爲通貢助之法，通內外之地，故曰通。其率以什一爲正。又曰「爲天下之通法」，其說足以彌縫遂人、匠人之異，又以傅合孟子，可謂善於持論。張南軒、袁明善本其說，謂兼貢助爲徹。竊意既別法爲徹，當自有制度。假仍用貢助，何取空立徹名？又周禮雖有井授，不聞公田，乃知鄭所謂通是通貢稅兩法之意，非通貢徹兩法之制。稼人職曰：「巡野觀稼，以年之上下出斂法。」所謂斂法，蓋即徹法矣。貢校數歲之中以爲常，此則通豐凶計之。助分公私，此則通君民計之也。

論語述何：徹無公田，近於貢法。公劉所著，以年之上下出斂法，與貢校數歲之中以爲常者異也。宣公稅畝，於公田之外，復加用徹法，春秋譏之。後乃復古，書大有年，見天人相與之際。今哀公因年饑而欲用田賦，是毆民而歸之三家也，故有若以公劉之法開之。

【集解】鄭曰：「盍，何不也。周法，什一而税謂之徹。徹，通也，爲天下之通法也。」

【唐以前古注】皇疏：古者公田藉而不税。鄭玄曰：「藉之言借也。」借民力治公田，美惡取於此，不税民之所自治也。孟子曰：「夏后氏五十而貢，殷人七十而助，周人百畝而徹。」則所云古者，謂殷時也。其實皆十一也。侃案如記注夏家民人盛大，則一夫受田五十畝。殷承夏末，民人稍少，故一夫受田七十畝。周承於紂，人民凋盡，故一夫受田百畝。三代雖異，同十分徹一，故徹一爲通法也。夏云貢者，是分畝與民作之，所獲隨豐儉，十分貢一，以上於王也。夏民猶淳，少於欺詐，故云貢也。殷人漸澆，不復所可信，故分田與民，十分取一爲君，借民力以耕作，於一年豐儉，隨其所得還君，不復税民私作者也。至周大文，而王畿内用夏之貢法。所以然者，爲去王近，爲王視聽所知，兼鄉遂公邑之吏旦夕從民事，爲其役之以公，使不得恤其私也。若王畿外邦國諸侯，悉用殷之助法。所以然者，爲諸侯專一國之政，貪暴税民無法故也。詩有「雨我公田，遂及我私」。又宣公十五年「初税畝」，傳曰：「非禮也。穀出不過藉，以豐財也。」案此二文説既有公私税，又云不過藉，則知諸侯助法也。又以周禮載師論之，則畿内用夏之貢法，其中有輕重。輕重不同，自各有意，此不復具言也。

【集注】徹，通也，均也。周制一夫受田百畝，而與同溝共井之人，通力合作，計畝均收。大率民得其九，公取其一，故謂之徹。魯自宣公税畝，又逐畝什取其一，則爲什而取二矣。故有若請但專行徹法，欲公節用以厚民也。

【餘論】黄氏後案：皇、邢二疏以畿内用貢，而稅有重輕，什一爲邦國法，又以諸侯郊外郊内其法不同，據考工記匠人注也。匠人注以畿内亦有貢有助，鄉遂及采邑用貢，都鄙用助。皇、邢二疏未及引此。式三總核鄭君之注，當云畿内邦國各兼貢助二法以通之而均之，十一而稅，是爲徹也。詩云：「雨我公田。」春秋「宣公十五年，初稅畝」，左傳云：「穀出不過藉。」穀梁傳：「古者什一，藉而不稅。私田稼不善則非吏，公田稼不善則非民。」孟子言：「井九百畝，中爲公田。」諸言藉，言公田，謂借民力以耕公畝，是周用助法。助本八家同井，而先王量地制宜，凡不可井者不立公畝之法。其取民之制，近於夏時之貢。周之制可畫井爲助法，不可畫井者用貢法。助者取諸公田，豐儉隨年。貢者有司稼巡觀，以年之上下出斂法，亦非校數歲之中以爲常。貢者耕百畝，除十畝之稅，而得九十畝之穫。助者得百畝之穫，而出合耕公田十二畝半之資力，凡耕田百十二畝有畸。民之贏縮，本自無多，當時貢助合行，立法以變通之，俾無多寡之分，所取均是十一。如周官鄉大夫國中與野征役復除之分早晚，亦有變通法以均之也。蓋徹法本如此。後漢書陸康傳曰：「徹者，通也，言其法度可通萬世而行也。」朱子於孟子注既以貢助並行爲徹，復以通方合作爲徹。朱子謂助則各私己田，但合作於公田；徹則統九百畝而合作之也，前儒多以爲非。

徐養原頑石廬經說：徹無公畝，於私田之中，十取其一，是私田即公田也，故謂之徹。徹者，通也，言無公私之別也。助有公田，藉民力以耕之，故謂之助。助者，藉也。藉則有公私之别矣。三代之取於民也，其名有三，而其制惟二，曰井田、曰溝洫而已。井田有公田，溝洫無公田，何則？九夫爲井，一井之中，有居中者，有在外者。有中外即有尊卑，此井田之所以有公田也。若溝洫則十夫並列，無尊卑之殊，雖欲爲公田而不可得。孟子曰：「惟助爲有公田。」然則助者，井田之法也。貢與徹，溝洫之法也。夫井田始於黄帝，三代相繼，井田與溝洫蓋各因其制之所宜而並行之，未嘗偏廢。但一王之興，必有所改易，以示不相沿襲。曰貢、曰助、曰徹，或主井田，或主溝洫，聊異其名，以成一代之制而已。四書改錯：此自造典文之最錯者。周官匠人注與孟子郊遂通貢，都鄙通助，正是徹法。朱子于論語、孟子兩注，堅執「通力合作計畝均分」八字，似乎從來典制原有此文。及或疑而問，而朱子乃云：「曾記洛陽議中如是。」故以意推之，則直杜撰矣。省耕省斂，顯有明文。使通力計畝，則耕何不足？收何不給？春秋補助，皆屬誕妄。又其大者，井田與封建相表裏，孟子所云分田制禄，同一規畫，乃王制、孟子皆以上農、中農、下農及上次、中次農分作五等，爲官師大小、卿大夫受禄厚薄之準。而一合作則上中下何別？一均收則食九食八食七六五何所分辨？將士禄無所憑，官師庶人之禄無所考，自此言出，而害井法，害班禄之制，即王制、周官、孟子諸書俱可廢絶，洛陽有議論亦奈之何！

曰：「二，吾猶不足，如之何其徹也？」

【考證】四書典故辨正：稅畝之説，杜注與穀梁傳不同。如穀梁之説，徹原是助法，而宣公廢之，則孟子言雖周亦助，何不以春秋「稅畝」爲據，而但以大田之詩爲證乎？如杜注之説，則甫變法而遽加一倍，民何以堪？恐無是理。大抵後世民心漸狡，百畝之内，名以十畝與君，而取其豐饒，上其瘠薄，君之所入日少，於是躬行田畝，而踏取其十畝之最上者以爲例，故曰履田而稅耳。按任氏啓運説亦同此。然於履畝之事説得分明，究無以解論語取二之義，則仍當闕疑也。

四書翼注：什而取二，此杜預注左傳之説，誤也。左傳祇言「古者穀出不過藉」，公羊傳祇言「重於什一者大桀小桀」，何嘗有什二字面？「二，吾猶不足」，言公田之外又收其一，非私田之内各取其二也。穀梁傳云：「非公之去公田而履畝十取一也。」是仍十一也。蓋古者井田之法九百畝，公田居其一，井竈葱韭盡取之，所謂以二十畝爲民廬舍，君祇有八十畝也。一井之中，通力合作，私田稼不善則非吏，公田稼不善則非民，法至善也。宣公自六年至十五年，九年之内，三遇旱災，民救死不瞻，祇耕私田，公田鹵莽滅裂，所收實不供用，於是另設一法，將此公田攤勻入私田之内計算，一井九百八十畝，公祇收九十八畝之租。名色仍是十一，而已多收十八畝，舉成數爲二十畝。所謂二猶不足者，言一井之田已多收二十畝也。按此説雖巧，然亦是以意爲之。井九百畝似不得憑空爲九百八十之數，且於古無據也。

【集解】孔曰：「二，謂什二而稅。」

按：考工記匠人疏引此作鄭注。

【集注】二，即所謂什二也。公以有若不喻其意，故言此以示加賦之意。

對曰：「百姓足，君孰與不足？百姓不足，君孰與足？」

【考異】鹽鐵論未通章引論語「不足」下有「乎」字。漢書谷永傳引文「與」作「予」。後漢書楊震傳引文「孰」作「誰」。舊唐書韋思謙諫太子、文選藉田賦注引此四句，並以爲孔子語。

【集解】孔曰：「孰，誰也。」

【唐以前古注】皇疏引江熙云：爲家者與一家俱足，乃可謂足，豈可足一己而謂之足也？夫儉以足用，寬以愛民，日計之可不足，而歲計之則有餘。十二而行，日計可有餘，歲計則不足。行十二而不足，不思損而益，是揚湯止沸，疾行遁影，有子之所以發德音者也。

【集注】民富則君不至獨貧，民貧則君不至獨富。有若深言君民一體之意，以止公之厚斂，爲人上者所宜深念也。

【餘論】惜抱軒經説：孔子之告哀公曰：「古之君子，即安其居節，醜其衣服，卑其宮室，車不雕幾，器不刻鏤，食不貳味，以與民同利。」又曰：「仁人不過乎物。」以孔子所諷推之，哀公者，多欲奢縱而不恤民之君也。故曰：「今之君子，求實無厭。」夫人君之德，必在恭儉愛人，而況其於饑歲乎？公曰：「年饑，用不足。」有若曰：「盍徹乎？」言人主之職，求足民而已。足民必薄征，薄征必先儉己。苟第欲足己而已，則求實無厭，二猶不足，雖過二，終無足時也。苟欲足民而已，菲飲食，惡衣服，卑宮室，夫何不足之有？故曰：「百姓足，君孰與不足？」與，猶謂也。周人語多如此。國語召穆公曰：「其與能幾何？」言王自謂能弭謗，然可謂能幾何邪。襄二十九年傳：「裨諶曰：『是盟也，其與幾何？』」昭十七年傳：「梓慎曰：『其與不然乎？』」解並同之。有若言百姓足即當謂之君足，君用小乏，亦不害其可謂足也。故注云「君民一體」也。李氏論語劄記：抑哀公斯問也，其將喪邦乎？年饑，不憂民之餓莩，而憂己之不足，此豈君道哉？有若若爲不喻其意而憂民用之不足者，故對之曰「盍徹乎」，及公明言其意，然後以當使百姓足者告之。雖違其本意以諷君，實亦切乎時務而忠告也。

論語集釋卷二十五

顔淵下

○子張問崇德辨惑。子曰："主忠信，徙義，崇德也。

【考異】釋文："惑"，本亦作"或"。皇本無"也"字。

【考證】吴嘉賓論語説（劉氏正義引）：克己復禮，崇德辨惑，皆古之言也。古訓多協韻，以便蒙誦。

【集解】孔曰："辨，别也。"包曰："徙義，見義則徙意而從之。"

【唐以前古注】皇疏：此答崇德義也。言若能復以忠信爲主，又若見有義事則徙意從之，此二條是崇德之法也。

【集注】主忠信則本立，徙義則日新。

愛之欲其生，惡之欲其死。既欲其生，又欲其死，是惑也。

【考異】皇本"欲其生"、"欲其死"、"既欲其生"下各有"也"字。七經考文補遺：古本"是惑"作"其惑"。

【考證】論語駢枝：按愛之欲其生，惡之欲其死，猶言進人若將加諸膝，退人若將墮諸淵，皆形容譬況之辭。朱注謂死生有命，不可欲而欲之，是爲惑，未免誤以借言爲正論。人情於親戚骨肉，未有不欲其生者；仇讎怨毒，未有不欲其死者。壽考之祝，偕亡之誓，於古有之，豈可概指爲惑？此説恐非也。愛之欲其生，惡之欲其死，言愛惡反復無常。「既欲其生，又欲其死」，覆舉上文，而迫窄其辭，以起惑字，非兩意也。凡言惑者，謂其顛倒瞀亂，若人有惑疾者然。故不直曰好惡無常，而曰「既欲其生，又欲其死」。不直曰忿懥無節，而曰「一朝之忿，忘其身以及其親」。皆爲惑字造端置辭，聖人之言所以爲曲而中也。人性之偏，愛惡爲甚。內無知人之明，外有毀譽之蔽，鮮有至當而不易者。子張之爲人，高遠闊疏。知人聽言，蓋其所短，故夫子以是箴之。觀於譖愬之答，可以見矣。公乘興訟王尊曰：「尊以京師廢亂，羣盗並興，選賢徵用，起家爲卿。賊亂既除，豪猾服辜，即以佞巧廢黜。一尊之身，三期之間，乍賢乍佞，豈不甚哉？孔子曰：『愛之欲其生，惡之欲其死，是惑也。』」應仲遠爲泰山太守。舉一孝廉，旬月之間而殺之。邴原曰：「孝廉，國之俊選也。舉之若是，則殺之非也。若殺之是，則舉之非也。語云：『愛之欲其生，惡之欲其死。既欲其生，又欲其死，是惑也。』仲遠之惑甚矣。」漢人引此言，皆不失夫子本意。

按：集注之愛惡似就兩人説，邢疏之愛惡似就一人説，劉説則用邢疏也。

【集解】包曰：「愛惡當有常。一欲生之，一欲死之，是心惑也。」

【唐以前古注】皇疏：中人之情，不能忘於愛惡。若有人從己，己則愛之，當愛此人時，必願其生活於世也。猶是前所愛者，而彼忽違己，己便憎惡，憎惡之既深，便願其死也。猶是一人，而愛憎生死，起於我心，我心不定，故爲惑矣。

【集注】愛惡，人之常情也。然人之生死有命，非可得而欲也。以愛惡而欲其生死，則惑矣。既欲其生，又欲其死，則惑之甚也。

『誠不以富，亦祇以異』。」

【考異】詩小雅「誠」作「成」。顧炎武九經誤字：詩箋云：「不以禮爲室家成事，不足以得富也。」宋蘇氏謂「成」當依論語作「誠」，今本詩經竟改作「誠」，非。程子遺書：伊川曰：「二句本不在『是惑也』之後，乃在『齊景公有馬千駟』之上，文誤也。」朱子語類：伊川言後之傳者因下「齊景公問政」而誤耳。如舊説，則是牽合。如伊川説，則是以富言千駟，異言夷、齊也。今只得如此説。

按：此節如舊説不甚可解，依程注作錯簡論，則兩章均有着落，最爲得之。蔡節集説云：「明其愛惡如此，誠不爲有益，亦祇以自取異而已。」即鄭氏舊注意而申較明暢，然究屬牽强附會，今無取。胡氏泳曰：「集注之例，以前説爲長。然此以舊説而姑存之，又非兩説並存之比也。」是朱子亦主錯簡説也。

【集解】鄭曰：「此詩小雅也。祇，適也。言此行誠不可以富致，適足以爲異耳。取此詩之異義以非之。」

【集注】此詩小雅我行其野之辭也。舊說，夫子引之，以明欲其生死者不能使之生死，如此詩所言，不足以致富，而適足以取異也。程子曰：「此錯簡，當在第十六篇『齊景公有馬千駟』之上，因此下文亦有『齊景公』字而誤也。」楊氏曰：「堂堂乎張也，難與並爲仁矣，則非誠善補過不蔽於私者，故告之如此。」

按：黄氏後案云：「楊氏輕疑先賢，説當删。」兹特存之，以示叢謗之由，所以垂戒也。

○齊景公問政於孔子。孔子對曰：「君君，臣臣，父父，子子。」

【考證】國語：晉勃鞮曰：「君君臣臣，是謂明訓。」論語後録：夫子以昭公之二十五年至齊，當景公三十年。是時陳僖子乞專政，行陰德於民，景公弗能禁，是不能君君臣臣也。論語述何：時景公寵少子舍而逐陽生，後陽生因陳乞弒舍而立，大亂數世，國移陳氏，是不能父父子子，以致臣得簒國也。夫子早見及此，故其對深切如此。劉氏正義：白虎通三綱六紀篇：「君臣者何謂也？君，羣也，下之所歸心。臣者，纏堅也，屬志自堅固。父子者何謂也？父者，矩也，以法度教子。子者，孳孳無已也。故孝經曰：『父有争子，則身不陷於不義。』」此君臣父子稱名之實也。吕氏春秋處方篇：「凡爲治必先定分。君臣父子夫婦六者當位，則下不踰節，而上不苟爲矣。少不悍辟，而長不簡慢矣。」又云：「同異之分，貴賤之别，長幼之義，此先王之所慎，而治亂之紀也。」左昭二十六年傳：「齊侯與晏子坐於路寢。公歎曰：『美哉室！其誰有此乎？』」對曰：『其陳氏乎？　陳氏雖無大德，而有施於民。後世若少惰，陳氏而不亡，則國其國也已。』公曰：『善哉！　是可若何？』對曰：『唯禮可以已之。在禮，家施不及國。』」又曰：「君令臣共，父慈子孝，兄愛弟敬，夫和妻柔，姑慈婦聽，禮也。君令而不違，臣共而不貳，父慈而敬，子孝而箴，兄愛而友，弟敬而順，夫和而義，妻柔而正，姑慈而從，婦聽而婉，禮之善物也。」晏子所言，正與夫子答齊侯意同。

【集解】孔曰：「當此之時，陳恒制齊。君不君，臣不臣，父不父，子不子，故以此對。」

按：論語偶記云：「左傳哀公五年，齊景公卒。六年，陳僖子使召公子陽生立之。至十四年，陳恒始以執君見於經傳。時爲簡公，即恒所弑。則陳恒制齊，在景公卒後七八年。景公時厚施於民者，則是僖子乞。」

【集注】齊景公名杵臼，魯昭公末年，孔子適齊。此人道之大經、政事之根本也。是時景公失政，而大夫陳氏厚施於國，景公又多内嬖而不立太子。其君臣父子之間，皆失其道，故夫子告之以此。

公曰：「善哉！　信如君不君，臣不臣，父不父，子不子，雖有粟，吾得而食諸？」

【考異】舊文「吾」下有「焉」字。釋文曰：「『吾焉得而食諸』，本亦作『焉得而食諸』，今本作『吾得而食諸』。」

四書辨證：皇氏義疏本「吾」下有「豈」字。孔子世家同。又漢書武五子傳：「壺關三老上書：『父不父則子不子，君不君則臣不臣，雖有粟，吾豈得而食諸？』」師古注引文亦有

「豈」字。而釋文則曰：「舊本『吾焉得而食諸』，今本作『吾得而食諸』。」竊謂此猶桑扈詩「不戢不難，受福不那」。朱子曰：「蓋言豈不斂乎，豈不慎乎，豈不多乎。古語聲急而然也。」日知録曰：「古人多以語急而省其文，吾不惴焉上省一豈字，此亦當然。」阮氏校勘記：皇本、高麗本「吾」下有「豈」字。釋文出「吾焉得而食諸」，云：「本亦作『焉得而食諸』。焉，於虔反。今本作『吾得而食諸』。」案史記仲尼世家及漢書武五子傳並作「豈」，與皇本合。太平御覽二十二引「吾惡得而食諸」。豈、焉、惡三字，義皆相近。疑今本「吾」下有脱字。天文本論語校勘記：古本、足利本、唐本、津藩本、正平本「吾」下有「豈」字。

【考證】管子形勢篇：君不君則臣不臣，父不父則子不子。翟氏考異：玩「信如」二字，知景公所稱自屬成語。景公，齊君也，知管仲之説而已。四書辨證：説苑復恩篇：「公子夏曰：『春秋記君不君，臣不臣，父不父，子不子者，此非一日之事，有漸以至也。』」又管子形勢篇：「君不君則臣不臣，父不父則子不子。」今玩「信如」二字，或因夫子之言，感國家之事，舉先大夫之語實之乎？無二則字者，夫子平言之，故亦平答之，且又不肯任過，此國所以終亂與？

【集解】孔曰：「言將危也。陳氏果滅齊。」

【唐以前古注】皇疏引江熙云：景公喻旨，故復遠述四弊，不食粟之憂，善其誠言也。

【集注】景公善孔子之言而不能用，其後果以繼嗣不定，啓陳氏弑君篡國之禍。

○子曰：「片言可以折獄者，其由也與？」

【考異】釋文：魯讀「折」爲「制」，今從古。　論語古訓：呂刑云：「苗民弗用靈，制以刑。」墨子尚同中篇引作「苗民否用練，折則刑」。折、制本通，故古、魯異也。臧在東曰：「鄭以折訓爲斷，義益明，是以從古。」

【音讀】太平御覽注：「片」讀爲「半」。　翟氏考異：片有判音，而訓半則讀如字。故陸氏釋此云：「片如字，鄭云半也。」是義爲半，音不爲半。御覽注傳之失真。

【考證】論語補疏：呂刑：「今天相民，作配在下，明清于單辭。」正義云：「單辭，謂一人獨言，未有與對之人。訟者多直己以曲彼，搆辭以誣人，孔子美子路云：『片言可以折獄者，其由也與？』片言即單辭也。子路行直，聞於天下，不肯自道己長，妄稱彼短。得其單辭，即可以斷獄者，惟子路耳。凡人少能然，故難聽也。」此説甚明，與下「子路無宿諾」一貫。無宿諾者，不輕諾也。子路篤信不欺，故其單辭必無誣妄，孔子假訟辭之不信，以明子路之信，非謂子路有與人訟之事也。若子路聽訟，雖極明決，亦必兩造至然後聽之。不待兩造至，據單辭以爲明決，恐無是理。且與無宿諾何涉？無宿諾自爲不欺，單辭折獄自爲明決，明決者不必不欺，不欺者不必明決也。皇疏引孫綽云：「謂子路心高而言信，未嘗文過以自衛。聽訟者便宜以子路單辭爲正，不待對驗而後分明也，非謂子路聞人片言便能斷獄也。」孔云「聽訟必須兩辭以定是非」，必須兩辭，則必無單辭可折之理。又云「偏信一言以折獄者，唯子路可」者，謂若偏信一辭，則惟此一辭出諸子路乃可也。子路固必不訟，訟者必非子路，然則聽訟者何得偏信一言以爲曲直？孔子美子路之不欺，亦所以爲聽訟者砭也。當時或有信一言以爲曲直者，故孔子發之，觀下章言「聽訟吾猶人也」，則此章論聽訟不論子路明矣。劉氏正義：書吕刑云：「明清于單辭，民之亂，罔不中聽獄之兩辭。」是獄辭有單有兩。兩者，兩造具備也。單則一人具辭。後漢光武紀「永平三年詔曰『明察單辭』」，朱浮傳「有人單辭告浮事者」，單辭皆謂片言也。「折斷」者，説文：「𣂚，斷也。从斤𢇍艸。譚長説。折，篆文折从手。」魯讀「折」爲「制」，今從古者，吕刑「制以刑」，墨子尚同中篇引作「折則刑」，是折、制字通。説文：「制，裁也。从刀未。」制，古文制如此。」此與折斷音訓相近。廣雅釋詁：「制，折也。」大戴禮保傅篇「不中于制獄」，即折獄也。鄭以作折作制義同，而古論出自壁中，無煩改讀，故定從古也。惟子路能取信者，言子路忠信，能取信於人也。所言必直，故可令斷獄者，言人既信子路，自不敢欺，故雖片言，必是直理，即可令依此斷獄也。説文：「獄，确也。从㹜，从言。二犬所以守也。」鄭異義駁云：「獄者，埆也。囚證於角核之處。周禮謂之圜土。」此云斷獄，謂決斷獄中所訟事也。毛奇齡四書改錯：「古折民獄訟，必用兩辭。故周官司寇『以兩劑禁民獄』，先取兩券而合之，使兩造獄詞各書其半，即今告牒與訴牒也。及聽獄後，復具一書契而兩分之，使各録其辨答之辭于其中，即今兩造兩口供也。是折獄之法，前券後契，必得兩具券。不兩具即謂之單詞，單詞不治。如司寇禁不賫券，即自坐不直，不俟上于朝而遽斥之是也。契不兩具，則謂之不能舉契，亦不治。如春秋晉聽王訟，『王叔氏不能舉其契，王叔奔晉』是也。是半券半契，總無折理。惟子路明決，單辭可斷，在他人豈能之？」案毛説與鄭義略同。然鄭言子路能取信，故所言必直。本非誣控，故無須對質。如此乃可令斷獄。明子路以忠信感人，不止如毛氏所云明決已也。原鄭之意，亦以片言折獄不可爲法，故若所言必直，方可令斷獄；否則仍須兩辭矣。僞孔注亦與鄭同。孔穎達書吕刑疏引此文説之云：「子路行直聞於天下，不敢自道其長，妄稱彼短。得其單辭即可斷獄者，惟子路爾，凡人少能然也。」此與論語皇疏所載孫綽説同。焦氏循補疏即依爲説，義涉迂曲，所不敢從。

【集解】孔曰：「片猶偏也。聽訟必須兩辭以定是非，偏信一言以折獄者，惟子路可也。」

【唐以前古注】御覽六百三十九引鄭注：「片」讀爲「半」。半言爲單辭。折，斷也。惟子路能取信，所言必直，故可令斷獄也。皇疏：夫判辨獄訟，必須二家對辭。子路既能果斷，故偏聽一辭而能折獄也。一云：子路性直，情無所隱者。若聽子路之辭，則一辭亦足也。又引孫綽云：謂子路心高而言信，未嘗文過以自衛，聽訟者便宜以子路單辭爲正，不待對驗而後分明也，非謂子路聞人片言而便能斷獄也。

【集注】片言，半言。折，斷也。子路忠信明決，故言出而人信服之，不待其辭之畢也。

【餘論】四書辨疑：明決二字是，忠信二字非。忠信固能令人信服，然非可以折獄也。舜與周公忠信至矣，猶不能使四凶、管、蔡聞半言而自服其罪。子路雖賢，豈能過於舜與周公哉？凡其所謂片言隻字者，皆其言辭簡少之稱。折，猶挫折也。如云折其鋭氣、面折其非是也。折之使服，非信服也。「片言可以折獄者，其由也與」，蓋言能以一二言折其罪人虚僞之辭，使之無所逃其情，惟子路爲然也。尹材曰：「子路言簡而中理，故片言可使罪人服。」此説爲是。

子路無宿諾。

【考異】釋文：或分此爲别章。　文選江淹雜詩注引文，上題「子曰」字。

按：夫子口中不應稱子路，或本非。

【考證】墐户録：人知子路無宿諾，不知宰我無宿問。　四書辨證：説苑政理篇稱「文王無宿善」。商子云：「王者無宿治，則邪官不能爲私。」大戴禮五帝德篇言「宰我無宿問」，總是不遲滯意。又曲禮「君言不宿於家」，尚是迫於命。子路自有不迫而迫者。　四書改錯：不宿諾，集解云「不預諾」，謂不先許也，正所謂然諾不苟者，急則輕諾矣。若謂急於踐言，則踐言亦何容急，久要謂何。如以不宿怨爲證，則不宿怨者，消怨也，消諾可乎？況子路已事，正不先諾者。注但引小邾事而不引全文。據傳，小邾射要子路盟，而子路辭之，是不論諾也。及季康子使冉有謂曰：「千乘之國，不信其盟，而信子之言，子何辱焉？」對曰：「魯有事于小邾，不敢問故，死其城下可也。彼不臣而濟其言，是義之也，由弗能。」是終不許諾也。此正不預諾之證，而以證急踐何爲。

【集解】宿，猶豫也。子路篤信，恐臨時多故，故不豫諾。

【唐以前古注】皇疏：宿，猶逆也。諾，猶許也。子路性篤信，恐臨時多故，曉有言不得行，故不逆言許人也。

【集注】宿，留也，猶宿怨之宿。急於踐言，不留其諾也。記者因夫子之言而記此，以見子路之所以取信於人者，由其養之有素也。

按：此章解釋，集解與集注不同，然當以集解所説爲正。皇疏兩説並存，最爲良法。蓋二説均可通，難以軒輊故也。

【餘論】四書詮義：此稱子路有服人之德，非稱子路有斷獄之才也。鉤距以致民隱，則非聖門所尚矣。無宿諾，亦平日忠信明決之一端也。論語稽：此由子路平日不輕然諾，積久而人信服之，故記者記子路無宿諾，所謂後經以終事者也。

○子曰：「聽訟，吾猶人也。必也使無訟乎！」

【考證】劉氏正義：聽訟者，言聽其所訟之辭以判曲直也。周官小司寇云：「以五聲聽獄訟，求民情。一曰辭聽，二曰色聽，三曰氣聽，四曰耳聽，五曰目聽。」此皆聽訟之法。「吾猶人」者，言己與人同，但能聽訟，不能使無訟也。禮記大學云：「子曰：『聽訟，吾猶人也。必也使無訟乎？』無情者不得盡其辭，大畏民志。」鄭注：「情猶實也。無實者多虚誕之辭。聖人之聽訟與人同耳，必使民無實者不敢盡其辭，大畏其心志，使誠其意，不敢訟。」大戴禮禮察篇：「凡人之知，能見已然，不能見將然。禮者禁於將然之前，而法者禁於已然之後。是故法之用易見，而禮之所爲至難知也。若夫慶賞以勸善，刑罰以懲惡，先王執此之正，堅如金石；行此之信，順如四時；處此之功，無私如天地爾。豈顧不用哉？然如曰禮云禮云，貴絶惡於未萌，而起敬於微眇，使人日徙善遠罪而不自知也。孔子曰：『聽訟，吾猶人也。必也使無訟乎？』此之謂也。」潛夫論德化篇：「是故上聖故不務治民事，而務治民心。故曰：『聽訟，吾猶人也。必也使無訟乎？』導之以德，齊之以禮，務厚其情而明則務義，民親愛則無相害傷之意，動思義則無姦邪之心。夫若此者，非律之所使也，非威刑之所彊也，此乃教化之所致。」二文並言無訟由於德教，此最是難能。正如勝殘去殺，必俟百年；王者必世而後仁，皆須以歲年，非可一朝能者。故祇言「必也」以期之。顏師古漢書賈誼傳注：「言使吾聽訟，與衆人等。然能先以德義化之，使其無訟。」又酷吏傳注：「言使我獄訟，猶凡人耳。然而立政施德，則能使其絶於争訟。」並以無訟爲夫子自許，失聖意矣。

【集解】包曰：「猶人，與人等。」王曰：「使無訟，化之在前。」

【唐以前古注】皇疏引孫綽云：夫訟之所生，先明其契，而後訟不起耳。若訟至後察，則不異於凡人也，此言防其本也。

【集注】范氏曰：「聽訟者，治其末，塞其流也。正其本，清其源，則無訟矣。」楊氏曰：「子路片言可以折獄，而不知以禮遜爲國，則未能使民無訟者也。故又記孔子之言，以見聖人不以聽訟爲難，而以使民無訟爲貴。」

【餘論】論語意原：子路囿於夫子之言者三，夫子皆隨其失誨之。乘桴浮於海，一也。衣敝緼袍，二也。片言可以折獄，子路聞之而不敢宿諾，夫子誨之曰「必也使無訟乎」，三也。四書改錯：

此有意苟求矣。片言宿諾原是一章，故連類記及，此節何與乎？况子路生平，夫子稱之甚至，如曰：「由也果，於從政何有？」又曰：「千乘之國，可使治賦。」故四科之列，直以政事許之。若其蒲治，則騃騃有無訟之意，如曰恭敬以信，故其民盡力；忠信而寬，故其民不偷；明察以斷，故其政不擾。此於無訟何減？而乃以一時率爾之對，稍失遜讓，遂定其終身耶？

○子張問政。子曰：「居之無倦，行之以忠。」

【考異】九經古義：釋文云：「『倦』亦作『卷』。」棟案「卷」當作「券」。説文曰：「券，勞也。」漢涼州刺史魏君碑云：「施舍不券。」鄭氏考工記注：「『券』，今『倦』字也。」唐文粹常仲儒河中府新修文宣王廟碑引語曰：「學之無倦，行之以忠。」

【考證】大戴禮子張問入官云：故不先以身，雖行必鄰也。不以道御之，雖服必强矣。故非忠信，則無可以取親於百姓矣。外内不相應，則無可取信者矣。

【集解】王曰：「言爲政之道，居之於身，無得解倦；行之於民，必以忠信。」

【唐以前古注】北堂書鈔三十六引鄭注：身居正位，不可懈卷。

按：鄭以居爲居位。「卷」即「倦」之省。劉寶楠云：「釋文云：『倦亦作券。』鄭君考工記注：『券，今倦字也。』疑書鈔所引鄭注本是『懈券』，轉寫作『懈卷』也。」

【集注】居，謂存諸心，無倦則始終如一。行，謂發於事，以忠則表裏如一。程子曰：「子張少仁無誠心，愛民則必倦而不盡心，故告之以此。」

【餘論】四書改錯：聖人答問，必答其所問之事，所問之義，未嘗答其人也。如必因病發藥，則告顏淵「鄭聲淫、佞人殆」，淵必喜淫好佞矣。乃只此無倦一答，程氏譏其無誠心，楊氏謂其難能故難繼，范祖禹謂其外有餘而内不足，朱氏又謂其做到下梢無殺合。龐涓至樹下，萬弩齊發，爲之駭然。

○子曰：「博學於文，約之以禮，亦可以弗畔矣夫。」

【考異】釋文：一本作「君子博學於文」。皇本有「君子」二字。邢疏：或本亦有「君子」。翟氏考異：雍也篇今本有「君子」字，而此篇無。荀悦漢成帝紀論引「博學以文」三句，無「君子」，應引自此。

【集解】鄭曰：「弗畔，不違道。」

【唐以前古注】筆解：韓曰：「簡編重錯。雍也篇中已有『君子博學於文，約之以禮，可以弗畔矣夫』。今削去此段可也。」

【集注】重出。

【餘論】黄氏後案：博文約禮，經中重出，聖教之諄復也。後儒重言理，輕言禮，王伯安以博文爲支離，因言博其顯而可見之禮文，以約於微而難見之理，緟貤㽷謬如此。

○子曰：「君子成人之美，不成人之惡。小人反是。」

【考證】穀梁隱公元年傳曰：春秋成人之美，不成人之惡。説苑君道篇：哀公曰：「善哉！

君子成人之美，不成人之惡。微孔子，吾焉得聞斯言哉？」

按：此本古人成語。

【集注】成者，誘掖獎勸以成其事也。君子小人所存既有厚薄之殊，而其所好又有善惡之異，故其用心不同如此。

【餘論】四書近指：君子常欲以有餘者及人，小人每至以不足者忌物，故美者君子所有，而小人所無也。一成一不成，各自肖其本心。孔廣森論語補注（劉氏正義引）：大戴禮曾子立事篇：「君子己善，亦樂人之善也。己能，亦樂人之能也。君子不説人之過，成人之美。存往者，在來者。朝有過，夕改則與之；夕有過，朝改則與之。」彼有過者，方畏人非議，我從而爲之辭説，則彼將無意於改，是成人之惡矣。故君子不爲也。

○季康子問政於孔子。孔子對曰：「政者，正也。子帥以正，孰敢不正？」

【考異】釋文：「帥」與「率」同。皇本「以」作「而」。儀禮鄉飲酒注：「己帥而正，孰敢不正。」疏曰：「此論語孔子言。彼言子帥，指季康子爲子。此言己帥，指司正爲己。」孝經聖治章疏引文「帥」字作「率」。禮記哀公問篇：公曰：「敢問何謂爲政？」孔子對曰：「政者，正也。君爲正，則百姓從政矣。」翟氏考異：書君牙篇：「爾身克正，罔敢弗正。」孔子本書文告康子也。上文「政者，正也」，別見孝經緯及管子法法篇，蓋亦古之成語。此篇中舉成語甚多，觀周書及説苑哀公言，則知譖愬不行，成人之美，皆不仿自孔子。

【集解】鄭曰：「季康子，魯上卿，諸臣之帥也。」

【唐以前古注】皇疏引李充云：我好静，而民自正也。

【集注】范氏曰：「未有己不正而能正人者。」

【發明】論語稽：惟孔子言字義最切，以正訓政，不待别詁，祇一言而政之名已定矣。正即大學修身之義。一身正而後一家正，一家正而九族之喪祭冠昏皆正，由是而百官以正，吉凶軍賓嘉官守言責亦正，而萬民亦無不正矣。

○季康子患盗，問於孔子。孔子對曰：「苟子之不欲，雖賞之不竊。」

【考異】皇本、高麗本上句無「之」字。文選西征賦注引文「竊」下有「也」字。

【考證】汲冢瑣語：魯國多盗，季康治之，獲一人焉。詰之曰：「汝何以盗？」對曰：「子大夫爲政不能不盗，何以詰吾盗？」翟氏考異：左傳襄公二十一年：「魯多盗，季孫謂臧武仲曰：『子盍詰盗？』武仲曰：『子召外盗而大禮焉，何以止吾盗？』」汲冢所云，似以論語及左氏傳文綜織，不知襄公時季孫乃武子，非康子也。潘氏集箋：説文：「盗，私利物也。」則凡存私利物之心者，皆得謂之盗。故左氏定八年傳：「陽虎取寶玉大弓。」春秋書之曰「盗竊寶玉大弓」。説文：「盗自中出曰竊。」蓋竊人之財猶謂之盗，而竊邑者可推也。定公時家臣公山不狃以費叛，侯犯以郈叛。夫子爲政，叔孫氏墮郈，季氏墮費，惟成宰公斂處父不肯墮。康子此問，其猶有大都耦國之憂乎？夫子以不欲對之，蓋隱以强公室弱私家諷之也。

【集解】孔曰：「欲，多情慾也。言民化於上，不從其令，從其所好。」

【唐以前古注】皇疏引李充云：我無欲而民自樸者也。

【集注】言子不貪欲，則雖賞民使之爲盜，民亦知恥而不竊。

【餘論】四書約旨：盜生於欲。不直曰苟子之不盜，辭婉而意深。論語集注述要：夫子即不婉辭，亦無對卿大夫面折爲盜之理。其曰「苟子之不欲」，已極切直。時夫子齒德兼優，負時重望，康子爵位雖隆，尚屬後進，觀其屢嘗請問，其於夫子已不在以尊臨卑之列，故夫子得盡言之。

【發明】反身録：苟子之不欲，雖賞之不竊，此撥亂返治之大機，救時定世之急著也。蓋上不欲則源清，本源一清，斯流無不清，在在皆清，則在在不復妄取。敲骨吸髓之風既息，疲敝凋瘵之民獲蘇，各安其居，誰復思亂？左傳曰：「國家之敗，由官邪也。官之失德，寵賂章也。」而近代辛復元亦云：「仕途賄賂公行，所以民間盜賊蜂起。」從古如斯，三復二說，曷勝太息！岳武穆有言：「文官不愛錢，武官不怕死，天下自然太平矣。」確哉言乎！圖治者尚其鑒於斯。

○季康子問政於孔子曰：「如殺無道，以就有道，何如？」孔子對曰：「子爲政，焉用殺？子欲善而民善矣。君子之德風，小人之德草，草上之風，必偃。」

【考異】皇本「風」下「草」下並有「也」字，「草上」作「尚」。漢書董仲舒傳引孔子云云，「風」、「草」下各有「也」字，「草上」引作「屮上」。說苑政理篇述此章文亦各有「也」字。舊文

「上」爲「尚」，釋文曰：「『尚』，本或作『上』。」　翟氏考異：宋書王郁子絢幼讀論語，至「周監於二代」，外祖何尚之戲之曰：「耶耶乎文哉！」絢即答曰：「草翁風必偃。」亦舊本論語「上」字作「尚」之一證。　天文本論語校勘記：古本、唐本、正平本「君子之德風」、「小人之德草」下均有「也」字。

【考證】韓詩外傳三引傳曰：魯有父子訟者，康子欲殺之。孔子曰：「未可殺也。夫民爲不義，則是上其失道。上陳之教而先服之，則百姓從風矣。」說苑君道篇：上之化下，猶風靡草。東風則草靡而西，西風則草靡而東，在風所由，而草爲之靡，是故人君之動不可不慎也。　書君陳：「爾惟風，下民惟草。」王氏鳴盛尚書後案云：「論語有『草上之風必偃』，意方明白。今但云風草，若猜謎者，豈非胸中先有論語，方撰出此文耶？」

按：韓詩外傳所謂父子訟，疑即此康子所指無道之事。然據荀子宥坐，則在夫子爲司寇時，蓋傳聞異辭也。

【集解】孔曰：「就，成也。欲多殺以止姦，亦欲令康子先自正也。偃，仆也。加草以風，無不仆者，猶民之化於上。」

【集注】爲政者民所視效，何以殺爲？欲善，則民善矣。「上」，一作「尚」，加也。偃，仆也。尹氏曰：「殺之爲言，豈爲人上之語哉？以身教者從，以言教者訟，而況於殺乎？」

【餘論】黄氏後案：鹽鐵論疾貪篇曰：「百姓不治，有司之罪也。春秋刺譏不及庶人，責其率也。

故古者大夫將臨刑，聲色不御。刑已當矣，猶三巡而嗟歎之，恥其不能以化而傷其不全也。政教闇而不著，百姓顛蹶而不扶，猶赤子臨井焉，聽其入也。若此，則何以爲民父母？故君子急於教，緩於刑。」又刑德篇曰：「方今律令百有餘篇，自吏明習者不知所處，而況愚民乎？此獄訟所以滋衆而民犯禁也。詩云：『宜岸宜獄，握粟出卜，自何能穀。』刺刑法繁也。故治民之道，務篤其教而已。」又申韓篇曰：「所貴良吏者，貴其絶惡於未萌，使之不爲非，非貴其拘之囹圄而刑殺之也。」

○子張問：「士何如斯可謂之達矣？」

【考異】七經考文：古本無「斯」字，無「矣」字，一本「矣」作「也」。

【集注】達者，德孚於人而行無不得之謂。

按：阮氏集一有釋達篇，文長不録。

子曰：「何哉，爾所謂達者？」

【集注】子張務外，夫子蓋已知其發問之意，故反詰之，將以發其病而藥之也。

子張對曰：「在邦必聞，在家必聞。」

【考異】史記弟子傳「邦」作「國」。

【集解】鄭曰：「言士之所在，皆能有名譽。」

【唐以前古注】皇疏：在邦，謂仕諸侯也。在家，謂仕卿大夫也。子張答云：「己所謂達者，言若仕爲諸侯及卿大夫者，必並使有聲譽遠聞者，是爲達也。」

【集注】言名譽著聞也。

子曰：「是聞也，非達也。

【唐以前古注】皇疏引繆協云：聞者，達之名。達者，聞之實。而殉爲名者衆，體實者寡，故利名者飾僞，敦實者歸真，是以名分於聞，而道隔於達也。

【集注】聞與達相似而不同，乃誠僞之所以分，學者不可不審也。故夫子既明辨之，下文又詳言之。

夫達也者，質直而好義，察言而觀色，慮以下人。在邦必達，在家必達。

【考異】皇本「夫達者」、「夫聞者」，各無「也」字。　說文繫傳「詧」字下引論語：「詧言而觀色。」　史記引作「在國及家必達」。

【考證】大戴禮曾子制言上：弟子問於曾子曰：「夫士何如則可以爲達矣？」曾子曰：「不能則學，疑則問，欲行則比賢，雖有險道，循行達矣。今之弟子病下人，不知事賢，恥不知而又不問，欲作則其知不足，是以惑闇終其世而已矣，是謂窮民也。」　顏氏家訓：人足所履不過數寸，而咫尺之途必顛蹶於岸崖，拱把之梁每沉溺於川谷者，何哉？爲其傍無餘地故也。君子之立己，抑亦如之。至誠之言，人未能信；至潔之行，物或致疑，皆由言行聲名無餘地也。若能開方軌之路，廣造舟之航，則仲由之言信，重於登壇之盟；趙熹之降城，賢於折衝之將矣。　羣經平議：廣雅釋訓曰：「無慮，都凡也。」漢書食貨志曰：「天下大氏無慮皆鑄金錢矣。」「無慮」與「大氏」同，古人自有複語耳。亦或止言慮，賈誼傳「慮亡不帝制而天子自爲者」，慮即無慮，亦猶大氏也。「慮以下人」之慮，乃無慮之慮。言察言觀色，大氏以下人也。馬以志慮說之，非是。太玄玄瑩篇：「故君子内正而外馴，每以下人。」其句法即本之此。

按：俞說甚是。然馬注亦未誤，此當並存。

【集解】馬曰：「常有謙退之志，察言語，觀顏色，知其所欲，其志慮常欲以下人也。必達，謙尊而光，卑而不可踰也。」

按：「謙尊而光，卑而不可踰」，易謙卦彖辭。經義述聞曰：「尊讀撙節退讓之撙。尊之言損也，小也。光之言廣也，大也。尊而光者，小而大。卑而不可踰者，卑而高也。劉晝新論誡盈篇：『未有謙尊而不光，驕盈而不斃者也。』以謙尊對驕盈，則讀尊爲撙可知。蓋當時易說有如是解者，故劉氏用之。」

【唐以前古注】皇疏：夫達者質性正直，而所好者義也。達者又能察人言語，觀人容色者也。既察於言色，又須懷於謙退，思以下人也。

【集注】内主忠信，而所行合宜；審於接物，而卑以自牧，皆自修於内，不求人知之事。然德修於己而人信之，則所行自無窒礙矣。

夫聞也者，色取仁而行違，居之不疑。在邦必聞，在家必聞。」

【考異】漢書王莽傳贊曰：「所謂『在家必聞，在國必聞』，『色取仁而行違』者耶？」「邦」亦作「國」。

【考證】顏氏家訓：厚貌深姦，干浮華之虛稱，非所以得名也。又曰：人之虛實眞僞在乎心，無不見乎迹，但察之未熟爾。一爲察之所鑒，巧僞不如拙誠，承之以羞大矣。伯石讓卿，王莽辭政，當於爾時，自謂巧密。後人書之，留傳萬代，可爲骨寒毛竪也。劉氏正義：荀子宥坐篇：「孔子爲魯攝相，朝七日而誅少正卯。門人進問曰：『夫少正卯，魯之聞人也。夫子爲政而始誅之，得無失乎？』孔子曰：『人有惡者五，而盜竊不與焉：一曰心達而險，二曰行辟而堅，三曰言僞而辨，四曰記醜而博，五曰順非而澤。此五者有一於人，則不得免於君子之誅，而少正卯兼有之，故居處足以聚徒成羣，言談足以飾邪營衆，强足以反是獨立。此小人之桀雄也，不可不誅也。』」觀此，則聞乃聖人所深惡。漢書王莽傳贊：「王莽始起外戚，折節力行，以要名譽。宗族稱孝，師友歸仁。及其居位輔政，成、哀之際，勤勞國家，直道而行，動見稱述，豈所謂『在家必聞，在國必聞』、『色取仁而行違』者耶？以莽之姦邪，亦是好爲聞人，故讒說殄行，不免震驚朕師也。」

【集解】馬曰：「此言佞人假仁者之色，行之則違，安居其僞而不自疑。必聞，佞人黨多也。」

【唐以前古注】皇疏引繆協云：世亂則佞人多，黨盛則多聞，斯所謂歎衰運，疾弊俗。又引沈居士云：夫聞之與達，爲理自異。達者德立行成，聞者有名而已。夫君子深淵隱默，若長沮、桀溺、石門晨門，有德如此，始都不聞於世。近世巍巍蕩蕩，有實如此，而人都不知，是不聞世，並終然顯稱名，則是達也。漢書稱王莽始折節下士，鄉黨稱孝，州閭稱悌，至終然豺狼迹著，而母死不臨。班固云：「此所謂『在邦必聞，在家必聞』，『色取仁而行違』者也。」聞者，達之名。達者，聞之實。有實者必有名，有名者不必有實。實深於本，聞浮於末也。筆解：韓曰：「此與上篇『色莊者乎』一義也。皆斥言子張質直莊謹，下於人，則爲達士矣。」李曰：「下文云：『夫聞也者，色取仁而行違，居之不疑。』此並戒堂堂乎張，不貴必聞，在乎必達。」

【集注】善其顔色以取於仁，而行實背之，又自以爲是而無所忌憚，此不務實而專務求名者，故虚譽雖隆，而實德則病矣。程子曰：「學者須是務實，不要近名。有意近名，大本已失，更學何事？爲名而學，則是僞也。今之學者，大抵爲名，爲名與爲利，雖清濁不同，然其利心則一也。」尹氏曰：「子張之學，病在乎不務實。故孔子告之，皆篤實之事，充乎内而發乎外者也。當時門人，親受聖人之教，而差失有如此者，況後世乎？」

按：子張之學，在孔門獨成一派。因記論語者爲曾子門人，近於保守派，故對於進取派之子張，恒多微詞。吾人生千載後，書經秦火，三代之事，若存若亡，況對於孔門弟子，豈可任意軒輕乎？康南海論語注極爲子張張目，而以南宋之積弱不振，歸咎於朱子之偏信曾子。所謂彼亦一是非，此亦一是非也。

○樊遲從遊於舞雩之下，曰：「敢問崇德、修慝、辨惑。」

【音讀】釋文：從，才用反。　翟氏考異：微子篇「子路從而後」，釋文：「從亦才用反。」今讀者二處俱如字，然從遊兩得，從而後還宜著音。

【考證】論語述何：此章蓋在昭公孫齊之年。春秋書「上辛大雩，季辛又雩」，傳曰：「又雩者，非雩也，聚衆以逐季氏也。」樊遲欲究昭公喪亂之由，而言不迫切，故夫子特善之。先盡君道而臣道自正，昭之失民失政久矣，驟欲得之可乎？子家駒言，諸侯僭天子，大夫僭諸侯。公曰：吾何僭？是知人之惡而不知己之惡也。至不忍一朝之忿，而身不容於齊、晉，辱及宗廟，則惑之甚矣。夫子將適齊而樊遲從遊，特誌舞雩之下，聖賢之傷國事而不正言如此。　宋翔鳳四書纂言：此當是孔子自衛反魯，由後追前之言。時哀公亦欲去季氏，故舉昭公前事以危之。考孔子世家，孔子三十五歲，昭公孫齊。弟子傳，樊遲少孔子三十六歲。則劉氏謂在是年，又謂孔子將適齊而遲從遊，並誤。

按：戴氏望論語注與劉逢禄説同，可備一説。

劉氏正義：「崇德修慝辨惑」者，此當是雩禱之辭，以德、慝、惑爲韻。如湯禱桑林，以六事自責也。春秋繁露仁義法篇解此文謂君子以仁造人，義造我，所謂躬自厚而薄責於外也。忿者，廣雅釋詁云：「怒也。」以及其親者，春秋桓二年：「宋督弑其君與夷，及其大夫孔父。」公羊傳云：「及者何？累也。」論衡明雩篇：「樊遲從遊，感雩而問，刺魯不能崇德而徒雩也。」

【集解】包曰：「舞雩之處有壇墠樹木，故其下可遊焉。」孔曰：「慝，惡也。修，治也。治惡爲善。」

【唐以前古注】皇疏：此舞雩之處近孔子家，故孔子往遊其壇樹之下，而弟子樊遲從之，既從遊而問此三事也。

【集注】胡氏曰：「慝之字從心，從匿。蓋惡之匿於心者，修者治而去之。」

子曰：「善哉問！先事後得，非崇德與？攻其惡，無攻人之惡，非修慝與？一朝之忿，忘其身，以及其親，非惑與？」

【考異】皇本、高麗本「無」作「毋」。

【考證】九經古義：荀子不苟篇曰：「鬭者，忘其身者也，忘其親者也。行其少頃之怒，而喪終身之軀，然且爲之，是忘其身也。室家立殘，親戚不免乎刑戮，然且爲之，是忘其親也。」楊倞曰：「蓋當時禁鬭，殺人之法，戮及親戚。」尸子曰：「非人君之用兵也，以爲民傷，鬭則以親戚殉，一言而不改之也。」論語稽：子張問崇德辨惑，樊遲多一修慝，然問同而答異者，蓋因病而藥之也。子張才高意廣，好爲苟難，故夫子針對崇字辨字以答之。樊遲勇而志於學，質樸而狹隘，意其爲人，必預事而計得，恕己而嚴人，忿而不思難者也。夫子以崇德修慝辨惑皆切己之事，故既善之，而非與云者，又若誘掖獎勸之，情見於言外。先事後得者，正其誼不謀其利，明其道不計其功也。攻其惡不攻人惡者，以責人之心責己，則寡悔；以恕己之心恕人，則寡尤也。一朝之忿亡身及親者，有終身憂，無一朝患也。

【集解】孔曰：「先勞於事，然後得報也。」

【集注】善其切於爲己。先事後得，猶言先難後獲也。爲所當爲，而不計其功，則德日積而不自知矣。專於治己而不責人，則己之惡無所匿矣。知一朝之忿爲甚微，而禍及其親爲甚大，則有以辨惑而懲其忿矣。樊遲粗鄙近利，故告之以此三者，皆所以救其失也。范氏曰：「先事後得，上義而下利也。人惟有欲利之心，故德不崇。惟不自省己過，而知人之過，故慝不修。感物而易動者莫如忿，忘其身以及其親，惑之甚者也。惑之甚者，必起於細微，能辨之於早，則不至於大惑矣，故懲忿所以辨惑也。」

【餘論】四書改錯：李塨曰：「樊遲在聖門最有名字，其見於魯論者亦甚精密。且儒者難於事功，遲獨能用命以退齊師，三刻踰溝，從容成事，有何粗暴，而横加此字？况義利之辨，直君子小人所分途，曾聖門諸賢了無實據，而可以近利二字鑿指之耶？」

【發明】朱子語類：人祇有此一心，若一心做事，又有一求得之心，便於此事不專，如何有積累之功？此條心路，祇一直去，更無他歧，分兩邊便不得。又曰：有計較功效之心，便是專爲利，不復知事之當爲矣。德者，理之得於吾心者也。能知所當爲，而無爲利之心，此意思便高遠。爲小利害，討小便宜，此意思便卑下。所謂崇者，謂德自此而愈高起也。

○樊遲問仁。子曰：「愛人。」問知。子曰：「知人。」樊遲未達。子曰：「舉直錯諸枉，能使枉者直。」

【考異】皇本「問知」之「知」作「智」。　釋文：「錯」，或作「措」，同。　七經考文補遺：古本「諸」作「於」。

【考證】劉氏正義：大戴禮王言篇：「孔子曰：『仁者莫大於愛人，知者莫大於知賢。』」荀子君道篇：「子貢對夫子問曰：『知者知人，仁者愛人。』」是愛人知人爲仁知之大用。樊遲未達者，宋氏翔鳳發微云：「書曰：『知人則哲，能官人。』自世卿專國，其君雖知人而不能官人，遲之未達，職此之由。」

【集解】包曰：「舉正直之人用之，廢置邪枉之人，則皆化爲直。」

【唐以前古注】皇疏：達，猶曉也。已曉愛人之言，而未曉知人之旨也。錯，廢也。枉，邪也。樊遲既未曉知人之旨，故孔子又爲説之也。言若舉正直之人，在位用之，而廢置邪枉之人不用，則邪枉之人皆改枉爲直，以求舉也。

【集注】愛人，仁之施。知人，知之務。曾氏曰：「遲之意，蓋以愛欲其周，而知有所擇，故疑二者之相悖爾。舉直錯枉者，知也。使枉者直，則仁矣。如此，則二者不惟不相悖，而反相爲用矣。」

樊遲退，見子夏曰：「鄉也吾見於夫子而問知。子曰：『舉直錯諸枉，能使枉者直。』何謂也？」

【考異】釋文：「鄉」，又作「曏」。　皇本、高麗本作「嚮」，言止有是字。　翟氏考異：易云嚮晦，書云嚮邇，嚮俱臨對之義。嚮用五福，作嚮望解。義疏本以當曩昔字，古無是訓也。此似傳寫有差，或亦如釋文作「鄉」。論語校勘記：「鄉」正字，「嚮」俗字，「鄉」假借字。天文本論語校勘記：古本、唐本、正平本作「嚮也」。

【唐以前古注】皇疏：樊遲猶未曉舉直錯諸枉之言，故退而往見子夏，欲問之。樊遲既見於子夏，而述夫子之言問之何謂也。

【集注】遲以夫子之言專爲知者之事，又未達所以能使枉者直之理。

【餘論】四書辨疑：惟仁者能好人，能惡人，仁則亦有愛惡之擇也。樊遲問仁，孔子答以愛人，非謂不擇善惡，普皆愛之也。蓋仁者以愛人爲本耳。至於遇有一直一枉亦不直，須枉直皆舉，然後爲愛也。由是觀之，愛人知人，本不相悖，樊遲何爲而疑之哉？曾氏意謂仁智二事，遲皆未達。然下文質之於子夏，但言問智之事，而不及於問仁，則所謂未達者，止是未達知人之理耳，與愛人本不相干。舊疏云：「樊遲未曉達知人之意，故孔子復解之。」此説本是。下文南軒、滹南之説，與此意同。舉直錯諸枉，此是智之用。能使枉者直，此是智之功。注文以上句爲智，分下句爲仁，誤矣。須是自己行仁，然後可爲仁人。若但能審其舉錯，爲之激勸，使他人改枉爲直，止可爲智，未足爲仁。王滹南曰：「此一段皆論知人之智耳，與問仁之意全不相關。故南軒解能使枉者直則曰：『知人之功用如此。』解不仁者遠則曰：『此可見知人之爲大。』文理甚明。而龜山、晦菴、無垢之徒，皆以爲兼仁智而言，其意含糊，了不可曉。豈以樊遲屢疑，子夏深歎，且有遠不仁之説，故委曲求之，而至於是與？竊所不取。」此説參考詳備，無有不當，學者宜從之。

子夏曰：「富哉言乎！舜有天下，選於衆，舉皋陶，不仁者遠矣。湯有天下，選於衆，舉伊尹，不仁者遠矣。」

【考異】皇本「言」上有「是」字。舊唐書王志愔著應正論引「舜舉咎繇，不仁者遠」爲孔子語。

【考證】左傳宣公十六年：「羊舌職曰：『吾聞之，禹稱善人，不善人遠。』」杜注云：「稱，舉也。」羣經義證：漢書王吉傳：「舜、湯不用三公九卿之世，而用皋陶、伊尹，不仁者遠。」此不用三公九卿之世，即選於衆也。皋、伊皆非出自世胄，舜之揚仄陋，湯之立賢無方，率是道也。論語發微：子夏知孔子之意，必堯、舜、禹、湯之爲君，而後能盡用人之道，以垂百世之法。故言選舉之事曰云云。公羊隱元年何休説：「當春秋時，廢選舉之務，置不肖於位，輒退絶之以生過失。至於君臣忿争出奔，國家之所以昏亂，社稷之所以危亡，故皆録之。」隱三年何休説：「禮，公卿大夫士皆選賢而用之。卿大夫任重職大，不當世，爲其秉政久，恩德廣大，小人居之，必奪君子威權。故尹氏世立王子朝，齊崔氏世弑其君光。君子疾其末則正其本，見譏於卒者，亦不可造次無故驅逐，必因其過卒絶之。明君案見勞授賞，則衆譽不能進無功；案見惡行誅，則衆讒不能退無罪。」此春秋譏世卿之義。蓋卿大夫世，則舉直錯枉之法不行。有國者宜以不知人爲患，故子夏述舜舉皋陶，湯舉伊尹，皆不以世而以賢，以明大法。潘氏集箋：書皋陶謨云：「能哲而惠，何憂乎驩兜？何遷乎有苗？何畏乎巧言令色孔壬？」孫星衍疏言：「能聖且仁，則不仁者遠。」

【集解】孔曰：「富，盛也。言舜、湯有天下，選擇於衆，舉皋陶、伊尹，則不仁者遠矣，仁者至矣。」

【唐以前古注】左文十八年傳正義引鄭注：皋陶爲士師，號曰庭堅。

按：書舜典：「命皋陶曰：『汝作士。』」孟子萬章篇亦云：「皋陶不名士師也。」疑「師」字誤衍。

皇疏引蔡謨云：何謂不仁者遠？遠，去也。若孔子言能使枉者去，則是智也。今之能使枉者直，是化之也。孔子言其化，子夏謂之去者，亦爲商之未達乃甚於樊遲也。子夏言此者，美舜、湯之知人，皋陶、伊尹之致治也，無緣説其道化之美，但言不仁者去。夫言遠者，豈必足陟遐路，身適異邦，賢愚相殊，是以遠矣。故曰性相近也，習相遠也。不仁之人，感化遷善，去邪枉，正直是與，故謂遠也。

【集注】歎其所包者廣，不止言知。伊尹，湯之相也。不仁者遠，言人皆化而爲仁，不見有不仁者，若其遠去爾，所謂使枉者直也。子夏蓋有以知夫子之兼仁知而言矣。

【餘論】讀四書大全説：仁知合一之説始於曾吉甫，而朱子取之。乃程子及和靖所云，則不添入此一重意。尹氏之言特發程子之意，而分貼經文，尤爲清切。其云「不獨欲聞其説」者，知人愛人之説也。云「又必欲知其方」者，舉直錯枉之方也。云「又必欲爲其事」者，選衆而舉之事也。子曰愛人，曰知人，二語極大極簡。大則疑淺，簡則疑疏，太易理會，則太難證入，故曰「有其説而未有其方」也。今言仁知，孰不知仁爲愛人，而知爲知人者。乃愛人而何以愛之，知人而何以知之，未得其方，則雖日念愛人，而人終不被其澤；日求知人，而人終相惑以相欺。此遲所爲疑其但有言説而無方趣，闊大簡略而迷所向也。乃愛人則權在我，而知人則權在人，故曰「知人則哲，惟帝其難之」。是以遲之未達，於知人而更甚。罔然無措之情，遂形於色。而子乃授之以方曰「舉直錯諸枉，能使枉者直」。苟知是，不患知人之無方矣。蓋人之難知，不在於賢不肖，而在於枉直。有枉者起，飾惡爲善，矯非爲是，於是乎欲與辨之而愈爲所惑。今且不問其善惡是非之迹，而一以直枉爲斷。其直也，非可正之以是也，陷於惡，可使向於善也，則舉之也。其枉也，則雖若是焉、若善焉而錯之。必也如此，而人不相飾以善，不相争於是，不相掩於惡，不相匿於非，而但相戒以枉。枉者直，則善者著其善，不善者服其不善，是者顯其是，非者不護其非，於以分别善惡是非而不惑，又何難哉？此所謂知人之方也。以此通乎仁之愛人，近譬諸己以爲施濟，先篤其親以及於民物，亦不患愛之無方矣。乃方者，事所從入之始功也。始之爲方者約，而繼之爲事也博。故方有未可以該事者，以方該事，而或流於術，此遲之所爲再疑也。今使規規然舍賢不肖之迹，而一從直與不直以求之，則是操術以深其察察之明，而於御世之大權，或以纖用而不給於行遠，則能使枉者直之效，亦未必其不爽。而子夏之以事徵其必然者，既可以證聖言之不虚，且舜、湯之以治天下，道不外是，則非一曲之方術。而知人之大用與其大功，通始終，包遐邇，無不富有於兩言之内，則方者即事而非僅其從入之徑，故曰然後有以知之。則施爲之次第條理，爲要爲詳，統無不喻，故曰包含無所不盡也。曰直曰枉，非盡乎賢不肖之辭也。枉者固不肖，而不肖者固不盡於枉，賢者必直，而直非賢之極致。乃極而論之，則極乎賢者，亦但極乎直，故皋陶、伊尹德亦盛矣，而要其所備之德，總以無所掩冒者爲盛。故舉直者必若舉皋陶、伊尹而後爲極致。則始以爲方，或可於不能賢之中，姑取其直。而終以大其事，則極直之致，於無不賢之中，得其無不直。要不可謂於舉直之外，別有知人之法也。此所謂「語近不遺遠，語遠不舍近」者也。而後知人之事，洵無異量，則可無憂人之不易知。以此例之，亦可知人之無難愛矣。

【發明】松陽講義：觀於後世，因舉錯而紛紛多事者，不可勝數。漢之黨錮，宋之元祐，皆由小人不肯俯首屈服於君子，以至激成禍變。樊遲此語，亦切問也。然不知此要看舉錯何如耳。舉錯而稍涉於意氣，則不惟不能化人，而或至於生變。舉錯而一出於大公，則不但不憂其不服，而且可立見其革心。

○子貢問友。子曰：「忠告而善道之，不可則止，毋自辱焉。」

【考異】皇本、高麗本「而」下有「以」字，「不可」作「否」，「毋」作「無」。　論語古訓：義疏云：「否，謂彼不見從也。」可知古本經文作「否」。

按：後漢書注引蔡邕正交論曰：「惡則忠告善誨之，否則止，無自辱焉。」即用此文，而以「不可」作「否」，知漢人所見本亦作「否」字。

【集解】包曰："忠告，以是非告之也。以善道導之，不見從則止。必言之，或見辱。"

【集注】友所以輔仁，故盡其心以告之，善其説以道之。然以義合者也，故不可則止。若以數而見疏，則自辱矣。

【餘論】四書辨疑："'善其説以道之'，語意不明，不知如何是善其説，道是如何道。語録曰：'須又教道得善始得。'以此知注文'道'字乃教道也。朋友有過，既盡心以告之，而又加之以教道，須至於善而後已，此正犯'數斯疏矣'之戒，施之於朋友之間，必不能行。蓋道猶言也，善道之者，善其辭色以言之也。朋友有過，固當盡心無隱，竭忠以告之，然其告之之際，須當心平氣和，善其辭色以爲言，不從則止，無得峻數，以取自辱也。

○曾子曰："君子以文會友，以友輔仁。"

【考異】詩鄭風子衿箋曰："君子之學，以文會友，以友輔仁。"正義曰："論語文。"方慤禮記解義引"以友輔仁"爲孔子語。

【考證】禮學記："大學之教也，時教必有正業，退息必有居學。故君子之於學也，藏焉，修焉，息焉，遊焉。夫然，故安其學而親其師，樂其友而信其道，是以雖離師輔而不反也。"説苑説叢篇："賢師良友在其側，詩、書、禮、樂陳於前，棄而爲不善者鮮矣。"潘氏集箋："説文：'輔，人頰車也。'左僖五年傳，宫之奇設'輔車相依，脣亡齒寒'兩喻。吕覽權勳篇：'虞之與虢也，若車之有輔也。車依輔，輔亦依車，虞、虢之勢是也。先人有言曰："脣竭而齒寒。"'陳奂詩正月疏云：「車之有輔，猶齒之有脣，最相切近。人之兩頰曰車，口輔亦曰牙車，其命名即取車輔之義也。」然則輔仁者，猶云相依爲仁也。

【集解】孔曰：「友以文德合也。友有相切磋之道，所以輔成己之仁。」

【集注】講學以會友，則道益明。取善以輔仁，則德日進。

【餘論】劉源淥冷語（經正録引）：文者，禮樂法度刑政綱紀之文。當時文、武之道未墜於地，識大識小，莫不有文、武之道焉。夫子憲章文、武，教門弟子，以此講學，以此修德，如所謂兩君相會，揖讓而入門，入門而縣興，揖讓而升堂，升堂而樂闋，君子於是知仁焉。故曰：「人而不仁如禮何？人而不仁如樂何？」張子曰：「『禮儀三百，威儀三千』，無一事之非仁也。」若如近世之文，浮靡放漫，可爲輔仁之具哉？

【發明】反身録：問：君子以文會友，可見古人會友亦必以文，舍文則無以會友。曰：文乃斯文之文，在兹之文，布帛菽粟之文，非古文之文，時文之文，雕蟲藻麗之文。會友以收攝身心，此學人第一切務。前代理學諸儒，莫不立會聯友，以資麗澤之益。近代先輩則所在有會，每年春秋仲月，月凡三舉，爲大會。大會之外，退而又各就近集三五同志，每月三六九相與摩切，爲小會。總圖打點身心，非是求通聲氣。六十年來，斯事寥寥，可勝嘆哉！學人不爲身心性命則已，如爲身心性命，則不可不會友，會則不可無會約。先儒會約雖多，唯顧涇陽先生東林會約醇正儆切，吾有取焉。每一晤對，不覺心形俱肅。會友者酌奪古人之宜，倣而行之可也。

論語集釋卷二十六

子路上

○子路問政。子曰：「先之勞之。」

【音讀】翟氏考異：孔氏舊解云：「先導之以德，使民信之，然後勞之。」則先如字。今集注用蘇氏以身先説，故先當去聲。朱子文集：程允夫引「堯曰勞之來之」爲證，讀勞去聲。梁氏旁證：孔注「先導之以德，使民信之，然後勞之」，與集注引蘇氏「凡民之行，以身先之；凡民之事，以身勞之」義無二致，則先、勞皆可如字讀。金氏履祥又以先字當讀去聲，亦可不必也。

【考證】劉氏正義：禮月令云：「以道教民，必躬親之。」大戴禮子張問入官篇：「故躬行者，政之始也。」又云：「君子欲政之速行也者，莫若以身先之也。欲民之速服也者，莫若以道御之也。」皆言政貴身先行之，所謂「其身正，不令而行」是也。下篇子夏曰：「君子信而後勞其民。」子張問政，夫子告以「擇可勞而勞之」，即此注所云「勞之」也。魯語敬姜曰：「昔聖王之處民也，擇瘠土而處之，勞其民而用之，故長王天下。夫民勞則思，思則善心生。逸則淫，淫則忘善，忘善則惡心生。沃土之民不材，淫也。瘠土之民莫不嚮義，勞也。」又曰：「君子勞心，小人勞力，先王之訓也。自上以下，誰敢淫心舍力？」並言政尚勞民之誼。孔注此文雖與鄭異，亦得通也。

【集解】孔曰：「先導之以德，使民信之，然後勞之。易曰：『説以使民，民忘其勞。』」

【集注】蘇氏曰：「凡民之行，以身先之，則不令而行。凡民之事，以身勞之，則雖勤不怨。」

【别解】羣經平議：「先之勞之」四字作一句讀，猶陽貨篇曰「使之聞之」，不得因有兩「之」字而分爲二事也。詩緜蠻篇「爲之載之」，孟子滕文公篇「與之食之」，句法皆與此同。先之勞之，謂先民而任其勞也。天子親耕，后親蠶之類，皆其事矣。孔謂先導之以德，然後勞之，似於文義未合。下文子路請益，而告以無倦，蓋先任其勞則易倦，故戒之也。

【餘論】四書辨疑：解先之爲凡民之行以身先之，而「先之」兩字之間，無該民行之意，義不可通。解勞之爲凡民之事以身勞之，亦不知事爲何事。説者往往以爲爲政治民之事。語録曰：「勞是爲他勤勞。」纂疏引輔氏「古人戴星而出，戴星而入，與夫以時循行阡陌，躬行講武」之説爲證，本以佐蘇氏之説，其實意不相合。蘇氏以凡民之事與凡民之行對説，行既爲民之行，則事亦是民爲之事，非爲政治民之事也。然民爲之事，如耕種耘穫築塲爲圃剥棗條桑，何所不有？爲政者豈能皆以己身親勞之哉。況以身勞之，亦只是先之之意，與上文以身先之蓋重複也。觀其文勢，「先之勞之」四字之間，惟勞字是其主意，通貫上下之文。先之謂先己之勞，勞之謂後勞其民也。如古人戴星而出，戴星而入，此正先之之義，所謂「先己之勞」是也。己先有此勤政之勞，然後以政勤勞其民，民雖勞而不怨也。論語稽求篇：先之，先民也，勞則勞誰乎？先仲氏曰：「經凡之字俱有所指，孔安國解此謂先導民以德，使民信之，夫然後從而勞之。則兩之字俱屬民解。且此是聖門習語，如夫子贊易曰『説以先民，民忘其勞』，子夏曰『君子信而後勞其民』是也。若無倦另是一意，先勞是不迫于始，無倦是不懈于終。一不鋭往，一不惰歸，一不苟于民，一不恕于己，更不必兩作粘合。」説亦甚妥。如晉武帝耕藉詔有云：「先之勞之，在于不倦。」可驗。

【發明】朱子語類：欲民之親其親，我必先之以孝。欲民之事其長，我必先之以弟。又曰：「凡以勞苦之事役使人，己須一面與之做，方可率之。如勸課農桑等事，須是己不憚勤勞，親履畎畝，與其句當，方得。」

請益。曰：「無倦。」

【考異】舊文「無」爲「毋」。釋文曰：「『毋』，本今作『無』。」

【考證】四書通：子張堂堂，子路行行，皆易鋭於始而怠於終，故答其問政，皆以無倦告之。

【集解】孔曰：「子路嫌其少，故請益。曰無倦者，行此上事，無倦則可。」

【集注】吴氏曰：「勇者喜於有爲而不能持久，故以此告之。」

【餘論】黄氏後案：先之勞之，所晐者廣，何以嫌少請多？何解引孔，開吴才老訾前賢之漸，非也。曲禮「請益則起」，注：「益，謂受説不了，欲師更明説之。」下即引此經以證。然則請益者，請申説其所以能如此也。答以無倦者，謂導先之慰勞之，惟不倦者能如此也。鄭君義如此。

【發明】四書通引饒雙峰曰：大凡事使人爲之則易，身親爲之則憚其難。先之勞之，皆不便於己之事，所以易倦。四書近指：聖人非因子路所長，迪以先勞，是萬古治亂盛衰之所繫。非因子路所短，益以無倦，是萬古自治而亂、自盛而衰之所繫。

○仲弓爲季氏宰，問政。子曰：「先有司，赦小過，舉賢才。」

【考異】太平御覽刑法部述論語曰：子路問政。子曰：「先有司，赦小過，舉賢才。」皇疏：仲弓將往費爲季氏采邑之宰。漢書平帝紀詔引文，「才」字作「材」。

【考證】劉氏正義：呂氏春秋審分覽：「凡爲善難，任善易。奚以知之？人與驥俱走，則人不勝驥矣。居於車上而任驥，則驥不勝人矣。人主好治人官之事，則是與驥俱走也，必多所不及矣。」又云：「人主之車，所以乘物也。察乘物之理，則四極可有。不知乘物而自怙恃，奪其智能，多其教詔，而好自以，若此，則百官恫擾，少長相越，萬邪並起，權威分移，不可以卒，不可以教，此亡國之風也。」觀此，是凡爲政者，宜先任有司治之，不獨邑宰然矣。「赦小過」者，爾雅釋詁：「赦，舍也。」說文：「赦，置也。」有司或有小過，所犯罪至輕，當宥赦之，以勸功褒化也。言小過赦，明大過亦不赦可知。賢才，謂才之賢者。有賢才可自辟舉，爲己輔佐。若有盛德之士，更升進之，不敢私蔽之也。宋氏翔鳳發微云：「自世卿世大夫，而舉賢之政不行。故仲弓獨質其疑，以求其信。皋陶曰『在知人』，禹曰『惟帝其難之』，此『焉知賢才』之慮也。如舜舉皋陶，湯舉伊尹，皆舉爾所知也。不仁者遠，則仁者咸進。易曰：『拔茅茹，以其彙征。』此『爾所不知，人其舍諸』之説也。」

【集解】王曰：「先有司，言爲政當先任有司，而後責其事。」

【集注】有司，衆職也。宰兼衆職，然事必先之於彼，而後考其成功，則己不勞而事畢舉矣。過，失誤也。大者於事或有所害，不得不懲，小者赦之，則刑不濫而人心悦矣。賢有德者，才有能者，舉而用之，則有司皆得其人而政益修矣。

【别解】趙佑温故録：四書近指載蘇氏曰：「有司既立，則責有所歸。然當赦其小過，則賢才可得而舉。惟庸人與姦人無小過，張禹、胡廣、李林甫、盧杞輩是也。若小過不赦，則賢者避過不暇，而此輩人出矣。」按此以三者串説有理。集注「有司皆得其人」，亦謂舉賢才爲有司也。

曰：「焉知賢才而舉之？」子曰：「舉爾所知；爾所不知，人其舍諸？」

【集解】孔曰：「女所不知者，人將自舉其所知，則賢才無遺。」

【唐以前古注】皇疏引范甯云：仲弓亦非不欲舉才，識昧不知人也。孔子以所知者則舉之，爾不知者，他人自舉之，各舉所知，則賢才豈棄乎。

【集注】仲弓慮無以盡知一時之賢才，故孔子告之以此。程子曰：「人各親其親，然後不獨親其親。仲弓曰：『焉知賢才而舉之？』子曰：『舉爾所知；爾所不知，人其舍諸？』便見仲弓與聖人用心之大小。推此義則一心可以興邦，一心可以喪邦，只在公私之間爾。」

【餘論】四書改錯：此則貶抑聖門之大無理者。夫子云舉賢才，此重在舉者，而仲弓謂不知何舉，蓋稍疑乎子言之不及知也。而夫子則仍重在舉，故曰爾豈無一知者，苟能舉，則無不知矣。此在本文順讀便明，一在知舉，一在舉知，何公何私？何大何小？而程氏無端吹索，必求有弊。然其說難通。朱氏將本文「知」字上加一「盡」字，曰盡知，使先坐以隙，而然後程說可入，於是直接程說以責之（此非圈外注）。夫人有良心。仲弓據德行之列，夫子稱其可使南面，山川勿舍，或妄語不足信，然焉知一語亦非喪良心之言，乃直誅其心，謂可喪邦，則竟從無可詬詈處，必憑空造揑，使其無所容於天地間而後已。試問此東魯一邦，在魯先諸大夫曾下展禽，逐公孫子家，猶苟且圖存，歷東周七國，延至呂秦而後亡，而仲氏一語，乃遂舉是邦而盡喪之，人有良心，何可作此言？

按：程氏對於先賢，吹毛求疵至此，殊屬有傷忠厚。毛氏喪盡天良之詈，非無因也。

【發明】崔東壁論語餘說：人之才不必皆長，而事亦往往有棘手者。法太密則人皆有慮患避事之心，以因循爲得計，而事之廢弛者多，故小過不可不赦也。庶官不得其人，則雖先之赦之，而亦無益於事，故所重尤在舉賢才。有一官，即擇一能治此官者而付之理，則身不勞而政畢舉，周公立政之篇所以必以三宅、三俊爲要務也。此雖爲爲宰者言之，其實治國治天下皆若是而已矣。

四書近指：以天下之治，付之天下之人，至用天下之人，亦仍付之天下之人，總是持寬大，尚體要，我與天下俱遊於簡易之中。

按：後漢書章帝紀詔曰：「昔仲弓季氏之家臣，子游武城之小宰，孔子猶誨以賢才，問以得人。明政無大小，以得人爲本。」陸敬輿奏議曰：「知人之難，聖哲所病。聽其言則未保其行，求其行則或遺其才。校勞考則巧僞繁興，而貞方之人罕覯；徇聲華則趨競彌長，而沈退之士莫升。是必素與交親，備詳本末，探其志行，閲其器能，然後守道藏器者可得而知，沽名飾貌者不容其僞。是以前代有鄉舉里選之法，長吏辟舉之制，所以明厤試、廣旁求、敦行能、息馳騖也。」又曰：「廣求才之路，使賢者各以彙征。啓至公之門，令職司皆得自達。」皆與夫子之言互相發明，附識於此。

○**子路曰：「衛君待子而爲政，子將奚先？」**

【考證】史記孔子世家：是時，衛公輒父不得立，在外，諸侯數以爲讓。而孔子弟子多仕于衛，衛君欲得孔子爲政。子路曰：「衛君待子而爲政云云。」四書翼注：集注此筆鄭重分明之至。蓋衛輒之據國，至是已九年矣。前此名之不正，有所不得已，故子路仕於衛，孔子不以爲非。衛孝公致粟六萬，孔子受之，謂之公養之仕而不傷廉，以義有可通也。至是則名宜亟正，不正則於義更無可通。輒之君國九年，以事理揆之，距衛靈即位已五十年，南子當亦老且死矣。即不死，輒據位日久，恩信足以結臣民，威刑足以馭奄宦，可以行正名之説，莫如此時。使子路能信孔子之説，以達於輒，洗心悔罪，涕泣郊迎，復爲父子如初。聵自君衛，輒自爲世子，誰曰不宜？無如人情破不得，總爲此利字。蒐裘將老，不過空言。西内刼還，却是實事。流連觀望，有識之士，始有伯夷、叔齊之問。正名之論，非廢輒也，教之讓也。彼待我而爲政，我教之讓於父，夫子之論，明明可行，又何煩後儒之聚訟哉？黄氏後案：史記世家：「衛君輒父不得立，在外，諸侯數以爲讓。而孔子弟子多仕於衛，衛君欲得孔子爲政。子路有往將何以先行之言。」朱子注本此。然世家云：「魯哀公六年，孔子自楚反衛。十一年，歸魯。」與注所言年數不合。據十二諸侯年表，又與注自楚不合。狄惺庵作孔子編年云：「哀公六年歸魯，十年自魯如衛。」

【集解】包曰：「問往將何所先行也。」

【集注】衛君，謂出公輒也。是時魯哀公之十年，孔子自楚反乎衛。

子曰：「必也正名乎！」

【考證】全祖望鮚埼亭集正名論曰：孔子以世子稱蒯聵，則其嘗爲靈公所立無疑矣。觀左傳累稱爲太子，固有明文矣。不特此也，其出亡之後，靈公雖怒，而未嘗廢之也。靈公欲立公子郢，而郢辭，則靈公有廢之意而不果，又有明文矣。惟蒯聵未嘗爲靈公所廢，特以得罪而出亡，則聞喪而奔赴，衛人所不可拒也。蒯聵之歸有名，而衛人之拒無名也。况諸侯之子，得罪於父而仍歸者，亦不一矣。晉之亂也，夷吾奔屈，重耳奔蒲。及奚齊、卓子之死，夷吾兄弟相繼而歸，不聞以得罪而晉人拒之也。然則於蒯聵何尤焉？故孔子之正名也，但正其世子之名而已。既爲世子，則衛人所不可拒也。劉氏正義：正名者何？正世子之名也。春秋哀二年：「夏，晉趙鞅帥師納衛世子蒯聵于戚。」孔疏：「世子者，父在之名。蒯聵父既死矣，而稱世子者，晉人納之，世子告之，是正世子以示宜爲君也。春秋以其本是世子，未得衛國，無可褒貶，故固而書世子耳。」據此，是世子之稱，春秋不以爲非而存之。愚謂春秋之義，世子繼體以爲君。爲輒計者，内迫於南子，不能迎立蒯聵，則惟如叔齊及公子郢之所爲，遜避弗居斯已耳。乃輒儼然自立，當時必援無適子立適孫之義，以王父命爲辭，是輒不以世子予蒯聵。觀於公子郢之言「有亡人之子輒在」，忠貞如子郢，在輒未立時，已不敢以世子稱蒯聵，則輒既立後，假以王父之命，其誰敢有稱蒯聵爲世子者？所以蒯聵入戚，衞命石曼姑同齊國夏帥師圍戚，明是待蒯聵以寇仇，其不以世子稱蒯聵審矣。太史公自序云：「南子惡蒯聵，子父易名。」謂不以蒯聵爲世子，而輒繼立也，名之顛倒，未有甚於此者。夫子亟欲正之，而輒之不當立，不當與蒯聵争國，顧名思義，自可得之言外矣。

惲敬先賢仲子廟立石文（劉氏正義引）：衞出公未嘗拒父也。衞靈公生於魯昭公二年，其卒年四十七，而蒯聵爲其子，出公爲其子之子。蒯聵先有姊衞姬。度出公之即位也，内外十歲耳。二年，蒯聵入戚。三年春，圍戚。衞之臣石曼姑等爲之，非出公也。夏氏炘衞出公輒論亦云：靈公薨時，輒至長亦年十餘歲耳。以十餘歲之童子即位，則拒蒯聵者非輒也。蒯聵有殺母之罪，斯時南子在堂，其不使之入明矣。輒不得自專也。及輒漸長，而君位之定已久，勢不可爲矣。考蒯聵於靈公四十二年入居於戚，及至出公十四年始與渾良夫謀入，凡在戚者十五年。此十五年中，絶無動静，則輒之以國養可知。孔子於輒之六年自楚至衞，輒年可十七八歲，有欲用孔子之意。故子路曰：「衞君待子而爲政。」孔子以父居於外，子居於内，名之不正，莫甚於此，故有正名之論。而子路意輒定位已久，且以國養父，未爲不可，故以子言爲迂。其後孔子去衛，而果有孔悝之難。甚矣聖人之大居正，爲萬世人倫之至也。孟子曰：「孔子於衛孝公公養之仕。」先儒謂孝公即出公輒。孔子在衛凡六七年，輒能盡其公養，則此六七年中必有不忍其父之心。孔子以爲尚可與爲善，而欲進之以正名。惜乎優柔不斷，終不能用孔子耳。設也輒果稱兵拒父，而孔子猶至衛，且處之六七年，何以爲孔子？論語稽求篇：不父其父，而禰其祖，竊謂其事可疑，有未易遽論定者。左傳靈公謂公子郢曰：「余無子。」是靈不以蒯聵爲子也。然而國語稱納蒯聵時，聵禱於軍中曰：「文祖襄公，昭考靈公。」則蒯聵未嘗不父靈也。然且哀十六年聵甫返國，即告于周曰：「蒯聵得罪於君父君母。」則不特父靈，且并南子亦母之。若聵之子輒，則渾良夫謂聵曰：「疾與亡君皆君之子也。」是子輒也。輒之父聵，則藉圃之難，輒將出奔，時蒯聵已死，拳彌勸輒曰：「不見先君乎？」是父聵也。然且哀十六年蒯聵入衛，而旋見弒於己氏。至般師子起，兩經篡立。夫然後輒復返國，謚聵莊公，奉聵於禰廟而祇事之。越七八年，乃又復出奔而客死於越，是輒固嘗禰父者。其前此禰祖，以父未立也。父未立，則父也，非禰也，名有然也。後之禰父，以般與起未成君，而父成君也。父成君則君也，禰也，而實考也，名有然也。故輒之得罪在拒父，不在禰祖。而人之罪之，當責實，不當正名。自正名之説起，世遂有以祖禰爲可易者。先禰而後祖，躋僖而降閔。漸有攙未立之君而入太廟，如明世之祀興獻稱睿宗者，此不可不察也。正名之説起，世遂有以父子之名爲可易者。襄仲之子繼襄仲之長子，而稱兄爲父，稱父爲祖。致宋濮王、明興獻皆請改皇考之稱，而稱皇叔父，以致大禮決裂，千載長夜者，此不可不察也。然則正名何居？舊注引馬融曰：「正名者，正百事之名也。」考祭法：「黄帝正名百物，以明民共財。」而漢藝文志謂：「名家者流，蓋出於禮官。古者名位不同，禮亦異數。孔子曰：『必也正名乎！』」凡辨名所在，不可苟爲鉳析。且從來有名家書，如鄧析、尹文子、公孫龍、毛公諸篇。尹文子與宋鈃游齊稷下，毛公、公孫龍同游於趙平原君家，俱以堅白同異辨名義爲辭。此則名家之説之所由著也。若漢後儒者，猶尚名説，曰名物，曰名義，曰名象，而浸尋失真。至晉時魯勝注墨辨一書，深論名理，謂：「名者所以别同異明是非，道義之門，政化之準繩也。孔子曰：『必也正名。』『名不正則事不成。』墨子著辨經以立名本，而荀卿、莊周輩皆非之，然終不能易其論也。」其序尚存晉史，約四五百言，極言隱顯虚實同異真似之辨，毫釐纖悉，皆有分剖，其文甚著。則是稱名之名，祇是一節，而百凡事爲，無非是名。如禮人名不以國，以國則廢名，是名不可言。王莽傳云：「臨有兄而稱太子，其名不正。宣尼公曰：『名不正則言不順。』」此稱名之名也。若百事之名，熊氏謂曾子有母之喪，水漿不入於口者七日，是過禮也。雖名爲孝，而不可明言以爲法，故禮不與。後漢薛宣子況爲博士所毁，而廷尉與御史中丞議罪不確，有云：「孔子云：『必也正名。』『名不正，則刑罸不中。』」此則事名之見乎禮樂與刑罰者。況春秋以義正名，凡列國興師，如討貳服叛收奪報怨之事，皆須有名。故宣二年秦師伐晉，報其無名之侵。僖四年齊侵蔡伐楚，當時稱其有名。而檀弓：「吴侵陳，夫差謂行人儀曰：『師必有名。人之稱斯師也，其謂之何？』」是兵戎大事，其關於正名者尤急。意者夫子返衛，則適當衛人拒輒，彼此搆兵之際。而案以春秋大法，正名定義，謂之拒父，不謂之拒父，此固考辨所最急者，故曰正名。若名不正以下，則又汎言百事之名以折之。蓋拒父一事，第使隱悟，不可明言耳。或謂拒父興師，其不正之名，顯然在人，有何疑議，而猶待爲之正之。不知此時拒父實有名，言之未易定者。當哀之二年，出公既立，而是年是月，晉即以趙鞅率師納蒯聵于戚。衛人以爲蒯聵不子，既得罪先君，而又乘先君未葬，興師入寇，義不可納，故奮然拒之。而春秋書法，亦復以爲輒不當私順親心，納父不拒。蓋古有孫從祖之文，且廟制昭自爲昭，穆自爲穆，不當從父命而廢王父之命。故穀梁於「蒯聵納戚」，傳曰：「納者，内勿受也。勿受者，輒勿受也。以輒不受父之命，受之王父也。信父而辭王父，則是不尊王父也。其勿受，以尊王父也。」公羊於「齊國夏、衛石曼姑圍戚」，傳曰：「曼姑受命于靈公而立輒，以曼姑之義，爲固可以拒之也。蒯聵無道。靈公逐蒯聵而立輒。輒可以立乎？曰可。其可奈何？不以父命辭王父命，以王父命辭父命，是父之行於子也。不以家事辭王事，以王事辭家事，是上之行乎下也。」故當時衛人羣然以拒聵爲能事，其拒聵也，並不曰爲輒拒父，而曰爲靈公拒逆。雖聖門弟子，皆以爲然。子貢使吴，子路結纓，恬不爲怪，故子路、子貢並有爲衛君之問。惟夫子隱以爲非，在爲衛君章風其退讓，在此章則示以正名。所謂正名者，正欲辨其受命之名、拒父之名也。何也？蓋輒固未嘗受命於靈公者也。據春秋，靈死之歲，曾謂子郢曰：「將立汝。」郢不對。他日，又謂之。郢曰：「郢不足以辱社稷，君其改圖。」然其時又曰：「君夫人在堂，三揖在下，君命祇辱。」此言君立後當以禮，與夫人卿士同之。今君命，私命耳，祇取辱也。是當時立郢之説尚是私命，更無他命命輒可知。及靈卒，而夫人曰：「君命郢爲太子。」郢不受，曰：「君没於吾手。若有命，郢必聞之。」是靈雖命郢，終是私命，故郢直得以不聞命辭之。既不命郢，則更無他命又可知。于是郢以己意讓聵子曰：「且亡人之子輒在。」然後立輒，則所謂輒之立受之王父者，毋亦有未然者耶？則所謂輒受王父命，不當受父命者，毋亦有未確者耶？則夫爲先君拒逆王，可廢親國，亦可廢家者，毋亦有可疑而不可盡信者耶？夫如是，則師出以名拒父與？其不可謂之拒父之師與？此皆夫子所急欲正之而不敢明言者。若夫公羊所云石曼姑受命于靈公而立之，則夫人三揖，皆未與聞，豈有南子不受顧，而曼姑反受顧者？此因春秋記曼姑之名，而故爲飾之，非實録也。蓋衛自哀公二年至十四年，蒯聵入戚，而衛人拒之，其相持之久至十二年。而夫子以哀公六年返衛，則此時名義未決，正須辨定，故夫子以正名爲先，誠是要事。此則度之時，審之勢，質之義理，證之諸經傳，而斷斷不爽者。夫子爲衛君章從來亦不得解，但以父子争國與兄弟讓國相比較，雖常人猶知之，何待由、賜？正以王父命與父命比較，王事與家事比較，則急難明耳。蓋齊受父命，輒受王父命，輒未嘗異齊也。夷遵父命，聵不遵父命，是聵實異於夷也。夷讓，齊亦讓，是讓當在聵也。聵争，輒亦争，是争不先在輒也。況叔齊之讓，祇重親私；衛君之争，實爲國事。蓋親不敵王，家不廢國。萬一夷、齊並去，而二人相對，惟恐國事之或誤，而稍有怨心，則必爲衛君，而不謂其並無怨也。如此則二賢之問，專鋒對而解悟捷，主客隱顯，極爲可思。然且二賢終不去衞，一爲之使，而一爲之殉，則當時之爲輒而拒聵爲何如者，況衞人也？

【集解】馬曰：「正百事之名。」

【唐以前古注】皇疏：所以先須正名者，爲時昏禮亂，言語翻雜，名物失其本號，故爲政必以正名爲先也。所以下卷云「邦君之妻，君稱之曰夫人」之屬，是正名之類也。韓詩外傳云：「孔子侍坐季孫。季孫之宰通曰：『君使人假馬，其與之不乎？』孔子曰：『君取臣謂之取，不謂之假。』季孫悟，告宰通曰：『今日以來，云君有取，謂之取，無曰假也。』故孔子正假馬之名，而君臣之義定也。」又引鄭注云：正名，謂正書字也。古者曰名，今世曰字。禮記曰：「百名已上，則書之於策。」孔子見時教不行，故欲正其文字之誤。

【集注】是時出公不父其父而禰其祖，名實紊矣，故孔子以正名爲先。

【別解】經義雜記：周禮外史「掌達書名於四方」，注：「古曰名，今曰字。使四方知書之文字，得能讀之。」又儀禮聘禮記「百名以上書於策，不及百名書於方」，注：「名，書文也，今謂之字。」又許氏説文解字敍云：「今敍篆文，合以古籀，博采通人，至於小大，信而有證。稽譔其説，將以理羣類，解謬誤，曉學者，達神恉，分別部居，不相雜厠也。萬物咸覩，靡不兼載，厥誼不昭，爰明以諭。於其所不知，蓋闕如也。」觀許引「君子於其所不知」二句，是亦以正名爲正書字。此鄭説所本。

潛研堂答問：禮記祭法云：「黄帝正名百物。」而蒼頡制文字即於其時。名即文也，物即事也，文不正則言不順而事不成。馬、鄭本無二義，故唐以前説論語者皆因之。春秋之世，方競戰争，而孔子以正名爲先，故子路以爲迂也。拜經文集：孔子書字必從保氏所掌古文爲正，病時不行，故衞君待子以爲政，而子以是爲先也。子路以非急務，不必盡正，故子斥以爲野。又云：「君子於其所不知，蓋闕如也。」即史闕文之意。説文解字敘亦引此二句，是許君同以爲正字。又云：「名不正，則言不順。」言者，句也。文字不正，則書句皆不順，顛倒是非，故事不成，而禮樂刑罰皆失，其弊至於民無所措手足。故君子名之必可言，言之必可行，於書無所苟。正名乃爲政之本，與删詩書、定禮樂同一垂教萬世，不可以空言視之也。隋經籍志小學類正名一卷，敘云：「孔子曰：『必也正名乎。』名謂書字云云。」釋文敘同，是隋以前俱鄭學。要之子路高弟，豈以名分爲不當正。孔子世家以此章列衞輒父不得立之下，當是孔氏古文之誤，鄭君不取也。

論語古訓：周禮外史「掌達書名於四方」，注：「古曰名，今曰字。使四方知書之文字，得能讀之。」賈疏：「古者文字少，直曰名。後代文字多，則曰字。字者，滋也。滋益而生，故更稱曰字。正其名字，使四方知而讀之也。」大行人「九歲屬瞽史諭書名」，注：「書名，書之字也。古曰名。聘禮曰：『百名以上。』」此注引禮記者，聘禮記文。彼云：「百名以上書於策，不及百名書於方。」注：「名，書文也。今謂之字。」賈疏引此注以證，是文字通謂之名，故鄭云云也。

按：「名」字，馬、鄭、朱三説互異，當以馬注爲正，即今所謂論理學也。朱注根據史記，指名分言，説可並存。左成二年傳：「仲尼曰：『惟器與名，不可以假人。』則即以爲正名分，亦奚不可者？且史公在馬、鄭之先也。鄭注最爲迂遠，何平叔不採之，未爲無見。陳鱣、臧在東、潘維城輩，堅主鄭義，反以史記爲誤，不免漢學家門户之見。梁氏玉繩瞥記則主調停之説，以爲不父其父而禰其祖，必衞輒當日於稱名之間，直以靈公爲父，如後世取孫作子，與父並行之類。族系亂而昭穆乖，自宜亟正之。漢書藝文志名家序：「古者名位不同，禮亦異數。」又王莽傳：「臨有兄而稱太子，名不正。」兩處皆引論語以證之，可知漢人舊訓如此。馬氏推廣言之，鄭氏質實言之，皆可通也。

子路曰：「有是哉，子之迂也！奚其正？」

【考異】釋文：「迂」，鄭本作「于」，云于，往也。　史記世家作「何其正」也。　七經考文補遺：古本「正」下有「名」字。

【集解】包曰：「迂猶遠也。言孔子之言遠於事。」

【集注】迂，謂遠於事情，言非今日之急務也。

子曰：「野哉，由也！君子於其所不知，蓋闕如也。

【集解】孔曰：「野猶不達也。」包曰：「君子於其所不知，當闕而勿據。今由不知正名之義，而謂之迂遠。」

【集注】野，謂鄙俗。責其不能闕疑而率爾妄對也。

【别解】過庭録：荀子大略篇：「言之信者，在乎區蓋之間。疑則不言，未問則不立。」漢書儒林傳：「疑者丘蓋不言。」蘇林曰：「丘蓋不言，不知之意。」如淳曰：「齊俗以不知爲丘。」按丘古音同區，丘蓋即區蓋（楊倞荀子注）。區、闕聲之轉。論語之蓋闕，即荀子之區蓋，爲未見闕疑之意，故曰「蓋闕如也」，與「踧踖如也」同詞。讀「闕如」連文者非。

名不正，則言不順；言不順，則事不成；事不成，則禮樂不興；禮樂不興，則刑罰不中；刑罰不中，則民無所措手足。

【考異】舊文「措」字爲「錯」。釋文曰：「『錯』，本又作『措』。」梁統傳引孔子曰：「刑罰不衷，則人無所厝手足。」又張奮上疏，引文「措」亦作「厝」，「厝」下有「其」字。

【音讀】釋文：不中，丁仲反。下同。孫志祖讀書脞録：刑罰不中，中當如字讀。刑罰之所重者中，吕刑一篇言中者十。周禮鄉士「獄訟成，士師受中」，鄭司農云：「中者，刑罰之中也。」潘氏集箋：論語後録：「夫子此言本吕刑、周官。後漢梁統疏引中作衷，中與衷古字同。」據此，則讀丁仲反者非。

【集解】孔曰：「禮以安上，樂以移風。二者不行，則淫刑濫罰。」

【集注】楊氏曰：「名不當其實，則言不順；言不順，則無以考實而事不成。」范氏曰：「事得其序之謂禮，物得其和之謂樂。事不成則無序而不和，故禮樂不興；禮樂不興，則施之政事皆失其道，故刑罰不中。」

故君子名之必可言也，言之必可行也。君子於其言，無所苟而已矣。」

【考異】史記世家作「夫君子爲之必可名也，言之必可行也」。穀梁傳僖公十六年論五石六鷁事曰：君子之于物，無所苟而已。

【集解】王曰：「所名之事必可得而明言，所言之事必可得而遵行。」

【集注】程子曰：「名實相須，一事苟，則其餘皆苟矣。」胡氏曰：「衛世子蒯聵恥其母南子之淫亂，欲殺之，不果而出奔。靈公欲立公子郢，郢辭。公卒，夫人立之，又辭。乃立蒯聵之子輒，以拒蒯聵。夫蒯聵欲殺母，得罪於父，而輒據國以拒父，皆無父之人也，其不可有國也明矣。夫子爲政而以正名爲先，必將具其事之本末，告諸天子，請於方伯，命公子郢而立之，則人倫正，天理得，名正言順，而事成矣。夫子告之之詳如此，而子路終不喻也。故事輒不去，卒死其難。徒知食焉不避其難之爲義，而不知食輒之食爲非義也。」

【餘論】王陽明傳習録：問：孔子正名，先儒説上告天子，下告方伯，廢輒立郢，此意如何？先生曰：恐難如此。豈有一人致敬盡禮待我而爲政，我就先去廢他？豈人情天理？孔子既肯與輒爲政，必已是他能傾心委國而聽。聖人盛德至誠，必已感化衛輒，使知無父之不可以爲人，必將痛哭奔走，往迎其父。父子之愛，本於天性，輒能悔痛真切如此，蒯聵豈不感動底豫？蒯聵既還，輒乃致國請戮，輒已見化於子，又有夫子至誠調和其間，當亦決不肯受，仍以命輒，羣臣百姓又必欲得輒爲君。輒乃自暴其罪惡，請於天子，告於方伯諸侯，而必欲致國於父。聵與羣臣百姓亦皆表輒悔悟仁孝之美，請於天子，告於方伯諸侯，必欲得輒而爲之君。於是集命於輒，使之復君衛國。輒不得已，乃如後世上皇故事，率羣臣百姓，尊聵爲太公，備物致養，而始退復其位焉。則君君臣臣父父子子，名正言順，一舉而可爲政於天下矣。孔子正名，或是如此。

讀四書大全説：胡氏立郢之論，雙峰辨其非是，甚當。孟子所言易位者，唯貴戚之卿可耳。據馮厚齋所考，子路此問在輒立十二年之後，雖貴戚之卿，爲之已晚矣。春秋書「齊弒其君商人」，商人，弒君之賊，齊人君之而又殺之，則書弒。豈有十二年之後，業已爲之臣，而敢行廢置者乎？子路曰：「衛君待子而爲政。」夫子不拒，而但言正名，則固許委贄於衛輒之廷矣。聖人因時措宜，視天下無不可爲之事，豈介介焉必立郢而後可哉？黄氏後案：春秋定公十四年書：「衛世子蒯聵出奔宋。」所以罪致亂之靈公。哀公二年書：「納衛世子于戚。」所以罪滅倫之輒。而蒯聵無幾諫號泣之誠，以刃劓母，苟其力之能爲，既殺母遂脅父，孰不可忍？迨其父執母手以登臺，力窮而出奔，以後其父若母必懲成其平日之不孝，而罪愈彰。靈公受晉趙鞅援手之辱，誓不服晉，民亦公憤而願受五伐之苦。蒯聵奔晉主鞅，既失子道，復授敵以覬覦之謀，尤衛人所心斥者。靈公既卒，國人以嫡孫當立而立之，蒯聵於父喪未葬，以讎師襲國，父死之謂何，又因以爲利。且趙鞅有積忿於衛，因借之以誅滅，蒯聵決不能止之，衛人於是欲拒鞅，不能不拒聵。公、穀二傳有「以王父命辭父命」之文，此衛人拒敵之説，不得已而出此也。厥後蒯聵返國，周之命辭有曰「弗敬弗休」，曰「悔其可追」，益見聵之立非周天子意矣。冉有、子貢、子路皆聖門高弟，疑夫子之爲衛君，疑讓國將貽後怨，而以名爲難正，豈不謂使輒讓國，犯其所難，而事未必行。即使輒能讓國，而告之天王，詢之衆議，得國決非蒯聵，此子路所以言奚正，子貢所以直窮其怨與？然則夫子以求仁責輒何也？蓋聵之不宜得國，公論也，非輒之所得言也。輒苟悔拒父之非，心所安惟有讓國而已。讓國非己所得專，告之天王，詢之衆議，而父之能得國或不能得國，付之公論而已。輒所爲求仁得仁而無怨者，其立心必如是，不可有利國之心也。若夫子之籌畫衛事，必有進於是。先儒謂夫子必使輒讓國於公子郢；或謂輒不得棄父讓郢，祇可逃而去之；或又謂公子郢決不肯立，惟別立一人，而輒以身從父；或又謂春秋經既書世子，則國爲世子之國；或又謂當日之名必不能正，而必也正名，是教子路之不仕衛，俱於事情未核。式三謂蒯聵不諫母而忍於殺，忘父之讎，倖父之死，乃依其强大以求入，此罪之彰明較著，凡人不得欺者。則輒縱讓國，而聵之不宜得國可知。聵不宜得國，則宜得國者非輒而誰？當是時奉周天子之命，以平定衛難，明告聵以不得立之義，聵不能不服。且輒苟有讓國之誠，聵之怒必解；聵怒既解，而知己復無得國之勢，將有改圖。爲聵計者，必謂國立他君，不如立子，而安享於迎養之日，輒於是可立矣。夫輒以讓國爲正，使輒與蒯聵俱不得立，而別立一君，輒盡其仁心而已，所答子貢之問是也。若聖人以至誠相感，善處人骨肉之間，使蒯聵就養而輒得立，聵不欺已死之父以争國，輒不拒出亡之父而得位，此名之正，所以可言可行也。

四書改錯：胡氏注春秋無一不錯，而注偏引之。既注四書，則於春秋中四書故事，亦宜略一繙閱。當時有何方伯？惟晉最强惡，自文、襄以後，遽以方伯自居，貶齊、魯、衛三國爲屬國，特定朝聘之期、貢賦之等，奔走悉索者已閲百年。至衛靈、齊景發憤不平，邀魯叛晉，與趙鞅抗兵，非一日矣。會蒯聵以得罪國母，奔事趙鞅，藉鞅師以攻齊攻衛，與父爲讎，以致衛靈身死，屍尚未葬，而趙鞅用陽貨計，借蒯聵奔喪爲名，於以襲國，竟納聵據戚邑，而衛不敢拒。至次年之春，齊景公遣師圍戚，而然後衛亦遣卿石曼姑帥師從之，此即宋儒所稱拒父之師者。向使當是時夫子欲下請方伯，討拒父以立子郢，而其所請者，則正衛靈所累戰累伐、假納聵以據戚邑之晉午、趙鞅。昏頭暈腦，吾不意講道論世注經立教者，而一致於此！若夫仕衛食禄，果屬非義，則夫子何難一言沮之？師弟貴告誡，未聞旁觀袖手，一任孺子入井者。孔子於衛靈爲際可之仕，衛輒爲公養之仕，是待子爲政，則子未嘗不仕也，陋儒妄言也。

按：夫子僅曰正名，究用何法可正，雖未嘗明言，然若外注胡氏之説，則恐不然。以羈旅之臣，一旦出公用之，而遂謀逐出公，此豈近於人情者？論語述要論之曰：「蒯聵當日是否真有欲殺南子事，抑出南子讒害，尚未可知。論者嘗以南子宋人，蒯出奔即如宋，疑無此事。縱嘗得罪，而具其事之本末，告諸天子，請於方伯，則是以子而播其父之惡，挾天子方伯之命以討之也，逆孰甚焉？輒不自請，夫子因輒待之爲政而爲之請，則是夫子食輒之食，而處輒於逆也。且即不計義理，事亦絶不得行。當日天子號令不出國門，若方伯則晉是也，趙鞅方帥師納蒯聵，何異與虎謀皮？是無天子方伯之可告可請也。公子郢辭靈公、南子之命於無事之時，又安肯出任於輒、蒯父子紛争之日？是請告之後，仍無可立之人，徒使繼嗣不定，争立之亂未知延至何時也。一出與人家國而釀亂至此，夫子爲之乎？」可謂洞見本源之論。胡氏立郢之議，迂謬而不近人情，朱子不察而誤採之，未免自穢其書矣。

惜抱軒經說：朱子謂孔子雖有正名之說告子路，然終不分曉痛說與他，使不仕孔悝，此事不可曉。考孔子在衛與子路論爲政時，其時孔氏乃悝之父文子，蓋子路尚未仕孔氏，故得從子反魯，仕於季氏。及以不肯要言於小邾叛臣，始與季氏不合而去，檀弓子路去魯章正此時事。意至於衛，爲孔悝所招而入其家，此孔子所未及料者，無由預告以事悝之不可也。若在衛時，居其國不非其君大夫，但言正名，義亦分明。惜子路迂之，終不悟耳。其情事曲折，意是如此。

○**樊遲請學稼。子曰：「吾不如老農。」請學爲圃。曰：「吾不如老圃。」樊遲出。子曰：「小人哉，樊須也！**

【考異】史記弟子傳「請學圃」，無「爲」字。皇本「吾不如老圃」，「曰」上有「子」字。七經考文：「樊須也」，古本無「也」字。天文本論語校勘記：古本、足利本、唐本、津藩本、正平本「曰」上有「子」字。

【考證】四書賸言：樊遲請學稼。朱鹿田曰：「莫是如后稷教民稼穡，思以稼穡治民否？」及觀包咸舊注，則直曰遲將用稼以教民，則世亦原有見及者。遲以爲世好文治，民不信從，不如以本治治之，此亦時近戰國，幾幾有後此神農之言之意，特非並耕耳，然而小人之用矣。古凡習稼事者皆稱小人。尚書無逸篇：「知稼穡艱難，則知小人之依。」又祖甲逃民間，曰：「舊爲小人。」高宗與農人習處，曰：「爰暨小人。」孟子曰：「並耕者，小人之事。」此從來稱名如是，故子曰用稼非不善，然而身已爲小人而不自知矣。因以君民相感三大端教之，蓋好禮義信則用大，學稼則用小也。古「學」字即「教」字，爲教而學，故教亦名學。周禮：「大宰九職：一曰三農，生九穀。二曰園圃，毓草木。」注：「圃，即載師所云場圃，可樹菜蔬果蓏。」亦治民之事。論語發微：此商治道也。稼圃者，井田之法，一夫百畝，所以爲稼；五畝之宅，所以爲圃。樊遲欲以井田之法行於天下，後世學者當深究其理，農家者流，即出於此。孟子所謂有大人之事，有小人之事。小人哉者，使遲知稼圃爲小人之事也。

按：遲問稼圃，夫子即以上好禮等詞爲教，何其針鋒之不相對，所答非所問。自古注以來，均不得其解。皇疏引而不發，元朱公遷四書通旨列樊遲請學稼於異端門，與許行同譏，紀昀四庫提要深議其非，是元人已有此見解。竊疑漢書藝文志所載農家之書，有神農二十篇，野老十七篇，宰氏十七篇，尹都尉十四篇，趙氏五篇，王氏六篇，均不知爲何代人所作。班氏並敍其源流曰：「農家者流，出於農稷之官。及鄙者爲之，以爲無所事聖王，欲使君臣並耕，誖上下之序云云。」當孔子時，此等書籍必尚現存，學稼之請，即欲習其書也。孔子告以止須用禮治則民自服，不必採用農家之說。如此一問一答，方可銜接。朱公遷列之異端固非，若如朱注斥爲粗鄙近利，尤欠論古知人之識，不特貶抑聖門，爲毛西河所譏也。

【集解】馬曰：「樹五穀曰稼，樹菜蔬曰圃。」

【集注】種五穀曰稼，種菜蔬曰圃。小人，謂細民，孟子所謂小人之事者也。

上好禮，則民莫敢不敬；上好義，則民莫敢不服；上好信，則民莫敢不用情。夫如是，則四方之民襁負其子而至矣，焉用稼？」

【考異】文選西征賦注引文「民」諱作「人」。舊文「襁」爲「繈」。釋文曰：「『繈』，又作『襁』，同。」

【考證】翟氏考異：説文：「繈，觕類也。襁，負兒衣也。」繈負正當作「襁」。史記用字各不同，弟子傳「襁負其子」，與今本論語同作「襁」字。三王世家「皇子或作繈緥」，作「繈」。魯世家「成王在强葆之中」，又借作「强」。他如漢封禪書「業隆於繈緥」，曹全碑「百姓繈負」，大概從糸爲「繈」者多。程大中四書逸箋：博物志云：「襁，織縷爲之，廣八寸，長尺二寸，以約小兒於背，負之而行。」見三國志涼茂傳注。

【集解】孔曰：「情，情實也。言民化其上，各以情實應也。」包曰：「禮義與信，足以成德，何用學稼以教民乎？負者以器曰襁。」

【唐以前古注】皇疏引李充云：用情，猶盡忠也。行禮不以求敬，而民自敬；好義不以服民，而民自服；施信不以結心，而民自盡信，言民之行上，猶影之隨形也。負子以器，言化之所感，不召而自來。又曰余謂樊遲雖非入室之流，然亦從遊侍側，對揚崇德辨惑之義。且聖教殷勤，唯學爲先，故言「君子謀道不謀食」。又曰：耕也，餒在其中矣。學也，禄在其中矣。而遲親稟明誨，乃諮圃稼，何頑固之甚哉！縱使欲舍學營生，猶足知非聖師之謀矣。將恐三千之徒，雖同學聖門，而未能皆忘榮禄，道教之益，奢情之患切，簞食不改其樂者，唯顔回堪之耳。遲之斯問，將必有由，亦如宰我問喪之謂也。

按：李氏説引而不發。金仁山論語集注考證云：「所貴學於聖人者，以大學明德新民之道，修己治人之方也。而樊遲以學稼圃爲問，故夫子以不如老農老圃拒之，責之至矣。而又以小人名之，繼以大人之事言之，可謂明盡。然觀『四方之民』至『焉用稼』之語，則樊須所欲學，蓋欲如許行爲神農之言者，孟子闢許行章又此章之注疏也。農圃同一事，秦所謂種樹之書，漢所謂農家者流是也。」

【集注】禮義信，大人之事也，好義則事合宜。情，誠實也，敬服用情，蓋各以其類而應也。襁，織縷爲之，以約小兒於背者。楊氏曰：「樊遲遊聖人之門，而問稼圃，志則陋矣。詞而闢之可也，待其出而後言其非何也？蓋於其問也，自謂農圃之不如，則拒之者至矣。須之學疑不及此，而不能問，不能以三隅反矣，故不復。及其既出，則懼其終不喻也，求老農老圃而學焉，則其失愈遠矣，故復言之，使知前所言者意有在也。」

【别解】劉氏正義：當春秋時，世卿持禄，廢選舉之務，賢者多不在位，無所得禄，故樊遲請夫子學稼學圃。蓋諷子以隱也。書無逸云：「知稼穡艱難，則知小人之依。」又云：「舊爲小人。爰暨小人。」是小人即老農、老圃之稱。孟子滕文公篇「有大人之事，有小人之事」，與此同也。古者四民各有恒業，非可見異而遷。若士之爲學，則由成己以及成物，己欲立而立人，己欲達而達人。但當志於大人之事，而行義達道，以禮義信自治其身，而民亦嚮化而至，安用此學稼圃之事，徒潔身而廢義哉！

【餘論】四書改錯：聖門樊遲亦由、賜後一人，乃纔一啓口，非受謾罵，即被譏訕。而究其罵之訕之者，仍自坐不能解經，厚誣聖賢。如此樊遲之請，既罵以志陋，決當斥鬭，又謂夫子後言，惟恐其不能喻夫子之意，真向老農老圃而就學，故使之知之，則直視遲爲下愚木石無人理者矣。亦思如此陋志，且將辭聖門而入田舍，則遲身爲民，乃反告之以民之必從，一似遲之學稼欲使民從己者。然且不止從己，既三告以民不敢不用情，又申之曰四方之民亦襁負俱至，一似遲之學稼，將欲近招遠來，不使一民不歸己者。如此而不憬然省，豁然悟，則真下愚木石，所謂不以三隅反者，不在樊遲，在楊氏矣。且遲請學稼，非用稼也，夫子曰焉用，又一似四方民至，但用彼而不用此者。苟非陋志，則即此一字，亦當有三隅之反。況遲在聖門，夫子親許其善問，即孟孫問孝，夫子藉遲導其意；而謂遲疑不及此，又謂遲不能問，歷呼其名而謾罵之，又譏訕之，此何説乎？漢儒原云遲思以學稼教民，蓋懼末治文勝，直欲以本治天下，一返后稷教民之始，其志甚大，惜其身淪於小民而不知也。此遲有大志而夫子抑之，且仍以大者告之。四方之至，非大夫以下事也，陋儒不解也。

四書紹聞編：如晉文公以民未知義，出定襄王以示之義，又伐原以示之信，大蒐以示之禮，便見禮義信不出於平素，而以力假之，非其誠也。謂之曰好，正見禮義信出於中心而積累有素，非以聲音笑貌襲取一時。敬服用情，蓋有不期然而然者，在君子惟知爲吾道之所當然而已，非有心於其敬服用情也，然人自歸之，此可見大人以道德風教爲主，爲斯世主禮義之責，則自有爲之耕稼者，豈必自耕稼哉？

○子曰：「誦詩三百，授之以政，不達；使於四方，不能專對，雖多，亦奚以爲？」

【考異】漢書藝文志引作「顓對」。七經考文補遺：古本「爲」下有「哉」字。高麗本「爲」下有「哉」字。天文本論語校勘記：考文補遺引古本、一本、正平本「以爲」下有「哉」字。

【考證】梁氏旁證：史記孔子世家云：「古詩三千篇，孔子去其重，取其可施禮義者三百五篇。」此謬説也。詩只有三百十一篇，故以誦詩三百爲多。古人以竹簡寫書，至三百篇可謂多矣，非若後人以竹紙刷印，連篇累牘，猶以爲少也。釋地又續：專，擅也。公羊傳：「聘禮，大夫受命不受辭，出竟，有可以安社稷利國家者，則專之可也。」劉氏正義：漢書王莽傳「選儒生能顓對者」，注曰：「顓與專同。專對，謂應對無方，能專其事。」聘記云「辭無常，孫而説」，注云：「孫，順也。大夫使，受命不受辭，辭必順且説。」疏云：「謂受君命聘於鄰國，不受賓主對答之辭。必不受辭者，以其口及則言辭無定準，故不受之也。」此即專對之義。孫而説，亦所習於詩教然也。韓詩外傳：「齊景公使人於楚。楚王與之上九重之臺，顧使者曰：『齊有臺若此乎？』使者曰：『吾君有治位之坐，土階三等，茅茨不翦，樸椽不斲者，猶以謂爲之者勞，居之者泰。吾君惡有臺若此者。』使者可謂不辱君命，其能專對矣。」此事正可舉證。論語稽：春秋專對之才，如甯俞不答彤弓、湛露，穆叔不拜肆夏、文王，叔弓之辭郊勞致館，韓獻子之稱易象、春秋，范宣子追念襄王，謹其官守；西乞術徼福周公，致其瑞節；國莊子將事克敏，見稱於臧孫；叔孫豹式禮無愆，受賜於周室；他如七子言志，六卿譏客，子犯之讓趙衰，叔向之屈子木，皆其最著者也。若高厚歌詩之不類，伯有賦鶉奔之失倫，華定不解蓼蕭，慶封不知相鼠，適足以辱國而召釁耳。

【集解】專，猶獨也。

【唐以前古注】皇疏引袁氏云：詩有三百，是以爲政者也。古人使賦詩而答對。

【集注】專，獨也。詩本人情，該物理，可以驗風俗之盛衰，見政治之得失，其言温厚和平，長於風諭，故誦之者必達於政而能言也。

○子曰：「其身正，不令而行；其身不正，雖令不從。」

【考異】後漢書第五倫傳引作「雖令不行」。

【考證】淮南子主術訓：是故有諸己，不非諸人；無諸己，不求諸人。所立於下者，不廢於上；所禁於民者，不行於身。所謂亡國，非無君也，無法也。變法者，非無法也，有法者而不用，與無法等。是故人主之立法，先自爲檢式儀表，故令行於天下。孔子曰云云。故禁勝於身，則令行於民矣。繆稱訓：無諸己，求諸人，古今未之聞也。同言而民信，信在言前也。同令而民化，誠在令外也。聖人在上，民遷而化，情以先之也。動於上不應於下者，情與令殊也。新序雜事四：唱而不和，動而不隨，中必有不全者矣。夫不降席而匡天下者，求之己也。孔子曰云云。先王之所以拱揖指揮而四海賓者，誠德之治，已形於外。故詩曰：「王猶允塞，徐方既來。」此之謂也。

【集解】令，教令也。

【唐以前古注】皇疏引范甯云：上能正己以率物，則下不令而自從也。上行理僻，制下使正，猶立邪表責直影，猶東行求郢，而此終年不得也。

【發明】論語稽：表記：「下之事上也，不從其所令，從其所好。上好是物，下必有甚焉者。」中庸：「堯、舜帥天下以仁，而民從之；桀、紂帥天下以暴，而民從之。其所令反其所好，而民不從。」皆與此章相發明。

按：陸氏隴其曰：「此章之意，夫子蓋屢言之，門弟子亦不憚煩而屢記之，總見得既爲人上，則此身無可寬假處。古語云：『以身教者從，以言教者訟。』訟者，退有後言也。」

○子曰：「魯、衛之政，兄弟也。」

【考異】皇本無「也」字。

【考證】蘇軾論語解：是時魯哀公七年、衛出公五年也。衛之政，父不父，子不子；魯之政，君不君，臣不臣。卒之哀公孫邾而死於越，出公奔宋而亦死於越，其不相遠如此。

按：此集注之説所本。

【集解】包曰：「魯，周公之封。衛，康叔之封。周公、康叔既爲兄弟，康叔睦於周公，其國之政亦如兄弟。」

【唐以前古注】皇疏引衛瓘云：言治亂略同也。

【集注】魯，周公之後；衛，康叔之後，本兄弟之國。而是時衰亂，政亦相似，故夫子歎之。

【別解】論語偶記：包注不就衰亂言。案左氏定四年傳「皆啓以商政」，注：「皆，魯、衛也。」又夫子嘗言「魯一變至於道」而五至衛國，則有「三年有成」之語。又論子賤，而以魯爲多君子，與季札稱衛多君子辭若一轍。齊大陸子方曰：「何以見魯、衛之士？」並見二國之政俗，末世猶賢於他國。更證之漢書馮奉世傳：「人歌立與野王曰：『大馮君、小馮君，兄弟繼踵相因循，聰明賢知惠吏民，政如魯、衛德化鈞，周公、康叔猶二君。』」「政如魯、衛」二句，正用魯論語，漢世之解如此。羣經義證：漢書馮野王傳：「野王、立相代爲太守，歌之曰：『政如魯、衛德化鈞，周公、康叔猶二君。』」師古引論語，言：「周公、康叔，親則兄弟，治國之政又相似。」隸釋桂陽太守周憬功勳銘：「乃宣魯、衛之政，敷二南之澤。」漢經師所授宜可據。

按：劉氏正義云：「方説深得經注之意。朱子集注就衰世言，則語涉詠謔，非其理矣。」此祖集解者也。論語述何則云：「魯之君臣不正，衛之父子不正，政本皆失，故發此歎。」此祖集注者也。陸氏隴其曰：「魯秉周禮，衛多君子，儘有好處，可惜無人振起。有望之之意，有惜之之意。」張氏甄陶曰：「左傳言太姒之子九人，周公、康叔爲相睦也。夫子此語，大有來歷。伯禽之政，親親尊尊；康叔之政，明德慎罰。政之兄弟，須先從此説，再引到衰亂時，則兩面俱到矣。」蓋主調停説者。惟余終以集注之説爲長。

○子謂衛公子荆：「善居室。始有，曰：『苟合矣。』少有，曰：『苟完矣。』富有，曰：『苟美矣。』」

【考證】蛾術篇：春秋末，魯亦有公子荆，哀公庶子。其人無足取，特加「衛」字別白之。世族譜：荆字南楚，獻公子。戚學標四書偶談：古者五十命爲大夫，春秋則世族父子相繼，保有厥家，何有始有、少有之事？緣荆係公子，少長宫中，及壯而授室，與之采邑，而爵之爲大夫，此爲有家之始。須有一番經理，居室是少不得事，而能循序有節如此，所以可貴。羣經平議：論語「苟」字，如「苟有用我者」、「苟正其身矣」，正義並曰：「苟，誠也。」此「苟」字義亦當同。始有之時，未必合也，荆則曰誠合矣。少有之時，未必完也，荆則曰誠完矣。富有之時，未必美也，荆則曰誠美矣。故曰善居室。正義不得其旨，誤以苟且釋之。苟且富美，義不可通，因又加「有此」二字，亦可見其説之未安矣。又按正義以合爲聚合，非是。合，猶足也。孟子梁惠王篇「是心足以王矣」，下文曰「此心之所以合於王者何也」，上言足，下言合，文異而義同，蓋「合」與「給」通。説文糸部：「給，相足也。」始有之時，或時匱乏，未能給足，而荆之意已以爲足也。邢氏但知合之訓聚，而不知合有足義，由未達叚借之旨耳。

按：論語於子謂子產，不加「鄭」字。子謂晏平仲，不加「齊」字。獨公子荆加「衛」字者，蓋因魯哀公之子亦爲公子荆，故以示别云爾，古人用字之不苟如此。此猶魯有成大夫公孫朝（昭二十六年傳），楚有武城尹公孫朝（哀十七年傳），子產有弟曰公孫朝（列子楊朱篇），記者故於公孫朝上加「衛」字以别之。

【集解】王曰：「荆與蘧瑗、史鰌並爲君子。」

【集注】公子荆，衛大夫。苟，聊且粗略之意。合，聚也。完，備也。言其循序而有節，不以欲速盡美累其心。楊氏曰：「務爲全美，則累物而驕吝之心生。公子荆皆曰苟而已，則不以外物爲心，其欲易足故也。」

【餘論】王肯堂論語義府：顔氏家訓曰：「禮云：『欲不可縱，志不可滿。』宇宙可臻其極，情性不知其窮，惟在少欲知止爲立涯限耳。」公子荆始有時便曰苟合，於心已足，更不求完美。特其世禄之家，又能撙節，日引月長，自然富有，而公子荆始願不及此也。知足由於少欲，少欲易於入道，故夫子稱之，且以風當時之世禄怙侈成風者。

【發明】反身録：公子荆以世家豪胄，居室不求華美，其居心平淡可知，真翩翩濁世之佳公子也。世有甫入仕而宅舍一新，宦遊歸而土木未已，以視子荆，其賢不肖爲何如耶？人於居室，足以蔽身足矣。乃輪奐其居，甲第連雲，以鳴得意，噫！以此爲得意，其人可知。又曰：人無百年不壞之身，世無數百年不壞之屋，轉盼成空，究竟何有？昔之畫閣樓臺，今爲荒丘礫墟者何限？當其金碧輝煌，未嘗不左顧右盼，暢然自快，而今竟安在哉！千古如斯，良足慨矣。古今來往往作者不居，居者不作。近世一顯宦，致仕家居，大興土木，躬自督工，椎基砌壁，務極其堅，一椎工未力，即震呵不已。其工且椎且對曰：「邑中某宦所修某宅，皆小人充役。當時只嫌不堅，今雖堅完如故，而宅已三易其主，雖堅亦徒然耳。」某宦聞之，心灰意沮，遂寢其工。人若見得透，形骸尚可以自外，況區區形骸以外之物乎？若謂貽厥孫謀，與其貽之以豐業，何如貽之以積善之爲得耶？即以貽業論，蕭何爲屋不治垣，置田不求膏腴，曰：「後世賢，師吾儉；不賢，毋爲勢家所奪。」故貽業而見及此，始可謂善貽。

按：墨子親士曰：「非無安居也，我無安心也。非無足財也，我無足心也。」韓詩外傳五曰：「知足然後富從之。食物而不知止者，雖有天下不富矣。」皮襲美座右銘曰：「藿食念饑夫，其食即飽矣。粗衣思凍民，其衣即温矣。」説苑：「智襄子爲室美，士茁夕焉。智伯曰：『室美矣夫！』對曰：『美則美矣，抑臣亦有懼也。』智伯曰：『何懼？』對曰：『臣以秉筆事君。記有之曰：高山浚源，不生草木。松柏之地，其土不肥。今土木勝，臣懼其不安人也。』室成三年而智氏亡。」宋稗類抄：「李文靖公沆秉鈞日，所居陋巷，廳事無重門，頹垣敗壁，不以屑慮。堂前藥欄壞，夫人戒守舍弗葺，以試公。公經月終不言，夫人以語公，公笑謂其弟維曰：『内典以此世界爲缺陷，安得圓滿如意？人生朝暮不保，豈可以此動吾心哉？』」今之士大夫知此者鮮矣。老子云：「知足不辱。」此老學之通於儒者。曾文正名其齋曰求闕，蓋深有得於老氏之旨者也。

○子適衛，冉有僕。

【考異】皇本「冉有」作「冉子」。風俗通義十反篇引論語曰：子適衛，冉子僕。論衡問孔篇述文亦作「冉子僕」。

【集解】孔曰：「孔子之衛，冉有御。」

【集注】僕，御車也。

子曰：「庶矣哉！」冉有曰：「既庶矣，又何加焉？」曰：「富之。」曰：「既富矣，又何加焉？」曰：「教之。」

【考異】春秋繁露仁義法篇曰：「孔子謂冉子，治民者先富之而後加教。」亦稱冉子。說苑建本篇：子貢問爲政。孔子曰：「富之。既富，乃教之也。」鹽鐵論授時章引語曰：「既富矣，又何加焉？」曰：「教之以德，齊之以禮。」

【考證】管子治國篇：凡治國之道，必先富民。民富則易治也，民貧則難治也。奚以知其然也？民富則安鄉重家，安鄉重家則敬上畏罪，敬上畏罪則易治也。民貧則危鄉輕家，危鄉輕家則敢陵上犯禁，陵上犯禁則難治也。

按：據此，知法家治國亦以富民爲先，與儒家同。

【集解】孔曰：「庶，衆也。言衛人衆多。」

【唐以前古注】皇疏引范甯云：衣食足，當訓義方也。

【集注】庶，衆也。庶而不富，則民生不遂，故制田里薄賦斂以富之。富而不教，則近於禽獸，故必立學校明禮義以教之。

【餘論】論語集注補正述疏：自漢以來，曰限田，曰均田，卒無效焉，今三通之書可考也。夫田主於民而鬻之，久矣。限之均之，則不能無奪之，其不争乎，而況人滿則其田不給也。孟子云：「易其田疇，薄其税斂，民可使富也。」由今言之，田主於民，上之賦薄焉，下之租厚焉，將益豪民而非益貧民也。今酌其制，既薄於賦，必亦薄於租，斯富民之道通矣。又曰：秦燔書，以滅學亡。漢興，得獻書，立五經之學，自先漢而後漢，表章漸備，斯教惟經，民風以美。故三國雖争，季漢知大義而謀誅漢賊。自魏而晉，清譚亂經，則五胡亂矣。迄乎六朝，其經學微，其國命無不微也。唐爲五經正義，國教趨明。陸宣公奏議，韓文公諫表，皆以經術救民生之禍。五季而後，宋程子、朱子諸賢，發經義而昌國教，宋多君子焉。雖及國亡，而陸秀夫、文天祥羣死節者，皆邦家教士之光也。以視五季之衰，若馮道爲將相三公，歷五朝八姓，自著長樂老敍以爲榮，其相越何如哉？迨元主中夏，以許衡掌國教，宗經而師孔子，中夏安之。孟子云：「吾聞用夏變夷者，未聞變於夷者也。」豈不然乎？春秋時杞用夷禮，則傷矣。吴治周禮，秦能夏聲，皆善變焉。有清主中夏，定羣經爲正學。顧亭林以明之遺老，正節譚經，當時則義之不奪，能章其節，天下士於是乎知名教。康熙中，開特科曰博學鴻詞，士之有經術文章者，特科選也，而風教行中夏矣。蓋康熙之治稱焉。斯教以經者，其效皆明也。黄氏後案：富之之術，朱子以制田里薄賦斂提其綱。在春秋時固可行徹法矣，後之人果何以行井田而革賦弊乎？曰此不可易言也。荀仲豫謂漢高祖、光武當大亂之後，土曠人稀，可以行井田而不行，非此時而行井田，騷擾不一矣。馬氏通考言不封建不可以行井田，土壤之肥磽，生齒之登耗，必封建之時，能周知之，非周知之，不可行也。限田之説，漢董子、唐陸敬輿皆言之。陸氏云：「革弊化人，事當有漸。則非徐緩以圖，不能行限田。限田既行，而後井田之法可熟議而緩行也。」

按：孟子梁惠王篇：「是故明君制民之産，必使仰足以事父母，俯足以畜妻子，樂歲終身飽，凶年免於死亡，然後趨而之善，故民之從之也輕。」滕文公篇：「逸居而無教，則近於禽獸。」據此，是治民之法，先富後教，爲自古不易原則。惟其方法因時代而不同，斷不能於數千年之後，代古人擬出方案。朱子以井田學校爲夫子富教之術，自以爲聖王良法，無人敢提出反抗。而不知封建時代之制度，不可行於郡縣；貴族政治之教育，不可行於今日。陸隴其松陽講義云：「或疑古法不可施於今。晚村嘗論此云：『問如何富之？曰行井田。問如何教之？曰興學校。舍此，雖聖人亦無他具也。秀才好言權變，動云古法不可施於今，只是心體眼孔俱低小耳。』此段議論，最足破俗儒見識云云。」陸氏在理學中最是實行家，猶作此言，其他更不必問矣。徐三重採芹録力主均田限田之議，反覆引據，持之最堅。四庫總目提要論之曰：「自阡陌既開以後，田業於民，不授於官，二千年於兹矣。雖有聖帝明王，斷不能一旦舉天下之民，奪其所有，益其所無，而均之； 亦斷不能舉天下之田，清釐其此在限外，此在限内，此可聽其買賣，此不可聽其買賣，而限之。 使黠豪反得隱蔽爲姦，猾胥反得挾持漁利，而閭里愚懦，紛紛然日受其擾。 故漢董仲舒、北魏李安世、唐陸贄、牛僧孺、宋留正、謝方叔、元陳天麟皆反覆言之，而卒不能行，此猶可曰權不屬時不可也。 宋太宗承五季凋殘之後，宋高宗當南渡草創之初，以天子之尊，決意行之，亦終無成效。 則三重所言，其迂而寡當可見矣云云。」迂儒好爲高論，初不料流毒如是其烈也。 故辭而闕之，庶後之學者毋爲所誤也。

○子曰：「苟有用我者，期月而已可也，三年有成。」

【考異】史記世家作「朞月而已」，無「可也」二字，云：「孔子去衛時語。」 又儒林傳序：仲尼於七十餘君無所遇，曰：「苟有用我者，朞月而已矣。」 唐書魏知古疏：「孔子稱苟用我者，朞月而已，三年有成。」亦無「可也」字。 公羊傳定公十四年疏引孔子曰：如有用我者，朞月則可，三年乃有成。 後漢書何敞傳引孔子曰：「如有用我者，三年有成。」略「期月」句。 後漢書鮑昱傳注引作「三年乃有成功」。 又郎顗傳注引作「三年乃成功」。

【音讀】義疏暨集説、集編、纂疏、纂箋、四書通諸舊本「期」字俱作「朞」。 後漢書鮑昱傳注、古史孔子傳亦作「朞」。 翟氏考異：「期」字雖多作「朞」，而陸氏有「期」音「朞」之釋，是舊經本爲「期月」也。 朱子於中庸「不能期月守」，陽貨篇「期已久矣」，各具音釋，此獨無之。 中庸章句係別爲一書，在論語則此「期」字先見，似其音爲不可闕，豈淳熙時集注初本亦如義疏等本作

「朞」，故以爲不必音耶？

【集解】孔曰：「言誠有用我於政事者，期月而可以行其政教，必三年乃有成功。」

【唐以前古注】皇疏：苟，誠也。朞月，謂年一周也。可者，未足之辭也。言若誠能用我爲治政者，一年即可小治也。一年天氣一周變，故人情亦少改也。成，大成也。三年一閏，是天道一成，故爲政治若得三年，風政亦成也。

【集注】期月，謂周一歲之月也。可者，僅辭，言綱紀布也。有成，治功成也。

【餘論】南軒論語解：期月而大綱立，三年而治功成。然三年之所成者，即其期月所立之規摹者也，充之而已矣。　讀四書大全説：朱子謂聖人爲政，一年之間，想見已前不好之事都革得盡。不如南軒所云「三年之所成者，即其朞月所立之規模」，爲深見王道施行之次第也。儒者任天下事，將平日許多悲天憫人之心，因乘權得位，迫爲更張，只此便近私意，而國體民命已受其剥落矣。醫家有穀氣昌之説，正合此理。若悁悁然以革弊爲先，恐烏附硝黄之以誤人不少。況當夫子之時，尤久病羸弱之國，不可以壯年盛氣之法療之者哉。

按：船山此言真通達治體之論。余嘗謂神宗苟不大用安石，則後人之崇拜，必百倍於今日。嶺雲軒瑣記云：「除弊甚難，不可輕議。蓋弊之已成，則未有不根深蒂固者。執一偏之見而欲除之，必至掣其肘而使之自窮，是以君子慎之。陋儒烏足以知此？」

【發明】劉氏正義：漢書食貨志：「民三年耕，則餘一年之畜。衣食足而知榮辱，廉讓生而争訟息，故三載考績。孔子曰：『苟有用我者，期月而已可也，三年有成。』成此功也。」然則三年有成，兼有富教之術。故上章載夫子與冉有語，備文見之。凡善人王者，不外此術也。

○子曰：「『善人爲邦百年，亦可以勝殘去殺矣。』誠哉是言也！」

【考異】史記孝文帝紀贊、漢書刑法志諱「邦」爲「國」。史記引無「矣」字，刑法志引無「亦」字、「矣」字。

【考證】羣經平議：殺與虐義同，故尚書呂刑篇「惟作五虐之刑曰法」，墨子尚同中篇作「唯作五殺之刑曰法」；宣十五年左傳「酆舒爲政而殺之」，潛夫論氏姓篇作「酆舒爲政而虐之」，並其證也。勝殘去殺者，勝殘去虐也。言善人爲邦百年，則殘虐之事可以勝而去之也。勝殘去殺，實止一義，分而爲二，轉非經旨。劉氏正義：鄭注云：「善人居中，不踐迹，不入室也。此人爲政，不能早有成功，百年乃能無殘暴之人。」案居中者，對下王者言之。上不及王者，下不同時君，故言中也。上篇言善人之道，「不踐迹，亦不入於室」，此注本之，而以入室喻王者。漢書刑法志：「孔子曰：『如有王者，必世而後仁。善人爲國百年，可以勝殘去殺矣。』言聖王承衰撥亂而起，被民以德教，變而化之，必世然後仁道成焉。至於善人不入於室，然猶百年勝殘去殺矣。此爲國者之程式也。」並謂善人既未入室，不能早有成功，故必期之百年也。殺是重刑，言去殺，明諸輕刑未能免矣。

【集解】王曰：「勝殘，勝殘暴之人使不爲惡也。去殺，不用刑殺也。」孔曰：「古有此言，孔子信之。」

【唐以前古注】皇疏：善人，謂賢人也。爲者，治也。爲邦，謂爲諸侯也。勝殘，謂政教理勝而殘暴之人不起也。去殺，謂無復刑殺也。言賢人爲諸侯已百年，則殘暴不起，所以刑辟無用。　又引袁氏云：善人，謂體善德賢人也。言化當有漸也，任善用賢則可止刑，任惡則殺愈生也。

【集注】爲邦百年，言相繼而久也。勝殘，化殘暴之人，使不爲惡也。去殺，謂民化於善，可以不用刑殺也。蓋古有是言，而夫子稱之。程子曰：「漢自高、惠至於文、景，黎民醇厚，幾致刑措，庶乎其近之矣。」

【餘論】論語意原：周自平王東遷，諸侯力争，殆無虚月，民之困於傷殘殺戮者二百餘年。有王者作，能朝諸侯而一天下，僅可已其亂。至於勝殘去殺，雖使善人爲之，非百年相繼之久，必不能致。此所以歎當世之習亂，而痛斯民未有反古之日也。　四書翼注：子欲善而民善，縱不能旋至立效，亦何至作百年迂疏之談？蓋此是古語，如魯兩生所云「禮樂百年而後可興」之類。周自文、武開基，成、康之時，乃致刑措。漢高帝平海内，至文、景之世，乃漏網於吞舟之魚，吏治烝烝，不至於奸，蓋去殺若斯之難也。

○子曰：「如有王者，必世而後仁。」

【考異】潘氏集箋：史記孝文帝紀贊、論衡宣漢篇引「而後」並作「然後」，疑漢時本有作「然後」者。

【集解】孔曰：「三十年曰世。如有受命王者，必三十年仁政乃成。」

【唐以前古注】皇疏引顔延之云：革命之王，必漸化物以善道。染亂之民，未能從道爲化，不得無威刑之用，則仁施未全。改物之道，必須易世，使正化德教，不行暴亂，則刑罰可措，仁功可成。　又引欒肇云：習亂俗雖畏法刑，而外必猶未能化也。必待世變人改，生習治道，然後仁化成也。刑措成、康，化隆文、景，由亂民之世易，殷、秦之俗遠也。

【集注】王者，謂聖人受命而興也。三十年爲一世。仁，謂教化浹也。程子曰：「周自文王至於成王，而後禮樂興，即其效也。」

【餘論】黄氏後案：仁者，相親耦之謂也。禮經解曰：「上下相親之謂仁。」禮運曰：「人不獨親其親，不獨子其子，貨惡其棄地，不必藏於己，力惡不出於身，不必爲己。」是仁道成也。必世後仁者，鄭君曰：「周自大王、王季、文王、武王，賢聖相承四世，周道至美。武王伐紂，至成王乃致太平，由承殷紂敝化之後故也。」鄭君注見詩皇矣篇、禮緇衣篇正義。然則王者承亂瀉之後，統天下以歸於仁，非三十年不可，周季亦如此也。　包慎言温故録：漢書食貨志云：「三年耕，則餘一年之畜。衣食足而知榮辱，廉讓興而争訟息。故三載考績，三考黜陟，餘三年食。進業曰登，再登曰平，餘六年食。三登曰太平，二十七歲，餘九年食。然後而德化流洽，禮樂成焉。故曰『如有王者，必世而後仁』，繇此道也。」案依志言，必世後仁，蓋謂養而後教。食者，民之本。

飢寒並至，雖堯、舜在上，不能使民無寇盜。貧富兼并，雖皋陶制法，不能使强不淩弱。故王者初起，必先制田里，教樹畜，使民家給人足，然後以禮義化導之。言必世者，量民力之所能，不迫切之也。刑法志亦引此經解之曰：『言王者乘衰撥亂而起，被民以德教，變而化之，必世然後仁道成焉。』義亦略同。」劉氏正義：漢書平當傳引此文解之云：「三十年之間，道德和洽，制禮興樂，災害不生，禍亂不作。」是世爲三十年也。「受命」者，受天命也。「仁政乃成」者，言民化於仁，是上之仁政有成功也。

○子曰：「苟正其身矣，於從政乎何有？不能正其身，如正人何？」

【考異】七經考文：一本「人」上有「其」字。

【考證】困學紀聞：申屠嘉不受私謁，則可以折幸臣。董仲舒正身率下，則可以事驕王。魏相以廉正，霍氏不能誣。袁安、任隗以素行，竇氏無以害。故曰：「其身正，不令而行。」「苟正其身矣，於從政乎何有？」

【唐以前古注】皇疏引江熙云：從政者，以正人爲事也。身不正，那能正人乎？

【餘論】朱子或問：鼂氏以爲此專爲爲臣而發，理或然也。

論語集釋卷二十七

子路下

○冉子退朝。子曰：「何晏也？」對曰：「有政。」子曰：「其事也。如有政，雖不吾以，吾其與聞之。」

【考異】周應賓九經考異：内府本作「冉有」，韓氏筆解同。集説、集編、纂疏三本俱作「冉有」。翟氏考異：此與適衞章並當以作「冉有」爲是。而魏書高閭傳：「高祖問：論語稱冉子退朝云云，何者是事？」係爲冉子。北史載其事，亦爲冉子。詩鄭風緇衣正義、禮記少儀正義、文選吴質答魏太子牋注引文亦爲冉子。集解、釋文、石經諸本均未有别作「冉有」者。朱子或問云：「論語中閔子、冉子亦或稱子，則因其門人所記，而失之不革也。」想自有之。鹽鐵論刺議章引孔子曰：雖不吾以，吾其與聞諸侯。

【考證】胡培翬大夫二朝考：魯語：「公父文伯之母謂季康子曰：『自卿以下，合官職於外朝，合家事於内朝。』」又曰：「夫外朝，子將業君之官職焉。内朝，子將庀季氏之政焉。」韋昭注：「外朝，君之公朝。内朝，家朝也。」陳氏禮書以韋注爲非，蓋疑外朝如韋説，則仍是君之朝，而非私朝。今以考工記證之，而知韋説不可易也。記曰：「外有九室，九卿朝焉。」鄭注：「外，路門之表也。九室，如今朝堂諸曹治事處。」賈疏云：「九卿之九室在門外正朝之左右爲之。」據此，則韋氏所謂君之外朝，非謂路門外每日視朝之所，乃謂正朝之兩旁諸臣治事之處。其地在公朝，而實爲私朝。考工記：「九卿朝焉。」玉藻曰：「朝辨色始入，君日出而視之，退適路寢聽政，使人視大夫，大夫退，然後適小寢釋服。」蓋古者君臣每日朝於治朝，既畢，君退聽政于路寢，諸臣聽事於治朝兩旁之室，俟諸臣聽事畢退歸，然後君適小寢。故敬姜云：「外朝，子將業君之官職焉。」若以韋氏所云外朝爲即指君之正朝，則每日視朝，一揖而退，安所謂業君之官職者？近人又以二朝皆在大夫家内，尤非。據玉藻云：「將適公所居外寢。」下云：「乃出揖私朝。」是大夫家内止有一朝。然則大夫所謂二朝，其一在家内。玉藻所云，及左傳「伯有嗜酒，朝至未已」，「叔孫昭子朝其家衆」，論語「冉子退朝」者是。其一在公朝之兩旁，考工記所言者是。過庭録：詩緇衣正義引舜典「闢四門」注云：「卿士之職，使爲己出政教於天下。言四門者，因卿士私朝在國門。魯有東門襄仲，宋有桐門右師是矣。」冉子所退之朝指此，而以韋注外朝爲君之朝爲解。是則由前之説，冉子爲退自家内之朝；由後之説，冉子爲退自國門之朝，其以爲季氏朝則同也。論語古訓：冉子時仕季氏，故造于其私朝，退而忽晏，子遂詰之。曰「其事也」，其即指季氏，必無私事而議於公朝者。周生烈以爲罷朝於魯君，誤矣。論語偶記：周氏注謂罷朝於魯君，鄭君注以冉有臣於季氏，以朝爲季氏之朝，集注用鄭説。案左氏哀十一年傳：「季孫使冉子從於朝，俟於黨氏之溝。」可見家臣從大夫之公朝，僅得俟於朝中之地，無朝魯君之事。其朝於大夫之私朝者，則左氏襄三十年傳：「鄭伯有嗜酒，朝至未已。朝者曰：『公焉在？』」魯語：「公父文伯之母如季氏，康子在其朝，與之言，弗應，康子辭於朝而入。」注云：「辭於家臣。」是其證也。禮玉藻云：「揖私朝，煇如也。登車，則有光矣。」注：「揖其臣乃行。」玉藻又云：「朝辨色始入。」先視私朝，然後朝君，猶當辨色之時。則家臣之退，自然宜早，此子所以問冉有退朝之晏。論語稽求篇：國語有云：「天子及諸侯，合民事于外朝，合神事于內朝。」此言天子諸侯有內外朝也。其所以分內外者，以外議民政，內議國典。神事者，祭祀之事，即典禮也。又云：「自卿以下，合官職于外朝，合家事于內朝。」此言卿大夫家有內外朝也。其所以分內外者，外朝與私臣議公家之政事，故曰業官職；內朝與家臣議私家之政事，故曰庀家政。則是季氏本有朝。季氏之朝，原可以議國政，並議家事，而爲之家臣者，原得詣私朝而與之議政議事。然則夫子何譏焉？曰譏其議事之久也。蓋朝不可晏，朝見曰朝，夕見曰夕。又周禮大宗伯注：「朝，猶朝也，欲其朝之早也。」朝而晏，則議事久矣，久則多事矣。故冉子推以政，而夫子直指之曰其事也。若果政，則吾亦國老，猶將暫聞；暫聞之不得，而議之若是之久乎？此明白正大之語，並非寓言。先仲氏云：「禮，公事不私議，謂不議于大夫之外朝，祗議私室，則不可耳。若諸侯公朝，則冉子陪臣，焉得入而議事乎？」凡朝，無晏退之禮。晏則必問。國語：「范文子暮退于朝，武子曰：『何暮也？』」與子問正同。公事曰政，私事曰事，原有分別。何晏謂政事通言，但隨事大小而異其名，非是。左傳昭二十五年：「爲政事庸力行，務以從四時。」杜預曰：「在君爲政，在臣爲事。」又北魏帝問高閭：「論語稱冉子退朝曰有政，子曰其事也。何者爲政？何者爲事？」對曰：「政者，上之所行。事者，下之所綜也。」左傳哀十一年：「季孫欲以田賦，使冉有訪於仲尼。曰：『丘不識也。』三問，曰：『子爲國老，待子而行，若之何子之不言也？』」此即與聞之證。

【集解】周曰：「退朝，謂罷朝於魯君。」馬曰：「政者，有所改更匡正也。事者，凡所行常事也。如有政，非常之事，我爲大夫，雖不見任用，必當與聞之。」

【唐以前古注】詩緇衣正義引鄭注：朝於季氏之私朝。

按：鄭義爲優，閻氏若璩、毛氏奇齡、宋氏翔鳳、方氏觀旭均主之。周生之説非也。

皇疏：冉子爾時仕季氏，且上朝於魯君當是季氏，冉有從之朝魯君也。又引范甯云：冉求早朝晚退，故孔子疑而問之也。又引欒肇云：按稱政事冉有、季路，未有不知其名而能職其事者。斯蓋微言以譏季氏專政之辭。若以家臣無與政之理，則二三子爲宰而問政者多矣，未聞夫子有譏焉。筆解：韓曰：「政者，非更改之謂也。事者，非謂常行事也。吾謂凡干典禮者則謂之政，政即常行焉則謂之行，行其常則謂之人事。」禮記檀弓正義引論語注：「君之教令爲政，臣之教令爲事。」

按：此注與馬注異，疑鄭注也。左傳昭二十五年杜注：「在君爲政，在臣爲事。」是政事各別，但二字對文雖異，散文亦通。故仲弓爲季氏宰問政，而詩亦言王事，是政事不分别也。劉氏正義云：「揆鄭之意，當以政事有公私之别，故夫子辨之，亦正名定分之意。若以政大事小，則無與於名分，非其義矣。」魏書高閭傳解此文云：「政者，君上之所施行。合於法度、經國治民之屬，皆謂之政。臣下奉教承旨，作而行之，謂之事。」此與鄭義又異。黄式三謂革故鼎新主於君者謂之政，常則臣下奉行者謂之事。今日歐洲政務官、事務官之别，即用此標準也。若謂公朝例行之務，致仕者必共聞之，揆之「不在其位，不謀其政」之義，仍有未安也。

【集注】冉有時爲季氏宰，朝季氏之私朝也。晏，晚也。政，國政。事，家事。以，用也。禮，大夫雖不治事，猶得與聞國政。是時季氏專魯，其於國政，蓋有不與同列議於公朝，而獨與家臣謀於私室者。故夫子爲不知者，而言此必季氏之家事耳；若是國政，我嘗爲大夫，雖不見用，猶當與聞；今既不聞，則是非國政也。語意與魏徵獻陵之對略相似。其所以正名分、抑季氏而教冉有之意深矣。

【餘論】四書訓義：上下之亂也，先竊其實而猶存其名。竊之已久，則並其名而竊之，至於並竊其名而不忌，而大亂遂不可解。君子欲正其所竊之非，必先急奪其名。夫冉子所議，明爲魯之大政，而夫子若爲不知，以昭國典，以正公私之名，一言而大法昭焉，此欲正其實必先正其名之大義也。四書近指：魯政逮於大夫四世矣，康子與冉子謀者，固政也。曰有政，實對也，而不知失辭也。夫子嘗曰：「天下有道，則政不在大夫。」故一聞其言，而正其失曰其事也。

○定公問：「一言而可以興邦，有諸？」孔子對曰：「言不可以若是其幾也。

【考異】七經考文：古本無「也」字。

【音讀】朱子文集：李守約問：舊點「言不可以若是」爲句，今以「言不可以若是其幾也」作一句，不識別有微意否？答曰：如集注説，恐二字亦是相應。以「若是」絶句，恐不詞也。論語辨惑：幾，近也。即下文「不幾乎」之幾耳。「其幾也」三字自爲一句。一言得失，何遽至于興喪？然有近之者，其意甚明。

按：舊説「其幾也」三字是起下，集注三字則連上。集注幾訓期。詩民勞疏：「訖，幾也，又期也。」皆有近義。則三字連上讀，而曰一言之微，不可以若是其近也，亦通。七經考文：「古本無『也』字。」若依古注，更不成句法，朱注義較長。

【集解】王曰：「以其大要一言，不能正興國也。幾，近也。有近一言可興國也。」

【唐以前古注】皇疏：幾，近也。然一言雖不可即使興，而有可近於興邦者，故云其幾也。

【集注】幾，期也。詩曰：「如幾如式。」言一言之間，未可以如此而必期其效。

【别解】黄氏後案：王肅幾訓近，下孔注同。「言不可以若是」句，「其幾也」句，於經未順矣。朱子幾訓期必之期，於下兩言不幾，文意未順。式三謂幾，蟣之借字。爾雅、説文皆云：「蟣，訖也。」訖即終也。又幾之訓終，見淮南子謬稱訓高注。言不可終於是，而興邦喪邦，往往由此。終於一言而興邦，終於一言而喪邦，語意上下相合。

【餘論】南軒論語解：聖人之言，含蓄而無弊，故問一言可以興喪，則以爲言不可以若是而舉其幾者焉。幾，近也。既曰爲君難，爲臣不易，必曰如知爲君之難，而後以爲幾焉。既曰惟其言而莫予違，必曰如不善而莫之違也，而後以爲幾焉。亦可見立言之密矣。四書辨疑：「幾」與後「幾」字義同，古注皆解爲近，今乃訓期。試以期字與經文通讀，言不可以若是其期也，不成文理。不知期爲期甚也，今言必期其效，一期字豈能兼必效二字之意？又經文本是兩句，「其幾也」三字爲一句，注文亦是作兩句說，學者往往以未可以如此而必期其效之十字併爲一句，非也。既有「而」字界斷文勢，又有後注「豈不可以必期於興邦乎」之一語爲證，其爲兩句甚明。上句言一言之間未可以如此，乃是說一言不可以有如此興邦之效也。下句言而必期其效，却是説一言必可以期興邦之效也。語意顛倒，殆不可曉。所謂豈不可以必期於興邦乎者，此正可謂不知爲君之難也。果知其難，方且戰戰兢兢，懼其不逮，豈敢決然期定謂其邦之必興乎？知其爲君之難，由此以求興邦之道，則其邦有可興之理，然亦未敢必期其效也。由是言之，爲君難之一言，止可謂近於興邦也。夫子答定公之言，蓋謂一言不能至於如此，然其言能近此也。如人之言曰：爲君難，爲臣不易。人君果能因此言而推知爲君之難，不敢自逸自恣，知所自勉，則人之此言，豈不近於一言而興邦乎？幾之爲言近，意甚明白。下文喪邦之説亦同。舊説與南軒、滹南之説，大意皆是如此。「近」字之説如此平直易曉，「期」字之説如此迂曲難通，果欲搜奇求異，以易曉者爲非，以難通者爲是，心不在公，自昏其明，吾末如之何也已。論語集注考證：

幾，通釋皆訓爲近，以「言不可若是」爲句，則四「幾」字皆訓近，語意爲通。定公問人之嘗言，有何一句即可以致興喪者。夫子答之曰：言不可若是。蓋古今興喪亦多端，不可一句限定，然亦有一言近之者，如人之言曰云云，豈不近於一言而興喪邪？

按：爾雅釋詁：「幾，近也。」易：「月幾望。」詩：「維其幾矣。」幾並訓近。「幾期也」三字雖可連上讀而訓爲期，仍不如訓近之明晰。

人之言曰：『爲君難，爲臣不易。』如知爲君之難也，不幾乎一言而興邦乎？」

【考異】皇本「難也」上無「之」字。

【考證】韓詩外傳：傳曰：言爲王之不易也。大命之至，其太宗、太史、太祝斯素服執策，北面而弔乎天子，曰：「大命既至矣，如之何憂之長也？」授天子策一矣。曰：「敬享以祭，永主天命，畏之無疆，厥躬無敢寧。」授天子策二矣。曰：「敬之，夙夜伊祝，厥躬無怠，萬民望之。」授天子策三矣。曰：「天子南面，受於帝位，以治爲憂，未以位爲樂也。」詩曰：「天難諶斯，不易惟王。」

【集解】孔曰：「事不可以一言而成，如知此則可近也。」

【唐以前古注】詩匪風正義引鄭注：人偶同位，人偶之辭。

【集注】當時有此言也。因此言而知爲君之難，則必戰戰兢兢，臨深履薄，而無一事之敢忽。然則此言也，豈不可以必期於興邦乎？爲定公言，故不及臣也。

曰：「一言而喪邦，有諸？」孔子對曰：「言不可以若是其幾也。人之言曰：『予無

樂乎爲君，唯其言而莫予違也。』如其善而莫之違也，不亦善乎？如不善而莫之違也，不幾乎一言而喪邦乎？」

【考異】皇本「喪邦」上有「可以」二字，高麗本有「可」字，「莫」上有「樂」字。翟氏考異：據孔氏注「所樂者，惟樂其言而不見違」，似此句當更有「樂」字。文選東京賦注引論語曰：一言可以喪邦乎？水經澮水注曰：魯定公問一言可以喪邦有諸，孔子以爲幾乎。天文本論語校勘記：古本、足利本、唐本、津藩本、正平本「莫予違也」上有「樂」字。

【考證】韓非子難篇：晉平公與羣臣飲酒。飲酣，喟然歎曰：「莫樂乎爲君，惟其言而莫之違。」師曠侍於前，援琴撞之，曰：「啞！是非君人者之言也。」吴語子胥曰：「王曰予令而莫違。夫不違，乃違也，亡之階也。」申鑒雜事篇：唯其言而莫予違也，則幾於喪國焉。晉書潘尼傳：唯其言而莫之違，斯孔子所謂「其庶幾乎一言而喪國」者也。

按：論語後録謂當夫子時，時君有此言，故取以對定公。四書考異：「此夫子舉晉平公成言以爲定公戒也。上文興邦之言，亦即大禹謨『后克艱厥后，臣克艱厥臣』二語之變，足以相明。

集注謂蓋古有是言是也。」

【集解】孔曰：「言無樂於爲君。所樂者，唯樂其言而不見違。人君所言善，無違之者，則善也。所言不善，而無敢違之者，則近一言而喪國。」

【集注】言他無所樂，唯樂此耳。范氏曰：「如不善而莫之違，則忠言不至於耳。君日驕而臣日諂，未有不喪邦者也。」

【餘論】蔡清四書蒙引：夫邦之興喪，亦必由於積漸，豈有一言便能興喪，故曰：「言不可以若是其幾也。」然能因一言而知所謹，則可以興邦；因一言而恣所欲，則可以喪邦。雖於敬肆之分，積累將去，乃能興喪，而實皆因一言以致之，故曰「不幾乎一言而興邦乎」，「不幾乎一言而喪邦乎」。

【發明】黄氏後案：言莫予違，敢自是也。自是則讒諂所蔽，禍患所伏，而人莫之告。自古喪國之禍，多由自是。陸敬輿所謂天下大慮，在於下情不通。所謂忽於戒備，逸於居安，憚忠鯁之怫心，甘諛詐之從欲，不聞其失，以至大失也，皆自是也，自是者安知難。

○葉公問政。子曰：「近者説，遠者來。」

【考異】公羊傳成公十五年注引論語，「問政」下有「于孔子」三字。漢書武帝紀：「元朔六年詔：『孔子對定公以徠遠。』」臣瓚注曰：「論語及韓子皆言葉公問政于孔子，孔子答以悦近來遠。今云定公，與二書異。」韓非子難篇：葉公子高問政于仲尼。仲尼曰：「政在悦近而來遠。」家語辨政篇略同。史記世家：葉公問政。孔子曰：「政在來遠附邇。」後漢書崔寔傳、北齊書楊裴傳皆云：孔子對葉公以來遠。墨子耕柱篇：葉公子高問政于仲尼曰：「善爲政者若之何？」仲尼對曰：「善爲政者，遠者近之，舊者新之。」

【考證】四書釋地引括地志云：楚嘗争霸中國，連山累石以爲固，號曰方城，一謂之長城，蓋春秋時楚第一重地也，故以沈諸梁鎮撫焉。論語後録：夫子自蔡遷葉，在哀公六年。漢書地理志：「南陽郡葉縣，楚葉公邑。」皇覽曰：「縣西北有葉公冢。」

【唐以前古注】皇疏：言爲政之道，若能使近民懽悦，則遠人來至也。又引江熙云：邊國之人，豪氣不除，物情不附，故以悦近諭之。

【集注】音義並見第七篇。被其澤則説，聞其風則來，然必近者説而遠者來也。

【餘論】梁氏旁證：徐氏纘高曰：「楚疲其民，以蠶食中國，夫子因葉公之問以止之。」以争鄭縣陳指來遠之事。而不知方城、漢水之間已有不説者。子胥覆楚，白公作亂，是其明證也。

○**子夏爲莒父宰，問政。子曰：「無欲速，無見小利。欲速則不達，見小利則大事不成。」**

【考異】釋文「無」作「毋」，云：「今作『無』。」高麗本作「毋」。考異云：「古本上作『無』，下作『毋』，足利本上作『毋』，下作『無』。」翟氏考異：釋文但著「無欲速」之無爲毋，「見小利」句不著。義疏本與之互差。考文所稱足利本，乃于釋文爲合。今以辭義審之，兩言一體，略無輕重低昂，未必字法有簡别。若非皆爲「無」，則應皆作「毋」耳。天文本論語校勘記：唐本、津藩本、正平本二「無」字均作「毋」，考文云：「古本上作『無』，下作『毋』。足利本上作『毋』，下作『無』。」

【考證】四書釋地：莒父見春秋定公十四年秋經文「城莒父及霄」，杜氏注：「公懼而城二邑者，以叛晉助范氏故。」是時，荀寅、士吉射據朝歌，晉人圍之，魯與齊、衛謀救之。朝歌在魯正西將八百里，則莒父屬魯之西鄙。子夏爲宰邑，去其家密邇，要亦約略言之耳。春秋大事表：莒係以父，魯人語音，如梁父、亢父、單父是也。今爲沂州府莒州地。山東通志：莒始封在萊州府高密縣東南，乃莒子之都，而子夏所宰之莒父也。春秋時，莒子遷於城陽。漢始封劉章爲城陽王，置莒縣，即今青州府之莒州。莒父之邑，蓋以莒子始封得名耳。

按：以上諸説，以通志較爲有據。

【集解】鄭曰：「舊説云：莒父，魯下邑。」孔曰：「事不可以速成，而欲其速則不達矣。小利妨大，則大事不成也。」

【集注】莒父，魯邑名。欲事之速成，則急遽無序，而反不達。見小者之爲利，則所就者小，而所失者大矣。程子曰：「子張問政。子曰：『居之無倦，行之以忠。』子夏問政。子曰：『無欲速，無見小利。』子張常過高而未仁，子夏之病常在近小，故各以切己之事告之。」

【餘論】四書改錯：子夏近小利，並無實據。程氏以小人之腹，誣妄此語。而及注子謂子夏女爲君子儒章，則實以子夏好利爲小人儒成案。程氏語出，而聖人一門無生活路矣。然且子張在千百年前，與程氏有何怨毒？而未仁少仁，提至千遍。至品騭他賢，而無端旁及，必不放過，何相厄之深與？黄氏後案：趙鹿泉謂：「莒父下邑，政久廢弛，民亦無多望於上之安全盡善者。子夏急圖改弦更張，或以規近，效期小康，則迫而致之，苟而安之矣。」趙氏以後儒輕斥前賢，故以此論莒父之政。式三謂管仲天下才，而弊在欲速見小。後世之稱盛治者，輒言霸王道雜，弊亦同此。無欲速見小之心，此黜霸崇王之政也。李氏論語劄記：欲速者心之躁，見小利者心之私，二者有陰陽之不同，而其病亦相因。凡大事未有速成者，故欲速者其見必小。心存於久遠，則不爲利動，故見小利者恒由於欲速。

【發明】四書説約：大事一成，勝小補萬倍。見小利，則大利當興、大害當革者，皆以小有所不能割，而坐隳其成矣，此千古之通患也。反身録：爲政欲速非善政，爲學欲速非善學。又曰：宰一邑與宰天下，特患無求治之心耳。如果有心求治，不妨從容料理。斲輪老人謂不疾不徐之間，有妙存焉。豈惟讀書宜然，爲政亦然。若求治太急，興利除害，爲之不以其漸，不是忙中多錯，便是操切僨事。自古成大事者，眼界自闊，規模自別，寧敦大成裕，不取便目前，亦猶學者寧學聖人而未至，不欲以一善成名。

○葉公語孔子曰：「吾黨有直躬者，其父攘羊，而子證之。」

【考證】韓非子五蠹篇：楚之有直躬，其父竊羊，而謁之吏。令尹曰：「殺之。」以爲直于君而屈于父，執而罪之。吕氏春秋當務篇：楚有直躬者，其父竊羊，而謁之上。上執而將誅，直躬者請代。將誅，告吏曰：「父竊羊而謁之，不亦信乎？父誅而代之，不亦孝乎？」荆王乃不誅。孔子曰：「異哉直躬之爲信也。一父而載取名焉。」故直躬之信，不若無信。莊子盜跖篇：直躬證父，尾生溺死，信患也。萬氏困學紀聞集證：淮南子氾論訓「直躬，其父攘羊而子證之」，高誘注：「直躬，楚葉縣人也。躬蓋名，其人必素以直稱者，故稱直躬。」陸德明論語釋文：「『直躬』，鄭康成本作『弓』，云直人名弓。」讀書叢録：高誘，盧植門人。植與鄭同師馬融，故誘亦謂直人名躬。羣經平議：鄭説是也。躬、弓古通用耳。若以直躬爲身而行，則孔子亦當云「吾黨之直躬者」。下文無「躬」字，知躬是人名也。因其直而名之曰直躬，猶因其狂而名之曰狂接輿，殆楚語有然歟？至廣韻謂直姓出楚人直躬之後，則又不然。躬是其人之名，直非其人之姓也。

按：釋文曰：「『躬』，鄭本作『弓』，云直人名弓。」論語後録謂：「太丘長陳仲弓碑『弓』正作『躬』，是『弓』與『躬』通，故鄭本作『弓』也。」俞氏之説是也。集注沿孔傳之誤，以爲直躬而行，近於望文生訓，於義爲短。論語述要主調停之説，謂：「當時楚中習語即稱直者爲直躬，其人姓名不傳，後人援引其事，遂即誤爲姓名。如接輿本是接孔子之輿，因不知其名，即以接輿稱之，後人遂有以接輿爲姓名者。莊子、淮南子皆在春秋之後，其稱直躬，正如接輿之例。」此以直躬爲渾名，可備一説。

論語足徵記：釋文出「直躬」，曰：「鄭本作『弓』，云直人名弓。」案此非弓矢之弓，乃股肱之肱也。肱之古文作𠃋，象形，後增「又」作「厷」，復增「肉」作「肱」，説文隸在又部。其古文與弓矢之弓形近而音别，廣韻弓，居戎切，在一東。肱，古宏切，在十七登，知直人名古宏切之𠃋者，史、漢儒林傳有馯臂子弓，穀梁、左氏所載春秋經文黑肱，公羊傳作黑弓。一與臂應，一與肱通，其義是古宏切之𠃋，非居戎切之弓明甚。直人之名，此可例證矣。𠃋既混作「弓」，又增作「躬」，「躳」之正字作「躳」，説文在吕部，解曰：「從吕，從身。」又出「躬」，云：「俗從弓身。」齊、魯經師傳經之字，諒不從俗，如「直」下本作躳行之躳，右當從吕，無由存弓。既有作「弓」之鄭本，必非「躳」之脱文。向使傳經者知此爲古宏切之𠃋，因增作「厷」若肱，則盡人知是直人之名矣。乃誤以爲居戎切之弓，又增作「躬」之俗文，遂造出直身而行之俗説。此集解所録僞孔注，而集注從之，不成義矣。

過庭録：韓非子、吕氏春秋兩書所記，一誅一不誅異者，蓋其始楚王不誅，而躬以直聞於楚。葉公聞孔子語，故當其爲令尹而誅之。

劉氏正義：鄭此注云：「攘，盗也。我鄉黨有直人名弓，父盗羊則證其罪。」據注，是鄭本作「直弓」，必出古、魯、齊異文。隸續陳寔殘碑：「寔字仲躬。」史傳、雜書、蔡中郎集並作「仲弓」，是躬、弓古多通用。鄭以弓爲人名。高誘淮南氾論訓注亦云：「直躬，楚葉縣人也。」躬蓋名，其人必素以直稱者，故稱直躬。直舉其行，躬舉其名。直躬猶狂接輿、盗跖之比。僞孔以爲直身而行，非也。黄氏後案：韓詩外傳二載：「楚石奢之父殺人，奢追而縱之，自告於廷，刎頸而死。」下引此經「子爲父隱」以正之。韓傳所録别一事，袁簡齋以此直躬即石奢，未是也。

【集解】孔曰：「直躬，直身而行。」周曰：「有因而盗曰攘。」

【唐以前古注】釋文引鄭注：直人名弓。皇疏：葉公稱己鄉黨中有直躬之人，欲自矜誇於孔子也。躬，猶身也，言無所邪曲也，此直躬者也。攘，盗也。言黨中有人行直，其父盗羊，而子告失羊主，證明道父之盜也。

【集注】直躬，直身而行者。有因而盜曰攘。

孔子曰：「吾黨之直者異於是：父爲子隱，子爲父隱，直在其中矣。」

【考異】韓詩外傳八、新序節士篇俱引孔子語，以「子爲父隱」置「父爲子隱」句前。義疏幾諫章引文，亦以「子爲父隱」置前。

【考證】劉氏正義：檀弓云「事親有隱而無犯」，鄭注：「隱，謂不稱揚其過失也。」蓋子之事親，當時微諫，諭父母於道，不致有過誤。若不幸而親陷不義，亦當爲諱匿。公羊文十五年：「齊人來歸子叔姬，閔之也。父母之於子，雖有罪，猶若其不欲服罪然。」何休注引此文說之云「所以崇父子之親」是也。鹽鐵論周秦篇：「父母之於子，雖有罪，猶匿之。豈不欲服罪？子爲父隱，父爲子隱，未聞父子之相坐也。」漢宣詔曰：「自今子首匿父母，妻匿夫，孫匿大父母，皆勿坐。其父母匿子，夫匿妻，大父母匿孫，殊死皆上請。」足知漢法凡子匿父母等，雖殊死，皆勿坐。父母匿子等，殊死以下，皆不上請。蓋皆許匿可知。皇疏云「今王法則許期親以上得相爲隱，不問其罪」是也。白虎通諫諍篇：「君不爲臣隱，父獨爲子隱何？以爲父子一體，榮恥相及。」明父子天屬得相隱，與君臣異也。

【唐以前古注】皇疏引樊光云：父爲子隱者，欲求子孝也。父必先爲慈，家風由父，故先稱父。又引范甯云：夫所謂直者，以不失其道也。若父子不相隱諱，則傷教破義，長不孝之風，焉以爲直哉？故相隱乃可謂直耳。今王法則許期親以上得相爲隱，不問其罪，蓋合先王之典章。又引江熙云：葉公見聖人之訓，動有隱諱，故舉直躬欲以訾毁儒教，抗衡中國。夫子答之，辭正而義切，荆蠻之豪，喪其誇矣。

【集注】父子相隱，天理人情之至也。故不求爲直，而直在其中。

【餘論】程瑶田論學小記：人有恒言，輒曰一公無私。此非過公之言，不及公之言也。此一視同仁，愛無差等之教也。其端生於意必固我，而其弊必極於父攘子證，其心則陷於欲博大公之名。天下之人，皆枉己以行其私矣，而此一人也，獨能一公而無私。果且無私乎！聖人之所難，若人之所易。果且易人之所難乎？果且得謂之公乎？公也者，親親而仁民，仁民而愛物，有自然之施爲，自然之等級，自然之界限，行乎不得不行，止乎不得不止，時而子私其父，時而弟私其兄，自人視之，若無不行其私者，事事生分别也，人人生分别也，無他，愛之必不能無差等，而仁之不能一視也，此之謂公也，非一公無私之謂也。儀禮喪服傳之言昆弟也，曰「昆弟之道無分」，然而有分者，則辟子之私也。子爲父隱，直在其中，皆言以私行其公，是天理人情之至，自然之施爲、等級、界限，無意必固我於其中者也。如其不私，則所謂公者，必不出於其心之誠然，不誠則私焉而已矣。義門讀書記：何故隱？正謂其事於理有未安耳。則就其隱時，義理昭然自在，是非之理，即在惻隱羞惡之中，並行不悖。在中之解如是，原無所枉也。苟有過，人必知之，直之至矣。

【發明】陸隴其四書困勉録：情與理必相準，天理内之人情，乃是真人情；人情内之天理，乃是真天理。直躬證父，此人情外之天理也。霍光夫婦相隱，此天理外之人情也。夫子所謂父子相隱，乃爲天理人情之至。康有爲論語注：白虎通諫諍篇：「君不爲臣隱，父獨爲子隱何？以爲父子一體，榮恥相及。」明父子天屬，得相隱，與君臣異也。今律大功以上得相容隱，告父祖者入十惡。用孔子此義。葉公惡儒教多諱，故以此諷，而適以見其野蠻而已。經正録：吴可堂曰：「直，天理也。父子之親，又天理之大者也。二者相礙，則屈直以伸親，非不貴乎直也。當是時父子之情勝，而直不直固有所不知也。陳司敗以隱君之惡爲黨，葉公以證父之惡爲直，徒知直之爲公，黨之爲私，而君臣之義，父子之親，乃有不察。微夫子，則一偏一曲之説起，而仁義塞矣。」

○樊遲問仁。子曰：「居處恭，執事敬，與人忠。雖之夷狄，不可棄也。」

【考異】禮記中庸正義引論語：言忠信，行篤敬，雖之夷狄不可棄。太平御覽述文，「棄」下亦無「也」字。論語後録：若夫子之告葉公，不以楚而外之，所謂與人忠也，故類記之。楊龜山文集：胡德輝問：「此章與子張問行章語義正類，或説『問仁』乃『問行』爾，字之誤也，有諸？」答曰：「學者求仁而已，行則由是而之焉者也。其語相似，無足疑者。」

【集解】包曰：「雖之夷狄無禮義之處，猶不可棄去而不行。」

【唐以前古注】皇疏引江熙云：恭敬忠，君子任性而行己，所以爲仁也。本不爲外物，故以夷狄不可棄而不行也。若不行於無常，則僞斯見矣。僞見，則去仁邈也。

【集注】恭主容，敬主事。恭見於外，敬主乎中。之夷狄不可棄，勉其固守而勿失也。

【發明】朱子語類：讀書須是自己日用躬行處著力，如「居處恭，執事敬，與人忠。雖之夷狄，不可棄也」，與「言忠信，行篤敬，雖蠻貊之邦，行矣。言不忠信，行不篤敬，雖州里，行乎哉」。此二事須是日日黏放心頭，不可有少虧欠處，此最是爲人急切處，切宜體之。反身録：居處恭，執事敬，與人忠，此操存之要也。獨居一有不恭，遇事一有不敬，與人一有不忠，便是心之不存。不論有事無事，恒端謹無欺，斯心無放逸。

○子貢問曰：「何如斯可謂之士矣？」子曰：「行己有恥，使於四方，不辱君命，可謂士矣。」曰：「敢問其次。」曰：「宗族稱孝焉，鄉黨稱弟焉。」曰：「敢問其次。」曰：「言必信，行必果，硜硜然小人哉！抑亦可以爲次矣。」曰：「今之從政者何如？」子曰：「噫！斗筲之人，何足算也。」

【考異】皇本「斯可謂之士矣」，無「之」字，「弟」作「悌」。釋文云：「弟」亦作「悌」。文選三國名臣序贊注引論語：「抑亦可以爲次也。」「矣」作「也」。釋文：「算」，本或作「筭」。漢書公孫賀傳贊、鹽鐵論大論俱作「何足選也」。孟子「悻悻然見於其面」，章句引論語「悻悻然小人哉」爲證。孫氏音義曰：「悻，字或作悻悻然，論語音鏗。」

【考證】趙佑温故録：此以鄉舉里選之法言。周禮，自比閭族黨六鄉六遂皆立學，鄉師鄉大夫各受教法於司徒，以教其所治，考其德行道藝；黨正各掌其黨，以屬民正齒位；族師掌書其孝友睦婣有學者，以次而升于大學。士之造就必由此爲正。案春秋之時，卿大夫皆世官，選舉之法已廢。此文所言，猶是舊法，故子貢復問今之從政，明前所舉皆是昔時有然也。稱孝稱弟，即孟子所謂「一鄉之善士」。此雖德行之美，然孝弟爲人所宜盡，不必待學而能，故夫質性之善者亦能行之，而非爲士職分之所盡也，故以爲次。荀子子道篇以入孝出弟爲人之小行，志以禮安，言以類從，爲儒道之極。與此章義相發。志以禮安，則知所恥；言以類從，則能出使不辱君命矣。言必信，行必果，謂不度於義而但守小忠小信之節也。孟子離婁篇：「孟子曰：『大人者，言不必信，行不必果，唯義所在。』」明大人言行皆視乎義，義所在，則言必信，行必果；義所不在，則言不必信，行不必果。反是者爲小人。趙岐孟子注云：「大人仗義。義有不得必信其言，子爲父隱也。有不能得果行其所欲行者，義若親在，不得以其身許友也。」過庭録：儀禮既夕「筲三：黍、稷、麥」，注：「筲，畚種類也。其容蓋與簋同一轂也。」按轂受斗二升，康成以筲與簋同實，故亦同量。説文無「筲」字，有「䈰」字，云：「䈰，飯筥也，受五升。从竹，稍聲。秦謂筥爲䈰。」又出「𥳓」字云：「陳留謂飯帚曰𥳓，从竹，捎聲。一曰飯器，容五升。」則䈰、𥳓並可通筲。鄭解筲量多少不同。按論語言斗筲之人，則筲量宜更小於斗，作五升爲是。既夕用筲禮亦殺，不必定容斗二升矣。又云：漢書公孫賀傳贊：「斗筲之徒，何足選也？」師古曰：「筲，竹器也，容一斗。選，數也。論語孔子曰：『噫！斗筲之人，何足選也？』言其材器小劣，不足數也。」又鹽鐵論亦作「選」，疑是魯論。　潘氏集箋：論語後録謂詩「威儀棣棣，不可選也」，朱穆絶交論引「選」作「算」，是「選」與「算」同。過庭録疑作「選」者爲魯論語，其或然歟？

按：據此可爲此章論選舉之證。

【集解】孔曰：「有恥者有所不爲。」鄭曰：「行必果，所欲行必果敢爲之。硜硜者，小人之貌也。抑亦其次，言可以爲次。噫，心不平之聲。筲，竹器，容斗二升。算，數也。」

【唐以前古注】皇疏引李充云：居正情者當遲退，必無者，其唯有恥乎？是以當其宜行，則恥己之不及；及其宜止，則恥己之不免。爲人臣，則恥其君不如堯、舜；處濁世，則恥獨不爲君子。將出言，則恥躬之不逮。是故孔子稱丘明，亦貴其同恥，義備孝悌之先者也。古之良使者，受命不受辭，事有權宜，則與時消息，排患釋難，解紛挫鋭者，可謂良也。　又云：言可覆而行必成，雖爲小器，取其能有所立。　又引繆協云：雖孝稱於宗族，悌及於鄉黨，而孝或未優，使於四方，猶未能備，故爲之次者也。　又云：果，成也。言必合乎信，行必期諸成，君子之體，其業大哉！　雖行硜硜小器，而能必信必果者，取其共有成，抑亦可以爲士之次也。

按：韓李筆解録此章文，以此節爲第一節，而以「行己有恥」十六字在「敢問其次」之下，爲次節，以「言必信」以下爲末節。解曰：「孝悌爲百行之首，無以上之者。舊本以行己有恥爲上，簡編差失也。『小人』當作『之人』。」以好竄亂經文，不録。

【集注】此其志有所不爲，而其材足以有爲者也。子貢能言，故以使事告之。蓋爲使之難，不獨貴於能言而已，此本立而才不足者，故爲其次。果，必行也。硜，小石之堅確者。小人，言其識量之淺陋也。此其本末皆無足觀，然亦不害其爲自守也，故聖人猶有取焉。下此則市井之人，不復可爲士矣。今之從政者，蓋如魯三家之屬。噫，心不平聲。斗，量名，容十升。筲，竹器，容斗二升。斗筲之人，言鄙細也。算，數也。子貢之問每下，故夫子以是警之。程子曰：「子貢之意，蓋欲爲皎皎之行聞於人者。夫子告之，皆篤實自得之事。」

【餘論】劉開論語補注：余嘗疑子貢問士，其意不在于士，必爲從政者而發。而余友光庶常栗原謂余曰：「子貢天資最高，志亦卓越，所問皆遠者大者。如問仁問政，必窮端盡變，無每況愈下之辭。而忽問及士行，已非遠者大者。夫子所告，又極中正平實，非有高深之言。乃猶降格更詢，至於僅以孝弟見稱，本立而材不具，已非士之上者，子貢且優于彼多矣，而猶復問其次，豈志之不遠而言之愈卑與？蓋有所爲而問也。子貢見當時之從政者皆無可表見，欲質諸夫子，而不欲專以此爲問，故先言何如斯可謂士，言士則其行或次于卿大夫矣。及見夫子之所稱者，皆非今之從政者能及，故每問益下，至于必信必果，在士已爲最卑之行，而今之卿大夫或有未之逮焉，故始繼以從政爲問，而夫子果鄙之爲不足道也。此以見子貢之問士皆有爲而發者也。」余聞之，擊節稱賞，歎其見之深合我心。且以告栗原曰：「不但此也。子貢，最善於問者也。如欲問夫子之爲衛君，而先詢伯夷、叔齊之爲何人，且窮其怨不怨，以究其歸。欲問從政之公卿大夫，而先詢爲士之當何若，且窮其次而又次，以類其品。其妙問蓋出一也。合二事觀之，而此事更無疑矣。」栗原爲之躍如。　四書改錯：使於四方，不辱君命，並無抑能言之意。嘗因此推求本文，再三不得，及考小注，有陳氏諂注解曰：「不獨貴於能言，蓋以行己有恥爲本也。」則又告行己，非告使事矣，終不可解。且子貢無恥，亦安據也？四書集注補曰：「斗筲二語，未必警子貢。」若然，則視子貢此問，將欲爲今之從政者矣。若程氏所言，子貢將欲爲皎皎之行聞於人者，故夫子告之以篤實自得之事，則與夫子所言，正枘鑿相反。夫子明尚事功，特以使命不辱者加於篤實自得之上，此不特不藥子貢之病，反有就其所長而加勉之意。聖言具在，三復可驗也。乃謂欲裁其皎皎之行，則未有使四方而猶闇冒非皎皎者。向使告孝弟信果而不告使事，則其奚落端木氏不知如何矣。今故爲拗揉，而其言之難通至於如是，是亦不可以已乎。

【發明】反身録：士人有廉恥，斯天下有風俗。風俗之所以日趨日下，其原起於士人之寡廉鮮恥。有恥則砥德礪行，顧惜名節，一切非禮非義之事，自羞而不爲，惟恐有浼乎生平。若恥心一失，放僻邪侈，何所不至？居鄉而鄉行有玷，居官而官常有虧，名節不足，人所羞齒，雖有他長，亦何足贖？論士於今日，勿先言才，且先言守，蓋有耻方有守也。論學於今日，不專在窮深極微，高談性命，只要全其羞惡之良，不失此一點恥心耳。不失此恥心，斯心爲真心，人爲真人，學爲真學，道德經濟咸本於心，一真自無所不真，猶水有源木有根。恥心若失，則心非真心，心一不真，則人爲假人，學爲假學，道德經濟不本於心，一假自無所不假，猶水無源木無根。

○子曰：「不得中行而與之，必也狂狷乎！狂者進取，狷者有所不爲也。」

【考異】後漢書獨行傳序引孔子曰：與其不得中庸，必也狂狷乎！　七經考文補遺：古本無「也」字。　翟氏考異：後漢書引「狂者進取」二句，加「又曰」二字别之。章懷注曰：「此是録論語者因夫子之言，而釋狂狷之人也。」例以從我陳、蔡，片言折獄二章，其説不爲無見。　劉氏正義：説文無「狷」字。「獧」下云：「疾跳也。一曰急也。」段氏玉裁注云：「獧、狷古今字。今論語作『狷』，孟子作『獧』。大徐别增狷篆，非。」又心部：「懁，急也。从心，睘聲。讀若絹。」段注：「論語『狷』，孟子作『獧』，其實當作『懁』。」

按：狂者進取二句係注文，不知何時闌入正文。翟氏所疑是也。

【考證】淩鳴喈論語解義：中行者，依中庸而行者。在易復四益三，四稱中行，謂孚中以行，可與之自治治人也。孚化萬邦，中庸鮮能，故不得。隱怪鄉原又不可與，故必也狂狷乎。　劉氏正義：孟子盡心下：「萬章問曰：『孔子在陳，何思魯之狂士？』孟子曰：『孔子不得中道而與之，必也狂獧乎。狂者進取，獧者有所不爲也。孔子豈不欲中道哉？不可必得，故思其次也。』『敢問何如斯可謂狂矣？』曰：『如琴張、曾晳、牧皮者，孔子之所謂狂矣。』『何以謂之狂也？』曰：『其志嘐嘐然，曰古之人，古之人，夷考其行而不掩焉者也。狂者又不可得，欲得不屑不潔之士而與之，是獧也。是又其次也。』」趙岐注：「中道，中正之大道也。狂者能進取，獧者能不爲不善。時無中道之人，以狂獧次善者，故思之也。嘐嘐，志大言大者也。重言古之人，欲慕之也。考察其行，不能掩覆其言，是其狂也。屑，絜也，既不能得狂者，欲得有介之人，能恥賤汙行不絜者，則可與言矣。是獧人次於狂者也。」後漢書獨行傳序：「孔子曰：『與其不得中庸，必也狂狷乎！』」此蓋失於周全之道，而取諸偏至之端者也。然則有所不爲，亦將有所必爲者矣。既云進取，亦將有所不取者也。

【集解】包曰：「中行，行能得其中者。言不得中行，則欲得狂狷者。狂者進取於善道，狷者守節無爲，欲得此二人者，以時多進退，取其恒一者也。」

【唐以前古注】詩鄘風載馳正義引鄭注：狂者進取，仰法古例，一顧時俗，是進取一概之義。

【集注】行，道也。狂者志極高而行不掩，狷者知未及而守有餘。蓋聖人本欲得中道之人而教之，然既不可得而徒得謹厚之人，則未必能自振拔而有爲也。故不若得此狂狷之人，猶可因其志節而激厲裁抑之，以進於道，非與其終於此而已也。

【餘論】四書辨疑：有所不爲者，能爲而不爲也。智未及者，不能爲而不爲也。夫狷者之爲人，踽踽獨行，涼涼無親，世俗指爲孤僻古執者是也。於可交之人，亦有所不交；可取之物，亦有所不取。易於退而難於進，貪於止而吝於行，此乃有所不爲之謂也。若論其極，伯夷、叔齊即其人也。特其情好與衆不同，非有關於智不智也。果以智未及而不能爲者爲狷，則天下之狷者多矣，夫子何難於此哉？論語稽：狂似太過，狷似不及，皆美才也。中行無過不及，得天獨優，較易裁成，然不可得。惟就地取才，培之植之，至於有成，亦與中行無異。聖門如顏子，中行者也。曾子、閔子、仲弓、有若之屬，抑其次也。子貢、曾晳、琴張則近於狂者也。原思、子夏、高柴則近於狷者也。

○子曰：「南人有言曰：『人而無恒，不可以作巫醫。』善夫！

【考異】金樓子立言篇以「無恒之人，不可卜筮」爲論語言。　文允堅異林：「巫」疑是「筮」字，古通用。　七經考文：足利本「善夫」作「善哉」。

【考證】論語駢枝：古者卜筮之法，立三人旅占，吉凶臧否不專據繇辭。繇辭吉而占曰不吉者，穆姜之筮元亨利貞，南蒯之筮黄裳元吉是也。有繇辭不吉而占曰吉者，定姜之占出征喪雄，司空季子之占得國是也。至於無恒之人，著龜所厭，羞吝無疑。緇衣曰：「南人有言云云，古之遺言與？龜筮猶不能知也，而況于人乎？詩云：『我龜既厭，不我告猶。』兑命曰：『爵無及惡德，民立而正事，純而祭祀，是爲不敬。事煩則亂，事神則難。』易曰：『不恒其德，或承之羞。恒其德，貞，婦人吉，夫子凶。』」亦記孔子之言，而文頗異。然不占之義，以此益明。　羣經平議：楚辭天問篇：「化爲黄熊，巫何活焉？」王逸注曰：「言鮌死後化爲黄熊，入於羽淵，豈巫醫所能復生活。」是巫醫古得通稱。此云不可以作巫醫，醫亦巫也。廣雅釋詁曰：「醫，巫也。」是其證也。荀子王制篇曰：「相陰陽，占祲兆，鑽龜陳卦，主攘擇五卜，知其吉凶妖祥，傴巫跛擊之事也。」蓋古者卜筮之事，亦巫祝掌之。禮記緇衣篇：「南人有言曰：『人而無恒，不可爲卜筮。』古之遺言與？」彼言卜筮，此言巫醫，其義一也。下文引易恒卦之辭，又曰「不占而已矣」，皆以卜筮言，與醫不涉。正義分巫醫而二之，非古義矣。　惠氏禮説：古者巫彭初作醫，故有祝由之術，移精變氣以治病。春官大小祝男巫女巫皆傳其術。祝祈福祥，則曰求永貞。貞，正也。巫有大裁，則曰造巫恒。恒，常也。言正而有常。精爽不貳，敬恭明神，然後神降之嘉生，祈福則福來，却病則病去。故孔子思見有恒者。無恒之人，巫醫弗爲，信矣。四書賸言：此言不可作巫醫以治此人，非謂此人不可作巫醫也。作，立也。尚書「乃建立卜筮人」是也。蓋無恒之人，禱祀所不加，醫藥所不及，故云然。若謂此人作巫醫，則巫醫豈易作者？周禮司巫、司醫，皆是士大夫試而爲之，極其鄭重。故不占而已矣，鄭氏亦謂無恒之人，易所不占，與巫醫不治並同。蓋或承之羞，羞是惡義，然在凶悔吝之外，故曰不占。觀緇衣：「子曰：『人而無恒，不可以作卜筮。古之遺言與？龜筮猶不能知也，而況於人乎？』詩曰：『我龜既厭，不我告猶。』」則明明言卜筮不能及此，孔子自爲注脚也。論語稽求篇：先仲氏曰：「緇衣前後所引，皆卜筮之事，故曰不占而已。不占者，正言不可爲卜筮也。」則似「巫醫」爲「卜筮」之誤，易「卜筮」二字，則「不占」句更較明白。

【集解】孔曰：「南人，南國之人也。」鄭曰：「言巫醫不能治無常之人也。」包曰：「善南人之言也。」

【唐以前古注】皇疏引衛瓘云：言無恒之人，不可以爲巫醫，巫醫則疑誤人也，而況其餘乎？

【集注】南人，南國之人。恒，常久也。巫所以交鬼神，醫所以寄死生，故雖賤役，而猶不可以無常。孔子稱其言而善之。

『不恒其德，或承之羞。』」子曰：「不占而已矣。」

【考證】論語偶記：按此經與緇衣篇中略同。惟此「巫醫」，緇衣作「卜筮」，然巫與醫卜並以治人之疾，以言不能治無恒之人，無異義也。緇衣云：「龜筮猶不能知也，而況於人乎？」謂卦兆不能見其情，定其吉凶，蓋即經不占之意。屈子卜改行易轍。詹尹曰：「龜筮誠不能知此事。」即此意也。以經解經，頗自明暢，惜朱子不用鄭注，是以「不占而已矣」句解不去，轉引楊氏說，愈不明白也。論語足徵記：禮記緇衣篇：「子曰：『南人有言曰：人而無恒，不可以爲卜筮。古之遺言與？龜筮猶不能知也，而況於人乎？』」鄭彼注曰：「不可爲卜筮，言卦兆不能見其情，定其吉凶也。」以經證經，則此云不可以作巫醫，猶言不可以爲卜筮也。此云不占而已矣，猶曰龜筮不能知也。集注：「巫醫雖賤役，猶不可以無常。」則於緇衣不可通矣。

【集解】孔曰：「此易恒卦之辭。言德無常則羞辱承之。」鄭曰：「易所以占吉凶也。無恒之人，易所不占也。」

【唐以前古注】皇疏：孔子引易恒卦不恒之辭，證無恒之惡，言人若爲德不恒，則必羞辱承之。羞辱必承，而云或者，或，常也，言羞辱常承之也。何以知或是常？按詩云：「如松柏之茂，無不爾或承。」鄭玄曰：「或，常也。」老子曰：「湛兮似或存。」河上公注云：「或，常也。」此記者又引禮記孔子語來證無恆之惡也，言無恆人非唯不可作巫醫而已，亦不可以爲卜筮。卜筮亦不能占無恒之人，故云不占而已矣。禮記云：「南人有言曰：『人而無恒，不可以爲卜筮。』古之遺言與？龜筮猶不能知也，而況於人乎？」是明南人有兩時兩語，故孔子兩稱之，而禮記、論語亦各有所録也。

按：此章之義，當從鄭注，而皇疏尤明晰可從，集注失之。

【集注】此易恒卦九三爻辭。承，進也。復加「子曰」以別易文也。其義未詳。楊氏曰：「君子於易，苟玩其占，則知無常之取羞矣。其爲無常也，蓋不占而已矣。」意亦略通。

【餘論】四書辨疑：不占而已矣，古今解者皆不能通。注言其義未詳，可謂本分。然却再舉楊氏之說，不免反以爲累。略通二字，若於該括衆事處言之，如云略通某氏之學，略通某書大義，此皆可也。今於一章經中單論一事，是則爲是，非則爲非，豈容更有略通邪？況已斷定其義未詳，亦自不容別議也。楊氏之說，本無可取，删之爲是。

【發明】潘德輿養一齋劄記：論語於六十四卦專舉恒者，此教人主一也。主一是下手功夫，而歸宿亦在此。士志於道，而恥惡衣惡食者，未足與議也，故下手要主一。天地之道，可一言而盡也，其爲物不貳，則其生物不測，故歸宿要主一。

○子曰：「君子和而不同，小人同而不和。」

【考證】鄭語：史伯曰：「今王去和而取同。夫和實生物，同則不繼。以他平他謂之和，故能豐長而物生之。若以同裨同，盡乃棄矣。故先王以土與金木水火雜以成百物，是以和五味以調口，剛四支以衛體，和六律以聰耳，正七體以役心，平八索以成人，建九紀以立純德，合十數以訓百體。出千品，具萬方，計億事，材兆物，收經入，行姟極。故王者居九畡之田，收經入以食兆民，周訓而能用之，和樂如一。夫如是，和之至也。於是乎先王聘后於異姓，求財於有方，擇臣取諫工而講以多物，務和同也。聲一無聽，物一無文，味一無果，物一不講，王將棄是類也而與剸同，天奪之明，欲無弊，得乎？」左昭二十年傳：齊侯論子猶云：「惟據與我和夫？」晏子對曰：「據亦同也，焉得爲和？」公曰：「和與同異乎？」對曰：「異。和如羹焉，水火醯醢鹽梅以烹魚肉，燀之以薪，宰夫和之，齊之以味，濟其不及，以洩其過。君子食之，以平其心。君臣亦然。君所謂可，而有否焉，臣獻其否，以成其可。君所謂否，而有可焉，臣獻其可，以去其否。是以政成而不干，民無争心。先王之濟五味和五聲也，以平其心，成其政也。聲亦如味，一氣，二體，三類，四物，五聲，六律，七音，八風，九歌，以相成也。清濁大小，短長疾徐，哀樂剛柔，遲速高下，出入周疏，以相濟也。君子聽之，以平其心，心平德和。今據不然。君所謂可，據亦曰可；君所謂否，據亦曰否。若以水濟水，誰能食之？若琴瑟之專壹，誰能聽之？同之不可也如是。」

【集解】君子心和，然其所見各異，故曰不同。小人所嗜好者則同，然各争利，故曰不和。

【集注】和者無乖戾之心，同者有阿比之意。尹氏曰：「君子尚義，故有不同。小人尚利，安得而和。」

【餘論】四書辨疑：和則固無乖戾之心，只以無乖戾之心爲和，恐亦未盡。若無中正之氣，專以無乖戾爲心，亦與阿比之意相鄰，和與同未易辨也。中正而無乖戾，然後爲和。凡在君父之側，師長朋友之間，將順其美，匡救其惡，可者獻之，否者替之，結者解之，離者合之，此君子之和也。而或巧媚陰柔，隨時俯仰，人曰可，己亦曰可，人曰否，己亦曰否，惟言莫違，無唱不和，此小人之同也。晏子辨梁丘據非和，以爲「君所謂可，而有否焉，臣獻其否，以成其可。君所謂否，而有可焉，臣獻其可，以去其否」云云，此論辨析甚明，宜引以證此章之義。

○子貢問曰：「鄉人皆好之，何如？」子曰：「未可也。」「鄉人皆惡之，何如？」子曰：「未可也。不如鄉人之善者好之，其不善者惡之。」

【考異】陸忠宣公集請許臺省長官舉薦屬吏狀引此節文，兩「何如」皆作「如何」。公羊傳注作「不若鄉人之善者善之，鄉人之惡者惡之」。疏引鄭氏論語注云：「鄉人之善行者善之，惡行者惡之。」公羊傳莊公十七年注引此節文，兩「未可」下皆無「也」字。七經考文：古本「惡之」下有「也」字。

【集解】孔曰：「善人善己，惡人惡己，是善善明，惡惡著也。」

【唐以前古注】皇疏：一通云：子貢問孔子曰：「與一鄉人皆親好何如？」孔子答云：「未可。」又問曰：「與一鄉人皆爲疎惡何如？」孔子又答云：「未可。」既頻答未可，所以更爲說云：「不如擇鄉人善者與之親好，若不善者與之爲疏惡也。」

按：此說甚新異。然何爲想到與一鄉人皆疏惡？於情理未協，故集注置之。

公羊莊十七年傳注引鄭注：與善人同復，與惡人異道，理勝於前，故知是實善。

按：徐彦疏：「一鄉之人皆好此人，此人何如？子曰：『未可即以爲善。何者？此人或者行與衆同，或朋黨矣。』子貢又曰：『若一鄉之人皆惡此人，此人何如？』子曰：『未可即以爲惡也。何者？此人或者行與衆異，或孤特矣。不若鄉人之善行者善之，惡行者惡之，與善人同復，與惡人異道，理勝於前，故知是實善』云云之説備於鄭注。」劉寶楠謂疏依鄭爲説，則朋黨孤特亦皆鄭注之義。宋氏輯本止取「與善人同」以下四句，非也。

【集注】一鄉之人，宜有公論矣，然其間亦各以類自爲好惡。故善者好之，而惡者不惡，則必其有苟合之行；惡者惡之，而善者不好，則必其無可好之實。

【餘論】四書訓義：或主觀人説，集注無此意。若論觀人之道，則何不直觀其人之善不善，而觀鄉人乎？鄉人之善惡瑣屑難知，一人志行分明易見。故不從其説，以自考得失立論。

【發明】馮從吾四書疑思録：士君子立身，惟求無媿於鄉人之善者足矣；不善者之惡不惡，勿論可也。若善者既信其節操，又懼不善者疑其矯激，善者既稱其寬厚，又懼不善者議其懦弱，則瞻前顧後，終身不成，此鄉愿之不可與入堯、舜之道也。論語稽：言鄉人固見其公，然等鄉而上之，則有國矣。國人之好惡，且有時而不足據，況鄉人乎？子貢之病，在一皆字。善者好，不善者惡，則中有卓見，不徒以鄉評爲據矣。

○子曰：「君子易事而難説也。説之不以道，不説也；及其使人也，器之。小人難事而易說也。説之雖不以道，説也；及其使人也，求備焉。」

【考異】先聽齋講録：君子厚重簡默，苟於義分不宜説，有相對終日不出一言者，似乎深沉不可測；而使人平易，絶無苛求。小人喋喋然，議論鋒發，非義所當説亦説之；而一經使人，便苛求不已。讀説始悦反。翟氏考異：二十篇所有「説」字，義疏多從心作「悦」，獨此六「説」字俱同監本從言。古之師傳應有讀此説爲始悦反者矣。然説與事對待反覆，讀始悦則甚不融洽。

【考證】論語稽求篇：舊注原以「説」字作「悦」字解，集注所用，固是舊注，特漢儒復有一解，謂説如字，即言説也。先聽齋講録曰：「此以言説定事使也。夫在下爲事，在上爲使。下欲事上，必先覘上之易使，而後我事之難易，以定顧事之難易，全在言説。難言者必易事，易言者必難事，此一定之理也。而在上之君子小人分焉。君子于人，必厚重緘默，不輕説人短長，即上下相對，亦不輕爲問詢言説，苟于義分不宜説，有相對終日不出一言者，似乎深沉不可測，而使人平易，絶無苛求，故曰此易事者也。若乃小人，相對喋喋然，論議鋒發，又易于通導，即左右慰論，亦且備極甘苦，非義分所當説亦説之，而一經使人，便苛求不已，此則極難事也。」其文曾引入四書模中。若曲禮「不妄説人」，鄭康成注云：「爲近佞媚也。君子説之不以其道，則不説也。」亦引此文爲證。但近佞媚難解。惟孔疏云：「此引論語文。」又云：「禮動不虛説，凡説人之德則爵之，説人之寒則衣之。若無爵無衣，則爲妄語，近于佞媚也。」此爲以言語諂人，以指使驕人者言，雖與先聽齋講又不同，然其爲言説則一也。説書貴有據，此則别説而頗有據者，故並載之。

劉氏正義：君子小人皆謂居位者。曲禮云「禮不妄説人」，鄭注：「爲近佞媚也。君子説之不以其道，則不説也。」不以其道，即是佞媚，即是妄説。荀子大略篇：「知者明於事，達於數，不可以不誠事也。故曰：『君子難説，説之不以道，不説也。』」

【集解】孔曰：「不責備於一人，故易事也。器之，度材而任官也。」

【唐以前古注】皇疏：君子既照識理深，若人以非道理之事來求使之悦，己則識之，故不悦也。

【集注】器之，謂隨其材器而使之也。君子之心公而恕，小人之心私而刻，天理人欲之間，每相反而已矣。

按：集注沿皇、邢二疏之舊，以「説」字作「悦」字解，自是舊説如是。余則疑當作言説或游説解。蓋皇本於論語所有「説」字多從心作「悦」，獨此章不改，毛氏之説似可從。

【餘論】朱柏廬毋欺録：聖賢之言，以君子小人並論者，如喻義喻利，居易行險，易事難説，易説難事之類，殆難悉數。蓋欲使人判然知所從違，如南朔之殊途，寒暄之異氣也。苟嗜利焉，則小人矣。苟難事焉，則小人矣。苟易説焉，則小人矣。所謂終始慎厥與？與君子同道，即爲君子。與小人同事，安得不爲小人？人知惡小人之名，而不知所戒，猶病戚施而惡影之俛，不可得也。

【發明】輔廣論語答問：君子貴重人才，隨材器而使之，而天下無不可用之人。小人輕視人才，故求全責備，而卒至無可用之人。論語稽：此章可以括廿四史之全。以「道」字爲主，以

「説」字爲對，以「事」字「使」字爲經緯。蓋下之所以事上者，欲上之使之耳。上之所以説下者，以爲適吾用而使之耳。事之之法在於下，使之之權出於上。君子小人就在上者之心術言之，器與求備，對較相形者也。

○子曰：「君子泰而不驕，小人驕而不泰。」

【考證】論語補疏：泰者，通也。君子所知所能，放而達之於世，故云縱泰。似驕，然實非驕也。小人所知所能，匿而不露。似乎不驕，不知其拘忌正其驕矜也。君子不自矜而通之於世，小人自以爲是而不據通之於人，此驕泰之分也。邢疏不能詳。「今拜乎下，泰也」，此「泰」乃「忲」之借。

【集解】君子自縱泰，似驕而不驕。小人拘忌，而實自驕矜。

【唐以前古注】皇疏：君子坦蕩蕩，心貌怡平，是泰而不爲驕慢也。小人性好輕凌，而心恒戚戚，是驕而不泰也。

【餘論】論語傳注：君子無衆寡，無小大，無敢慢，何其舒泰，而安得驕？小人矜己傲物，惟恐失尊，何其驕侈，而安得泰？

按：此章集注以成見解經，故不録，取無成見之李塨傳注以代之。

○子曰：「剛、毅、木、訥近仁。」

【考證】論語補疏：「巧言令色，鮮矣仁」，此質樸遲鈍所以近仁也。唐書刑法志云：「仁者制亂，而弱者縱之。」然則剛强非不仁，而柔弱者仁之賊也，此果敢所以近仁也。論語後録：漢書周昌傳：「周昌，木强人也。」即此意。君子欲訥於言，訥訥然如不出諸口。訥从言内，有訒言之義。　黄氏後案：後漢書吴漢傳論引此經，注：「剛毅，謂强而能斷。木，樸愨貌。訥，忍於言也。」彼李注必此經之古注也。論語「血氣方剛」，詩北山、國語周語「旅力方剛」，鄭語「剛四支以衛體」，合觀諸文，剛是堅强之名。韋氏國語注：「剛，强也。」鄭君公冶篇注：「剛，謂强志不屈撓。」此剛之正訓。王氏以無欲訓剛，非古義。多慾非剛，無慾亦未必剛也。左氏宣公二年傳「殺敵爲果，致果爲毅」，國語楚語下「毅而不勇」，合觀兩文，毅是果斷之謂。韋氏國語注：「毅，果也。」此爲毅之正訓。説文：「毅，妄怒也。一曰有決也。」能決於義曰有決，所決不合於義曰妄怒，其以決斷爲毅則同。剛者堅强而不屈撓，毅者果斷而不游移，此剛毅之分。周書謚法「强毅果敢曰剛」，説文「剛，强斷也」，泰伯篇包注「毅，强而能決斷也」，此乃統言則合。朱子於公冶篇云：「剛者，堅强不屈之意。」於泰伯云：「毅，强忍也。」後儒據此，以毅爲持久之義。然楚語「强忍犯義，毅也」，即證上文「毅而不勇」之毅。韋注：「忍，忍犯義也。」是決於犯義之忍，非耐久之忍。持久爲毅，古未之聞。語録：「剛是體質堅强，毅是奮發作興氣象。」蓋朱子本無定見，故有歧辭也。訥即訥於言之訥，觀「仁者其言也訒」，可見非質之鈍也。程子以四者爲質，失之也。程子曰：「祇爲輕浮巧利，於仁甚遠，故以此爲近仁。」此説是也。中庸力行近仁，剛毅者勇決，於所有事能强恕，能去私也。前篇言巧言令色鮮仁，木訥者真樸以立心，不飾僞，不售欺也。

【集解】王曰：「剛無欲，毅果敢，木質樸，訥遲鈍。有斯四者近於仁。」

【唐以前古注】皇疏：言此四事與仁相似，故云近仁。剛者性無求欲，仁者静，故剛者近仁也。毅者性果敢，仁者必有勇，周窮濟急，殺身成仁，故毅者近仁也。木者質樸，仁者不尚華飾，故木者近仁也。訥者言語遲鈍，仁者慎言，故訥者近仁也。

【集注】程子曰：「木者質樸，訥者遲鈍，四者，質之近乎仁者也。」楊氏曰：「剛毅則不屈於物欲，木訥則不至於外馳，故近仁。」

【餘論】四書困勉録：春秋之末，漸成一利口世界。莊子以利口談理，戰國策以利口議事，夫子所以思木訥之近仁。然則思剛毅者何？曰此則以鄉愿多也。論語稽：剛毅近於高明，木訥近於沈潛，雖各得一偏，然絶無取巧習氣，故曰近仁。若夫巧言令色，與夫貪私鄙吝之爲病，則去仁遠矣。

【發明】容齋隨筆：剛毅者必不能令色，木訥者必不爲巧言，此近仁鮮仁之辨也。

○子路問曰：「何如斯可謂之士矣？」子曰：「切切偲偲，怡怡如也，可謂士矣。朋友切切偲偲，兄弟怡怡。」

【考異】皇本「何如斯可謂之士矣」，無「之」字。末句「兄弟怡怡」下有「如也」二字。阮元校勘記：文選曹植求通親親表注、初學記十七、藝文類聚二十一、太平御覽四百十六引並有「如也」二字。毛詩小雅常棣傳：「兄弟熙熙然，朋友切切節節然。」正義曰：「論語『朋友切切偲偲，兄弟怡怡』，此熙熙當彼怡怡，節節當彼偲偲也。定本『熙熙』作『怡怡』，『節節』作『偲偲』。

依論語，則俗本誤。」

【考證】大戴禮曾子立事篇，宫中雍雍，外焉肅肅。兄弟憘憘，朋友切切。遠者以貌，近者以情。友以立其所能，而遠其所不能。苟無失其所守，亦可與終身矣。劉氏正義：「憘」與「怡」音義略同。案孟子言：「父子不責善，責善，朋友之道也。父子責善，賊恩之大者。」合夫子此語觀之，是兄弟亦不可責善。切切偲偲，怡怡如也，可謂士矣。夫子語止此。當時皆習見語，故夫子總言之。記者恐人不明，故釋之曰：「朋友切切偲偲，兄弟怡怡。」所謂七十子之大義也。

按：劉氏之説是也。觀此益知集注胡説之謬。

又曰：毛詩常棣傳：「兄弟尚恩，熙熙然。朋友以義，切切節節然。」孔疏云云。此疏所載傳言甚明晰。但熙、怡義同，節、偲聲轉，俗本亦不誤也。解者因疑節節、熙熙是古論語，切切、怡怡是魯論語。説亦近之。

【集解】馬曰：「切切偲偲，相切責之貌。怡怡，和順之貌。」

【唐以前古注】詩小雅常棣正義引鄭注：切切，勸競貌。怡怡，謙順貌。皇疏引繆協云：以爲朋友不唯切磋，亦貴和諧。兄弟非但怡怡，亦須戒厲。然朋友道缺，則面朋而匿怨。兄弟道缺，則鬩牆而外侮。何者？憂樂本殊，故重弊至於恨匿，將欲矯之，故云朋友切切偲偲，兄弟怡怡如也。切切偲偲，相切責之貌也。怡怡，和順之貌也。

【集注】胡氏曰：「切切，懇到也。偲偲，詳勉也。怡怡，和悦也。皆子路所不足，故告之。又恐其混於所施，則兄弟有賊恩之禍，朋友有善柔之損，故又别而言之。」

【餘論】黄氏後案：朱子於或問云：「切切，教告懇惻而不揚其過。偲偲，勸勉詳盡而不强其從。」即本注所引胡氏之説。意欲指子路所不足，過於求深，遂與古訓不合。且胡氏所云善柔之損，決非所以規子路也。

論語偶記：朱注以朋友切切偲偲、兄弟怡怡爲子路所不足。案禮檀弓篇：「子路去魯。顔淵謂子路曰：『何以處我？』子路曰：『吾聞之也，過墓則式，過祀則下。』」又子路曰：「吾寡兄弟，而弗忍也。」子路無兄弟，更何處見有不足？『』不可謂不切切偲偲。

【發明】松陽講義：如醫之用藥，這一劑某藥爲君，那一劑某藥爲君，絲毫不爽，説至此真是十分細密，一毫也粗不得，一毫也浮不得。切偲怡怡，猶當善用之如此，而況一味行行者乎？今日學者讀了幾篇濫時文，便儼然以士自居，試想與這切偲怡怡氣象有幾分相似？真是可恥。

○子曰：「善人教民七年，亦可以即戎矣。」

【考證】吴嘉賓論語説：七年，謂其久也。凡以數爲約者，皆取諸奇，若一，若三，若五，若七，若九。九者，數之究也。古人三載考績，三考而後黜陟，皆中間一年而考，五年則再考，七年則三考，故三年爲初，七年爲終。記曰：「中年考校。」

【集解】包曰：「即，就也。戎，兵也。言以攻戰。」

【唐以前古注】御覽二百九十六引鄭注：可就兵攻戰也。皇疏：夫教民三年一考，九歲三考，黜陟幽明，待其成者，九年爲正可也。今曰七年者，是兩考已竟，新入三考之初者也。若有可急，不暇待九年，則七年考亦可。亦可者，未全好之名。又引繆協云：亦可以即戎，未盡善義也。又引江熙云：子曰：「苟有用我者，朞月而已可也，三年有成。」善人之教不逮機理，倍於聖人，亦可有成。六年之外，民可用也。

按：此章韓李筆解以「七年」爲「五年」之誤，似屬臆斷，義尤迂曲，兹不録。

【集注】教民者，教之以孝弟忠信之行，務農講武之法。即，就也。戎，兵也。民知親其上死其長，故可以即戎。

【餘論】四書説約：善人教民，非爲即戎，而言可以即戎者，即孟子「王如施仁政於民，可撻秦、楚」之意。見善字中全有本領，培元氣者即所以壯神氣也。

○子曰：「以不教民戰，是謂棄之。」

【考異】穀梁僖公二十三年傳：以其不教民戰，則是棄其師也。白虎通三教篇、劉勰新論閲武篇引文皆無「以」字。後漢書傅燮傳、鄭太傳、隋書經籍志皆引孔子曰：「不教人戰，是謂棄之。」晉書庾袞傳引孔子曰：「不教而戰，是謂棄之。」

【考證】穀梁僖二十三年傳：宋公兹父卒。兹父之不葬何也？失民也。其失民何也？以其不教民戰，則是棄其師也。爲人君而棄其師，其民孰以爲君哉？公羊桓六年傳：「秋八月壬午，大閲。大閲者何？簡車徒也。何以書？蓋以罕書也。」何休注：「孔子曰：『以不教民戰，是謂棄之。』故比年簡徒謂之蒐，三年簡車謂之大閲。五年大簡車徒謂之大蒐。存不忘亡，安不忘危。」徐彦疏云：「何氏之意與鄭别。」　劉氏正義：宋氏翔鳳輯本鄭論語注謂：「何以教民爲習戰。而疏謂何與鄭别，則鄭謂教民以禮義，不謂教民習戰也。」愚謂鄭注今已亡，無由知其説。然古人教戰，未始不教以禮義。觀子犯對晉文語，雖霸國急用其民，亦必示之義信與禮，而後用之。故白虎通三教篇云：「教者，效也。上爲之，下效之。故孝經曰：『先王見教之可以化民。』論語曰：『不教民戰，是謂棄之。』」則言教而二者已晐之矣。周官大司馬：「中春教振旅，司馬以旗致民，平列陳如戰之陳。」鄭注：「兵者，守國之備。孔子曰：『以不教民戰，是謂棄之。』兵者凶事，不可空設，因蒐狩而習之。凡師出曰治兵，入曰振旅，皆習戰也。四時各教民以其一焉。」觀此，則鄭與何同。公羊疏所云何與鄭别，或鄭别有一説，非如宋君所測也。

【集解】馬曰：「言用不習之民使之攻戰，必破敗，是謂棄之。」

【唐以前古注】皇疏引江熙云：善人教民如斯，乃可即戎；況乎不及善人，而馳驅不習之民戰，以肉餧虎，徒棄而已也。　又引琳公云：言德教不及於民，而令就戰，民無不死也，必致破敗，故曰棄也。

【集注】以，用也。言用不教之民以戰，必有敗亡之禍，是棄其民也。

【餘論】過庭録：何以教爲習戰事，故舉蒐狩之期，且證上章教民七年也。疏云與鄭别，知鄭不同。今其文不存，鄭意蓋以教民使知禮義與信，而後可以一戰，如左傳所説者與？　棄，論語後録謂讀如「鄭棄其師」之棄是也。　王慎中遵巖文集：孔子不言軍旅之事，而惡夫以不教之民戰者，古之所以教民，明其禮分等殺於君臣長幼之間，而厚其恩愛於所以爲父子兄弟夫婦者是矣。爲教如此，豈爲欲用之於戰，而戰有時而不可已，則非素教之民，不可得而用。故以善人爲邦，不至七年，猶未可以其民即戎也。是雖君臣長幼父子兄弟夫婦之道得，而五兵之器、六伐七伐之法，不使耳目手足素嫻而習操之，而輒用之於戰，亦何以異於棄是民哉？

論語集釋卷二十八

憲問上

○憲問恥。子曰：「邦有道，穀；邦無道，穀，恥也。」

【考異】皇疏：問孔子進仕之道也。顔淵、子路學優宜仕，故憲問次於子路。憲既問仕，因舉時不可仕之君，故以衛靈公次憲問也。翟氏考異：侃敍篇次，自云受自師業。問恥之恥，似説爲仕，而經文仍止作「恥」，疏亦不以仕爲義。侃所宗凡十三家，此或其一家之别傳，故但存其説，不遽易其文邪？史記引此章文，「憲」作「子思」，「邦」作「國」。又下引「子思曰克伐怨欲」云云，合下文爲一章。

【考證】趙順孫四書纂疏：憲問恥，不書姓而直書名，其爲自記之證一也。他章夫子稱弟子則名之，曾子、有子、冉子門人之所記則以子稱，非其師者皆稱字，如原思爲之宰，亦以字稱。而此書名，其爲自記之證二也。下章問克伐怨欲不行，不别起端而聯書之，其爲自記之證三也。論語稽求篇：集注謂此篇疑原憲所記，以憲字子思，此不稱思問而稱憲問，自謙故也。但記者例稱字，然亦有偶稱名者，如篇中南宫适問孔子，季氏篇陳亢問于伯魚，子罕篇牢曰子云類。據史記适字子容，家語亢字子禽，牢字子張，則皆稱名可驗也。又他宰予晝寢，而求也爲之聚斂，皆記者文。若憲見他書，記事亦多稱名，如檀弓「仲憲言於曾子」，仲憲即原憲也。又史記「原憲亡草澤中。子貢相衞，結駟連騎，過謝原憲」，家語作「原憲隱居衞，子貢結駟連騎而見原憲」，皆子貢稱字，獨憲稱名，豈皆憲自記耶？

按：朱子謂此篇疑憲所自記是也。論語記諸弟子皆稱字，憲字子思，此不記子思問而記憲問，故朱子云然。毛氏好與集注爲難，然陳亢、南宫适、宰予皆係以氏，求也、牢曰則紀事紀言，非問辭，且皆有上文，故當從朱注。

【集解】孔曰：「穀，禄也。邦有道，當食其禄也。君無道，而在其朝食其禄，是恥辱也。」

【集注】憲，原思名。穀，禄也。邦有道不能有爲，邦無道不能獨善，而但知食禄，皆可恥也。憲之狷介，其於邦無道穀之可恥固知之矣，至於邦有道穀之可恥則未必知也，故夫子因其問而並言之，以廣其志，使知所以自勉而進於有爲也。

【餘論】論語偶記：泰伯篇：「邦有道，貧且賤焉，恥也；邦無道，富且貴焉，恥也。」此言邦有道穀，正是不貧且賤，何反爲恥？惟邦無道穀，則是富且貴，所以可恥。故泰伯篇兩加「恥也」字，是明爲二事俱可恥，憲問恥，於「邦有道穀」下無「恥也」一語，明惟邦無道穀爲可恥，孔注近是。而集注以爲皆可恥，不知所本也。潘氏集箋：泰伯篇云：「邦有道，貧且賤焉，恥也；邦無道，富且貴焉，恥也。」則邦無道而穀固爲可恥，至於邦有道當以貧賤爲恥，穀又何所恥者？竊謂夫子言恥，當主邦無道穀説，蓋以憲爲宰辭禄，即邦有道亦恐有不食其禄者，故詔以邦有道穀，而惟當邦無道乃爲可恥耳。否則以泰伯篇文例推之，則邦有道穀亦宜有「恥也」字，何獨於邦無道穀言恥乎？　黄氏後案：據孔注有道時以功詔禄，君子受禄不誣，無可恥也。史記弟子列傳云：「孔子卒，原憲亡在草澤中。」本經又云：「原思爲宰。」出處合乎聖人，能事斯語矣。又史記游俠傳：「季次、原憲，閭巷人也，讀書懷獨行君子之德，義不苟合當世，當世亦笑之。故終身空室蓬户，褐衣疏食不厭。死已四百餘年，而弟子志之不倦。」則原子亦聖門一大宗也，不可輕貶矣。　四書改錯：原思學不足有爲，在諸書並無考據，惟論語記原思爲宰，係夫子所使。向使果無用，果不足有爲，則此一恥在夫子矣。況素餐二字，則正與與粟九百，不聽其辭相對照。思本不素餐，而夫子强之餐。思以素爲恥，而夫子必使之無恥，此是何故？且思之狷介，原屬有爲，所謂人有不爲而後可以有爲者，與道學清班徒食月進者不同。吾不知清班授餐亦曾做一事與否？乃朱氏語類又曰：「原思只是一個喫菜根的人，一事也做不得。」聞之宋人汪氏有云：「人咬得菜根，則百事可做。」此言在朱氏嘗稱之，且引其言入小學中。而獨於思，則人咬菜根可做百事，思獨不可做一事，是直視聖門流品在十丐下，其不當與儕輩相齒序且十百倍也。又且宋儒極抑聖門，而於此節則原情者多。如范淳夫謂原思不受非分之禄，能事斯語，故以告之。尹和靖謂原思甘貧守道，可以語此。尚皆和平。然則朱氏刻薄矣。

【發明】四書近指：不論有道無道，貪禄不休，是必有苟且之術，故君子羞其用心，恥之於人大矣。

「克、伐、怨、欲不行焉，可以爲仁矣？」子曰：「可以爲難矣，仁則吾不知也。」

【考異】史記引子思曰，合上文爲一章。　集注考證：章首無起語，蓋冒上憲問字，一時並記二問。　史記弟子列傳、三國志鍾離牧傳注引經「矣」作「乎」。

【集解】馬曰：「克，好勝人。伐，自伐其功。怨，小忌怨也。欲，貪欲也。」包曰：「四者行之難，未足以爲仁。」

按：史記集解引注包曰作鄭曰。

【唐以前古注】皇疏：仁者必不伐，不伐必有仁。顏淵無伐善，夷、齊無怨，老子曰「少私寡欲」，此皆是仁也。公綽之不欲，孟之反不伐，原憲蓬室不怨，則未及於仁，故云不知也。

【集注】此亦原憲以其所能而問也。克，好勝。伐，自矜。怨，忿恨。欲，貪欲。有是四者，而能制之，使不得行，可謂難矣。仁則天理渾然，自無四者之累，不行不足以言之也。

【餘論】阮元論仁篇：此但能無損於人，不能有益於人，未能立人達人，所以孔子不許爲仁。　論語補疏：董子論仁曰：「其事易。此孔子之恉也。我欲仁，斯仁至矣。有能一日用其力於仁矣乎？我未見力不足者。皆以仁爲易也。故易傳云：易則易知，簡則易從。」呂覽察微云：「子貢贖魯人於諸侯，來而讓不取其金。孔子曰：『賜失之矣。自今以往，魯人不贖人矣。取其金則無損於行。』子路拯溺者，其人拜之以牛，子路受之。孔子曰：『魯人必拯溺者矣。』」讓不取金，不伐不欲也，而贖人之路遂窒。孟子稱公劉好貨，太王好色，與百姓同之，使有積倉而無怨曠。孟子之學全得諸孔子，此即己達達人、己立立人之義。必屏妃妾，減服食，而於百姓之飢寒仳離漠不關心，則堅瓠也。故克伐怨欲不行，苦心絜身之士，孔子所不取。不如因己之欲，推以知人之欲；即因己之不欲，推以知人之不欲。絜矩取譬，事不難而仁已至矣。絶己之欲，而不能通天下之志，非所以爲仁也。

【發明】焦氏筆乘：克、伐、怨、欲不行焉，夫子嘆其難，不許其仁。世謂不行爲守，仁爲化，由守斯可化，殆非也。率是道也，如靈龜曳尾於塗，拂迹迹生，而豈求仁之路哉？語云：能一情者可以成德，能忘一情者可以契道。制情者絶之始萌也。然制情情存，第不造於惡而已。忘情者情未萌也，情既不萌，忘何所忘。情忘心空，道將來契，斯孔門之所謂仁矣。筆塵：孔門之教雖權，然亦有圓頓，實教則惟顏子一人當之。夫人無始以來，執我不捨，而一日克己復禮，非頓而何？天下亦大矣，差別之相，何所不有，而一念克復，天下歸仁焉，非圓而何？觀吾與回言終日，及於吾言無所不説，則有不勝紀者矣。而見論語者僅僅止此想此問答於衆中，故紀之，而衆人所不得聞如此類者固尚多也。後世遂以論語皆漸修平實語，而以圓頓一着甘讓與釋氏，謂孔門無此。不知朝聞夕死，復是何物，愚矣哉！反身録：克、伐、怨、欲不行，猶禦寇然。寇之竊發，多由主人昏寐。主人若醒，寇自不發，何待於禦。又曰：學問要識本體，然後好做工夫。原憲不識仁體，而好言工夫，用力雖勞，終屬安排。治病於標，本體何在。問本體。

曰：爲克、伐、怨、欲者誰乎？識此斯識本體矣。昔羅近溪先生見顔山農，自述遘危病生死得失能不動心。顔不許，曰：「是制欲，非體仁也。」先生曰：「非制欲，安能體仁？」顔曰：「子不觀孟子之論四端乎？知皆擴而充之，如火之始燃，泉之始達，如此體仁，何等直截！子患當下日用而不知，勿妄疑天性之息也。」先生時如大寐得醒，此方是識仁。原憲直以克、伐、怨、欲不行爲仁固不是，然憲雖不識仁體，猶能力做工夫，能制克、伐、怨、欲於不行。吾人當其或克、或伐、或怨、或欲時，亦能痛懲力窒，制其不行乎？程子云：「七情之發，惟怒爲甚。能於怒時遽忘其怒，其於道思過半矣。」吾人心體之累，克、伐、怨、欲爲甚。若能於克、伐、怨、欲時一覺即化，使心體無累，其於仁思過半矣，未可借口不行爲非仁，而缺却制之工夫也。大凡人之好勝由心不虚，誠虚以處己，自與物無競。矜伐多由器小，器大則萬善皆忘，何伐之有？怨生於不知命，知命則安命聽天。欲生於不知足，知足則淡然無欲。

○子曰：「士而懷居，不足以爲士矣。」

【考證】左僖三十三年傳：懷與安，實敗名。吴英經句説（劉氏正義引）：士初生時，設弧於門左，爲將有事於四方也。膂力方剛，經營四方，士之志也。若繫戀所居，乃偷安而無意人世者，故孔子警之。

【集解】士當志道不求安，而懷其居，非士也。

【集注】居，謂意所便安處也。

【發明】反身録：士若在身心上打點，世道上留心，自不屑區區躭懷於居處。一有繫戀，則心爲所累，害道匪淺。居天下之廣居，則隨遇而安，必不縈念於居處，以至飲食衣服之類。凡常人意所便安處，舉無以動其中，斯胸無一點塵，不愧爲士。

○子曰：「邦有道，危言危行；邦無道，危行言孫。」

【考異】後漢書馮衍傳注引論語曰：天下有道，危言危行。皇本「孫」字作「遜」。孟子弔滕章章指述文作「遜」。後漢書第五倫傳郭太傳兩注引皆作「遜」。

【考證】春秋繁露楚莊王篇：義不訕上，智不危身，故遠者以義諱，近者以智畏。畏與義兼，則世逾近而言逾謹矣。此定、哀之所以微其辭。以故用則天下平，不用則安其身，春秋之道也。戴望論語注：正行以善經，言孫以行權。黄氏後案：危訓厲，謂自嚴厲也。危訓高峻，義見禮緇衣。言不危行，行不危言，彼説不危，此説危，朱子仍用禮注者，意謂高於俗也。廣雅：「危，正也。」王氏疏證引此經，於義尤長。言孫者，不正説己意，順人之義而婉道之也。按：危字有厲、高、正三訓，當以廣雅訓正義較長。

【集解】包曰：「危，厲也。邦有道，可以厲言行也。」何曰：「孫，順也。厲行不隨俗，順言以遠害。」

【唐以前古注】後漢第五倫傳注引鄭注：危，猶高也。據時高言高行者皆見危，故以爲諭也。皇疏引江熙云：仁者豈以歲寒虧貞松之高志？於其言語可以免害，知志愈深。孔子曰：「諾，吾將仕矣。」此皆遜辭以遠害也。

【集注】危，高峻也。孫，卑順也。尹氏曰：「君子之持身不可變也，至於言則有時而不敢盡，以避禍也。然則爲國者使士言孫，豈不殆哉！」

【餘論】論語石洞紀聞：行無時而不危，所謂國有道，不變塞焉；國無道，至死不變。言有時而或孫，所謂國有道，其言足以興；國無道，其默足以容。四書詮義：言孫非畏禍也，賈禍而無益，則君子不爲矣。知進退存亡而不失其正，亦時中之道也。劉氏正義：漢明之末，學者知崇氣節，而持之過激，釀爲黨禍，毋亦昧於遠害之旨哉！

【發明】論語稽：邦無道，則當留有用之身匡濟時變，故舉動雖不可苟，而要不宜高談以招禍也。漢之黨錮、宋之元祐黨、明之東林黨，皆邦無道而言不孫者也。以此章言之，豈聖人之所許哉！故韓魏公謂石介爲怪鬼，而周順昌者流亦識者所不取也。論語意原：孫非諛説詭隨之謂，不訐直以取禍也。

○子曰：「有德者必有言，有言者不必有德。仁者必有勇，勇者不必有仁。」

【考異】北史裴俠傳「仁者必勇」，無「有」字。又李苗傳論「仁必有勇」，無「者」字。南史范岫傳論「仁者有勇」，無「必」字。

【集解】德不可以億中，故必有言。

【唐以前古注】皇疏引殷仲堪云：修理蹈道，德之義也。由德有言，言則末矣，末可矯而本無假，故有德者必有言，有言者不必有德也。誠愛無私，仁之理也。見危授命，若身手之相救焉，存道忘生，斯爲仁矣。若夫强以肆武，勇以勝物，陵超在於要利，輕死元非以爲仁，故云仁者必有勇，勇者不必有仁。　又引李充云：甘辭利口，似是而非者，佞巧之言也。敷陳成敗，合連縱横者，説客之言也。淩誇之談，多方論者，辨士之言也。德音高合，發爲明訓，聲滿天下，若出金石，有德之言也。故有德必有言，有言不必有德也。陸行而不避虎兕者，獵夫之勇也。水行不避蛟龍者，漁父之勇也。鋒刃交於前，視死若生者，烈士之勇也。知窮之有命，知通之有時，順大難而不懼者，仁者之勇也。故仁者必有勇，勇者不必有仁。

【集注】有德者和順積中，英華發外，能言者或便佞口給而已。仁者心無私累，見義必爲，勇者或血氣之强而已。

○南宮适問於孔子曰：「羿善射，奡盪舟，俱不得其死然。禹、稷躬稼而有天下。」夫子不答。南宮适出，子曰：「君子哉若人！尚德哉若人！」

【考異】論語釋文：「适」，本又作「括」。史記弟子傳作「南宮括」。説文解字：𢏚，從弓，幵聲。論語曰：「𢏚善射。」郭忠恕汗簡：「羿」，古文爲「𢏳」，見古尚書。邢疏：左傳言寒浞因羿室生澆，澆即奡也。聲轉字異，故彼此不同。説文解字「豷」字下引春秋傳「生敖及豷」，敖亦即奡。困學紀聞：説文：「奡，嫚也。」引虞書「若丹朱奡」，論語「奡盪舟」。書有「罔水行舟」之語，則奡盪舟者恐即丹朱。翟氏考異：漢志考證曰：「説文引論語奡湯舟。」今檢説文「湯」下、「舟」下俱未引經，惟「奡」下引之，自爲盪字。志考、紀聞同爲王氏書，紀聞亦云盪，則志考所述，當是偶誤。史記弟子傳作「上德哉」，古史亦作「上」。

【音讀】潛夫論五行志引南宮适言作「俱不得其死也」。通鑑前編：子何子以「死」字句。集注考證：俗連「然」字句者非。「若由也不得其死然」，言於未死之前，期辭也。此述二人於既死之後，斷辭也。「然」字唤起下文，便見得尚德之意。湛淵静語：論語「羿善射，奡盪舟，俱不得其死」當點，「然禹、稷」云云是句，却與「若由也不得其死然」不同。李豫亨推蓬寤語：此以「俱不得其死」爲句，不當如「由也不得其死然」例。蓋由也未然，而羿、奡則已然也。翟氏考異：集解于「然」字下注，王逸離騷章句引文亦以「然」字絶句，先儒所讀，未可遽訾其俗。四書辨證：集解曰「然猶焉也」，「然」字絶句。王逸離騷章句引文亦然。「然」字絶句，由來久矣，至潛夫論五行志引文則「然」作「也」字。

【考證】吴仁傑兩漢刊誤補遺：上文云「無若丹朱傲」，下文云「傲虐」，傲雖凶德，一言足以盡之，何至申言之乎？陸德明音義於「丹朱傲」云：「字又作奡。」乃知丹朱、奡爲兩人名。朋淫云者，指此兩人言之。南宮适言奡盪舟，則罔水行舟之事是已。奡在禹前，故禹舉之以戒舜，南宮舉之，亦先羿、奡而後禹、稷也。日知録：竹書紀年：「帝相二十七年，澆伐斟鄩，大戰於濰，覆其舟，滅之。」楚辭天問：「覆舟斟鄩，何道取之？」正謂此也。漢時竹書未出，故孔安國以爲陸地行舟，而後人因之。古人以左右衝殺爲盪陳，其鋭卒謂之跳盪，别帥謂之盪主。盪舟蓋兼此義，與蔡姬「乘舟盪公」者不同。　四書稗疏：集注陸地行舟之説，蓋自古相傳之譌也。行舟於水者，非力能運之，水本流動，舟寓於上，浮泛而無留勢，故一夫之力，徑寸之楫，可轉萬斛之艦，因其便也。陸地澀滯，物居其上則止，推移之者，必自外旁撼，足趾撐地，而後得施其力。今以一人立於方尺木板之上，而以篙楫撐之，力盡篙折，未有毫釐移動之理。舟雖至輕，視方尺之板猶數百倍也。奡力即百倍於人，至無所施力之處，亦將何以措手足乎？凡人之力，皆生於足，扛鼎曳牛，必堅立而後得勝，足力愈猛，則足之所履愈堅，是將百奡千奡，徒增舟勢之安耳。按盪者，搖盪以行也。初未嘗有在陸地曰盪，在水則否之辨，盪舟何知在陸？春秋傳言蔡姬盪舟，豈蔡姬亦有神力耶？然則所謂盪舟者，謂能棄舟以水戰也。古有陸兵無水師，黄帝阪泉，后啓甘扈，皆平地決戰也。奡助羿爲亂，肆暴於東海之濱，始作水戰，以殘過、戈困鄩、灌。盪舟之義，甚爲明著。陸地之云，既事理所必無，其爲怪妄，與羿射九日等，注聖人之言者所必芟也。

陔餘叢考：寒促子名澆，左傳並不言奡，孔氏特以聲相近，遂據以釋奡。按集韻澆雖有奡音，以爲寒促子；王逸注楚辭亦引論語「澆盪舟」，此皆因孔注而依附之。而澆之盪舟，不見所出。陸德明音義於「丹朱傲」云：「字又作奡。」蓋古字少，傲、奡通用。宋人吴斗南因悟即此盪舟之奡，與丹朱爲兩人也。若作傲慢之傲，則既云「無若丹朱傲」矣，下文何必又曰「傲虐是作」乎？罔水行舟，正此陸地行舟之明證。此説可謂鐵板注脚。然則所云善射之羿，或亦指唐時之羿，未可知也。　論語後録：古之稱羿者有三，稱奡者有二。帝嚳射師，一羿也。堯時十日並出，射九日而落之，一羿也。有窮國君，一羿也。説文解字有「羿」，又有「𢏚」。「𢏚」下引此文，許君説古文論語，引作「𢏚」，是古論作「𢏚」。於「羿」下又云：「古諸侯。一曰射師。」射師即𢏚，是許君亦未定從。作「羿」者，其爲今文論語歟？堯之子丹朱，一奡也。寒浞之子，一奡也。古者「奡」與「傲」通，亦與「澆」通。書曰：「無若丹朱傲，罔水行舟，朋淫于家。」管子曰：「若傲之在堯。」此皆堯之子，「奡」則作「敖」。寒浞之子，春秋傳作「澆」。竹書紀年：「帝相二十七年，澆伐斟鄩，大戰於濰，覆其舟，滅之。」楚辭天問所謂「覆舟斟鄩，何道滅之」者是也，亦作「澆」。孔安國注此，謂奡能陸地行舟，爲夏后少康所殺。考之經典，少康所殺之奡，有覆舟，無盪舟，若云盪舟爲陸地行舟，則以罔水行舟傅之爲合。四書辨證：覆舟固奡事，而覆與盪不同。書言罔水行舟，非必古無是事者。孔傳亦作陸地行舟解，蔡傳言如奡盪舟之類，可以互觀而知矣。孟子「從流上而忘反」，章句引書「罔水行舟」釋之，則所謂盪舟，亦是水涸，必挽舟以行，至於漫游無度，以亡其身。四書典故辨正：逢蒙殺羿之羿，乃是有窮之君，春秋傳所謂「家衆殺之」者。堯時之羿，淮南子稱其有功於天下，死爲宗布，人皆祀之，無不得其死之説。傲之爲奡，古字通用。説文：「奡，嫚也。」引書「若丹朱奡」，並不是人名。至南宮适之問，意本在禹、稷，故語分賓主，非以時代先後爲序也。斗南既以丹朱、奡爲兩人，指爲羿、奡之奡；王伯厚又疑論語「奡盪舟」即指丹朱，總以「罔水行舟」之語而傅會之。不知盪舟與罔水行舟本是兩事。鄭康成曰：「丹朱見洪水時人乘舟，今水已治，猶居舟中，使人頟頟推行之。」此丹朱罔水行舟之事，即孟子「從流忘反」之義也。竹書：「帝相二十七年，澆伐斟鄩，大戰於濰，覆其舟，滅之。」此奡盪舟之事，即古人以左右衝殺爲盪陣之義也。孔氏於尚書、論語俱以陸地行舟解之，遂啓後誤。夫丹朱非不得其死者，而謂奡即丹朱，豈可通乎？經學巵言：丹朱與傲是二人。敖即象也。帝繫曰：「瞽叟産重華及産象敖。」象爲人傲很，因以爲號，若共工稱康回，鮌稱檮杌之比。漆書古文作「奡」，論語「奡盪舟」，即所謂罔水行舟者也。自注：「管子曰：『若敖之在堯。』劉景昇與袁譚書曰：『昆弟相嫌，未若重華之於象敖。』」劉氏正義：左襄四年注以奡爲澆甚是。而云陸地行舟，似假書益稷所云「罔水行舟」語附合之，此則誤解書及論語之義矣。梁氏玉繩漢書古今人表考不從吴氏、王氏之説，謂澆、奡、傲三字古多通借，則以論語之羿、奡即人表所載第九列之羿、浞、奡也。今案象固稱敖，然堯典言「象傲克諧」，則象後亦感化爲善，故封之有庳，富貴終身，何爲有不得其死之事？則知孔説亦誤也。論語竢質：𢏳篡夏自立，爲寒浞所殺。許君云「少康滅之」者，左襄四年傳：「浞因羿室生澆及豷。」又云：「少康滅澆于過，后杼滅豷于戈，有窮由是遂亡。」有窮本夷𢏳之國，少康滅有窮，故云少康滅之也。今經典相承作「羿」，而「𢏳」字廢矣。奡之盪舟，紀年僞書不足據。左襄四年及哀元年傳伐斟鄩者，澆也。及天問「覆舟斟鄩」，與此文三文相參，奡即是澆，蕩舟即是覆舟信矣。康有爲論語注：説文羿爲帝嚳射師，天問稱堯時十日，羿射九日而落之，孟子稱逢蒙殺之者。説文引虞書「若丹朱奡」。論語「奡盪舟」，陸德明述之同，即此管子曰「若敖之在堯」，書稱「罔水行舟」是也。或疑爲奡即象傲，如鮌稱檮杌，與丹朱爲二人，則盪舟無據，益滋訟耳。若僞左傳有羿篡夏、浞篡羿，而浞子澆滅斟尋，靡復夏事，皆劉歆據竹書、天問僞竄入之，一發之于襄四年，再證之于哀元年。按史記夏本紀云：「仲康崩，子相立。相崩，子少康立。」若有一朝中亡之事，史遷豈有不知？譬如王莽篡漢，而作史者但書平帝崩，光武立。雖極空疏，必無此理。孟子稱羿爲逢蒙殺，非浞也。諸傳注之説，因此紛亂，皆不足信據也。

按：竹書發現在晉武帝之世，劉歆何從豫見之？康氏之説非也。奡，漢時本有作澆者。楚辭天問王逸注：「澆，古多力者也。論語曰：『澆盪舟。』」則僞孔以奡爲澆，亦有所本。羿，古射官名，後以官爲氏。此章羿、奡有堯時人、夏時人二説，然自不得其死之一點言之，仍以夏之羿、奡説較爲有據。此等處止宜闕疑。

【集解】孔曰：「适，南宫敬叔，魯大夫。羿，有窮國之君，篡夏后相之位。其臣寒浞殺之，因其室而生奡。奡多力，能陸地行舟，爲夏后少康所殺。此二子者，皆不得以壽終焉。」馬曰：「禹盡力於溝洫，稷播百穀，故曰躬稼。禹及其身，稷及後世皆王。适意欲以禹、稷比孔子，孔子謙故不答也。」孔曰：「賤不義而貴有德，故曰君子。」

【唐以前古注】皇疏：古有一人名羿而善能射，故云羿善射。淮南子云：「堯時有十日並出，草木燋枯。堯命羿令射之，中其九日，日中烏皆死焉。」奡者，古時多力人也。盪，推也。舟，船也。能陸地推舟也。

按：皇疏不用孔義，疏與注異。

【集注】南宫适，即南容也。羿，有窮之君，善射，滅夏后相而篡其位，其臣寒浞又殺羿而代之。奡，春秋傳作澆，浞之子也，力能陸地行舟，後爲夏后少康所誅。禹平水土，暨稷播種，身親稼穡之事。禹受舜禪而有天下，稷之後至周武王亦有天下。适之意蓋以羿、奡比當世之有權力者，而以禹、稷比孔子也，故孔子不答。然适之言如此，可謂君子之人而有尚德之心矣，不可以不與，故俟其出而贊美之。

【餘論】黄氏後案：據馬氏解、朱子注，夫子不答是自謙。尚德一贊，贊其心即贊其言也。謝顯道謂當時必有首肯意，非直不答。陸子静謂默當於此心，可以不答。洪景盧謂南宫适言力可賤而德可貴，其義已盡，無所可答。何子恭、王會之、金吉甫謂以「然」字屬下讀，意已分明，不須答。數説略異，其不譏駁南宫之言則同也。語録載朱子之言云：「報應有時不然，所以不答。」又以君子爲其所當爲，不計其效，故不答。又於或問有罕言命之説。信如是，則南宫之言猶疏，而尚德一贊，豈贊其出時之别有悟心乎？此説之不可從，陸稼書已詳辨之矣。式三謂周末權姦自矜智術可以奪命，孰不爲羿爲奡，豈知惡積必至滅身，祈命必在用德。南宫之問，夫子之贊，非聖賢之顯言命以明報效之必然乎？世或有行道而凶、違道而吉者，此數之變而不可爲常。常者多且久，變者少且暫，以少且暫之變而遂言命數不足凭，豈其然乎？荀子榮辱篇曰：「仁義德行，常安之術也，然而未必不危也。污漫突盗，常危之術也，然而未必不安也。故君子道其常，而小人道其怪。」徐偉長中論修本篇曰：「施吉報凶謂之命，施凶報吉謂之幸。然行善而獲福者猶多，爲惡而不得禍者猶少。總夫二者，豈可舍多而從少也。」讀此經而參以荀、徐之言，學者可以無疑。後世如秦，如魏、晉，如前、後五代，有天下而祚甚促，皆可類推矣。或曰：言禍福而推本天道是矣，而與釋氏果報之説得毋同乎？曰：積慶積殃，聖經昭昭，儒者豈得異議？且釋氏言輪回，以果報在前生後生，其説爲人所不見。此經則據其可見者耳。人之前生爲祖父，後生爲子孫，是以天之報應或在其身，或不於其身，必於其子孫。羿子死窮門，禹子孫繼世有天下，稷越千餘年有天下，此正人之可見可據者耳。

○子曰：「君子而不仁者有矣夫，未有小人而仁者也。」

【考異】舊唐書魏徵疏引孔子曰：君子或有不仁者焉，未見小人而仁者。

【集解】孔曰：「雖曰君子，猶未能備。」

【唐以前古注】皇疏引袁氏云：此君子無定名也。利仁慕爲仁者不能盡體仁，時有不仁一迹也。夫，語助也。小人性不及仁道，故不能及仁事者也。筆解：韓曰：「仁當爲備字之誤也。豈有君子而不仁者乎？既偁小人，又豈求其仁耶？吾謂君子才行或不備者有矣，小人求備，則未之有也。」

【集注】謝氏曰：「君子志於仁矣，然毫忽之間，心不在焉，則未免爲不仁也。」

【餘論】陳埴木鐘集：君子容有不仁處，此特君子之過耳，蓋千百之一二。若小人本心既喪，天理已自無有，何得更有仁在？ 己自頑痺如鐵石，亦無醒覺之理，甚言小人之不仁也。 此木軒四書説：非謂雖有不仁不害爲君子，正見此心須臾有間便是不仁，爲君子者豈可一息放下。若小人則純是私欲，無緣得其悔悟，故絶之嚴。

【發明】四書困勉録：小人而仁，即使真心發見，亦隨見隨滅，故曰未有，此甚言人之不可流入於小人，流入於小人，遂有江河不反之勢。總見從仁而至不仁易，從不仁而至仁難，其儆人意最爲深切。 論語稽：君子偶不仁，無害其爲君子。小人偶或仁，終見其爲小人。況小人之仁，其暫也，其迹也，而其心則斷斷然不仁矣。此聖人示人以觀人之法也。

○子曰：「愛之，能勿勞乎？忠焉，能勿誨乎？」

【考異】白虎通諫諍篇：愛之，能無勞乎？忠焉，能無誨乎？ 鹽鐵論授時章：忠焉，能無悔乎？愛之，而無勞乎？

【考證】經義述聞：呂氏春秋孟夏紀「爲天子勞農勸民」，高注：「勞，勉也。」謂愛之則當勸勉之也。勉與誨義相近，故勞與誨並稱。 鹽鐵論授時篇：「縣官之於百姓，若慈父之於子也。忠焉，能勿誨乎？愛之，而勿勞乎？」白虎通義諫諍篇：「臣所以有諫君之義何？盡忠納誠也。論語曰：『愛之云云。』」（勿作無）自注：「小雅隰桑篇『心乎愛矣，遐不謂矣』，箋曰：『謂勤也。』孔子曰：「愛之，能勿勞乎？忠焉，能勿誨乎？」』」襄二十七年左傳：「子産賦隰桑。趙孟曰：『武請受其卒章。』」杜注曰：「趙武欲子産之見規誨。」 劉氏正義勞當訓憂。淮南精神訓「竭力而勞萬民」，汜論訓「以勞天下之民」，高誘注並云：「勞，憂也。」正此處確詁。四書偶談：誨以師道，言父師一例。孟子曰「教人以善謂之忠」，即此處忠字注脚。

【集解】孔曰：「言人有所愛，必欲勞來之。有所忠，必欲教誨之。」

【唐以前古注】皇疏引李充云：愛之不能不勞心，盡忠不能不教誨。

【集注】蘇氏曰：「愛而勿勞，禽犢之愛也。忠而勿誨，婦寺之忠也。愛而知勞之，則其爲愛也深矣。忠而知誨之，則其爲忠也大矣。」

【餘論】黄氏後案：據孔注，慰勞之道不可已，規誨之道不可缺，明二者之互用也。白虎通諫諍篇引經蓋用孔注。臣之於君，忠愛兼盡，慰勞納誨互用也。詩隰桑箋引經言愛之則勤思之，禮表記引詩爲忠臣納誨之道，亦指賢臣言也。集注引蘇説，不指言倫類中之何屬。輔漢卿申蘇，以慈父忠臣分言，今皆本之。戚鶴泉又據孟子教人以善謂之忠，以誨爲師之誨子弟，父師一例。諸説各異。四書蒙引：愛不但父之愛子，兄之愛弟，士愛友，君愛臣民，師愛弟子，亦有如此者。忠不但臣之忠君，子亦有盡忠於父處，士亦有盡忠於友處，凡爲人謀亦有盡其忠處，但不必貫忠愛而一之也。

○子曰：「爲命，裨諶草創之，世叔討論之，行人子羽修飾之，東里子産潤色之。」

【考異】左傳襄公三十一年：鄭國將有諸侯之事，子産乃問四國之爲于子羽，且使多爲辭令，與裨諶乘以適野，使謀可否，而告馮簡子，使斷之。事成，乃授子太叔使行之，以應對賓客，是以鮮有敗事。集注考證：左傳所記與此章相先後，當以夫子言爲序。劉氏正義：「裨」，鄭本作「卑」，見羣經音辨ㄌ部。鄭司農周官大祝注、後漢書皇后紀下注引風俗通並作「卑諶」，漢書古今人表作「卑湛」。凡作「卑」，與鄭本合。湛、諶通用字。

【考證】劉氏正義：論語竢質：「卑諶、裨諶當即一人，諶當從火作煁，毛詩傳：『煁，烓竈也。』則名竈字煁矣。」左傳於襄三十一年再見裨諶，以後但有裨竈與子産相終始，而裨諶更不見。考其論議，正是一人也。詩「卬烘于煁」，傳：「煁，烓竈也。」説文解字曰：「煁，烓也。烓，行竈也。」名竈，故字煁也。潘氏集箋：班氏爲人表時，列國諸臣當有世本可據，而以諶與竈爲兩人，恐諶非即竈矣。況傳云裨諶能謀，不言其知天道。而竈於襄二十八年始見即言歲棄其次，而昭十七十八年傳再請瓘斝玉瓚禳火，子産斥以焉知天道，非若諶必資謀可否者，其爲兩人無疑也。四書偶談：鄭有兩子羽，一乃穆公之子，爲人所殺，後爲羽氏官馬師。一係公孫，非公子，不在七穆之列。杜預世族譜以公孫揮入雜人内，又衛亦有行人子羽。集注考證：古語「世」字與「太」字通用，如太子亦稱世子，衛太叔亦作世叔也。釋地三續：此句當補注曰：列禦寇稱東里多才，其被子産之流風乎？

【集解】孔曰：「裨諶，鄭大夫氏名也。謀於野則獲，謀於國則否。鄭國將有諸侯之事，則使乘車以適野，而謀作盟會之辭。」馬曰：「世叔，鄭大夫游吉也。討，治也。裨諶既造謀，世叔復治而論之，詳而審之。行人，掌使之官。子羽，公孫揮。子産居東里，因以爲號。更此四賢而成，故鮮有敗事。」

【唐以前古注】賈昌朝羣經音辨：「裨」，鄭作「卑」。卑，婢支切。書序正義引鄭注：討論，整理。

【集注】裨諶以下四人皆鄭大夫。草，略也。創，造也。謂造爲草稿也。世叔，游吉也，春秋傳作子大叔。討，尋究也。論，講議也。行人，掌使之官。子羽，公孫揮也。修飾，謂增損之。東里，地名，子産所居也。潤色，謂加以文采也。鄭國之爲辭命，必更此四賢之手而成，詳審精密，各盡所長，是以應對諸侯，鮮有敗事。孔子言之，蓋善之也。

【餘論】潘氏集箋：卑氏任姓，黄帝後，見潛夫論志氏姓篇。漢書古今人表作卑湛，師古曰：「卑音脾，湛音諶。」風俗通義姓氏篇：「卑氏，鄭大夫卑諶之後。」黄氏後案：命者，聘會之書，圖於使者未行之前也。以聘禮言之，臨行之日，君揖使者進之，上介立於左接聞命，迨宰執圭以授，使者受圭垂繅以受命。其行聘之日，几筵既設，擯者出請命，賓入升西楹西，東面致命，此所謂命，即彼聘禮之所謂命也。左傳僖公三十六年，展喜受命於展禽以犒師，此又犒師之有命辭也。禮，使者受命不受辭，此言隨時應對，辭本無常，不可以受，而命則先時爲之也。又曰：馬注云「行人，掌使之官」者，凡行人有專官有兼職。行人之見於春秋經者凡六，皆以執書。春秋襄公十一年：「楚人執鄭行人良霄。」楚不能敵晉悼而遷怒於無罪之人也。襄公十八年：「晉人執衛行人石買。」晉不能正衛伐曹之罪而執使人也。昭公八年：「楚人執陳行人干徵師殺之。」楚不能討陳殺太子之罪而執之。傳曰：「罪不在行人也。」昭公二十三年：「晉人執我行人叔孫婼。」魯取邾，師被愬而執之，罪亦不在婼也。定公六年：「晉人執宋行人樂祁犂。」犂知難而行，納楊楯六十於趙簡子，范獻子怒而執之也。定公七年：「齊人執衛行人北宫結以侵衛。」衛侯欲叛晉即齊，而沮於諸大夫，結請自執以成齊之盟也。凡六行人，或專官，或非專官，未可臆斷也。周官大行人掌大賓大客，小行人掌使適四方，説者謂二職不言胥史，亦是兼職。然司儀等職，平日必擇一官以統馭之，此正行人之有專職者耳。左傳桓公九年：「韓服爲巴行人。」文公四年：「甯武子不答湛露、彤弓，使行人私焉。」成公七年：「巫臣通吴於晉，置其子狐庸，使爲行人於吴。」襄公四年：「穆叔不拜肆夏、文王，韓獻子使行人子員問之。」襄公二十六年：「秦鍼如晉，叔向命召行人子員、行人子朱，曰朱也當御。」襄公二十一年：「欒盈過周，辭於行人。」定公四年：「伍員爲吴行人以謀楚。」哀公十二年：「衛人殺吴行人且姚而懼，謀於行人子羽。」此皆行人之有專職者。鄭子羽亦是專官，襄公二十四年傳：「鄭行人公孫揮如晉聘。」襄公三十一年傳：「衛襄公如楚，過鄭而聘子羽爲行人。」此其爲行人之見於傳者。昭公十八年：「鄭使行人告災於諸侯。」不言其人，或他官攝行也。襄公二十九年：「鄭伯有使公孫黑如楚。伯有曰：世行也。」則公孫黑世爲行人，蓋在子羽之前。

【發明】四書困勉録：此章即鄭之爲命，以見事之貴詳審，而又見能得人能用人之效。羣賢之和衷，子産之不自用，共有五意。又由爲命而推之凡事，由鄭國而推之凡爲國者。

○或問子產。子曰：「惠人也。」

【考異】荀子大略篇：子謂子產惠人也，不如管仲。管仲之爲人，力攻不力義，力知不力仁，野人也，不可以爲天子大夫。　翟氏考異：孔門所已論定之論語本荀卿似曾見之，故此以論子產、管仲，而並下章不可以爲大夫語攔入也。

【集解】孔曰：「惠，愛也。子產，古之遺愛。」

【集注】子產之政不專於寬，然其心則一以愛人爲主，故孔子以爲惠人，蓋舉其重而言也。

【餘論】黄氏後案：子產謂子太叔惟有德者能以寬服民，其次莫如猛，所以矯子太叔懦弱之弊。刑書之鑄，不過申明已墜之法，亦不足爲子產病。子產爲政以寬仁著績，其事班班可考。夫子此言爲循吏述績，非爲酷吏解嘲也。陸稼書曰：「聖人爲政寬處常多，嚴特偶用耳。雷霆霜雪，豈天所常用乎？子產謂之惠人，亦以其寬處多耳，非謂政多嚴而心寬也。」

問子西。曰：「彼哉！彼哉！」

【考異】廣韻、佩觿、類篇、集韻皆引論語曰：子西佊哉。　義門讀書記：彼讀若賁卦之賁，彼義切，哀也。廣韻在五寘中。　論語稽求篇：埤蒼曰：「彼者，邪也。」「彼」字省作「佊」字，而廣韻、集韻遂各收「佊」字在上紙韻，且各引論語「彼哉彼哉」爲證，于是傅會之家，遂謂魯論舊本原是「佊」字。然按公羊定八年，陽虎謀弑季氏，不得見公歛處父之甲，睋而曰：「彼哉彼哉！」則「彼」本如字，且陽虎時未有魯論，此必古成語，而夫子引以作答者。

【考證】四書通：吴氏曰：當時有三子西，鄭駟夏、楚宜申、公子申也。駟夏未嘗當國，無大可稱；宜申謀亂被誅，相去又遠，宜皆所不論，獨公子申與孔子同時。論語意原：此必鄭子西也。子産、子西同聽鄭國之政，子西殺子孔而盡分其室，尉止之禍，不儆而出，臣妾多逃，器用多喪，其視子産之政固有間矣。彼哉彼哉，若曰未可與子産同論也。崔應榴吾亦廬稿：若或人連類而及，自以鄭之子西爲是。然問管仲則非連類而及也，故集注從何氏。論語稽求篇：盧東元曰：「春秋有二子西，其一鄭子駟之子公孫夏，子産之同宗兄弟也。其一楚公子申，則楚昭王之庶兄也。或人以子西與子産連問，且與上爲命節連記，則必是鄭之子西可知。」而先仲氏亦嘗曰：「或人方物，當不出齊、晉、鄭、衛之鄉，荆楚曠遠，焉得連類？况其人皆在定、哀以前，風徽未沬，可加論騭。楚申後夫子而死，安能及之？」其説甚確，但予猶有進者。古凡論人必有倫物，齊稱管、晏，衛道圉、鮀，不嫌並名。當襄之十年，鄭盜五族，故殺子西、子産之父于西宫，子西不儆而出，先臨尸而後追盜，臣妾多逃，器物盡喪。子産置門庀司，蓋藏守備，倉卒成列，然後臨尸追盜，而渠魁授首，賊衆死亡。當時原以此定二子之優劣。其後二子先後聽政，並持國事。如襄之二十五年，鄭公孫帥師伐陳，即子西也。時子産獻捷于晉，晉詰之，賴子産辭命得解。其年子西復伐陳，陳及鄭平，仲尼曰：「鄭入陳，非文辭不爲功。」美子産也。明年，鄭使子西如晉聘。二十七年，鄭伯享趙孟于垂隴，子西、子産並從。子西賦黍苗之四章，子産賦隰桑。二十九年，鄭大夫盟于伯有氏。裨諶曰：「政將歸子産，天又除之，奪伯有魄。子西即世，將焉避之？」次年，子産遂相鄭。是子西、子産本係兄弟，而又往往以同事而並見優劣，且相繼聽政，其兩人行事，齊、魯間人熟聞之，故連問如此。若楚亦有兩子西，一鬬宜申，在僖、文間謀弒伏誅。一公子申，時未死，安得與子産、管仲連類及之？

【集解】馬曰：「子西，鄭大夫。彼哉彼哉，言無足稱。」或曰：「楚令尹子西。」

【集注】子西，楚公子申，能遜楚國立昭王而改紀其政，亦賢大夫也。然不能革其僭王之號，昭王欲用孔子，又沮止之，其後卒召白公以致禍亂，則其爲人可知矣。彼哉者，外之之辭。

問管仲。曰：「人也。奪伯氏駢邑三百，飯疏食，没齒無怨言。」

【考異】七經小傳：「人」上當失一字，彼非人而管仲乃獨謂之人乎？或曰「人」當作「仁」，亦非也。管仲之功爲仁耳，仁之道非管仲所能盡，仲尼亦不輕予之。荀子謂之野人，亦非也，義不合。　朱彬經傳考證：表記：「仁者，人也。」注引公羊傳：「執未有言舍之者，此其言舍之何？人也。」今公羊傳何注作「仁之」也。人即仁之謂。孔子於子産稱其惠，於管仲稱其仁。觀伯氏之没齒無怨，則仲之仁可知，故子路、子貢疑其非仁而孔子特信之。

按：論語人、仁通用，如「井有仁焉」、「孝弟爲仁之本」之類，其例甚多。朱氏義爲長。家語教思篇：「子路問管仲之爲人。子曰：仁也。」是魏、晉人舊説如是，似可從。

舊文「疏」爲「蔬」，釋文曰：「蔬，本今作疏。食如字，又音嗣。」　義疏本「疏」爲「蔬」。

【考證】積古齋鐘鼎彝器欵識：伯爵彝，乾隆辛亥夏出於臨朐柳山寨土中。考柳山寨有古城基，即春秋之駢邑。論語云：「奪伯氏駢邑三百。」此器出當其地，氏亦爲伯，或即伯氏之器歟？山左金石志謂之父癸彝，云伯氏或即伯雞父（釋爵爲雞父，與欵式異）之後，齊之世族，猶魯三家稱季氏、孟氏也。水經注：「巨洋水逕臨朐縣古城東，古伯氏駢邑也。」齊乘：「臨朐古駢邑，伯氏所食，後爲管子所奪，城西有其塚。」四書典故辨正：春秋莊元年「齊師遷紀郱、鄑郚」，應劭云：「郱一作駢，後爲伯氏邑。」其説必有所據。杜注：「郱在東莞臨朐縣東南。」集注考證：駢爲邑名無所見，玩本文，以伯氏駢爲人姓名，邑三百是食邑之數，傳稱城穀而置管仲，未嘗有駢邑之名。陳士元論語類考：言書其邑之人名使相駢連，易於稽察，故謂之駢邑，非有定地也。論語後録：駢本作郱，紀地，爲齊襄公所遷者。潘氏集箋：三百，雜記正義云：「鄭注易訟卦：『小國之下大夫采地方一成，其定税三百家，故三百户也。』其實大國下大夫亦三百户，故論語云：『奪伯氏駢邑三百。』注：『伯氏，齊大夫。』是齊爲大國，下大夫亦三百家也。」論語補疏：天官「太宰八柄，六曰奪，以馭其貧」，注云：「奪，謂臣有大罪，没入家財者。」蓋伯氏時有罪，管仲没其家財，故注云當理。廣雅：「理，治也。」治獄之官名理，當理，謂治獄得當也，此管氏所以爲法家之冠矣。諸葛孔明廢廖立爲民。廖聞亮卒，垂泣歎曰：「吾終爲左衽矣。」又嘗廢李平爲民，徙梓潼郡。十二年，平聞亮卒，發病死。習鑿齒曰：「昔管仲奪伯氏駢邑三百，没齒而無怨言，聖人以爲難。諸葛亮之使廖立垂泣，李平致死，豈徒無怨言而已？」習氏引管仲事以例諸葛，今轉可引諸葛事以例管仲，邢疏未能詳也。惟習云聖人以爲難，則連下「貧而無怨」爲一章。　四書釋地：荀子仲尼篇：「齊桓公主管仲爲仲父，與之書社三百，而富人莫之敢距也。」孔子世家索隱曰：「古者二十五家爲里，里各立社。書社者，書其社之人名於籍。楚以七百里書社之人封孔子也。」則書社三百乃七千五百家。　論語偶記：孔注云：「伯氏食邑三百家。」鄭注云：「三百家，齊下大夫之制。」（鄭注見宋本禮記疏。）今證之易訟卦云「其邑人三百户」，鄭注謂下大夫采地方一成，其定稅三百家。然則伯氏齊下大夫也。管仲所受自不止此，其奪諸伯氏者乃此數耳。國語吳語曰：「寡人其達王於甬句東，夫婦三百。」有夫有婦，然後爲家，亦是三百家也，可以爲此食邑三百之證。　秋槎雜記：據秦策「賜之二社之地」，注：「邑皆有社，二社二邑。」是在都則二十五家一社，在野則四井三十二家一社，或以駢邑三百爲三百社，義亦通。然經言邑不言社，庸愈於三百家之說乎？　經學卮言：奪如八枋之奪，蓋伯氏有罪，管仲削其邑，非奪以自益之謂也。

按：水經注：「巨洋水逕臨朐縣故城東，古伯氏之駢邑。」寰宇記於青州臨朐縣亦云然，則駢邑係地名非人名審矣。孔氏廣森曰：「此引荀子書社，自別一事，與駢邑無涉。」翟灝則以爲書社謂以社之户口書於版籍也，所書之社即駢邑也。富人，伯氏也。距，違也。駢本伯氏食邑，桓公書其社以增封管仲，而伯氏不敢違距，即所謂無怨言也。楊氏注荀子，謂齊之富人莫有敵者，未參論語文，致失其義。朱子引荀子以與此爲一事，見極卓矣。二説互異。考晏子春秋曰：「昔吾先君桓公以書社五百封管仲，不辭而受。」與此宜爲一事，只三五字異耳。朱注不誤。晏子春秋又云：「昔我先君桓公予管仲狐與穀，其縣十七。」管仲之邑爲穀，既見傳矣，而此又稱駢邑，猶晏子於穀外又有狐之説也。管仲當兼有數邑，駢邑安知不在十七縣之數中乎？

【集解】猶詩言「所謂伊人」。孔曰：「伯氏，齊大夫。駢邑，地名。齒，年也。伯氏食邑三百家，管仲奪之，使至疏食，而没齒無怨言，以其當理也。」

【唐以前古注】禮記雜記正義引鄭注：伯氏，齊大夫。坊記正義引鄭注：駢邑三百家，齊下大夫之制。皇疏：伯氏名偃，大夫。駢邑者，伯氏所食采邑也。時伯氏有罪，管仲相齊，削奪伯氏之地三百家也。

按：伯氏名偃，未知出何書。六朝時古籍尚多，必有所據，今不可考矣。

【集注】伯氏，齊大夫。駢邑，地名。齒，年也。蓋桓公奪伯氏之邑以與管仲，伯氏自知己罪，而心服管仲之功，故窮約以終身而無怨言。荀卿所謂「與之書社三百，而富人莫之敢距」者即此事也。或問：「管仲、子産孰優？」曰：「管仲之德不勝其才，子産之才不勝其德，然於聖人之學，則概乎其未有聞也。」

【餘論】四書詮義：三節隨問隨答，無分重輕，然於子産則因其事而原其心，於子西則置之不議不論，於管仲則略其罪而與其功，聖人善善長而惡惡短，苟有可取，必亟稱之；然適如其量而止，終不肯溢美於人，此可見聖人之直道而行，無所毁譽矣。康有爲論語注：管仲真有存中國之功，雖奪人邑而人不怨言，功業高深，可爲一世之偉人也。孔子極重事功，累稱管仲，極詞贊歎。孟子則爲行教起見，宋儒不知而輕鄙功利，致人才苶爾，中國不振，皆由於此。又云：蓋仁莫大于博愛，禍莫大于兵戎。天下止兵，列國君民皆同樂生，功莫大焉，故孔子再三歎美其仁。宋賢不善讀之，乃鄙薄事功，攻擊管仲，至宋朝不保，夷於金、元，左衽者數百年，生民塗炭，則大失孔子之教旨矣。專重内而失外，而令人誚儒術之迂也。

【發明】筆乘：伯氏有罪，管仲奪其邑三百而能使無怨言，非罪當其情，有以深服其心如此乎？孔明令廖立垂泣，李嚴致死，得其道矣。習鑿齒曰：「水至平而邪者取法，鑑至明而醜者忘怒。水鑑所以能窮物而無怒者，以其無私也。」蓋謂此也。

○子曰：「**貧而無怨難，富而無驕易。**」

【考異】劉氏正義：習鑿齒漢晉春秋：「昔管仲奪伯氏駢邑三百，没齒而無怨言，聖人以爲難。」焦氏循補疏謂習氏所引連下「貧而無怨」爲一章。若然，則無怨無驕，謂使之無怨無驕也。

【唐以前古注】皇疏引江熙云：顔淵無怨，不可及也。若子貢不驕，猶可能也。

按：七經考文云：「古本此下有『王肅曰貧者善怨富者善驕二者之中貧者人難使不怨也』二十三字，注今各本俱無之。」

【集注】處貧難，處富易，人之常情。然人當勉其難，而不可忽其易也。

【餘論】論語意原：貧而無怨，樂天之事。富而無驕，自守者能之。四書辨疑：注文只説處貧難處富易，於怨驕略無干涉，義不可通。大抵處飢寒困苦之貧者不能無吁嗟怏悵之怨，居贍足豐饒之富者鮮能無傲慢矜肆之驕，此乃人之常情也。能安於貧，然後無怨貧之心。不恃其富，斯可無驕富之氣。心顏子處貧之心，則能貧而無怨矣。富而無驕，不足道也。志子貢居富之志，則能富而無驕矣。貧而無怨，未敢望焉。察天下之貧者，萬中實無一二無怨；觀天下之富者，十中須有二三無驕。以此推之，足以知無怨爲難，無驕爲易也。

○子曰：「孟公綽爲趙、魏老則優，不可以爲滕、薛大夫。」

【考異】後漢書韋彪傳「孟子綽優於趙、魏老」，注云：「論語孔子言也。」袁宏後漢紀連及「不可爲滕、薛大夫」。釋文：「綽」，本又作「繛」，汗簡引古論同。隸釋：唐扶碑「朝有公卓」，即孟公綽也。翟氏考異：左傳哀公九年：「齊侯使公孟綽辭師於吴。」公孟綽齊臣，與孟公綽别，而其釋文亦云：「綽，本又作卓。」皇本「大夫」下有「也」字。

【考證】漢書薛宣傳：頻陽縣北當上郡西河，爲數郡湊，多盜賊。其令平陵薛恭本縣孝者，功次稍遷，未嘗治民，職不辨。而粟邑小，辟在山中，民謹樸易治，令鉅鹿尹賞久郡用事吏。宣即以令奏賞與恭換縣，二人視事數月，而兩縣皆治。宣因移書勞勉之曰：「昔孟公綽優於趙、魏，而不宜滕、薛，故或以德顯，或以功舉。」劉氏正義：史記仲尼弟子列傳：「孔子之所嚴事於魯孟公綽。」是孟公綽爲魯人。云大夫者，以意言之。趙之先與秦同姓嬴，至造父始封於趙，今直隸趙州地。其後入晉仕爲卿。魏，國名。括地志：「魏故國在芮城縣北五里。」今解州芮城縣河北故城是也。晉滅魏，以其地賜大夫畢魏，因以爲氏。子孫亦仕晉執政，故曰「趙、魏皆晉卿」也。士昏禮「授老雁」，注云：「老，羣吏之尊者。」賈疏云：「大夫家臣稱老。是以喪服、公食大夫以貴臣爲室老。春秋傳云『執臧氏老』，禮記云『大夫室老』，皆是。」是家臣稱老也。下章言「公綽之不欲」，是性寡欲也。「貪賢」者，言務多賢也。皇疏云：「趙、魏賢人多，職不煩雜，故家臣無事，所以優也。」滕、薛，二國名。滕，周文王子錯叔繡之後。薛，任姓，奚仲之後。彙纂云：「今兖州府滕縣西南十五里有古滕城，即滕國也。」又云：「薛城在滕縣南四十里。」

【集解】孔曰：「公綽，魯大夫。趙、魏，皆晉卿也。家臣稱老。公綽性寡欲，趙、魏貪賢，家老無職，故優。滕、薛小國，大夫政煩，故不可爲。」

【集注】公綽，魯大夫。趙、魏，晉卿之家。老，家臣之長。大家勢重而無諸侯之事，家老望尊而無官守之責，優，有餘也。滕、薛，二國名，大夫，任國政者。滕、薛國小政煩，大夫位高責重，然則公綽蓋廉静寡欲而短於才者也。楊氏曰：「知之弗豫，枉其才而用之，則爲棄人矣。此君子所以患不知人也。言此則孔子之用人可知矣。」

【别解】四書翼注：孟公綽非一味無能人。齊師伐魯，將求救於晉，公綽曰：「崔杼將歸弑君，必不縱暴於我。」齊師果歸。謂之智士可矣。區區魯大夫，何至不能勝任？夫子之言，别有所指。魯至定、哀間，晉卿將篡，小國綦亡，趙、魏之家，不可以董安于、尹鐸之徒附益其勢；滕、薛之國，非得管仲、子産亦不能救其衰矣，非爲公綽言也。

【發明】四書訓義：人無不有優也，亦無不有其不可爲者也。知之明而不以虚名違實用，不以家世定班序，官人之道斯得矣。使公綽之失其優，則大夫爲尸位，而公綽之長隱，豈非兩失哉？　四書困勉録：廉静自廉静，短於才自短於才，非廉静即短於才也。世之所謂短於才者，祇指廉静耳；所謂才者，祇指不廉不静耳。可歎！　論語稽：孔子言此，蓋以人各有能有不能，國家用人，宜量其所長而用之也。如公綽之賢，尚有能有不能，其他可知。此孔子爲用人者言，言不可用人而違其才，非於公綽有貶辭也。

○子路問成人。子曰：「若臧武仲之知，公綽之不欲，卞莊子之勇，冉求之藝，文之以禮樂，亦可以爲成人矣。」

【考異】七經考文：古本「曰」上無「子」字，「知」作「智」，足利本同。　天文本論語校勘記：古本、足利本、唐本、津藩本、正平本「曰」上無「子」字。

【考證】國策：有兩虎争人而鬬者，管莊子將刺之，管與止之曰：「虎者，戾蟲；人者，甘餌也。今兩虎争人而鬬，小者必死，大者必傷。子待傷虎而刺之，則是一舉而兼兩虎也。無刺一虎之勞，而有刺兩虎之名。」　韓詩外傳十：卞莊子好勇。母無恙，則三戰而三北。交游非之，國君辱之，卞莊受命，顔色不變。乃母死三年，魯興師，卞莊子請從。至，見於將軍曰：「前猶與母處，是以戰而北也，辱吾身。今母没矣，請塞責。」遂走敵而鬬，獲甲首而獻之，請以此塞一北。又獲甲首而獻之，請以此塞再北。將軍止之曰：「足。」不止，又獲甲首而獻之，曰：「請以塞三北。」將軍止之曰：「足，請爲兄弟。」卞莊子曰：「三北以養母也。今母没矣，吾責塞矣。吾聞之，節士不以辱生。」遂奔敵殺七十人而死。新序義勇篇略同。困學紀聞：卞莊子之勇，或問云事見新序。愚按荀子大略篇：「齊人欲伐魯，忌卞莊子，不敢過卞。」此可見其有勇也。

經學卮言：卞莊子疑即孟莊子。襄公十六年，齊侯圍成，孟孺子速徼之。齊侯曰：「是好勇，去之以爲之名。」速遂塞海陘而還。是孟莊子有勇名。或嘗食采於卞，因以爲號。荀子云：「齊人欲伐魯，忌卞莊子，不敢過卞。」與上事亦相類。卞本魯邑。左傳：「齊歸孟穆伯之喪，卞人以告。」則卞爲孟氏之私邑，非無稽云。

四書辨證：卞莊子刺虎，秦策稱管莊子。吴氏補注云：「國策作管莊子，漢書東方朔傳稱弁嚴子，蓋避漢明帝諱，莊作嚴，故魯語莊公作嚴公，羽獵賦楚莊作楚嚴。」卞、弁亦通用，故史記弟子傳云：「子路卞人。」家語弟子解云：「子路弁人。」路史國名紀：「泗水縣有卞故城。」注云：「季武子取以自封。」子路是邑人，今集注言莊子魯卞邑大夫，蓋即其地。國名紀又云：「莊子卞氏。」

王瑬四書地理考：卞在今兗州府泗水縣東五十里。陳軫説君，不必定引本國之人，從魯爲長。

四書典故辨正：路史國名紀、氏族大全並以卞爲莊子之姓。蓋曹叔振鐸之後，支庶食采於卞，因以爲氏。然卞非曹國之地，鄭樵通志嘗辨之，則知卞姓之説誤也。

按：羣經補義、寶甓齋札記並據左襄十六年傳：「齊侯圍郕，孟孺子速徼之。齊侯曰：『是好勇。去之以爲之名。』」是孟莊子有勇名，或先嘗食采於卞，因以爲號。考荀子大略篇云：「齊人欲伐魯，忌卞莊子，不敢過卞。」此事雖與左傳相似，然明言過卞，非過成，其非一人審矣。潘維城亦云：「孟氏食卞，傳究無明文。」論語子張篇，曾子述夫子稱孟莊子之孝，不云卞莊子，則卞莊子非孟莊子明甚。後漢班固傳、崔駰傳皆諱莊作嚴，注以爲魯人。卞邑，今山東兗州府泗水縣，界東是魯地，非秦地。且臧武仲、公綽、冉求皆魯人，當如周生烈注，鄭以爲秦大夫者非。

【集解】馬曰：「臧武仲，魯大夫臧孫紇。公綽，魯大夫孟公綽。」周生曰：「卞莊子，卞邑大夫。」孔曰：「加之以禮樂，文成也。」

【唐以前古注】釋文引鄭注：卞莊子，秦大夫。皇疏：答若德成人者，使智如臧武仲，然武仲唯有求立後於魯，而爲孔子所譏，此亦非智者。齊侯將爲臧紇田。臧孫聞之，見齊侯。與之言伐晉。對曰：「多則多矣，抑君似鼠。夫鼠晝伏夜動，不穴於寢廟，畏人故也。今君聞晉之亂而後作焉，寧將事之，非鼠如何？」乃弗與田。臧孫知齊侯將敗，不欲受其邑，故以比鼠，欲使怒而止。仲尼曰：「智之難也。有臧武仲之智，謂能避齊禍；而不容於魯國，抑有由也。作不順而施不恕也。夏書曰：『念兹在兹。』順事恕施也。」故是智也。事在春秋第十七卷，襄公二十三年傳也。莊子能獨格虎。一云：卞莊子與家臣卞壽途中見兩虎共食一牛，莊子欲前以劍揮之，家臣曰：「牛者，虎之美食。牛盡，虎之未飽，二虎必鬭。大者傷，小者亡，然後可以揮之。」信而言之，果如卞壽之言也。又引范甯云：不欲，不營財利也。

【集注】成人，猶言全人。武仲，魯大夫，名紇。莊子，魯卞邑大夫。言兼此四子之長，則知足以窮理，廉足以養心，勇足以力行，藝足以泛應，而又節之以禮，和之以樂，使德成於內，而文見乎外，則材全德備，渾然不見一善成名之迹，中正和樂，粹然無復偏倚駁雜之蔽，而其爲人也亦成矣。然亦之爲言，非其至者。蓋就子路之所可及而語之也。若論其至，則非聖人之盡人道不足以語此。

【別解】四書釋地三續：顧涇陽曰：「子路問成人。高存之云：『此恐是子路商論人物之語，非爲自家發問也。』某聞而豁然。」余謂此蓋以答處知之。不然，聖人不如此答。曰「今之成人者何必然」，當以圈外胡氏曰解爲確。不然，聖人不以子路所已能者教之，第難爲作時文者道耳。何則？作時文者必守注，尤必守圈內注。黄太冲言六經之道，昭如日星，科舉之學，力能亡經，悲夫！

【餘論】黄氏後案：知廉勇藝，四人分得之，則爲偏材，一人合得之，幾於全德。故四人之品不及子路，而子路不能及四子之塼長，且不能兼有之，夫子因以是勉之也。文，孔注訓加文，有加增之義，固可通。又云：「文，成也。」此三字疑何注。樂記：「禮減而進，以進爲文。樂盈而反，以反爲文。」鄭君注：「文，猶美也，善也。」善美與增成義互相足。一曰：説文：「文，錯畫也。象交文。」易傳：「物相雜故曰文。」義同。文以禮樂，即文王世子所謂「禮樂交錯於中」。有恭敬之心，而以樂化其拘；有和易之趣，而以禮酌其中也。知廉勇藝，合之既幾於醇，而復交錯之以敬與和，是謂古之成人，見古成人之難也如此。劉氏正義：説苑辨物篇：「顔淵問於仲尼曰：『成人之行何若？』子曰：『成人之行，達乎情性之理，通乎物類之辨，知幽明之故，睹遊氣之源。若此而可謂成人。既知天道，行躬以仁義，飭躬以禮樂。夫仁義禮樂，成人之行也。窮神知化，德之盛也。』」是成人爲成德之人，最所難能。此告子路但舉魯四人，是降等論之，故言亦可也。

【發明】張楊園備忘録：論人不可不嚴，取人不可不恕。如夫子於臧武仲、孟公綽、冉求諸人，平日謂其要君，不可爲滕、薛大夫，甚至欲爲鳴鼓之攻；至論成人，則曰知，曰不欲，曰藝，未嘗不各有所取也。想見夫子當局，用人無不如此。蓋論之嚴，故人得其實；取之恕，故用盡其才。聖明之主陶鑄一代人物，祇此機軸而已。

曰：「今之成人者何必然？見利思義，見危授命，久要不忘平生之言，亦可以爲成人矣。」

【考異】朱子語類：聖人不應只説向下去，且見利思義三句，自是子路已了得底事，亦不應只恁地説。蓋子路以其所能而自言，故胡氏以爲有終身誦之之固也。問：「若如此，夫子安得無言以繼之？」曰：「却又恐是他退後説也未可知。」四書纂疏：觀「何必然」三字，似以前説爲疑，三者又皆子路所能，故胡氏疑其爲子路言。四書辨疑：若爲既言而復答，古今文字中皆無如此文理。若爲子路之言，乃是面折孔子之非，孔子再無一言以答之何也？二説皆不可取。此一節與上文只是一段話，但無「曰」字則上下之義自通，「曰」字衍。　論語意原：此皆子路之所長也，以「何必然」三字觀之，必子路之言。　翟氏考異：邢氏疏云：「夫子鄉言成人者，是古之人也。又言今之成人，不必能備。」原以此節爲夫子言。文選曹植責躬詩注引子曰：「見危授命，亦可以爲成人矣。」沈約別范安成詩注引子曰：「久要不忘平生之言。」均不以爲子路言也。經傳中同一段言，別起曰字，往往有之，不必定謂之衍。至考文謂「問成人」下「子曰」，「子」字一本無之，若上節皆子路問辭，此節方爲夫子所答，則更於事理遷延，無足備用。　劉氏正義：皇、邢疏以曰爲夫子語。文選曹植責躬詩注、沈約別范安成詩注引此文「曰」上有「子」字，蓋夫子移時復語也。集注引胡氏説獨以爲子路言，於義似較長。　論語集注述要：次節「曰」字集注有兩説，而胡氏説尤無理。若全節作子路語，則子路何可以所能者誇示於夫子之前，夫子亦何得竟無一語如「何足以臧」之訓。但全節作夫子語亦未安，上節夫子勉進子路言已止矣，非子路所必不能行，何必又退一步而更言之。意「今之成人者」句是子路語，如子貢「敢問其次」之類，以下是夫子答辭，中間省一「曰」字。古人文字，或問辭省曰字，或答辭省曰字，常有之。末句如「抑亦可以爲次」之類。見利思義三者皆非子路所難，夫子何又以此告之，玩末句語氣，雖非如「何足以臧」之爲抑辭，亦非甚許之之辭，子意仍欲子路勉進於上，不可苟安於次也。

【集解】馬曰：「思義，義然後取，不苟得也。」孔曰：「久要，舊約也。平生，猶少時。」

【唐以前古注】皇疏引顔特進云：見利思義，雖不及公綽之不欲，猶顧義也。見危授命，雖不及卞莊子之勇，猶顧義不苟免也。

【集注】復加曰字者，既答而復言也。授命，言不愛其生，持以與人也。久要，舊約也。平生，平日也。有是忠信之實，則雖其才智禮樂有所未備，亦可以爲成人之次也。胡氏曰：「今之成人以下乃子路之言，蓋不復聞斯行之之勇，而有終身誦之之固矣。」未詳是否。

【餘論】四書改錯：此聖賢尚事功重材幹，與子貢問士章之重使四方、子路問仁章之獨許管仲一例。故此將謹信自守之士特抑一段曰今之成人，與問士章之特抑言行信果者爲硜硜小人，問仁章之特抑致身殉死者爲匹夫匹婦，亦是一例。蓋聖賢最忌是自了漢，明德不新民，成己不成物，獨善不兼善，非聖道即非聖學。故徐仲山曰：「予讀硜硜小人節而疑之，及讀今之成人節而又疑之，至讀匹夫匹婦節始豁然，然又疑曰：何以孟子獨恥言管仲？至讀『功烈如彼其卑』句則又快然，曰聖賢重事功，孟子之薄管仲，過於夫子之尊管仲，以爲事功甚重，不當止此也。」今通解論語，並通解大、中、孟子，而於此節仍徘徊瞻顧，首鼠不決，而胡氏且故以今之成人爲子路所言，此在前儒，並無此説，引此已自無理，然且借子路以暗侵夫子，謂爲此言者不復聞斯行之之勇，而有終身誦之之固。向使此言果出子路，在注者亦屬疑義，並不宜輕口訾謷。況明是子言，則直詆夫子矣。苟稍知聖道，知聖學，稍有忌憚，亦必不出此。

【發明】馮從吾四書疑思録：見利思義，必平日講一介不苟之學；見危授命，必平日講朝聞夕死之學。不然，利至然後斟酌道義，危至然後商量生死，則不及矣。

四書近指：思義授命，久要不忘，亦因今之士習少此一段風骨，故曰亦可以爲成人。松陽講義：今之成人，不是天限住他只可如此，不是聖賢寬假他只要他如此，天命之性，原無古今，聖賢道理，亦無古今。只因今之風俗日下，有稍能自拔於流俗者，便不敢苛責他了。今之名節日衰，有稍能自勵於名節者，便不敢深求他了。故自言利之風遍天下，有一見利思義者，便指爲奇士。偷生之徒滿海内，有一見危授命者，便歎爲異人。反覆狙詐不知羞恥者比比而是，有一久要不忘者，便目爲真儒。今日學者未能到子路地位，且要從下節做工夫起，先將義利生死關頭打破了，再要將虚僞根苗斬盡了，使脚跟立定，然後可去做上一節工夫。猶之富與貴章，先要取舍之分明，然後存養之功熟也。這義利生死關頭是最難打破的，這虚僞根苗是最難斬盡的。以見利言之，這利字要看得好，若是尋常貨利，雖中人亦能勉强慕義；惟當至窮至困之時，這箇利關係我仰事俯育之計，身家榮枯，全視乎此，且又現在面前，不待巧算曲計而可得，斯時有志之士亦不能不動心。以見危言之，這箇危字也要看得好，若是無可躲避的，雖怯夫亦能就死。謂之危，則尚在可生可死之界，有許多歧路可以避得，有許多曲徑可以走得，禍福存亡只在吾一念間，且又明白易曉，利害了然，斯時即有力量人亦不能不轉念。以平生之言言之，若是無所關係的，誰不樂踐約。惟當事勢阻礙之時，踐之或大不合於時，或大不便於我，且又言出已久，人都相忘了，吾即不踐，亦未必有人責備我，斯時即真誠之士亦不能不隨意。然學者苟於此處立不定，便不是堂堂正正的人了，雖要到材全德備中正和樂地位，無下手處，不可不猛省。

○子問公叔文子於公明賈曰：「信乎，夫子不言，不笑，不取乎？」公明賈對曰：「以告者過也。夫子時然後言，人不厭其言；樂然後笑，人不厭其笑；義然後取，人不厭其取。」子曰：「其然，豈其然乎？」

【考異】論衡知實篇：「孔子問公叔文子於公明賈曰：『信乎，夫子不言，不笑，不取，有諸？』」三「後」字皆作「后」，儒增篇引「其言」、「其笑」、「其取」下各有「也」字。　皇本亦各有「也」字。　九經字樣引字統注云：笑從竹，從夭。竹爲樂器，君子樂然後笑，似讀樂爲岳音。　事文類聚從集注引公明賈曰：夫子時然後笑。　素履子引「義然後取，人不厭其取」，爲孔子語。　論衡儒增篇、知實篇皆作「豈其然乎，豈其然乎」。　羣經義證：重言無爲抑揚之詞，與馬氏本異。　韓詩外傳景公使子貢譽孔子亦曰：「善豈其然，善豈其然。」

【考證】檀弓：公叔文子卒，其子戍請謚於君。君曰：「昔者衛國凶饑，夫子爲粥與國之餓者，是不亦惠乎？昔衛國有難，夫子以死衛寡人，不亦貞乎？夫子聽衛國之政，修班制以與四隣交，不亦文乎？故謚夫子貞惠文子。」　四書摭餘說：集注：「公叔文子，衛大夫公孫枝也。」此襲集解引孔安國注而致誤者。禮注鄭康成曰：「文子，衛獻公之孫，名拔，或作發。」案世本衛獻公生成子當，當生文子拔，左傳作公孫發，拔字音之似。注作公孫枝，又拔字之譌也。秦大夫有公孫枝，左氏稱子桑之忠者，子桑即枝字。　春秋衛大夫並無此名。　檀弓：「其子戍請謚。君曰：『昔衛國有難，夫子以死衛寡人。』」注：「衛國有難，謂魯昭公二十年盜殺衛侯之兄縶也。時齊豹作亂，公入死烏。」及考左傳，則南楚也。靈公避齊豹之難，驅車過齊氏，南楚以身蔽靈公，齊氏射公，中南楚之背。南楚，公子荆之字也。則此公子荆事，非公叔文子事。文子名拔，或作發，不聞字南楚也。

按：阮元校勘記曰：「困學紀聞六云：『衛公叔發，注謂公叔文子，論語孔注作公孫拔。』是王伯厚所見本尚作拔字。」養新録云：「公叔文子，朱注作公孫枝，王伯厚以爲傳寫之誤。余嘗見倪士毅四書集釋載朱文公論語注：『公叔文子，衛大夫公孫拔也。』又引吴氏程曰：『拔，皮八反。俗本作枝誤，即公孫發。』乃知今所行集注本非考亭之舊，王伯厚所見亦誤本。」據此，則集解、集注諸本「枝」字皆形近傳寫之譌也。

潘氏集箋：公明賈，孟子有公明儀、公明高，當是姓公明名賈。讀書叢録：「明，古讀如羊，即禮記雜記之公羊賈。」是則公明高即公羊高，然不聞有公羊儀也，存之姑備一説。

【集解】孔曰：「公叔文子，衛大夫公孫拔也。文，謚也。」馬曰：「美其得道，嫌其不能悉然也。」

【唐以前古注】皇疏：然，如此也，言今汝所説者當如此也。謂人所傳三事不言、不笑、不取，豈容如此乎。一云：其然是驚其如此，豈其然乎，其不能悉如此也。又引袁氏云：其然，然之也。此則善之者，恐其不能，故設疑辭。

【集注】公叔文子，衛大夫公孫枝也。公明姓，賈名，亦衛人。文子爲人，其詳不可知，然必廉謹之士，故當時以三者稱之。厭者，苦其多而惡之之辭。事適其可，則人不厭而不覺其有是矣，是以稱之。或過而以爲不言不笑不取也。然此言也，非禮義充溢於中，得時措之宜者不能。文子雖賢，疑未及此。但君子與人爲善，不欲正言其非也，故曰「其然，豈其然乎」，蓋疑之也。

【餘論】此木軒四書説：「時然後言」云云，亦非公明賈虛造此言。彼見文子言笑取皆無差忒，便謂已能如此。自夫子聞之，則以爲得時措之宜，苟有一豪未至，即不足當之，故不敢輕信。大抵聖人與常人，其心之精麤相去遠也。論語稽：不言、不笑、不取，矯激好名者類能强而制之。至時言、樂笑、義取，則時中之聖矣。告者固過，而賈言尤過。孔子論人，譽必有試，故以疑詞姑置之，以待後之核其實耳，非存一刻薄之念以待人也。清按或解此章，其然二字指時言、樂笑、義取，豈其然指不言、不笑、不取，於義亦通。

○子曰：「臧武仲以防求爲後於魯，雖曰不要君，吾不信也。」

【考證】左傳襄公二十三年：臧孫如防，使來告曰：「紇非能害也，知不足也。非敢私請，苟守先祀，無廢二勳，敢不辟邑。」乃立臧爲。臧紇致防而奔齊。春秋大事表列國地名考異曰：魯有三防。隱九年之防，此東防也，本魯地，在今沂州府之費縣，世爲臧氏食邑，襄二十三年，臧紇自邾如防即此。隱公十年，敗宋師於菅。辛巳，取防，此西防也，爲魯取宋地，在今兗州府之金鄉縣。欲别於臧氏之防，故謂之西防。僖十四年，季姬及鄫子遇於防，此魯國之防山也，在曲阜縣東二十里，孔子父母合葬於防即此。四書辨證：魯有西、北兩防。隱十年，辛巳，取防。

注曰：「高平昌邑縣西南有西防城。」此西取于宋而僅一見經者。九年冬，公會齊侯於防。注曰：「魯邑，在瑯玡華縣東南。」此北隣於齊而七見經者。吾謂臧氏邑即此。何也？莊七年，夫人會齊侯於防。二十二年，及齊高傒盟於防。襄十七年，齊高厚伐我北鄙，圍防。傳曰：「圍臧紇於防。」注言紇邑。春秋書防凡四及齊，非隣於齊而何？他如莊二十九年城諸及防，注言防，魯邑。僖十四年冬，季姬及鄫子遇防。注言鄫，今瑯玡鄫縣，與防近。襄十三年冬，城防。傳曰：「臧武仲請俟農功之畢。」凡此與四書及齊者實一邑，第臧氏邑始見於襄十三年冬傳，前三書魯邑，尚未爲臧氏采邑故也。若路史國名紀於北鄙臧氏邑混言東鄙，於西防城注亦引隱九年取防爲證，而曰臧氏邑，交誤矣。羣經平議：爲，有也。求爲後於魯者，求有後於魯也。孟子滕文公篇：「將爲君子焉，將爲野人焉。」趙注曰：「爲，有也。」爲之訓有，古訓有然，詳見王氏引之經傳釋詞。

按：爲後，謂立爲己後，禮云「爲人後者爲之子」是也。或曰：爲，人名，即臧爲也。亦可備一說。

【集解】孔曰：「防，武仲故邑。爲後，立後也。魯襄公二十三年，武仲爲孟氏所譖，出奔邾。自邾如防，使爲以大蔡納請，曰：『紇非能害也，知不足也。非敢私請，苟守先祀，無廢二勳，敢不避邑。』乃立臧爲。紇致防而奔齊。此所謂要君也。」

【唐以前古注】皇疏引袁氏云：奔不越境而據私邑求立先人之後，此正要君也。

【集注】防，地名，武仲所封邑也。要，有挾而求也。武仲得罪奔邾，自邾如防，使請立後而避邑，以示若不得請，則將據邑以叛，是要君也。范氏曰：「要君者無上，罪之大者也。武仲之邑，受之於君，得罪出奔，則立後在君，非己所得專也。而據邑以請，由其好智而不好學也。」楊氏曰：「武仲卑辭請後，其迹非要君者，而意實要之。夫子之言，亦春秋誅意之法也。」

【餘論】四書偶談：要君之名，仲所不居。必曰要季氏求後，仲又不甘認求季氏，曰吾是求魯。特下「於魯」二字與「以防」對，隱若敵國矣。論語意原：武仲之請，其辭甚遜，當時未有言其非者。夫子正其要君之罪，春秋誅意之法也。黄氏後案：表記云：「事君，三違而不出境，則利禄也。人雖曰不要，吾弗信也。」是以防即見要君也。

論語集釋卷二十九

憲問中

○子曰：「晉文公譎而不正，齊桓公正而不譎。」

【考證】四書釋地：時文家多以晉文公老而舉事，故慮日莫而計挺，此蓋據史記晉世家重耳奔狄，是時年四十三。又云重耳出亡，凡十九歲而得入，時年六十二矣，果爾誠可爲老。然史記多妄説，不若左傳、國語足信。左傳昭十三年叔向曰：「我先君文公，生十七年，亡十九年。」國語僖負覊曰：「晉公子生十七年而亡。」按此則晉文入國甫三十六歲，即薨亦祇四十四耳。杜元凱言戰城濮時文公年四十者近之。經史問答：聖人去春秋時近，所見聞必詳，不僅如今日區區三傳也。若但以三傳，則齊桓極有可貶，不當以聖人之言遂謂高於晉文，此論世者所不可不知也。王子頽之亂，衛人助逆，王室大擾，桓公已圖霸前後一十二年，讓鄭厲公討賊納王，坐視而不之問。又八年，天子特賜桓公命，請以伐衛，桓公乃不得已以兵伐之。衛人敢於抗師，而桓公不校，竟受賂而還。曾是一匡天下之方伯而出此，以視晉文之甫經得國，即討太叔，豈不有光於齊十倍？聖人許之，或自其中葉以後，否則别有所據，要之其初年未可恕也。若晉文之才，高於齊桓，特以暮年返國，心迫桑榆，又適當楚勢鴟張、中原崩潰之日，齊桓一死，而其子已疊遭楚侮，非急有以攘之不可，故多方設機械以創之，以爲譎誠所難辭。又不久而薨，不若齊桓之長年，其志未伸。若使多享遐齡，其從容糾合，示大信於諸侯，亦必有可觀者。至於正譎之間，則不過彼善於此。

【集解】鄭曰：「譎，詐也。謂召天子而使諸侯朝之。仲尼曰：『以臣召君，不可以訓。』故書曰：『天王狩于河陽。』是譎而不正也。」馬曰：「伐楚以公義，責包茅之貢不入，問昭王南征不還，是正而不譎也。」

【唐以前古注】皇疏引江熙云：言此二君霸迹不同，而所以翼佐天子綏諸侯，使車無異轍、書無異文也。

【集注】晉文公名重耳，齊桓公名小白。譎，詭也。二公皆諸侯盟主，攘夷狄以尊周室者也。雖其以力假仁，心皆不正，然桓公伐楚，仗義執言，不由詭道，猶爲彼善於此；文公則伐衛以致楚，而陰謀以取勝，其譎甚矣。二君他事亦多類此，故夫子言此以發其隱。

【別解】經義述聞：説文：「譎，權詐也。」訓詐爲惡德，訓權則亦爲美德。毛詩序曰：「主文而譎諫。」言之者無罪，聞之者足以戒。」鄭注：「譎諫，詠歌依違，不直諫。」正義曰：「譎者，權詐之名。」鹽鐵論力耕篇：「昔管仲以權譎伯，而苑氏以强大亡。」春秋繁露玉英篇：「諸侯在不可以然之域者，謂之大德。大德無踰閑者，謂正經。諸侯在可以然之域者，謂之小德。小德出入可也。權，譎也。」是權譎也，正經也，言晉文能行權而不能守經，齊桓能守經而不能行權，各有所長，亦各有所短也。鹽鐵論論儒篇：「今硜硜然守一道，引尾生之意，即晉文之譎諸侯以尊周室不足道，而管仲蒙恥辱以存亡不足稱也。」遵道篇：「晉文公譎而不正，齊桓公正而不譎。所由不同，俱歸於霸。」漢書鄒陽傳：「魯哀姜薨于夷。孔子曰：『齊桓公法而不譎。』以爲過也。」顔注曰：「法而不譎者，言守法而行，不能用權以免其親也。」法與正同義。法而不譎，古人以爲齊桓之過，則守正爲齊桓之所長，權譎爲齊桓之所短，較然甚明。然則晉文公譎而不正，亦是嘉其譎而惜其不正可知矣。

論語發微：漢書鄒陽傳：「齊桓公法而不譎。」法，古文作「⿱亼正」，班所引爲魯論。今作「正」，蓋古論本作「⿱亼正」，後人罕見「⿱亼正」字，遂改爲「正」。案兩正字皆當作「⿱亼正」，同法。法者，聖人之經法也。譎者，聖人之權衡也。善用譎則爲權，不善用譎則爲詐，故許君以權詐兩義解譎。此譎字當以權爲義。僖二十八年「盟于踐土」後書「公朝于王所」，公羊傳曰：「曷不言公如京師？天子在是也。天子在是，曷爲不言天子在是？不與致天子也。」何休注曰：「時晉文公年老，恐霸功不成，故上白天子曰：『諸侯不可卒致，願王居踐土。』下謂諸侯曰：『天子在是，不可不朝。』迫使正君臣，明王法。雖非正，起時可與，故書朝，因正其義。」是冬又書：「會温。天王狩于河陽。」皆晉文用權道以正君臣，明王法，而實非禮之正，故曰譎而不法。鄒陽言魯哀姜云云。師古注：「謂不能用權以免其親。」蓋齊桓公知正不知權，親親之義先闕。及身受禍，五子争立，其後嗣不復振。晉文知權而不知正，故數世雄長中國，亦終不合於王道。惟聖人斷之以義，而人事浹，王道備，成春秋之治，在可與立又可與權也。

按：潘維城曰：「詩曹風下泉序云：『思治也。曹人疾共公侵刻，下民不得其所，憂而思明王賢伯也。』左傳：『曹伯之豎侯獳曰：齊桓公爲會而封異姓，今君爲會而滅同姓。』是明明謂晉文不如齊桓矣。否則，共公時晉文正在位，詩何以傷無伯乎？又衛風木瓜序云：『美齊桓公也。衛國有狄人之敗，出處於漕，齊桓公救而封之，遺之車馬器服焉。衛人思之，欲厚報之，而作是詩也。』至晉文繼霸，詩無美之者。觀此二者，而夫子之意可見。紛紛曲解，似不必也。」

○子路曰：「桓公殺公子糾，召忽死之，管仲不死。」曰：「未仁乎？」

【考異】四書辨疑：「曰」字羨文。四書辨證：論語中本有復加曰字例，如「曰來！予與爾言」，下復加曰字是也。若此再加曰字，是斷語，如左傳敍逆婦姜於齊，中復加曰字斷之是也。不然，朱子何以不云是衍？

【考證】左傳：夏，公伐齊，納子糾。桓公自莒先入。秋，師及齊師戰于乾時，我師敗績。鮑叔率師來言曰：「子糾，親也，請君討之。管、召，讎也，請受而甘心焉。」乃殺子糾於生竇，召忽死之。管仲請囚，鮑叔受之，及堂阜而稅之。歸而以告曰：「管夷吾治於高奚，使相可也。」公從之。說苑善說篇：子路問於孔子曰：「管仲何如人也？」子曰：「大人也。」子路曰：「昔者管仲欲立公子糾而不能，是無能也。桎梏而居檻車無慙色，是無慙也。事所射之君，是不貞也。

召忽死之，管子不死，是無仁也。夫子何以大之？」子曰：「管仲欲立公子糾而不能，非無能也，不遇時也。桎梏而居檻車無慙色，非無慙也，自裁也。事所射之君，非不貞也，知權也。召忽死之，管仲不死，非無仁也。召忽者，人臣之材也，不死則爲三軍之虜也，死則名聞天下，夫何爲不死哉？管子者，天子之佐、諸侯之相也，死之則不免爲溝中之瘠，不死則功復用於天下，夫何爲死之哉？由，汝不知也。」　家語致思篇與説苑略同。

【集解】孔曰：「齊襄公立，無常。鮑叔牙曰：『君使臣慢，亂將作矣。』奉公子小白出奔莒。襄公從弟公孫無知殺襄公。管夷吾、召忽奉公子糾出奔魯。齊人殺無知。魯伐齊，納子糾。小白自莒先入，是爲桓公。乃殺子糾，召忽死之。」

【集注】按春秋傳，齊襄公無道，鮑叔牙奉公子小白奔莒。及無知弑襄公，管夷吾、召忽奉公子糾奔魯，魯人納之。未克而小白入，是爲桓公。使魯殺子糾而請管、召，召忽死之，管仲請囚。鮑叔牙言於桓公，以爲相。子路疑管仲忘君事讎，忍心害理，不得爲仁也。

子曰：「桓公九合諸侯，不以兵車，管仲之力也。如其仁，如其仁。」

【考異】邢疏：九合者，史記云：「兵車之會三，乘車之會六。」穀梁傳云：「衣裳之會十有一。」范甯注云：「十三年會北杏，十四年會鄄，十五年又會鄄，十六年會幽，二十七年又會幽，僖元年會檉，二年會貫，三年會陽穀，五年會首止，七年會甯母，九年會葵丘。」凡十一會，不取北杏及陽穀爲九也。　左傳僖公二十六年：「展喜犒齊師，曰：『桓公是以糾合諸侯而謀其不協。』」此朱子所據。　離騷天問篇：「齊桓九會諸侯。」朱子注亦據展喜語，謂「糾」字之通。　陸堦經世驪珠：衣裳之會九，始終確有所據，正不必緣糾合宗親之説。　義門讀書記：九合若如舊説，則其中有兵車之會三，本文何以言不以兵車？故朱子不從。　管子小匡篇：兵車之會六，乘車之會三，九合諸侯，一匡天下。　又戒篇：果三匡天子而九合諸侯。　晏子春秋問下篇：吾先君桓公，從車三百乘，九合諸侯，一匡天下。　荀子王霸篇：齊桓公九合諸侯，一匡天下，爲五伯長。　史記齊世家：桓公自稱曰：「寡人兵車之會三，乘車之會六，九合諸侯，一匡天下。昔三代受命，又何以異於此乎？」　又蔡澤傳説應侯曰：昔齊桓公九合諸侯，一匡天下，至葵丘之會，有驕矜之色，叛者九國。　戰國策：齊王斗曰：「昔桓公九合諸侯，一匡天下，天子授籍，立爲太伯。」　又魯連遺燕將書曰：管子併三行之過，據齊國之政，一匡天下，九合諸侯。　越絶書外傳、吴内傳皆曰：桓公九合諸侯，一匡天下。　韓非子十過篇：昔齊桓公九合諸侯，一匡天下，爲五伯長，管仲佐之。　又姦劫篇：桓公得管仲，立爲五霸主，九合諸侯，一匡天下。　又外儲説：桓公置管仲爲仲父，内事理焉，外事斷焉，故能一匡天下，九合諸侯。　吕氏春秋審分覽：桓公令甯遬等皆任其事，以受令於管子。十年九合諸侯，一匡天下。　又離俗覽：夫九合之而合，壹匡之而聽，從此生矣，管仲可謂能因物矣。　韓詩外傳六卷：桓公下布衣之士，所以九合諸侯，一匡天下也。　又八卷：桓公立管仲爲相，存亡繼絶，九合諸侯，一匡天下。　又十卷：桓公之所以九合諸侯，一匡天下，不以兵車者，非獨管仲也。大戴禮保傅篇：齊桓公得管仲，九合諸侯，一匡天下，再爲義主。淮南子氾論訓：管仲免于累紲之中，立齊國之政，九合諸侯，一匡天下，不識其君之力乎？其臣之力乎？風俗通義皇霸卷：齊桓九合一匡，率成王室。論衡書虛篇、效力篇皆云：桓公九合諸侯，一匡天下。又感類篇：管仲九合諸侯，一匡天下。中論智行篇：管仲使桓公有九合諸侯，一匡天下之功。百三名家集王諫議褒四子講德論：齊桓有管、鮑、隰、甯，九合諸侯，一匡天下。又魏武帝短歌行：齊桓之功，爲霸之首。九合諸侯，一匡天下。

翟氏考異：按自公、穀以來，俱謂九爲實數，周、秦、兩漢人以九合一匡作偶語者又如此之多，釋文中九字無音，則凡朱子前諸儒俱如字讀，未有因左傳一據遂欲改文爲「糾」者也。左傳亦嘗見九合字。襄公十一年，晉侯謂魏絳曰：「子教寡人，八年之中，九合諸侯。」蓋晉悼公復有九合之事，而先儒亦核實數訓之。國語載晉悼謂魏絳作「七合諸侯」。昭公元年，祁午謂趙文子則曰：「子相晉國，以爲盟主，再合諸侯，三合大夫。」再、三與七斷必爲數，則九字尤無可疑焉。

公羊傳莊公十三年疏引論語，「兵車」下有「之力」二字。

【考證】論語稽求篇：九合是九數，與下章「一匡天下」一數作對。如吕覽「一匡天下，九合諸侯」，王逸注楚辭「九合諸侯，一匡天下」，兩作對語可驗。蓋九數有核實者。穀梁傳云：「衣裳之會十有一。」范甯注云：「莊十三年會北杏，十四年會鄄，十五年又會鄄，十六年會幽，二十七年又會幽，僖元年會檉，二年會貫，三年會陽穀，五年會首止，七年會甯母，九年會葵丘，凡十一會。」正義曰：「衹稱九者，不取北杏及陽穀，故減二也。」若管子「兵車之會六，乘車之會三」，國語「兵車之會六，乘車之會三」，史記「兵車之會三，乘車之會六」，皆合九數。其曰不以兵車者，言不純乎以兵車也。此則與前九會之説稍有同異，然亦可參較者。若據左傳僖二十六年：「齊伐我北鄙。公使展喜犒師曰：『桓公糾合諸侯，而謀其不協。』」則「九」與「糾」字果是相通。然此是「九」通「糾」，非「糾」通「九」也。惟九是正字，故屈平天問亦曰：「齊桓九會，卒然身殺。」陳氏經典稽疑引左氏別文爲證，如襄十一年：「晉悼公以鄭樂之半賜魏絳，曰：『子教寡人和戎狄，八年之中，九合諸侯。』」昭元年：「祁午謂趙文子曰：『子相晉以爲盟主，于今七年矣。再合諸侯，五合大夫。』」則是左氏所記，凡指計盟會，無非數目。四書經注集證：九合之説，諸書互異。齊語云：「乘車之會三，兵車之會六。」史記桓公自稱云：「乘車會六，兵車會三。」俱與不以兵車之説相歧。穀梁莊公二十七年傳云：「衣裳之會十有一。」范甯注：「莊十三年會北杏，十四年會鄄，十五年又會鄄，十六年會幽，二十七年又會幽，僖公元年會檉，二年會貫，三年會陽穀，五年會首止，七年會甯母，九年會葵丘。」不取北杏、陽穀爲九也。林堯叟去貫與陽穀爲九。二説亦未見其的有所據，故朱子直依春秋傳作「糾」。劉氏正義：穀梁疏所引釋廢疾「去貫與陽穀」五字，當是誤衍。疏家不能辨正，而一匡指陽穀亦並載其義，而不知正與九合去陽穀之言相背。此疏家之失，非鄭指也。自鄭釋廢疾傳寫有「去貫與陽穀」五字，而申鄭者遂不得其解。今綜各説以附於後。穀梁疏引劉炫，謂有洮與葵丘，以當貫、陽穀之數。且以穀梁傳

「洮會兵車」爲誤。李賢後漢書延篤傳注同，用劉説也。淩氏曙典故覈亦從其説，謂：「洮會在僖八年，明年會葵丘。葵丘以前皆衣裳，用管仲也。葵丘以後用兵車，管仲死也。」案穀梁言洮會爲兵車，合於鹹、牡丘、淮爲四會。左傳云：「會于洮，謀王室也。」襄王定位，而後發喪。其時叔帶作難，襄王懼不立，不發喪而告難于齊。桓公奉王命以兵車會諸侯謀之，此正理之所宜，何乃以爲傳誤？且究是傳誤，亦爲劉義非康成有傳誤之言，此一説也。范甯解：「十三年會北杏，十四年會鄄，十五年又會鄄，十六年會幽，二十七年又會幽，僖元年會檉，二年會貫，三年會陽穀，五年會首戴，七年會甯母，九年會葵丘。」凡十一會。論語皇疏引范注，謂鄭不取北杏及陽穀爲九會，則有貫與葵丘。又一説也。陸氏論語釋文云：「范甯注云：『十三年會北杏，又會柯，十四年會鄄，十五年又會鄄，十六年會幽，二十七年又會幽，僖元年會檉，二年會貫，三年會陽穀，五年會首戴，七年會甯母。』凡十一會。鄭不取北杏及陽穀爲九。」則有柯、貫二會。又一説也。盧氏文弨釋文考證從陸氏而小變其説云：「穀梁疏引鄭釋廢疾云：『去貫與陽穀。』或云：『與，猶數也。』言數陽穀，故得爲九也。」僖九年，『盟于葵丘』，疏云：『論語一匡天下，鄭不據之而指陽穀者，鄭據公羊之文，故指陽穀。』然則鄭注不數貫而數陽穀，陸言鄭有貫無陽穀，互誤。」陳氏鱣古訓略同。則有柯、陽穀二會。又一説也。案北杏在柯會前，柯會不數，北杏安得數之？其數柯與葵丘，顯與鄭義不合。又鄭論語此文無注，盧誤記有注。凡諸述鄭，未符厥指。至穀梁疏又列二説：「或云葵丘會盟異時，故分爲二。或取公子結與齊桓、宋公盟爲九。

先師劉炫難之云：『若以葵丘之盟盟會異時而數爲二，則首戴之會亦可爲二也。離會不數，鄄盟去公子結，則惟有齊、宋二國之會，安得數之？』」是前二説皆劉難、楊疏所不從矣。若劉敞意林以始幽終淮爲九，萬斯大學春秋隨筆以莊二十七年會幽並檉、貫、陽穀、首止、甯母、洮、葵丘、鹹爲九，羅泌路史以第九次合諸侯專指葵丘，朱子集注以九與糾通，與左僖九年傳「桓公糾合諸侯」文同，異義錯出，難可通曉。後之學者，當無爲所惑矣。論語發微：管子小匡云：「兵車之會六，乘車之會三，九合諸侯，一匡天下。」晏子春秋問下云：「先君桓公，從車三百乘，九合諸侯，一匡天下。」案管、晏二子與論語同時出，而已以一匡、九合對舉。九者數之究，一者數之總，言諸侯至多，而已九合；天下至大，而能一匡。九合不必陳其數，一匡不必指其事。其兵車之會六，乘車之會三，亦約略言之，故與史記互異。論語言「九合諸侯，不以兵車」者，即穀梁所謂「未嘗有大戰」也。

按：述學有釋三九云：「凡一二之所不能盡者，則約之三以見其多；三之所不能盡者，則約之九以見其極多，此言語之虚數也。論語『子文三仕三已』，史記『管子三仕三見逐於君。三戰三走』，此不必果爲三也。楚辭『雖九死其猶未悔』，此不能有九也。史記『若九牛之亡一毛』，又『腸一日而九迴』，此不必限以九也。故知九者，虚數也。」九合之義，亦若是而已矣。然則漢儒謂九爲實數，劉炫去貫與陽穀而數洮，劉敞謂始幽終淮，萬斯大謂始莊二十七年會幽並檉、貫、陽穀、首止、甯母、洮、葵丘、鹹而九者，固非；即朱注依左傳作「糾」者，亦未必是也。羅泌謂第九次合諸侯專指葵丘者，更不足與辨矣。

【集解】孔曰：「誰如管仲之仁。」

【唐以前古注】皇疏：穀梁傳云：「衣裳之會十一。」范甯注曰：「十三年會北杏，十四年會鄄，十五年又會鄄，十六年會幽，二十七年又會幽，僖元年會檉，二年會貫，三年會陽穀，五年會首戴，七年會甯母，九年會葵丘。」凡十一會。又非十一會，鄭不取北杏及陽穀爲九會。

【集注】「九」，春秋傳作「糾」，督也。古字通用。不以兵車，言不假威力也。如其仁，言誰如其仁者。又再言以深許之。蓋管仲雖未得爲仁人，而其利澤及人，則有仁之功矣。

【別解】四書辨疑：注言「誰如其仁」，一誰字該盡古今天下之人，更無人如管仲之仁，無乃許之太峻乎？仲爲霸者之佐，始終事業不過以力假仁而已。所假之仁，非其固有之仁，豈有人皆不如之理。夫子向者言管仲之器小哉，又謂僭不知禮，今乃連稱誰如其仁，誰如其仁，聖人之言，何其不恒如是邪？況經之本文「如其」上亦無「誰」字之意。王滹南曰：「如其云者，幾近之謂也。」此解如其二字意近。然此等字樣，但可意會，非訓解所能盡。大抵如之爲義，蓋極似本真之謂。如云如其父、如其兄、如其所聞，文字語話中似此用如其字者不少。以此相方，則如其仁之義乃可見。管仲乃假仁之人，非有仁者真實之仁，所成者無異，故曰如其仁也。論語發微：孟子曰：「以力假仁者霸。」惟能假仁，故亦仁其仁，孔子言如其假仁也。黄培芳雲泉隨札：子路問：「管仲未仁乎？」子貢問：「管仲非仁者與？」夫子之答，皆但取其功，至於仁，俱置之不論。蓋所答非所問，與答孟武伯問三子之仁一例。如其仁云云者，是虛擬之詞，存而不論，與答「彼哉彼哉」一例。其答子貢則並無一字及仁，益明集注以「誰如其仁」解「如其仁」，誰字添設，説似未安。仁者，心之德，愛之理。若不論心而但論功，是判心術事功爲二。按之前後論仁，從無如此立説也。

【別解二】論語意原：子路之意，以召忽之死爲仁，管仲之不死爲未仁。夫子對以如其仁，如其仁，謂召忽不如管仲之仁也。翟氏考異：召忽之死，殺身以成仁也。仲雖不死，而有九合一匡之功，則亦得如召忽之仁。再言如其仁，其者，實指之辭，所指正召忽也。

【別解三】黄氏後案：如，猶乃也。詩「如震如怒」，揚子法言學行篇「如其富，如其富」，吾子篇「如其智，如其智」，問道篇「法者，謂唐、虞、成周之法也，如申、韓，如申、韓」，皆如訓爲乃之證也。謂管仲未純於仁則可，以不死糾難爲未仁則不可。曰乃其仁乃其仁者，以其仁之顯著於天下，徵其心之不殘忍於所事之人也。孔注云：「誰如其仁。」誰字添設。且云誰如，許之過當矣。劉氏正義：王氏引之經傳釋詞：「如猶乃也。」此訓最當。蓋不直言爲仁，而言如其仁，明專據功業言之，穀梁傳所云「仁其仁者」也。胡氏紹勳拾義據廣雅釋言訓如爲均，亦通。

【別解四】李光地論語答記：如其仁，集注作「誰如其仁」者，似太重。蓋管仲雖能使桓公以義率諸侯，然未免所謂五霸假之者。若仁，則王者之事矣。語意猶云似乎亦可稱仁也，蓋未成乎仁者之德而有其功，固不可没也。

【餘論】黄氏後案：盧氏鍾山札記録明顧叔時、季時及今袁簡齋之説，以此稱桓公、管仲乃齊論不醇之言。盧氏又謂記論語者如荀卿、吴起之儔亦出其中，故有此雜而不純之論。其説尤非也。孟子言管仲功烈之卑，夫子器小之説也。稱五伯齊桓爲盛，稱管仲天降大任，此經稱仁之説也。言豈一端而已？且荀卿黜霸崇王，不得疑以崇獎霸圖。吴起乃曾申之徒，盧氏以爲曾子之徒，同編論語，亦誤矣。

○子貢曰：「管仲非仁者與？桓公殺公子糾，不能死，又相之。」

【考證】論語稽求篇：子糾、小白皆齊僖之子，齊襄之弟。然子糾，兄也。小白，弟也。春秋傳書「齊小白入於齊」，公羊曰篡，穀梁曰不讓，皆以糾兄白弟之故。故經又書「齊人取子糾殺之」，而公羊曰：「子糾，貴宜爲君者也。」穀梁以爲「病魯不能庇糾而存之」，皆以兄弟次第爲言。故荀卿有言：「桓公殺兄以反國。」又曰：「前事則殺兄而争國。」史記亦云：「襄公次弟小白。」杜元凱作左傳注亦曰：「小白，僖公庶子。公子糾，小白庶兄。」即管仲自爲書，其所著大匡篇首曰齊僖公生公子諸兒、公子糾、公子小白。鮑叔傅小白，辭疾不出，以爲棄我。蓋以小白幼而賤，鮑叔不欲爲傅故也。觀此，則糾兄白弟明矣。説苑：「子路問於孔子曰：『昔者管仲欲立公子糾而不能，召忽死之，管仲不死，是無仁也？』孔子曰：『召忽者，人臣之材。不死則三軍之虜也，死之則名聞於天下矣。管子者，天子之佐、諸侯之相也。死之則不免於溝瀆之中，不死則功復用於天下，夫何爲死之哉。』」此則專論才具，特尚時用，與夫子「一匡天下，民到於今受其賜」語，正是一意，蓋夫子未嘗薄事功也。春秋彙纂：左氏經文「公伐齊，納子糾」，繫子於糾而不繫於小白，是以子糾爲兄也。公、穀經文雖稱糾不繫子，而公羊謂糾宜君，穀梁謂糾可立，亦以子糾爲兄也。三傳注疏並無異説。其見於他書者，荀卿嘗謂桓公殺兄以争國，史記序糾於小白之上，亦皆以子糾爲兄也。獨薄昭與淮南王書謂「齊桓殺其弟以反國」。趙氏汸曰：「時漢文於淮南爲兄，故避兄而言弟。」則薄昭所言，乃一時遷就之言，非不易之論也。程子及胡傳據公、穀經文稱子糾不繫子，遂直以糾爲弟，而諸家多因之。朱子論語或問引用程子説，而其答潘友恭書又引荀子殺兄之語，而以薄昭所云未必然，蓋兩存之。讀書臆：仲傅糾，非臣糾也。糾兄桓弟，管子、荀子、史記皆同。仲之可以無死，在糾、桓皆庶孽，而桓自先君齊，不在桓兄而糾弟。集注引程子桓兄糾弟之言，特踵薄昭之誤，未爲定論。惟范氏唐鑑「聞諸程子，子糾未嘗爲世子」，一語盡之。何則？世子者，未即位而君臣之分已定者也。使糾世子而桓公奪嫡以篡之國，則仲不死爲王、魏。使建成既即位而有玄武門之變，則王、魏不死爲三楊。三楊功不掩罪，王、魏罪不掩功，管仲有功而無罪。四書摭餘説：夫欲滅仲之罪，至以兄作弟，論固未當，而後人必以此極詆程子亦不然。蓋義不可不死，無論糾兄當死，即糾弟亦當死；義可以不死，無論桓兄不必死，即桓弟亦不必死。論死不死而徒以兄弟争，抑末也。余謂即以糾爲兄亦何不可原仲者。管仲、召忽，子糾傅也。二公子之傅，受之君命。君命傅二子，不命事二主。有爲所臣者死，未聞爲所傅者死。管仲，傅也。王珪、魏徵，臣也。子糾未爲儲，而建成則太子也。觀乎討糾之告，假手魯人，又豈可與秦王之喋血禁門，推刃同氣，相提而並論哉？然而天下後世不必皆有管仲之才者也，不皆有管仲之才，則不如死。余又願天下萬世之殺身成仁者，寧爲召忽，毋爲管仲也。

【集注】子貢意不死猶可，相之則已甚矣。

子曰：「管仲相桓公，霸諸侯，一匡天下，民到于今受其賜。微管仲，吾其被髮左衽矣。」

【考異】黄氏日鈔：注云「霸」與「伯」同。愚意諸侯之長爲伯，指其定位而名，王政不綱，而諸侯之長自整齊其諸侯，則伯聲轉而爲霸，乃有爲之稱也。正音爲静字，轉音爲動字。北史王紘傳引文「衽」作「袵」，下無「矣」字。中論智行篇引亦作「袵」。文選西征賦、八公山詩二注皆引作「袵」。

【考證】論語足徵記：漢書終軍傳「解編髮，削左袵」，師古曰：「編讀曰辮。」西南夷傳「編髮」，師古曰：「編音步典反。」案步典反即辮音。後漢書西南夷傳竟作「辮髮」。華陽國志南中志亦曰「編髮左袵。」案編、被一聲之轉，班書、常志之「編髮左袵」，即本此經之「被髮左袵」，是被髮即編髮，編髮即辮髮也。

【集解】馬曰：「匡，正也。天子微弱，桓公帥諸侯以尊周室，一正天下也。微，無也。無管仲，則君不君，臣不臣，皆爲夷狄也。」何曰：「受其賜者，謂不被髮左衽之惠也。」

【唐以前古注】邢疏引鄭注：天子衰，諸侯興，故曰霸。霸者，把也，言把持王者之政教。故其字作「伯」，或作「霸」也。皇疏：桓公與子糾争國，管仲射桓公中鉤帶。子糾死，管仲奔魯。初鮑叔牙與管仲同游南陽，極相敬重。叔牙後相桓公，而欲取管仲還。無漸，既因告老辭位，桓公問叔牙：「誰復堪爲相者？」牙曰：「唯管仲堪之。」桓公曰：「管仲射朕鉤帶殆近死，今日豈可相乎？」牙曰：「在君爲君，謂忠也。至君有急，當射彼人鉤帶。」桓公從之，遣使告魯不欲放殺管仲。遣使者曰：「管仲射我君鉤帶，君自斬之。」魯還之，遂得爲相。莊九年夏云：小白既先入，而魯猶輔子糾。至秋，齊與魯戰于乾時，魯師敗績。鮑叔牙志欲生管仲，乘勝進軍，來告魯曰：「子糾，親也，請君討之。管、召，讐也，請受而甘心焉。」子糾是我親也，我不忍殺，欲令魯殺之。管仲、召忽是我欲自得而殺之。魯乃殺子糾於生竇，召忽死之。管仲請囚，鮑叔牙受之，及堂阜而脱之。遂使爲相也。霸諸侯，使輔天子合諸侯，故曰霸諸侯也。一匡天下，故天下一切皆正也。賜，猶恩惠也。於時夷狄侵逼中華，得管仲匡霸桓公，今不爲夷狄所侵，皆由管仲之恩賜也。又引王弼云：於時戎狄交侵，亡邢滅衛，管仲攘戎狄而封之南服，楚師北伐山戎，而中國不移，故曰受其賜也。

【集注】「霸」與「伯」同，長也。匡，正也。尊周室，攘夷狄，皆所以正天下也。微，無也。衽，衣衿也。被髮左衽，夷狄之俗也。

【餘論】野客叢書：語有不當文理而承襲用之者，如宋詔曰：「謝玄勳參微管。」取論語「微管仲，吾其被髮」之謂。前此潘安仁詩嘗曰「豈敢陋微管」，謝玄暉詩「微管寄明牧」，後此如劉義府傳「臣以頑昧，獨獻微管」，傅亮碑「道亞黄中，功參微管」，似此用微管甚多。

【發明】日知録：君臣之分，所關者在一身。華裔之防，所繫者在天下。故夫子之於管仲，略其不死子糾之罪，而取其一匡九合之功，蓋權衡於大小之間，而以天下爲心也。夫以君臣之分，猶不敵華裔之防，而春秋之志可知矣。論至於尊周室、存華夏之大功，則公子與其臣區區一身之名分小矣。雖然，其君臣之分故在也，遂謂之無罪非也。劉氏正義：漢書匈奴傳：「苟利所在，不知禮義。」傳贊云：「夷狄之人，貪而好利，被髮左衽，人面獸心。其與中國殊章服，異習俗，飲食不同，言語不通，故其人君不君，臣不臣也。」注言此者，見夷狄入中國，必用夷變夏。中國之人既習於被髮左衽之俗，亦必滅棄禮義，馴至不君不臣也。呂留良四書講義：一部春秋大義尤有大於君臣之倫爲域中第一事者，故管仲可以不死耳。原是論節義之大小，不是論功名也。

湖樓筆談：桓公殺公子糾，管仲不能死而又相之，此匹夫匹婦之所羞，而孔子顧不之罪，何哉？曰：此三代以上之見，聖人公天下之盛心也。夫古之君臣，非猶夫後世之君臣也。天子不能獨治其天下，於是乎有諸侯；諸侯不能獨治其國，於是有大夫。天子之有諸侯，非曰爲我屏藩也。諸侯之有大夫，非曰爲吾臣僕也。自天子諸侯以至一命之士，抱關擊柝之吏，各量其力之所能任，以自事其事，以自食其食，故位曰天位，禄曰天禄，無非天也。天之生管仲，使之匡天下也。天何私於齊而爲齊生管仲哉？管仲亦何私於齊而以齊霸哉？使齊不用而魯用之，則以魯霸可也。魯不用而之秦、之晉、之楚、之宋，則以秦霸、以晉霸、以楚霸、以宋霸可也。夫且無擇於齊，而又何擇乎小白與糾哉？伊尹五就湯五就桀，孔子歷説七十二君，皆是道也。至後世則不然，君之視其國如農夫之有田，臣之於君若傭焉而受其直。於是齊王蠋之言，忠臣不事二君，烈女不事二夫，人人奉之爲天經地義。一犯此義，則匹夫匹婦皆得而笑之；雖一匡天下，九合諸侯，曾不足贖其豪末之罪，而孔子之言，遂爲千古一大疑。嗟乎！此古今之異也，古人官天下，後人家天下也。是故孔子曰：「管仲相桓公，霸諸侯，一匡天下，民到於今受其賜。豈若匹夫匹婦之爲諒哉！」孔子之言，官天下者也。程子曰：「小白兄也，子糾弟也，故管仲可以不死。」程子之言，家天下者也。

豈若匹夫匹婦之爲諒也，自經於溝瀆而莫之知也？」

【考異】前漢書鼂錯傳贊師古注引論語云：自經於溝瀆而人莫之知。後漢書應劭奏議曰：昔召忽親死子糾之難，而孔子曰：「經於溝瀆，人莫之知。」唐石經本無「豈」字，後人旁增。中論智行篇：「召忽仗節死難，人臣之美義也。仲尼比爲匹夫匹婦之爲諒。」一本「諒」作「量」。

【考證】四書稗疏：十夫有溝，則溝者，水之至小者也。江、淮、河、濟爲四瀆，則瀆者，水之至大者也。連溝於瀆，文義殊不相稱，且自經者必有所懸，水中無可懸之物，安容引吭？既已就水際求死，胡弗自沈而猶須縊也？按史記：「殺子糾於笙瀆，召忽自殺。」鄒誕生作「莘瀆」。索隱曰：「莘、笙音相近。蓋居齊、魯之間。瀆本音竇，故左傳又謂之生竇。」然則溝瀆，地名也。云之中者，猶言之間也。又春秋桓公十二年「公及宋、燕盟於穀丘」，而左傳言「盟于句瀆之丘」。句，古侯切，與溝通。蓋辛瀆、笙瀆、生竇、句瀆一地四名，轉讀相亂，實穀丘耳。杜預謂穀丘宋地，亦無所徵，實在魯邊境，齊人取子糾殺之於此，而召忽從死也。論語發微：桓十二年，「公會宋公、燕人，盟於穀丘」，左傳作「盟於句瀆之丘」。水經濟水注：「濮水又東與句瀆合。瀆首受濮水枝渠於句陽縣東南，逕句陽縣故城南，春秋之穀丘，左傳以爲句瀆之丘矣。縣處其陽，故縣氏焉。」按句陽故城在今曹州府治北二十里，即穀丘也。在春秋爲曹地。哀九年，宋滅曹，爲宋地，其境與魯相錯，亦得爲魯地。又左傳哀六年：「齊囚王豹于句竇之丘。」或其時曹將亡，齊亦侵其地而有之，不然齊何能囚人於曹地也？蓋齊、魯、曹、宋壤地相接，各得有其一隅，復以聲轉而異其字也。吴氏遺著：桓十二年經傳謂溝瀆二字合聲爲穀，復引襄十九年「執公子牙於句瀆之丘」，二十一年「執公子買於句瀆之丘」，哀六年「囚王豹于句竇之丘」，謂句瀆乃齊用刑之地名，猶衞之有因諸也。句、溝古今字。

【集解】王曰：「經，經死於溝瀆中也。管仲、召忽之於公子糾，君臣之義未正成，故死之未足深嘉，不死未足多非。死事既難，亦在於過厚，故仲尼但美管仲之功，亦不言召忽不當死。」

【唐以前古注】皇疏：孔子更語子貢，喻召忽之不足爲多，管仲不死，不足爲小也。諒，信也。匹夫匹婦無大德而守於小信，則其宜也。自經，謂經死於溝瀆中也。溝瀆小處，非宜死之處也。

君子直而不諒，事存濟時濟世，豈執守小信，自死於溝瀆而世莫知者乎？喻管仲存於大業，不爲召忽守小信。而或云召忽投河而死，故云溝瀆。或云自經，自縊也。白虎通云：「匹夫匹婦者，謂庶人也。言其無德及遠，但夫婦相爲配匹而已。」

【集注】諒，小信也。經，縊也。莫之知，人不知也。後漢書引此文「莫」上有「人」字。程子曰：「桓公兄也，子糾弟也，仲私於所事，輔之以争國，非義也。桓公殺之雖過，而糾之死實當。仲始與之同謀，遂與之同死可也；知輔之争爲不義，將自免以圖後功亦可也，故聖人不責其死而稱其功。若使桓弟而糾兄，管仲所輔者正，桓奪其國而殺之，則管仲之與齊桓不可同世之讐也，若計其後功而與其事桓，聖人之言無乃害義之甚，啓萬世反覆不忠之亂乎？如唐之王珪、魏徵，不死建成之難，而從太宗，可謂害於義矣。後雖有功，何足贖哉？」愚謂管仲有功而無罪，故聖人獨稱其功。王、魏先有罪而後有功，則不以相掩可也。

【餘論】四書辨疑：或謂自經溝瀆爲指召忽。王滹南辨曰：「其言匹夫匹婦之諒，此自别指無名而徒死者耳，意不在召忽也。忽豈自經溝瀆之類哉？」此言足以解或人之疑。召忽之死既當，子糾則爲無罪，管仲輔之亦無不義。挨排至此，則桓兄糾弟云者虚其説矣。史記亦無兄弟明説，但先書子糾，後書小白，蓋序子糾爲長也。杜預、韋昭等皆言子糾桓公之兄，引此諸説爲證，則程子之説亦難獨是也。子糾、桓公皆襄公之庶弟，各因畏禍分適他國。無知既弑襄公，國人復殺無知，齊國大亂，二人各以其黨舉兵内向，先已無嫡庶之分，又各在倉卒危亂之際，安能必其只誰當立哉？子糾死非其罪，召忽爲義所激，於是死之，其死可謂無愧矣。管仲則心忖子糾未正成君，桓公亦僖公之子，又有鮑叔牙素爲知己，故忍死以待其用，此管仲之志也。比之召忽，不無等差。惟是他日能有霸諸侯一匡天下非常之功，生民受非常之賜，孔子以是稱之耳。然亦止是專稱其功，終不言不死之理，意亦可見。向使仲於既免之後，未及成功而死，孔子必不專許其不死爲是也。然則臣事人者，如召忽可也。程子以王珪、魏徵爲諭，責王、魏不死建成之難，亦爲未當。王、魏之輔建成，與管召輔子糾之事絶不相類。是時高祖爲君，王、魏所居之職，高祖之所命也。建成陰用邪謀，死於非義，輔導之官，當自請其不能匡正之罪於有司，無死私難之理。程子引此，本以申明不可同世之説，意謂建成爲兄，王、魏所輔者正此。又膠於立嫡以長之常例，專主建成當立也。夫建成、太宗之事，又與餘者不同。太宗以童稚之年，運神武之略，芟夷大亂，制服羣雄，使李氏化家爲國，致高祖遂有天下，近古以來，實未嘗有。高祖不權事宜，慮不及遠，竟以尋常長幼之分，處之於建成之下，兄弟之不能相安，必然之勢也。建成難居太宗之右，司馬温公已嘗論之。善乎宋王成器之言曰：「國家安則先嫡長，國家危則先有功。苟違其宜，四海失望。臣死不敢居平王之上。」玄宗暫平内難，宋王已知難居其上，而以先功爲讓。如太宗之功，又當何如哉？建成本庸鄙無堪，徒以年長之故，據有儲副之位，彼見太宗功高望重，率土歸心，忌嫉不得不深，禍難不得不起。建成取闔門之誅，太宗負殺兄之惡，皆高祖處置違宜之所致也。王、魏受君命輔導太子，自合輔之以正道，既知建成畜此禍心，當如少保李綱竭忠力諫，諫若不從，即當棄官而去。彼既不務爲此，反更徇私迎合，惟勸早除秦王，不顧有君親在上，不恤其骨肉相殘，構其兄弟交惡之心，速其矢刃相加之禍，此王、魏所有之本罪，其罪正在黨於建成，不在不死建成之難也。大抵管仲之過，比王、魏所犯者特輕；管仲之功，比王、魏所成者甚大。夫子之言，蓋以大功掩其小過也。王滹南以爲「所慊者小，所成者大，孔子權其輕重而論之」。予謂説者雖多，惟此數語可爲定論。四書改錯：夫子許管仲之意，是重事功，尚用世，以民物爲懷，以國家天下爲己任。聖學在此，聖道亦在此。而程氏無學，讀盡四書經文，並不知聖賢指趣之何在，斯亦已矣。乃復不契於夫子之説，特變亂其事，謂子何以許管仲，因桓公是兄，子糾是弟，故管仲可以相桓，而召忽不可以死糾，則是兄有君臣，弟必不可有君臣；兄可繼國，弟必不可以繼國，其爲説固已難通。然且桓實是弟，糾實是兄，正相顛倒，而乃曰：「設使桓是弟糾是兄，則夫子此言毋乃害義之甚，啓天下萬世反覆不忠之亂。」是害義者，夫子也。啓亂者，夫子也。開天下萬世反覆不忠之禍者，夫子也。夫子自此不容於天地間矣。若糾兄桓弟，則自春秋三傳及管子、史記諸書皆然，唯漢書以忌諱改殺兄作殺弟，然隨即注明，不容錯者。黄氏後案：鄒誕生本作「莘瀆」，論語作「溝瀆」，蓋後世聲轉而字異。後漢書應劭傳：「昔召忽親死子糾之難，而孔子曰經於溝瀆。」據諸文考之，是子糾、召忽身死同處，地在魯之句瀆。經言匹夫之諒，正指召忽，知仲之可不死矣。論語經正録：朱子舊説，以爲孔子之於管仲，不復論其所處之義，而獨稱其所就之功。後從程子桓兄糾弟之説，則謂管仲義不必死，故集注謂管仲有功而無罪。或問、語類皆謂管仲之不死無害於義，程子桓兄糾弟之説，於古無多證據，故朱子亦不敢執爲定論。金仁山據春秋左傳事迹，論子糾不當與桓公争國，事理昭然，管仲可以不死之義，得此益明。黄微香不用君臣未成之義，而從金仁山，以桓公先入靖難，子糾不當再争立論。王船山亦有此説。王云：「桓公已自莒返，而魯與召忽輩乃猶挾糾以争，斯則過也。先君之賊已討，國已有君，而猶稱兵以向國，此則全副私欲小忿，護其慾而僥倖富貴，以賈無益之勇，故曰匹夫匹婦之爲諒。」以溝瀆爲魯地，説亦本於船山。

【發明】劉氏正義：管子大匡云：「召忽曰：『百歲之後，犯吾君命，而廢吾所立，奪吾糾也，雖得天下，吾不生也。兄與我，齊國之政也。受君令而不改，奉所立而不濟，是吾義也。』管仲曰：『夷吾之爲君臣也，將承君命，奉社稷，以持宗廟。豈死一糾哉？夷吾之所死者，社稷破，宗廟滅，祭祀絶，則死之。非此三者，則夷吾生。夷吾生，則齊國利；夷吾死，則齊國不利。』」觀此，則二子之死與不死，各自有見。仲志在利齊國，而其後功遂濟天下，使先王衣冠禮樂之盛未淪於夷狄，故聖人以仁許之，且以其功爲賢於召忽之死矣。然有管仲之功則可不死，若無管仲之功，而背君事讐，貪生失義，又遠不如召忽之爲諒也。

○公叔文子之臣大夫僎與文子同升諸公。

【考異】漢書人表作「大夫選」。

【考證】四書賸言：臣大夫，即家大夫也。其曰同升諸公，則家臣升大夫之書法耳。左傳：「子伯季氏初爲孔氏臣（即孔悝家臣也），新登於公。」四書釋地：陪臣至春秋亦稱大夫。大夫僎者，家臣之通稱也。檀弓：「陳子車死於衛，其妻與家大夫謀以殉葬。」下言妻與宰，宰即家大夫。史記：「趙簡疾，大夫皆懼。董安于問於扁鵲。」又：「簡子每聽朝不悦，諸大夫請罪。」此其徵也。毛奇齡經問引先仲氏説，謂臣大夫三字不分。檀弓：「陳子車死於衛，其妻與其家大夫謀以殉葬。」蓋仕於家曰家大夫，仕於邑曰邑大夫，而統爲臣大夫。

按：大夫二字非必同升後方有此稱。昭七年傳：「孟僖子病將死，召其大夫。」杜注：「僖子屬大夫。」臣大夫僎，猶屬大夫云爾，孔注誤也。

【集解】孔曰：「大夫僎本文子家臣，薦之使與己並爲大夫，同升在公朝。」

【集注】臣，家臣。公，公朝。謂薦之與己同進爲公朝之臣也。

【發明】四書困勉録引吴因之曰：人臣之病有二：一忌後來之賢此後功名出我之上，一自尊卑人，不肯與若輩同列。此皆曖昧私情。文子休休有大臣風度，光明俊偉，故曰可以爲文。

子聞之，曰：「可以爲『文』矣。」

【考證】論語後録：周書謚法「文」有六等，稱經緯天地、道德博厚、學勤好問、慈惠愛民、愍民惠禮、錫民爵位。並無修制交鄰、不辱社稷等例。檀弓：「公叔文子卒，其子戍請謚於君。君曰：『夫子聽衛國之政，修其班制，以與四鄰交，衛國之社稷不辱，不亦文乎？』」靈公之論，不本典制，故夫子舉同升佚事以合之。」

【集解】孔曰：「言行如是，可諡爲『文』。」

【集注】文者，順理而成章之謂。諡法亦有所謂錫民爵位曰文者。洪氏曰：「家臣之賤，而引之使與己並，有三善焉：知人一也，忘己二也，事君三也。」

【餘論】論語稽：朱注：「文者，順理成章之謂。」諡法無此，不如從錫民爵位之説，較爲典切。且子論孔文子嘗以好學下問爲文，亦論諡法，此章亦一例也。

○子言衞靈公之無道也，康子曰：「夫如是，奚而不喪？」孔子曰：「仲叔圉治賓客，祝鮀治宗廟，王孫賈治軍旅。夫如是，奚其喪？」

【考異】舊文「言」爲「曰」。釋文：「子曰衞靈公，一本作子言。鄭本同。」皇本作「子曰衞靈公之無道久也」。後漢書明帝紀注引論語孔子曰：「衞靈公無道。」埤雅引孔子曰：「衞靈公之無道」。亦無「也」字。後漢書注引作「奚其不喪。」路史夏后紀論引作「何爲而不喪」。後漢書明帝紀注引三「治」字皆作「主」，「鮀」作「它」。漢書古今人表「仲叔」作「中叔」。

【考證】家語賢君篇：哀公問於孔子曰：「當今之君，孰爲最賢？」孔子對曰：「臣未之見也。抑有衞靈公乎？」公曰：「吾聞其閨門之内無别，而子次之賢，何也？」孔子曰：「臣語其朝廷行事，不論其私家之際也。」公曰：「其事何如？」孔子對曰：「靈公之弟曰公子渠牟，其智足以治千乘，其信足以守之，公愛而任之。又有士曰林國者，見賢必進之，而退與分其禄，是以衞無游敖之士，公賢而尊之。又有士曰慶足者，衛國有大事，則必起而治之，國無事則退而容賢，公悦而敬之。又有大夫史鰌，以道去衛，而靈公郊舍三日，琴瑟不御，必待史鰌之入而後敢入。臣以此取之。雖次於賢，不亦可乎？」羣經平議：奚而，猶奚爲也，言奚爲不喪也。襄十四年左傳「射爲禮乎」，太平御覽工藝部引作「射而禮乎」；孟子滕文公篇「方里而井」，論語顔淵篇正義引作「方里爲井」，並其證也。

【集解】孔曰：「言雖無道，所任者各當其才，何爲當亡乎。」

【唐以前古注】皇疏：或問曰：「靈公無道，焉得有好臣？」答曰：「或是先人老臣未去者也，或靈公少時可得良臣，而後無道，故臣未去也。」

【集注】喪，失位也。仲叔圉，即孔文子也。三人皆衛臣，雖未必賢，而其才可用，靈公用之又各當其才。尹氏曰：「衛靈之無道宜喪也，而能用此三人，猶足以保其國，而況有道之君能用天下之賢才者乎？詩云：『無競惟人，四方其訓之。』」

【發明】讀四書叢説：夫子平日語此三人皆所不許，而此章之言乃若此，可見聖人不以其所短棄其所長，至公之心也。用人當以此爲法，但欲當其才耳。四書訓義：衛多君子，夫子屢稱之，三臣在位而免於喪，使蘧、史諸賢能盡其用，其爲益不更宏多乎？故曰人才關於國運。

○子曰：「其言之不怍，則爲之也難。」

【考異】皇本作「則其爲之難」。七經考文：足利本作「則其爲之也難也」。後漢書皇甫規傳論引文「則」下有「其」字。　曾子立事篇盧辯注引論語云：「其言之不作。」「作」當與「怍」通。又作「怎」，荀子儒效篇「無所疑怎」，楊倞注：「怎與怍同。」

【集解】馬曰：「怍，慚也。內有其實，則言之不慚。積其實者爲之難也。」

【唐以前古注】皇疏引王弼云：情動於中而外形於言，情正實而後言之不怍。

【集注】大言不慚，則無必爲之志，而不自度其能否矣。欲踐其言，豈不難哉！

【別解】大戴禮曾子立事篇盧注引「其言之不作，其後爲之難」，嚴氏杰校云：「所引論語當讀如史記『作作有芒』之作。」　包慎言溫故録：作，起也。勇於有爲者，其言必有振厲奮起之色。言不奮起，則行必觀望，故曰爲之也難。

按：盧引論語，未知何本，或「作」即是「怍」之誤，嚴、包二君但就文説之。

【發明】四書困勉録：凡人志於爲者，必顧己之造詣力量時勢事機，決不敢妄發言。如言之不怍，非輕言苟且，即大言欺世。爲難即在不怍時見。

○陳成子弒簡公。孔子沐浴而朝，告於哀公曰：「陳恒弒其君，請討之。」公曰：「告夫三子。」孔子曰：「以吾從大夫之後，不敢不告也。君曰『告夫三子』者。」之三子告，不可。孔子曰：「以吾從大夫之後，不敢不告也。」

【考異】釋文：「弒」，本亦作「殺」。「之三子」，本或作「二三子」，非也。　皇本、高麗本作「殺」，「三子」皆作「二三子」。　皇本「不敢不告也」，無「也」字。　詩鄭風褰裳正義引「不敢不告也」二句，無「也」字、「者」字。

【考證】論語偶記：左傳云：「子告季孫，孔子辭。」與此不同。按季氏雖爲家卿專魯，然自襄十一年作中軍，三公分室而各有其一。昭五年舍中軍，四分公室，季氏擇二，二子各一，則兵柄實三子分主。又哀十一年齊國書伐我，冉有謂季孫曰：「一子守，二子從公禦諸境。」季孫告二子，二子不可。及叔孫問戰，冉有不對。然後恥不成丈夫，退而蒐乘。可見斯時師旅之命，季孫不能獨專，此正是請討陳恒前三年事，故知告夫三子之文爲正。哀公既使告三子，孔子雖知必爲所沮，但君命不可不奉，故知「之三子告」之文爲正，左傳之不及論語如是。論語稽求篇：魯史記當時在朝問對，與魯論所載相爲表裏。第魯爲齊弱一段魯史無之者，朝堂諮算，私記所略也。之三子告一段魯史無之者，退有後言，史官未聞也。其兩相得體如此。若夫子所云民之不與暨以衆加半諸語，則正答魯爲齊弱一問，有解君之疑，振君之怯，忻君之利，誘君之瞻顧而予以可恃，一舉而數善備者，此正大聖人經術不迂闊處。夫君臣主客自有隔膜，在哀公强弱一問，較計彼此，此不必盡庸君退諉之言。設使果欲興師，則此時慎重，量己量敵，正非易事，必以三綱大義拒之，則不惟理勢難辨，且于子之伐之一問，告東指西，不相當矣。人縱不諂君，亦何可使問答不當如此。禮記王制正義：魯無弓矢之賜，陳恒弑君，孔子請討之者，春秋之時，見鄰國簒逆，亦得專征伐。

【集解】馬曰：「成子，齊大夫陳恒也。將告君，故先齋。齋必沐浴。」孔曰：「謂三卿也。」馬曰：

「我禮當告君，不當告三子。今使我往，故復往。孔子由君命之三子告，不可，故復以此辭語之而止。」

【集注】成子，齊大夫，名恒。簡公，齊君，名壬。事在春秋哀公十四年。是時孔子致仕居魯，沐浴齋戒以告君，重其事而不敢忽也。臣弑其君，人倫之大變，天理所不容，人人得而誅之，況鄰國乎？故夫子雖已告老，而猶請哀公討之。三子，三家也。時政在三家，哀公不得自專，故使孔子告之。孔子出而自言如此，意謂弑君之賊，法所必討，大夫謀國，義所當告，君乃不能自命三子而使我告之邪。以君命往告，而三子魯之强臣，素有無君之心，實與陳氏聲勢相倚，故沮其謀，而夫子復以此應之，其所以警之者深矣。程子曰：「左氏記孔子之言曰：『陳恒弑其君，民之不予者半。以魯之衆，加齊之半，可克也。』此非孔子之言。誠若此言，是以力不以義也。若孔子之志，必將正名其罪，上告天子，下告方伯，而率與國以討之。至於所以勝齊者，孔子之餘事也，豈計魯人之衆寡哉？當是時天下之亂極矣，因是足以正之，周室其復興乎？魯之君臣終不從之，可勝惜哉！」胡氏曰：「春秋之法，弑君之賊，人人得而討之。仲尼此舉，先發後聞可也。」

【餘論】四書辨疑：胡氏譏孔子處事不當，別爲畫策，以示後人，何其無忌憚之甚也？夫以孔子之聖明，加之沐浴齋戒而後言事，豈有思慮不及胡氏者哉！弑君之賊，人人固皆得以誅之，然齊國之君被弑，而魯見有君在上，孔子豈有不請於君擅自發兵征討之理？已先不有其君，欲正他人弑君之罪，不亦難乎？況魯國兵權果在何人，而責孔子不先發邪？丹鉛録：孔子沐浴而朝，於義盡矣。胡氏乃云仲尼此舉先發後聞可也，是病聖人之未盡也。果如胡氏之言，則不告於君而擅興甲兵，是孔子先叛矣，何以討人哉？胡氏釋之於春秋，朱子引之於論語，皆未知此理也。岳飛承金牌之召，或勸之勿班師，飛曰：「此乃飛反，非檜反也。」其從君臣之義，雖聖人不過是也。愼按孔子時已致仕，家無藏甲，身非主兵，何所爲發？必欲先發，是非司寇而擅殺也。聚衆則逋逃主也，獨往則刺客也，二者無一可焉。而曰先發後聞，謬矣。四書辨證：夫子時已致仕，權又在三子，明知其不可而請之者，亦申明其大義而已。胡氏不惟昧於理，並昧於勢。東塾讀書記：陳成子弑簡公章，朱注采胡氏曰：「春秋之法，弑君之賊，人人得而討之。仲尼此舉，先發後聞可也。」澧謂如此則胡氏聖於孔子矣。孔子作春秋，乃不知春秋之法，而待胡氏教之乎？孔子可先發魯國之兵而後告哀公乎？荒謬至此，而朱子采之，竊所不解也。嶺雲軒瑣記：每見理學家文字語言，陳陳相因，不出前人窠臼；種種腐氣，令讀者如入敗屋中，是亦不可以已乎！陳恒弑君，孔子請討之。集注引胡氏云：「仲尼此舉，先發後聞可也。」爾時夫子無尺寸之柄，上有君卿，能爲此鹵莽事乎？又豈義所當爲者乎？迂腐之談，令人噴飯，奈何使學者童而習之耶？論語稽：孔子之時，王綱不振久矣，晉失霸亦將十年矣，夫差遠在句吴，且時被越寇，何天子、方伯之可告？至先發後聞之説，斷非聖賢所爲。魯之兵柄，三子分主，季孫一人且不能專兵柄，孔子又何從得兵而先發乎？

【發明】陳震篔墅説書：董江都言：「正其誼不謀其利，明其道不計其功。」此言有二義：一爲理勢兼備之聖人表心迹之純，一爲勢窮理極之臣子決守法之正。後人解作第求正誼明道，何妨遺利棄功，恐聖人識見不如此。芮長恤匏瓜録：左氏記孔子之言曰：「陳恒弑其君，民之不與者半。以魯之衆，加齊之半，可克也。」程子曰：「此非孔子之言。誠若此言，是以力不以義也。」以愚度之，此蓋爲哀公發耳。哀公庸君，暗於是非，明於利害。以魯敵齊，必有强弱衆寡之慮，夫子之言，蓋以破其顧望而使之勇於義舉也。且聖人舉事，動必萬全，豈有專於爲義，而全不問利害之理。左氏所記，固不害其爲夫子之言也。

○子路問事君。子曰：「勿欺也，而犯之。」

【考異】皇本「也」作「之」。七經考文補遺：一本無「也」字。

【考證】羣經平議：「能」與「而」古通用，孔氏所據本疑作「能犯之」，故有能犯顔諫争之説。此章之旨，蓋皆信而後諫之意。未信則以爲謗己，故惟勿欺者能犯之也。孔子論諫曰：「吾從其諷。」本無取乎犯，不得已而犯，必以勿欺先之，異乎悻悻小丈夫矣。

【集解】孔曰：「事君之道，義不可欺，當能犯顔諫争。」

【集注】犯，謂犯顔諫争。范氏曰：「犯非子路之所難也，而以不欺爲難，故夫子教以先勿欺而後犯也。」

【餘論】朱子語類：問：「子路豈欺君者，莫是勇便如此否？」曰：「子路性勇，凡言於人君要其聽，或至於説得太過，則近乎欺。」讀四書叢説：朱子曰：「唐人諫敬宗遊驪山，謂若行必有大禍。驪山固不可行，以爲有大禍則近於欺。其實雖不失爲愛君，其言則欺矣。」南軒曰：「若忠信有所不足，如内交要譽惡其聲之類，一豪之萌，皆爲欺也。」饒雙峰曰：「自己好色好貨，却諫君勿好色好貨，皆是欺君。」朱子之意，謂諫君不能敷暢詳明，而欲君必行己説，則言失之太過，是爲欺君。南軒之意，謂有所爲而諫，是爲欺君。此皆就當諫之際用功。雙峰之説則功夫在平日，至諫君而見。學者於此三説皆當存心。四書改錯：子路生平以不欺見稱，故小邾射以句繹奔魯，尚欲要路一言以爲信。豈有事君而反出於欺者？此不過正告以事君之道，而注者必曰對症發藥，聖門無完行矣。

○子曰：「君子上達，小人下達。」

【考證】論語比考讖：君子上達，與天合符。蘇子由古史：君子上達，小人下達，而孔子自謂下學而上達者。洒掃應對詩書禮樂，皆所從學也，而君子由是以達其道，小人由是以得其器。達其道，故萬變而致一；得其器，故有守而不蕩，此孔子之所以兩得之也。西疇常言（四書拾遺引）：學成行尊，優入聖賢之域者，上達也。農工商賈，各隨其業以成其志者，下達也。若夫爲惡爲不義之小人，彼則有敗亂耳，惡能達？

【集解】本爲上，末爲下。

【唐以前古注】皇疏：上達者，達於仁義也。下達，謂達於財利，所以與君子反也。

【集注】君子循天理，故日進乎高明。小人徇人欲，故日究乎污下。

【餘論】四書近指：上下無盡境，君子小人皆非一日而至。君子日長進一日，初亦爲難而試勉之，久而所勉者安以爲常。小人日沈淪一日，初亦疑而嘗試之，久而所嘗者恬不爲怪。兩人各有樂處，故各不能自已。要之祇從一念起，分別路頭，祇在戒懼慎獨。黄氏後案：達者，通曉之謂。下達，如漢書九流之類。揚子法言君子篇曰：「通天地人曰儒，通天地而不通人曰伎。」凡伎曰下達，此小人即可小知之人。

【發明】焦氏筆乘：問：上達下達。曰：形而上者謂之道，形而下者謂之器，非二物也。君子見性，故不得有，但見其道，而不見其器。小人執相，故不得無，但見其器，而不見其道。君子上達，故大道可受，而以小知囿之，則非不器之大道。小人下達，故小道可觀，而以大道畀之，則爲無忌憚之中庸。論語稽：人無生而爲君子者，亦無生而爲小人者，譬之一路，行而上爲君子，行而下爲小人，必無中立之勢，在行路之初辨之而已。

○子曰：「古之學者爲己，今之學者爲人。」

【考證】荀子勸學篇：「君子之學也，入乎耳，箸乎心，布乎四體，形乎動静，端而言，蝡而動，一可以爲法則。小人之學，入乎耳，出乎口，口耳之間，則四寸耳，曷足以美七尺之軀哉？」又云：「古之學者爲己，今之學者爲人。君子之學也以美其身，小人之學也以爲禽犢。」楊倞注：「禽犢，饋獻之物也。」北堂書鈔八十三、太平御覽六百七引新序云：齊王問於墨子曰：「『古之學者爲己，今之學者爲人。』何如？」對曰：「古之學者得一善言以附其身，今之學者得一善言務以悦人。」後漢桓榮傳論：「孔子曰：『古之學者爲己，今之學者爲人。』爲人者憑譽以顯揚，爲己者因心以會道。」「顯揚」，邢疏引作「顯物」，謂顯之於物也。顔氏家訓勉學篇：古之學者爲己，以補不足也。今之學者爲人，但能説之也。

【集解】孔曰：「爲己履而行之，爲人徒能言之。」

【唐以前古注】皇疏：明今古有異也。古人所學，己未善，故學先王之道，欲以自己行之，成己而已也。今之世學，非復爲補己之行闕，正是圖能勝人，欲爲人言己之美，非爲己行不足也。筆解：韓曰：「爲己者，謂以身率天下也。爲人者，謂假他人之學以檢其身也。孔云『徒能言之』，是。不能行之，失其旨矣。」李曰：「孟子云堯、舜性之，是天人兼通者也。湯、武身之，是爲己者也。五伯假之，是爲人者也。」

【集注】程子曰：爲己，欲得之於己也。爲人，欲見知於人也。

【餘論】四書辨疑：欲得之於己，此爲爲己之公。欲見知於人，此爲爲己之私。兩句皆是爲己，爲人之義不可通也。蓋爲己，務欲治己也。爲人，務欲治人也。但學治己，則治人之用斯在。專學治人，則治己之本斯亡。若於正心修己以善自治之道不用力焉，而乃專學爲師教人之藝，專學爲官治人之能，不明己德，而務新民，舍其田而芸人之田，凡如此者，皆爲人之學也。論語稽：古者八歲入小學，十五入大學，人無不學也。其入學也，自洒掃應對而極於修齊治平，皆切於日用之事，故曰爲己。三代以後，惟士入學，其他則否。而士之爲學，每以見知於人，博取富貴爲心，較古人之學，名同而實異，故此章以爲己、爲人兩言括之。

【發明】張伯行困學録：古之學者爲己，須是不求人知。有一豪求名之心，功夫便不真實，便有間斷。試思仁義禮智，吾心之所固有，孝弟忠信，吾身之所當爲，無一是求名之事。易云：「遯世无悶，不見是而无悶。」論語云：「人不知而不愠。」中庸云：「遯世不見知而不悔。」須存此心，方是實做功夫，方有進處。夏錫疇强學録：如惡惡臭，如好好色，爲己也。徇人而爲善者，爲人也。此關打不過，則事事從人起見，己之脚根無扎實處，而欲求聖人之道，難矣。故中庸末章復自下學立心之始言之，特地從頭轉來説爲己道理，爲學者開示入德之門，其意亦深且切矣。知爲己，始能立得志定，始能做慎獨功夫。不知爲己，則毁譽榮辱俱足以爲吾之累，而外物之加損於我者多矣。

○**蘧伯玉使人於孔子。孔子與之坐而問焉，曰：「夫子何爲？」對曰：「夫子欲寡其過而未能也。」使者出。子曰：「使乎！使乎！」**

【考異】文選嵇康幽憤詩注引作「夫子問焉」，略去「與之坐而」四字。論衡問孔篇「爲」下有「乎」字。孔子曰：「使乎！使乎！」非之也。説論語者曰：非之者，非其代人謙也。翟氏考異：既以「非之者」二句爲説論語之辭，則上「非之也」三字似爲其所據正文所有矣。藝文類聚述論語「使乎使乎」下，又有「爲使之難不辱君命」八字。類聚引書大概俱不自綴説，此八字孤出，亦不可詳。

【考證】四書辨證：路史國名紀：「蘧伯玉先國。」據此，則蘧是以國爲氏者。呂氏恃君覽注：「伯玉，衛大夫蘧莊子無咎之子瑗，謚曰成子。」水經濟水注：「長垣有蘧伯玉岡。」陳留風俗傳：「長垣有蘧伯玉鄉，有蘧亭，有伯玉祠、伯玉冢。」曹大家東征賦云：「到長垣之境界兮，察農野之居民。觀蒲城之丘墟兮，生荆棘之蓁蓁。蘧氏在城之東南兮，民亦嚮其丘墳。惟令德之不朽兮，自身没而名存。」又家語子貢論弟子行有蘧伯玉，史記弟子傳言孔子所嚴事者於衛則蘧伯玉。困學紀聞曰：「觀此則不當在弟子之列，而蜀禮殿圖有之，唐、宋皆錫封從祀。」論語稽求篇：伯玉見於春秋在襄十四年，衛孫林父、甯殖將逐君，問於蘧伯玉，伯玉不對而出。則此時已爲大夫，且爲逆臣所敬憚如此，此必在强仕之年可知矣。乃後此九年而夫子始生，又六十餘年，當定公十四年，夫子去魯之後，再三適衛，始主伯玉家，則此時伯玉已百年餘矣。蔡邕釋誨云：「蘧瑗保生。」此長年之證。四書摭餘說：史記稱孔子之所嚴事於衛蘧伯玉。漢書張敞曰：「蘧伯玉受孔氏之賜，必以及鄉人。」後漢書王暢曰：「蘧伯玉恥獨爲君子。」讀論語兩章，其生平已可概見。集注蘧伯玉於孫林父、甯殖放弒之謀不對而出，王伯厚謂甯殖當爲甯喜，喜，殖子也。出獻公，孫林父、甯殖皆爲之，弒剽而獻公復入，則甯喜一人之爲也。然蘧伯玉見於春秋在襄公十四年，又八年孔子始生，而其時已與聞孫、甯之事，必其名位已著，在强仕之年可知。乃又歷一十八年爲襄公之三十一年，又歷昭公之三十二年，定公之一十五年，至哀公之元年，孔子再至衛，主於其家，則此時伯玉已百年之人也。左氏書中如吴季子、齊鮑文子皆以九十餘歲老人尚見於策。蔡邕釋誨云：「蘧瑗保生。」此長年之證。謝山謂伯玉即如此長年，必不如此固位。以近關再出不知何人之事，而誤屬之伯玉。竊所未安。段玉裁經韻樓集：此當以「使乎使」字爲讀，下乎字爲詠歎之語助，即尚書「孝乎惟孝」、禮記仲尼燕居「禮乎禮」之句法也。包咸之注論語曰：「孝乎惟孝，美大孝之辭也。」美大雙字，公羊傳曰：「登來之者何？美大之辭也。」語意相同。之辭也，謂古人屬辭如此。以老子言玄之又玄通之，彼亦可作玄乎玄，此亦可作孝之又孝，禮之又禮。蓋一字不足以盡其辭，疊一字以美之，謂孝迥出乎凡孝，禮迥出尋常守禮，皆古人聿聿頌好之辭。使乎使，謂好使中之好使也。古人多有此句法。公羊傳云：「賤乎賤者也。」爾雅云：「微乎微者也。」法言云：「才乎才，習乎習，雜乎雜，辰乎辰。」素問云：「形乎形，神乎神。」史記淮陰侯列傳：「時乎時。」詞意略同。聖人言使乎使，正此句法。下以「乎」字詠歎之，正與「賤乎賤者也」、「微乎微者也」文法一例。劉氏正義：莊子則陽篇：「蘧伯玉行年六十而六十化，未嘗不始於是之而卒詘之以非也。未知今之所謂是之，非五十九非也。」淮南子原道訓：「蘧伯玉年五十而知四十九年非。」觀此，是伯玉欲寡過而常若未能無過，亦是實話。其平居修省不自滿假之意可見，使者直對以實，能尊其主，非祗爲謙辭。漢書藝文志：「子曰：『誦詩三百，使於四方，不能專對。』孔子曰：『使乎！使乎！』言其當權事制宜，受命而不受辭。」亦以此言寡過未能非爲所受之辭，故爲使得其人也。論衡問孔篇：「孔子曰：『使乎！使乎！』非之也。説論語者曰：非之者，非其代人謙也。」此當時駁義，不足信。

【集解】孔曰：「伯玉，衛大夫蘧瑗。」何曰：「言夫子欲寡其過而未能無過也。」陳曰：「再言使乎者，善之也。言使得其人。」

【唐以前古注】皇疏：孔子美使者之爲美，故再言使乎者，言伯玉所使爲得其人也。顔子尚未能無過，況伯玉乎？而使者曰未能，是得伯玉之心而不見欺也。

【集注】蘧伯玉，衛大夫，名瑗。孔子居衛，嘗主於其家。既而反魯，故伯玉使人來也。與之坐，敬其主以及其使也。夫子，指伯玉也。言其但欲寡過而猶未能，則其省身克己常若不及之意可見矣。使者之言愈卑約，而其主之賢益彰，亦可謂深知君子之心而善於辭令者矣，故夫子再言使乎以重美之。按莊周稱伯玉行年五十而知四十九年之非，又曰伯玉行年六十而六十化，蓋其進德之功老而不倦，是以踐履篤實，光輝宣著，不惟使者知之，而夫子亦信之也。

【餘論】四書紹聞編：非向裏爲己之人，必無心於欲寡其過。非篤志精進而省身克己常如不及之人，則必自謂其過之已寡。今伯玉以欲寡其過爲心，則見其所以戒警於先，而不使至於有過；懲切於後，而不復容其貳過者，固已隨事用其力矣。而其心則常若有不及改之過，有未能遷之善，此其省身克己常若不及之意何如哉。或曰：如是，則伯玉之過已寡，而其自視則若未能乎？曰：非然也。言其欲寡之心誠切，而能自見其所未至也。故集注引「行年五十而知四十九年之非」，可見矣。

○子曰：「不在其位，不謀其政。」曾子曰：「君子思不出其位。」

【考異】翟氏考異：此與子罕篇「牢曰」節同例。舊原合上「不謀其政」爲一章，宋時本或分爲二。朱子注此云：「記者因上章之語而類記之。」則章雖别而義仍承，何乃有重出二字注在上章？竊疑二字是門人傳録之衍。論語竢質：曾子云云，申夫子之言也。夫子之言已見泰伯，曾子之言則彼文未有，蓋記彼文者未之聞爾。此則兼聞曾子之言，正相印合，遂並記之也。四書翼注：「麗澤兑，君子以朋友講習。」澤，水相貫注者也，故學問可以相長。「兼山艮，君子以思不出其位。」山，不相往來者也，故職業惟思各居。惟易象辭有「以」字，此但云君子，尋其來脈，自是承上章「不在其位」説來。論語稽求篇：舊本以此與上文「不在其位，不謀其政」合作一章。惟夫子既言位分之嚴，故曾子引夫子贊易之詞以爲證。此與「牢曰：『子云，吾不試，故藝』」正同。其不署子曰者，以彼有太宰、子貢諸語，故加子云以别之，此不必也。自後儒分作兩章，則曾子突引此詞無謂。「思不出位」係艮卦象辭。世疑象辭多以字，或古原有此語，而夫子引以作象辭，曾子又引以證「不在其位」之語，故不署「象曰」、「子曰」二字亦未可知。先仲氏曰：「文言『體仁足以長人』，即春秋穆姜筮東宫語。論語『依於仁，游於藝』，即少儀『依於德，游於藝』語。『出門如見大賓，使民如承大祭』，即春秋『臼季出門如賓，承事如祭，仁之則也』語。」北齊魏長賢爲法曹參軍，轉著作佐郎。以參議時政，斥爲上黨屯留令。論者皆以思不出位爲長賢責，爲其出位謀事故也。夫出位謀事而即以思不出位責之，則「思不出位」與「不在其位，不謀其政」果一章矣。世有以事證詞而必不謬者，此等是耳。四書改錯：既云「因上章之語而類記之」，則上章非重出矣。此本是一章，其記曾子文者，以曾子聞子語時，特引子象辭以證明之，與「牢曰子云」同一記例，其在泰伯篇二句則複簡也。今注重出者，又不注之泰伯篇，而反注之此「曾子曰」之上，以致曾子引經不解何意，此又一錯注也。

按：此兩章應合爲一章，並非重出，集注義爲短。

【集解】孔曰：「不越其職。」

【唐以前古注】皇疏：誡人各專己職，不得濫謀圖他人之政也。君子思慮當己分内，不得出己之外而思他人事。思於分外，徒勞不可得。又引袁氏云：不求分外。

【集注】重出。此艮卦之象辭也。曾子蓋嘗稱之，記者因上章之語而類記之也。

【餘論】論語訓：曾子引易象以釋孔子不謀政之意，初所未思，臨事何謀乎？

【發明】焦氏筆乘：君子思不出其位，易艮之象辭，曾子嘗稱引之以示人也。不出其位，即易言止其所也。人性自止，而役於思者不知其止，或惡思之役也，又欲廢而絀之，皆妄也。易曰：「艮其背不獲其身，行其庭不見其人，无咎。」蓋目動於色，耳動於聲，用而常止者，惟背爲然。夫身之五臟繫於背，百骸九竅之榮衛，背爲之輸，其用大矣。而謂之止者，用而無用也。視不以目而以背，則視而無視，視常止矣；聽不以耳而以背，則聽而無聽，聽常止矣，所謂「不獲其身」也。視而無視，則視不見色；聽而無聽，則聽不聞聲，所謂「行其庭不見其人」也。有身而不獲，多其人而不見，是當念而寂，非離念而寂也。離念而求寂則思廢，墮體絀聰者也，謂之斷見。當念而不寂則位離，憧憧往來者也，謂之常見。常應常净，而泊然棲乎性宅，此則非斷非常，唯君子能之。箕墅説書：以位限思，思不出於位外，乃可專於位中，此非於位外一概抹倒也。治一事之理，即治萬事之理。苟於其位之當然先不用思，將恐易地復然，廢百猶不能舉一也。聖人教人從脚跟下做起，遂使無關闌之思皆有關闌矣。

○子曰：「君子恥其言而過其行。」

【考異】皇本作「君子恥其言之過其行也」。潛夫論交際篇：「孔子疾夫言之過其行者。」亦作「之」字。論語衍説：諸説皆以此爲一事，謂恥其言之過於行也。於義固通，但須易「而」字爲「之」字乃可。天文本論語校勘記：足利本「而」作「之」，古本、唐本、津藩本、正平本末有「也」字。

按：禮雜記：「有其言而無其行，君子恥之。」又表記：「君子恥有其辭而無其德，有其德而無其行。」皆足與疏説相證。邢疏：「此章勉人使言行相副也。君子言行相顧，若言過其行，謂有言而行不副，君子所恥也。」據此，則邢本亦當與皇本同，似今注疏本皆依集注校改，非其舊矣。玩本文語氣，不當爲兩事，集注失之。

【唐以前古注】皇疏：君子之人，顧言慎行，若空出言而不能行遍，是言過其行也，君子恥之。小人則否。

【集注】恥者，不敢盡之意。過者，欲有餘之辭。

【餘論】四書辨疑：注文以恥其言與過其行分爲兩意，解恥字爲不敢盡之意，解過字爲欲有餘之辭。聖人之言，恐不如此之迂曲也。且言不過行，有何可恥？行取得中，豈容過餘？過中之行，君子不爲，過猶不及，聖人之明論也。注文本因而字故爲此説，本分言之，止是恥其言過於行。舊説君子言行相顧，若言過其行，謂有言而行不副，君子所恥。南軒曰：「言過其行，則爲無實之言，是可恥也。恥言之過行，則其篤行可知矣。」二論意同，必如此説，義乃可通，「而」字蓋「之」字之誤。

○子曰：「君子道者三，我無能焉：仁者不憂，知者不惑，勇者不懼。」子貢曰：「夫子自道也。」

【考異】孟子章句：君子厄陳蔡章注引論語曰：「君子之道三。」疏本改作「道者」。

【唐以前古注】皇疏引江熙云：聖人體是極於冲虚，是以忘其神武，遺其靈智，遂與衆人齊其能否，故曰我無能焉。子貢識其天真，故曰夫子自道也。筆解：子貢慮門人不曉仲尼言我無能焉，故云自道，以明有能也。

【集注】自責以勉人也。道，言也。自道，猶云謙辭。

【餘論】四書訓義：道者三，非君子之道三也，仁智勇是德不是道。此道字解作由也，由之以成德也。自道也，祇是自言如此意。經正録：道者二字，朱子無解，解作由字，於文義爲順。

今或訓作道言之道，謂君子所言者有三，與下文夫子自道一例，則淺而無實義矣。道，猶由也。見禮記禮器、中庸注。

○子貢方人。子曰：「賜也賢乎哉？夫我則不暇。」

【考異】釋文：鄭本作「謗人」。　三國志胡質傳引皆節文，以「孔子曰」三字題冠此句之上。「我」上無「夫」字。　皇本作「賜也賢乎我夫哉？我則不暇」。　釋常談引文「賜」下無「也」字。　高麗本作「賢乎我夫我」。　天文本論語校勘記：足利本、唐本、正平本「哉」作「我」。

【考證】劉氏正義：莊子田子方篇：「魯多儒者，少爲先生方者。」是方訓比也。學以相備而成，故朋友切磋，最爲學道之益。夫子嘗問子貢與回孰愈，又子貢問子張、子夏孰愈，夫子亦未斥言不當問，是正取其能比方人也。此文何反譏之？注説誤。三國志王昶傳：「昶戒子書曰：『夫毁譽，愛惡之原，而禍福之機也。是以聖人慎之。孔子曰：「吾之於人，誰毁誰譽？如有所譽，必有所試。」又曰：「子貢方人。賜也賢乎哉？我則不暇。」以聖人之德，猶當如此，況庸庸之德，而輕毁譽哉！』」以方人爲毁，是亦讀方爲謗，用鄭義也。

【集解】孔曰：「比方人也。不暇比方人也。」

【唐以前古注】釋文引鄭注：謂言人之過惡。　皇疏引江熙云：比方人不得不長短相傾，聖人誨不倦，豈當相臧否？故云我則不暇。是以問人之賢而無毁譽，長物之風，於是乎暢。

按：筆解於此章亦有解釋，其文迂曲難通，恐係僞托，兹不録。

【集注】方，比也。乎哉，疑辭。比方人物而較其長短，雖亦窮理之事，然專務爲此，則心馳於外，而所以自治者疏矣。故褒之而疑其辭，復自貶以深抑。

【别解一】論語後録：「方」與「旁」通，因之亦與「謗」通，謗字從旁也。「方」通「旁」者，書「方鳩」或作「旁逑」是。潘氏集箋：陳鱣亦云古文「謗」作「方」。蓋謗從旁，旁又從方，聲近故通用。孔云比方人，則子謂子貢與回孰愈，是亦方人矣。鄭故從魯不從古。讀書脞録：「庶人謗」，正義云：「謗，謂言其過失，使在上聞之而自改，亦是諫之類也。」昭四年傳「鄭人謗子産」，國語「厲王虐，國人謗王」，皆是言其實事，謂之爲謗。但傳聞之事，有實有虚，或有妄謗人者，今世遂以謗爲誣類，是俗易意異也。

【别解二】黄氏後案：夫子言夫我不暇者，夫，彼也；我，猶己也，如吾往吾止之例。彼己則不暇，言當急己而寬人也。近解不似師弟語氣。

【餘論】黄宗羲明儒學案引吴康齋曰：日夜痛自檢點且不暇，豈有暇檢點他人？責人密，自治疏矣，可不戒哉！

論語集釋卷三十

憲問下

○子曰：「不患人之不己知，患其不能也。」

【考異】皇本作「患己無能也」。天文本論語校勘記：古本、足利本、唐本、津藩本、正平本作「患己無能也」。

【集解】王曰：「徒患己之無能。」

【唐以前古注】皇疏：言不患人之不知我之有才能也，正患無才能以與人知耳。

【集注】凡章指同而文不異者，一言而重出也；文小異者，屢言而各出也。此章凡四見，而文皆有異，則聖人於此一事蓋屢言之，其丁寧之意亦可見也。

【餘論】論語義府：學之而成謂之能，既已能之而人莫之知，則其能亦無自而展矣。然能不能在己，知不知在人。在人者非吾所能預，而在己者當自勉也。

【發明】鄒守益東廓集：學而求能，乃爲己之實功，若謂求能以爲人知地，則猶然患人不己知之心也。

○子曰：「不逆詐，不億不信，抑亦先覺者，是賢乎？」

【考證】大戴禮曾子立事篇：「君子不先人以惡，不疑人以不信。」荀子非相篇：「聖人何以不欺？」曰：「聖人者，以己度者也。故以人度人，以情度情，以類度類，以説度功，古今一度也。類不悖，雖久同理。故鄉乎邪曲而不迷，觀於雜物而不惑，以此度之。」漢書翟方進傳：「上以方進所舉應科，不得用逆詐，廢正法。」顔師古注：「逆詐者，謂以詐意逆猜人也。逆，迎也。」　黄氏後案：朱子謂不逆不億，而詐不信聰明人自能覺之。如目動言肆，知其誘我。燕王告霍光反，昭帝知霍光不反，燕在遠如何知數日内之事。據朱子此説，是先覺有實徵，以人之辭貌而覺之，以平日素行而覺之，以時事不侔而覺之，皆先覺也。謝顯道曰：「賢者於事能見之於微，謂之先覺，如履霜可以知堅冰也。」此亦謂事有朕兆而覺之也。幾者，動之微，知幾則先覺也。

【集解】孔曰：「先覺人情者，是寧能爲賢乎？或時反怨人也。」

【唐以前古注】皇疏引李充云：物有似真而僞、似僞而真者。信僭則懼及僞，人詐濫則懼及真。人寧信詐，則爲教之道宏也。人而無信，不知其可也。然閑邪存誠，不在善察。若見失信於前，必億其無信於後，則容長之風虧，而改過之路塞矣。億音憶。夫至覺忘覺，不爲覺以求先覺。先覺雖覺，同逆詐之不覺也。　又引顔特進云：能無此者，雖未窮明理，而抑亦先覺之次也。

【集注】逆，未至而迎之也。億，未見而意之也。詐，謂人欺己。不信，謂人疑己。抑，反語詞。

言雖不逆不億，而於人之情僞自然先覺，乃爲賢也。

【發明】朱子語類：人有詐不信，吾之明足以知之，是謂先覺。彼未必詐而逆以詐待之，彼未必不信而先億度其不信，此則不可。周子曰：「明則不疑。凡事之多疑，皆生於不明，如以察爲明，皆至暗也。」　朱子文集（答許順之）：逆詐億不信，恐惹起己機械之心。胡明仲云：「逆億在心，是自詐自不信也。」　養一齋劄記：逆詐億不信，都是有忿懥恐懼好樂憂患時易搆此想。君子不於逆億用功，祇就忿懥四者竭力克之，到得消磨將净，則心平如水，不必鑑物而物在鑑中。

○微生畝謂孔子曰：「丘何爲是栖栖者與？無乃爲佞乎？」孔子曰：「非敢爲佞也，疾固也。」

【考異】釋文：或作「某何栖栖」，鄭作「某何是」，今作「某何爲是」。　皇本「曰」上有「對」字。

【考證】漢書古今人表尾生晦，師古注曰：「即微生畝也。晦，古畝字。」　鄭曉古言：微生畝、微生高一人，畝名高字也。　翟氏考異：「栖」字漢人多通作「棲」。班固答賓戲曰：「棲棲遑遑，孔席不煖。」後漢書蘇竟曰：「仲尼棲棲，墨子遑遑。」　潘氏集箋：說文無「栖」字，其「𠧪」字下云：「鳥在巢上。象形。日在西方而鳥棲，故因以爲東西之西。棲，西或从木妻。」是「西」爲「棲」之本字。集韻：「棲，重文作栖。鳥棲或从西，通作西。」是「栖」爲「西」之俗字。左哀十一年傳，孔子以孔文子將攻太叔，命駕而行。曰：「鳥則擇木，木豈能擇鳥？」是夫子曾以鳥棲自喻矣。微生畝言栖栖，猶詩「采采芣苢」，傳曰：「采采，非一辭也。」蓋言夫子歷聘諸邦，皇皇無定耳。漢時本作「棲棲」，楚辭九辯「獨遑遑而無所集」，王逸注：「孔子棲棲而困厄也。」班固答賓戲：「棲棲遑遑。」後漢書蘇竟曰：「仲尼棲棲。」皆其證。羣經平議：「栖」即「棲」字。詩六月篇「六月棲棲」，毛傳曰：「棲棲，簡閱貌。」下云「戎車既飭」，即承六月棲棲而言，是棲棲有整飭之意。字亦通作「萋」，有客篇「有萋有且」，傳曰：「萋且，敬慎貌。」箋云：「其來威儀萋萋且且。」蓋棲、萋並从妻聲，妻之言齊也，故棲棲、萋萋並與濟濟同，文王篇「濟濟多士」，傳曰：「濟濟，多威儀也。」微生畝見孔子修飾威儀，疑其以此求悦於人，故曰：「何爲是栖栖者與？無乃爲佞乎？」晏子春秋外篇載晏子之言曰：「今孔丘盛聲樂以侈世，飾弦歌鼓舞以聚徒，繁登降之禮、趨翔之節以觀衆。」此即微生畝之意。孔子答之曰：「非敢爲佞也，疾固也。」固，謂固陋也。疾固陋故栖栖，是可得栖栖之義矣。班固答賓戲曰：「是以聖哲之治，棲棲皇皇。孔席不暖，墨突不黔。」則漢儒已不達栖栖之義。邢氏承其説而曰：「栖栖，猶皇皇也。」於是此章之義全失矣。

【集解】包曰：「微生姓，畝名。病世固陋，欲行道以化之。」

【集注】微生姓，畝名也。畝名呼夫子而辭甚倨，蓋有齒德而隱者。栖栖，依依也。爲佞，言其務爲口給以説人也。疾，惡也。固，執一而不通也。聖人之於達尊禮恭而言直如此，其警之亦深矣。

【餘論】四書辨疑：注文解棲棲爲依依，舊疏與南軒皆解爲皇皇。蓋依依，倚而安之之貌。皇皇，行無定所之貌。微生畝本譏孔子之周流不止，惟皇皇之說爲是。注文蓋謂孔子指微生畝爲執一不通也。微生畝謂孔子近佞，孔子復謂畝爲執一不通，此與閭閻之間互相譏罵者何異？畝雖自恃年齒之尊，言有倨傲，孔子亦當存長長之義，而以周流憂世之本誠答之，何必復以如此不遜之言立相還報邪？南軒曰：「包注固謂世之固陋。」此解是。棲棲，猶皇皇也。佞，口給也。疾，猶病也。微生畝謂夫子皇皇歷說，類夫尚口者，夫子以爲非敢爲佞，病夫世之固陋云爾。予謂南軒之說有温厚寬和之意，無損聖人之德，今從之。讀四書大全說：微生畝亦老、莊之徒。老子曰：「善者不辨，辨者不善。」又曰：「知者不言，言者不知。」其看道理高峻，纔近人情，即虧道體，故莊子以臚傳發冢爲儒誚。自己識得，更不須細碎與人說。一有辯論，則是非失其固然而爲佞矣。即此是其固執不通處，其離人以立於獨，既已賤視生人之同得，而删抹半截道理，孤尋向上去，直將現前充塞之全體大用，一概以是非之無定而割之，故其言曰：「子之依依然與不知者言道。」而删定述作，以辨是非於不已，則無有以是爲非，以非爲是，而徒資口給者乎？熟繹本文，意自如此。新安以立身待人言之，亦謂此也。

○子曰：「驥不稱其力，稱其德也。」

【考證】說文：驥，千里馬也。莊子馬蹏篇釋文：驥，千里善馬也。

【集解】鄭曰：「德者，調良之謂。」

【唐以前古注】太平御覽四百三引鄭注：驥，古之善馬。德者，謂有五御之威儀。

按：劉氏正義云：「集解節引此注文不備。當云：『驥，古之善馬。德者，調良之謂。謂有五御之威儀。』」

【集注】驥，善馬之名。德，謂調良也。

皇疏引江熙云：稱，伯樂曰：「驥有力而不稱。」君子雖有兼能，而惟稱其德也。

○或曰：「以德報怨，何如？」子曰：「何以報德？以直報怨，以德報德。」

【考證】道德經恩始章：大小多少，報怨以德。説苑權謀篇引孔子曰：聖人報怨以德。禮記表記：子曰：「以德報怨，則寬仁之身也。以怨報德，則刑戮之民也。」又曰：「以德報德，則民有所勸。以怨報怨，則民有所懲。」集注考證：觀此章之答，則知表記以爲夫子之言者，蓋失其傳也。翟氏考異：論語二十篇無及老聃一事，惟或人舉此語爲問，而夫子深不謂然，即此可破學於聃之浮説矣。

【集解】德，恩惠之德也。

【唐以前古注】皇疏：所以不以德報怨者，若行怨而德報者，則天下皆行怨以要德報之，如此者，是取怨之道也。

【集注】或人所稱今見老子書。德，謂恩惠也。言於其所怨既以德報之矣，則人之有德於我者又將何以報之乎？於其所怨者，愛憎取舍，一以至公而無私，所謂直也。於其所德者，則必以德報之，不可忘也。　　或人之言可謂厚矣，然以聖人之言觀之，則見其出於有意之私，而怨德之報皆不得其平也。必如夫子之言，然後二者之報各得其所。然怨有不讎，而德無不報，則又未嘗不厚也。此章之言，明白簡約，而其指意曲折反復，如造化之簡易易知而微妙無窮，學者所宜詳玩也。

【餘論】論語或問：或問：以德報怨，亦可謂忠且厚矣，而夫子不之許何哉？曰：德有大小，皆所當報，而怨則有公私曲直之不同，故聖人之教，使人以直報怨，以德報德。以直云者，不以私害公，不以曲勝直，當報則報，不當則止，是則雖曰報怨，而豈害其爲公平忠厚哉？然而聖人終不使人忘怨而没其報復之名者，亦以見夫君父之讎有不得不報者，而伸乎忠臣孝子之心耳。若或人之言，則以報怨爲薄，而必矯焉以避其名，故於其所怨而反報之以德，是則誠若忠且厚矣，而於其所德又將何以報之邪？若等而上之，每欲益致其厚，則以德之上，無復可加。若但如所以報怨者而已，則是所以報德者僅適其平，而所以報怨者反厚於德，且雖君父之讎，亦將有時而忘之也。或曰：然則君父之讎亦有當報不當報之別乎？曰：周禮有之，殺人而義者，令勿讎，讎之則死。此不當報者也。春秋傳曰：「父不受誅，子復讎可也。」此當報者也。當報而報，不當報而止，是即所謂直也。周公之法，孔子之言，若合符節，於此可以見聖人之心矣。吴嘉賓論語説：以直者，不匿怨而已。人之性情未有不樂其直者，至於有怨，則欲使之含忍而不報。夫含忍而不報，則其怨之本固未嘗去，將待其時之可報而報之耳。至於蓄之久而一發將至於不可禦，或終於不報，是其人之於世，必以浮道相與，一無所用其情者，亦何所取哉？以直報怨，凡直之道非一，視吾心何如耳。吾心不能忘怨，報之直也。既報，則可以忘矣。苟能忘怨而不報之，亦直也。雖不報，固非有所匿矣。怨期於忘之，德期於不忘，故報怨者曰以直，欲其心之無餘怨也；報德者曰以德，欲其心之有餘德也。其心不能忘怨，而以理勝之者亦直，以其心之能自勝也。直之反爲僞，必若教人以德報怨，是教人使爲僞也。烏乎可？黄氏後案：事必推之可通，始爲情理之正。苟行於此不可通於彼，即過乎情而拂乎事之理，此非獨報怨報德然也。五禮之殊貴賤，五服之辨親疏，五刑之分首從，先王皆順其自然之理而措正施行，垂之萬世而無弊。後世或欲過從厚於一事，而例之他事，遂不可通矣。管仲辭上卿之禮，曰：「有天子之二守國、高在，何以禮焉？」張釋之不以盜廟坐玉環之罪論族曰：「愚民取長陵一抔土，何以加其法？」兩何以之辭，與夫子何以報德一詰，語意正同。難之者曰：報怨者以至公無私，而報德者必有私矣，聖賢可私於所厚乎？曰：國語言：「報生以死，報賜以力。」禮曰：「親無失親，故無失故。」春秋之法，爲尊者諱，爲親者諱，豈不私於所厚乎？彼以德報怨，固老氏壞敗聖教之説，不則德怨俱以直報之，亦所謂執中無權者，均之賊道而已。

【發明】義門讀書記：以直二字，凡待天下之常人皆然，不因報怨而有所增損耳。

○子曰：「莫我知也夫！」子貢曰：「何爲其莫知子也？」子曰：「不怨天，不尤人，下學而上達。知我者，其天乎？」

【考證】史記孔子世家：西狩見麟，曰：「吾道窮矣！」喟然歎曰：「莫我知夫！」子貢曰：「何爲莫知？」子曰不怨天云云。說苑至公篇：夫子行說七十諸侯，無定處，意欲使天下之民各得其所。而道不行，退而修春秋。采毫毛之善，貶纖介之惡，人事浹，王道備，精和聖制，上通于天而麟至，此天之知夫子也。於是喟然而歎曰：「天以至明爲不可蔽乎？日何爲而食？地以至安爲不可危乎？地何爲而動？」天地而尚有動蔽，是故聖賢說於世而不得行其道，故災異並作也。夫子曰：「不怨天云云。」論語發微：此孔子自言修春秋之志也。春秋筆則筆，削則削，子夏之徒不能贊一辭。子貢言性與天道不可得聞，又何能知莫知之歎，子與子貢互相發明以探天意也。能知天，斯不怨天；能知人，斯不尤人；能知天知人，乃能明天人之際。際者，上下之間也。春秋二百四十二年之中，人事浹，王道備，治太平以上應天命，斯爲下學人事、上知天命也。包慎言溫故錄：史記孔子世家：「哀公十四年春，狩於大野。叔孫氏車子鉏商獲獸，以爲不祥。仲尼視之曰：『麟也。』取之，曰：『河不出圖，洛不出書，吾已矣夫！』顏淵死。孔子曰：『天喪予！』及西狩獲麟，曰：『吾道窮矣！』喟然曰：『莫我知也夫！』子貢曰：『何爲莫知子？』子曰：『不怨天，不尤人，下學上達。知我者，其天乎？』」據史記此文，莫知之歎，蓋發於獲麟之後。然則不怨天者，知天之以己制作爲後王法也。不尤人者，人事之厄，天所命也。孔子在庶，而褒貶進退，王者所取則，故曰下學而上達。達，通也。張衡應閒曰：「蓋聞前哲首務，務於下學上達，佐國理民，有云爲也。」是上達者，謂達於佐國理民之道。史公自敍曰：「董生云：『周衰道廢，孔子知言之不用，道之不行也。是非二百四十二年之中，以爲天下儀表，貶天子，退諸侯，討大夫，以達王事而已矣。』」又云：「仲尼悼禮樂廢崩，追修經術，以達王道。」此上達之義也歟？春秋本天以治人，知我者，其惟春秋。罪我者，其惟春秋。故曰：「知我者，其天乎？」　劉氏正義：案説苑至公篇云云，亦以此節爲獲麟而發。下學上達，爲作春秋之旨。學通於天，故惟天知之。論語撰考讖云：「下學上達，知我者，其天乎，通精曜也。」與説苑意同。蓋春秋本天治人，包説夫子上達於佐國理民之道，即是上通於天也。漢書五行志：「劉向以爲如人君下學而上達，災消而福興矣。」顏師古注：「上達，謂通於天道而畏威。」此雖譬引之辭，然亦謂人君精誠格天，則自降之福。是上達爲上通於天也。

【集解】子貢怪夫子言何爲莫己知，故問也。馬曰：「孔子不用於世，而不怨天；人不知己，亦不尤人。」孔曰：「下學人事，上知天命。」何曰：「聖人與天地合其德，故曰惟天知己。」

【唐以前古注】釋文引鄭注：尤，非也。　皇疏：下學，學人事。上達，達天命。我既學人事，人事有否有泰，故不尤人。上達天命，天命有窮有通，故我不怨天也。

【集注】夫子自歎以發子貢之問也。不得於天而不怨天，不合於人而不尤人，但知下學而自然上達，此但言其反己自修，循序漸進耳，無以甚異於人而致其知也。然深味其語意，則見其中自有人不及知而天獨知之之妙。蓋在孔門，惟子貢之智幾足以及之，故特語而發之，惜乎其猶有所未達也。

【餘論】松陽講義：學者讀這章書，須知聖人只是這下學。一部五經、四書，都是說下學。若不從下學入手，縱智勇絶世，却是門外漢。然不曾打破得怨尤一關，亦不能下學。此一關最難，無論他人，即屈原行吟澤畔，只做得怨尤，不曾做得下學。須先將自家胸中怨尤病根盡情斬去，不留絲毫，方能下學。

朱柏廬毋欺録：下學而上達，上達即在下學中，所以聖賢立教，祇就下學說，纔以上達立教，便誤後學，便是害道病根。如程子云：「主一無適之謂敬。」高忠憲曰：「心無一事之謂敬。」心無一事自是主一無適極至地位，然使學者但求心無一事，而不從主一無適做功夫，則焉得不墮聰黜明，離事絶物，以爲道耶？孔子耳順以後，猶且曰從心所欲不踰距，步步還他實落。初未嘗言心無一事，則甚矣學之必不可以不進於上達，而教之必不可以不主於下學也，蓋聖人祇是下學中人也。

黄氏後案：據孔安國注，下指人，上指天。下學，猶言習練世事。上達，知天命之窮也。知我其天，天諒其無道則隱之心也。式三謂下學，刪訂贊修之事。上達，所學通於天也。聖人刪訂贊修，惓惓斯道之心上通於天，而天自知之。漢書儒林傳言孔子以聖德遭季世，知言不用，於是序書，稱韶樂，論詩，綴周禮，成春秋，晚而讀易，下即引經「述而不作，信而好古」，及此經「下學而上達」以證之，是漢師相傳如此。史記世家引此經於獲麟後，作春秋前。說苑至公篇引此經，言夫子修春秋，精和聖制，上通於天。大怡亦相同也。程、朱二子謂聖人自言悟道精微，默然理契，申之者說極玄眇，於不怨不尤之語亦未融貫。章内兩言天，一爲未定之天，一爲已定之天；一爲氣數之天，一爲義理之天。謹守程、朱者如金吉甫亦復致疑，若明心見性之流，各以其所頓悟者爲上達之妙，其弊不勝言矣。式三謂玄眇之説，即頓悟所由起也。

【發明】反身録：學不著裡，易生怨尤。著裡則一味正己，循理樂天，凡吉凶禍福順逆得喪之在外者，舉無一動其中，何怨何尤之有？

○公伯寮愬子路於季孫。子服景伯以告，曰：「夫子固有惑志於公伯寮，吾力猶能肆諸市朝。」

【音讀】集解于「惑志」下容注文，蓋以「志」字絶句。史記「惑志」下亦間注文，下作「僚也吾力猶能肆諸市朝」。皇本「寮」下有「也」字，疏曰：「景伯既告季氏有惑志，又言吾若於他人有豪勢者則不能誅耳，若於伯寮也，吾力是能使季孫審子路之無罪，而殺伯寮於市朝也。」顯分下四字趨向下文。經讀考異：舊讀從一句。（史記：「夫子固有惑志寮也。」集注：「言其有疑于寮之言。」）論語集解以「夫子固有惑志」爲句，注云：「孔曰：季孫信讒，惑恚子路。」則以「於公伯寮」連下讀「吾力猶能肆諸市朝」爲義。

【考證】九經字樣：竂字上从穴，下从火，論語承隸省作「寮」。説文：論語有公伯竂。又引論語曰：「訴子路於季孫。」史記弟子傳「公伯寮」，索隱作「繚」，又作「遼」，或云即申繚。四書纂疏：注疏、史記皆以公伯寮爲弟子，今觀夫子如命何之語，只以常人待之，故集注但云魯人。四書辨證：家語弟子解不列公伯寮之名氏，而史記弟子傳有公伯寮字子周。困學紀聞曰：「公伯寮非孔子弟子，胡致堂之説當矣。」　劉氏正義：公伯複姓，見廣韻。稱伯寮者，猶冶長、馬遷之比。弟子傳公伯寮字子周，不云魯人，或馬别有據也。家語弟子解無公伯寮，有申繚字周，蓋以申繚一人當申堂、公伯寮二人。臧氏庸拜經日記譏其僞造是也。明程敏政以寮爲聖門蟊螣，請罷其從祀。

按：史記索隱引譙周云：「疑公伯繚是讒愬之人，孔子不責而云其如命何，非弟子之流，太史公誤。」潘維城曰：「弟子籍出自孔氏，史公據以爲傳，並非鑿空撰出，不得以王肅家語不載而轉疑馬注爲誤也。」論語後録曰：「寮與子禽同類耳。」余謂此如程門之邢恕，削其從祀可也，以史記爲誤則非也。

劉氏正義：「勢力」者，言景伯是孟孫之族，當有勢力，能與季孫言也。辨子路之無罪，欲令季孫知寮之愬，然後使季孫誅寮，以國之常刑殺之也。「陳其尸曰肆」者，説文：「肆，極陳也。」周官鄉士云：「協日刑殺，肆之三日。」又遂士云：「協日就郊而刑殺，各於其遂肆之三日。」縣士云：「協日刑殺，各就其縣肆之三日。」又掌戮云：「凡殺人者，踣于市，肆之三日。惟殺于甸師氏者不肆。」是周制殺人有陳尸三日之法。故左傳載楚殺令尹子南于朝。三日，子南之子棄疾請尸。亦以陳尸三日故也。鄉士疏引論語注云：「大夫於朝，士於市。公伯寮是士，止應云肆諸市，連言朝耳。」此鄭注文，爲集解刪佚。檀弓：「杞梁之妻曰：『君之臣不免於罪，則將肆諸市朝，而妻妾執。』」注：「肆，陳尸也。大夫以上於朝，士於市。」與論語注同。魯語云：「大刑用甲兵，其次用斧鉞。中刑用刀鋸，其次用鑽笮。薄刑用鞭扑，以威民也。故大者陳之原野，小者致之市朝。五刑之次，是無隱也。」韋昭注：「其死刑，大夫以上尸諸朝，士以下尸諸市。三處，野、朝、市。」韋與鄭同。據左傳「楚殺令尹子南於朝」，又「晉尸三郤於朝」，明以職尊故肆朝也。若「晉尸雍子與叔魚于市」，孔疏即云：「以其賤故也。」其後董安于縊而死，趙孟尸諸市，亦以安于職卑。是鄭以大夫肆朝，士肆市，有明徵矣。王制云：「刑人于市，與衆棄之。」無殺人于朝及肆朝之文。説者以王制爲殷禮，然周官鄉、遂、縣士及掌戮亦止言肆市，不言肆朝。且掌戮又云：「唯王之同族與有爵者，則殺之于甸師氏。」有爵，當謂大夫以上職尊者，與魯語及論語、左傳之文不同，説者多以爲疑。毛氏奇齡經問謂刑士於市，刑大夫于甸師氏。而苟有重罪宜肆者，則士肆市，大夫肆朝。而士以下各于其地刑之肆之，未爲不可。此説深爲得理。若然，則周官不言肆朝，或以事不經見，故不載之；抑後周所增制，非元公舊典也。又案古人言市朝有二解。考工記「面朝後市，市朝一夫」、周官鄉師「以木鐸徇於市朝」、檀弓「遇諸市朝，不反兵而鬬」。奔喪哭辟市朝」、孟子「若撻之于市朝」、史記孟嘗君列傳「日暮之後過市朝者」，皆謂市中官治之所。司市云「掌市之治教政刑，量度禁令，以次敍分地而經市」。注云：「次，謂吏所治舍思次介次也。若今市亭然。」此即是市朝，與論語此文市朝爲二各别也。公伯寮是士，而廣韻稱爲魯大夫，未知所本。

按：秋官鄉士疏：「大夫於朝，士於市。公伯寮是士，止應云肆諸市，連言朝耳。」陳鱣云：

「按臧在東曰：『季孫既惑志於寮，故景伯欲誅寮，必先向季孫辨子路之無罪，使季孫知子路無他，又知寮之愬，然後季孫誅之於市，與衆棄之，景伯必無不告季孫而竟自誅寮也。』此注可謂揣一時之情而補經文之略矣。」余謂統曰市朝，猶之杞梁之妻曰：「君之臣不免於罪，則將肆諸市朝。」蓋齊、魯閒成語也。

【集解】馬曰：「愬，譖也。伯寮，魯人，弟子也。」孔曰：「景伯，魯大夫子服何忌也。告，告孔子。惑志，季孫信讒，恚子路也。」鄭曰：「吾勢力猶能辨子路之無罪於季孫，使之誅寮而肆之。有罪既刑，陳其尸曰肆。」

按：世本：「獻子蔑生孝伯，孝伯生惠伯，惠伯生昭伯，昭伯生景伯。」則景是謚也。邢疏：「左傳哀十二年，吴人將囚景伯。景伯曰：『何也立後於魯矣。』杜注云：『何，景伯名。』然則景伯單名何，而此注云何忌，誤也。」漢魯峻石壁畫七十二子像有子服景伯。

【唐以前古注】周禮秋官司市疏引鄭注：大夫於朝，士於市。公伯寮是士，止應云肆諸市，連言朝耳。　皇疏：景伯既告孔子曰季氏猶有惑志，而又此説助子路，使子路無罪，而伯寮致死。言若於他人該有豪勢者，則吾力勢不能誅耳，若於伯寮者，則吾力勢是能使季孫審子路之無罪，而殺伯寮於市朝也。肆者，殺而陳尸也。

【集注】公伯寮，魯人。子服氏，景謚，伯字，魯大夫子服何也。夫子指季孫言，其有疑於寮之言也。肆，陳尸也，言欲誅寮。

子曰：「道之將行也與，命也；道之將廢也與，命也。公伯寮其如命何！」

【考異】史記弟子傳無「也與」二字，下同。　宋書顧凱之定命論引仲尼云云，亦各無「也與」字。

【考證】洙泗考信錄：　孔子爲魯司寇，子路爲季氏宰，實相表裏，觀墮都之事可見。子路見疑，即孔子不用之由，故孔子以道之行廢言之，似不僅爲子路發也。　論語述要：崔論實有特見。夫子以女樂去國，非齊之能間也。雖有讒夫，安能間無疑之主？意其時季氏或已先入譖者之言，齊人諜知之，而以女樂乘其隙；或齊人雖未知，以女樂爲試，適季已入譖言，遂受之而不顧，要皆於伯寮之愬有極大關係。不然，季氏如祇一時女色之迷，聞夫子去，亦大足警覺，夫子遲遲其行，何以不欲挽留？夫子去國之詞曰：「彼婦之口，可以出走。」豈無故而云然？千丈之隄，潰於蟻穴，惜哉！安得不歸之命也？又按史記季桓子卒，遺命召孔子。時無女樂矣，公之魚阻之，遂不果。及冉有勝齊，康子乃逐公華、公賓、公林，以幣迎孔子，是三子亦必讒阻夫子之人也。子之出也，季氏爲惑伯寮之愬，其入也，始爲之魚所阻，繼乃必先逐華、賓、林三人，示去讒決心，以堅夫子之信。異哉！之數子者何其皆氏公也？豈其同族同黨乎？史記弟子傳有伯寮無公賓，家語弟子解有公賓無伯寮，賓、寮字義類相近，吾又烏知公伯寮之非即公賓也？茲説誠非偶然，而後人猶以伯寮不從祀爲之呼冤者何哉？

【唐以前古注】皇疏引江熙云：夫子使景伯辨子路，則不過季孫爲甚；拒之，則逆其區區之誠，故以行廢之命期之，或有如不救而大救也。

【集注】謝氏曰：「雖寮之愬行亦命也，其實寮無如之何。」愚謂言此以曉景伯、安子路，而警伯寮耳。聖人於利害之際，則不待決於命而後泰然也。

【餘論】張爾岐蒿庵閒話：人道之當然而不可違者，義也。天道之本然而不可争者，命也。貧富貴賤得失死生之有所制而不可强也，君子與小人一也。命不可知，君子當以義知命矣。凡義所不可，即以爲命所不有也。故進而不得於命者，退而猶不失吾義也。小人嘗以智力知命矣，力不能争則智邀之，智力無可施而後謂之命也。君子以義安命，故其心常泰。小人以智力争命，故其心多怨。衆人之於命，亦有安之矣，大約皆知其無可奈何而後安之者也。聖人之於命，安之矣，實不以命爲準也，而以義爲準。故雖力有可争，勢有可圖，而退然處之，曰義之所不可也。義所不可，斯曰命矣。故孔子之於公伯寮，未嘗無景伯之可恃也；於衛卿，未嘗無彌子瑕之可緣也。孟子之於臧倉，未嘗無樂正子之可力爲辨而重爲請也，亦曰義所不在耳。義所不在，斯命所不有矣。故聖賢之於命，不必一於義也，而命皆有以制之。制之至無可奈何，而後安之。故聖賢之與衆人，安命同也，而安之者不同也。惜抱軒經説：子路、冉有皆嘗爲季氏宰，然子路爲宰當桓子之世，孔子用於魯之時也。冉有爲宰當康子之世，孔子不用於魯之時也。子路之志蓋與孔子差同，將張公室而興魯。及冉有之爲季氏，則利私家之意多矣。是以子路之於季氏可以間，而冉有之仕季氏聖人多所不與也。定公十二年墮三都，其時季孫意嚮聖人甚，至未幾乃受女樂，聖人不復言，子路不復諫者，以其意先疑而不用其説者，蓋公伯寮之徒爲之也，所謂彼婦之口、彼婦之謁者歟？聖人非不惡讒而欲正其罪也，然猶是季孫始者能意嚮聖人，是必天之啓其衷也；天命如斯，而吾强執公伯寮而誅之，以快一時之意，然而國之朋黨不已交争，而禍安知所極乎？是小丈夫之所爲也，是不知命者也。

【發明】李中谷平日録（明儒學案引）：先儒云：中人以下乃以命處義，賢者求之有道，得之有義，不必言命。是固然矣，然命字亦不可輕看。孔子曰：「道之將行也與，命也。道之將廢也與，命也。」彌子曰：「孔子主我，衛卿可得。」孔子亦曰有命。推而言之，堯、舜之禪，湯、武之征伐皆命也。但不肆縱欲之心，衹是處貧賤安於貧賤，處富貴安於富貴，當生則生，當死則死，到安命處，便是道義，非有二也。君子思不出其位，安命也。若待不得已然後言命，非安命也。

○子曰：「賢者辟世，其次辟地，其次辟色，其次辟言。」

【考異】皇本「辟」字皆作「避」。後漢書逸民傳注引作「賢者辟代」。三國志許靖傳注、文選七命注各引「賢者避世，其次避地」。宋書隱逸傳序引「賢者避地，其次避言」，字皆作「避」。

【考證】劉氏正義：説文：「避，回也。」蒼頡篇：「避，去也。」賢者所辟有此四者，當由所遇不同。孟子告子下言古之君子所去三，亦云其次、其下，與此文義同。吕氏春秋先識覽：「凡國之亡也，有道者必先去，古今一也。」高注引此文「辟色」作「避人」。子華子神氣篇亦言違世、違地、違人。後篇桀溺謂子路曰：「且而與其從辟人之士也，豈若從辟世之士哉？」辟人即辟色，當時兩稱之，高誘或亦隨文引之耳。子華子以違世爲大上，違地、違人皆其次，似以優劣論之，與論語義不同矣。

【集解】孔曰：「世主莫得而臣。」馬曰：「去亂國，適治邦。」孔曰：「色斯舉矣。有惡言乃去。」

【集注】天下無道而隱，若伯夷、太公是也。去亂國，適治邦，禮貌衰而去，有違言而後去也。程子曰：「四者雖以大小次第言之，然非有優劣也，所遇不同耳。」

【餘論】論語注義問答通釋：出處之義，自非一端，隨所遇之時而酌所處之宜可也。衛靈公顧蜚雁則辟色矣，問陳則辟言矣，豈夫子於此爲劣乎？此所以不可以優劣言也。讀四書大全說：辟地以下三言其次，以優劣論固不可，然云其次，則固必有次第差等矣。程子以爲所遇不同，乃如夫子之時，天下之無道甚矣，豈猶有可不避之地哉？而聖人何以僅避言色也？蓋所云次者，就避之淺深而言也。避世，避之尤者也。避地以降，漸不欲避者也，志益平而心益苦矣。梁氏旁證：夫子明以賢者提首，而以下爲其次，似不無優劣之分，故集注置諸圈外。

孔注：「避世，世主莫得而臣之。避地，去亂國，適治邦。避色，色斯舉矣。避言，有惡言乃去。」皇疏云：「聖人無可無不可，故不以治亂爲隔。若賢者去就順時，天地否塞，賢人便隱，天子不得而臣，諸侯不得而友，此避世之士也。其次避地者，謂中賢也，未能高棲絕世，但擇地而處，去亂就治也。其次避色者，此次中之賢也，不能豫擇治亂，但臨時觀君之顏色，顏色惡則去。其次避言者，不能觀色斯舉矣，惟聞惡言則去也。」

子曰：「作者七人矣。」

【考異】四書辨疑：王滹南曰：「作者七人雖不見主名，其文勢似與上文爲一章，子曰字疑衍。」予謂古注本通是一章，注文分之之意正爲作者上有「子曰」字也，滹南所疑者誠是，「子曰」二字當爲衍文。　論語稽求篇：舊以此與「賢者避世」四句合作一章。按黄瓊上災異疏有云：「伏見處士巴郡黄錯、漢陽任棠，年皆耄耋，有作者七人之論。」後漢逸民傳亦云：「絶塵不反，同夫作者。」

【考證】潘氏集箋：皇疏：王弼曰「七人，伯夷、叔齊、虞仲、夷逸、朱張、柳下惠、少連也」。與包、鄭不同。　風俗通義十反篇：「孔子嘉虞仲、夷逸作者七人也。」疑與弼合，小異於鄭，大異於包。孟子盡心篇「古之賢士」，注：「作者七人，隱各有方。」蓋古與「賢者避世」合作一章，故解者皆以隱士當七人之數。　瞥記以包注爲允，陳鱣主鄭氏説，謂包所稱晨門、封人雖隱下位，核以四者之辟則非矣。　王弼云云，益不足據。　瞥記：作者七人，包咸注以長沮、桀溺、丈人、晨門、荷蕢、儀封人、楚狂接輿實之，疏引王弼謂即逸民，引康成謂「七」爲「十」字之誤。　夷、齊、虞仲避世者，荷蓧、沮、溺避地者，柳下惠、少連避色者，荷蕢、楚狂避言者。　案論語舊本「作者七人」連「賢者避世」四句，故解家皆以隱士當七人之數。　孟子「古之賢士」，注：「作者七人，隱各有方。」後漢書黄瓊薦處士黄錯、任棠云：「年皆耄耋，有作者七人之論。」逸民傳序云：「絶塵不反，同夫作者。」而李賢黄瓊傳注與王弼同，蓋皆本於應劭風俗通，其十反篇云：「孔子嘉虞仲、夷逸作者七人也。」張子正蒙又以伏羲、神農、黃帝、堯、舜、禹、湯爲七人，程子説同。岐頭別論，似均未足爲據，必求其人，包注爲允。　劉氏正義：復稱「子曰」者，移時乃言也。作如「見幾而作」之作。作爲常訓。爲之者，謂爲辟世、辟地、辟色、辟言者也。七人所爲不同，此注無所分別，當以義難定故也。鄭注云：「伯夷、叔齊、虞仲辟世者，荷蓧、長沮、桀溺辟地者，柳下惠、少連避色者，荷蕢、楚狂接輿辟言者也。七當爲十字之誤也。」皇疏引王弼曰：「七人伯夷、叔齊、虞仲、夷逸、朱張、柳下惠、少連也。」後漢書黃瓊傳注引注云云，即王弼説，蓋鄭、王據孔子以前人，包據孔子同時人。應劭風俗通十反篇：「孔子嘉虞仲、夷逸作者七人。」即王弼所本。陶潛羣輔録數七人，前説本包，後説本王、鄭。又改七人爲十人，世遠義失，難得而折衷焉。

【集解】包曰：「作，爲也。爲之者凡七人，謂長沮、桀溺、丈人、石門、荷蕢、儀封人、接輿也。」

【唐以前古注】皇疏：引孔子言，證能避世以下，自古已來作此行者，唯七人而已矣。　邢疏引鄭注：伯夷、叔齊、虞仲辟世者，荷蓧、長沮、桀溺辟地者，柳下惠、少連辟色者，荷蕢、楚狂接輿辟言者。「七」當爲「十」之誤也。　皇疏同。　又引王弼云：七人：伯夷、叔齊、虞仲、夷逸、朱張、柳下惠、少連。　筆解：韓曰：「包氏以上文連此七人，失其旨。吾謂別段，非謂上文避世事也。下文子曰，別起義端作七人，非以隱避爲作者明矣。避世本無爲，作者本有爲，顯非一義。」李曰：「其然乎？包氏所引長沮已下苟合於義，若於作者絶未爲得。吾謂包氏因下篇長沮、桀溺云『與其從辟人之士，豈若從辟世之士哉』，遂舉此爲七人，苟聯上義。殊不知仲尼云『鳥獸不可與同羣』，此則非沮桀輩爲作者明矣。又況下篇云：『逸民：伯夷、叔齊、虞仲、夷逸、朱張、柳下惠、少連。』七人豈得便引爲作者可乎？包謬不攻自弊矣。」

【集注】李氏曰：「作，起也，言起而隱去者今七人矣，不可知其誰何。必求其人以實之則鑿矣。」

【別解】張子正蒙：七人：伏羲、神農、黄帝、堯、舜、禹、湯。制法興王之道，非有述於人者也。

劉原父七經小傳：作讀如「作者之謂聖」之作。仲尼序書，始堯、舜。堯、舜以來始有典籍，故道典籍以來，聖人得位而制作者凡七人，即堯、舜、禹、湯、文、武、周公也。此章偶與辟世章相屬，學者遂穿鑿妄解。

論語稽：易繫不引禹、湯，終非七人確證。竊以爲作者謂聖，其訓最長，此蓋孔子自明述而不作之意，言作者已有七人，不待更作也。中庸云：「仲尼祖述堯、舜。」論語末篇亦上稽至堯、舜而止，則七人當斷自堯、舜，合禹、湯、文、武、周公而七也。

【餘論】論語或問：或問：張子作者七人之説如何？曰：是不可知，姑存而徐考之可也。然以上下推之，意其爲隱者而發之意爲多耳。

○子路宿於石門。晨門曰：「奚自？」子路曰：「自孔氏。」曰：「是知其不可而爲之者與？」

【考異】皇本「晨門」上復有「石門」二字。

翟氏考異：前篇子張問達章皇氏疏引沈居士曰：若長沮、桀溺、石門晨門，有德若此。以「石門晨門」四字爲稱，可爲「石門」有複文之一證。

天文本論語校勘記：古本、足利本、唐本、津藩本、正平本「晨門」上多「石門」二字。

【考證】太平寰宇記：兗州曲阜縣古魯城，其城凡十有二門，東有二門，其北名上東門。按左傳定公八年「公斂處父帥成人自上東門入」，注云：「魯東城之北門也。」又國語「臧文仲祭爰居於魯東門之外」，皆此門也。西五門，第一曰鹿門，即臧孫紇斬鹿門之關以出。第三曰稷門，即圉人犖能投蓋於稷門。按魯國志云：「古城凡有七門，東西有三門，最北者名萊門。」左傳哀公六年「公子陽生請於南郭，具千乘出萊門而告之故」，注云：「魯郭門也。」次南第二門名石門。按論語云「子路宿於石門」，注云：「魯城門。」呂氏春秋云：「宋有桐門，魯有石門。」即此也。南面有一門，不詳其名。北面有三門，最西者名子駒門。按左傳文公十一年「獲長狄僑如，埋其首於子駒之門」，注云：「子駒，魯郭門。」次東二門無名。四書釋地：地志之書，宋人漸多附會，不似唐人。朱子注四書，傳詩，每僅云邑名地名，蓋其慎也。然亦畢竟是討便宜，其實地有鑿然可指有助於經學不小者。如「子路宿於石門」，鄭注云：「魯城外門。」蓋郭門也。因悟孔子轍環四方久，使子路歸魯視其家，甫抵城而門以闔，只得宿於外之郭門，次日晨興伺門人。掌啓門者訝其太早，曰汝何從來乎，若城門既大啓後，往來如織，焉得盡執人而問之？此可想見者一也。「自孔氏」，言自孔氏處來也。不曰孔某，而曰孔氏，以孔子爲魯城中人，舉其氏輒可識，不必如答長沮之問爲孔某，此可想見者二也。「知其不可而爲之者與」，分明是孔子正栖栖皇皇歷聘於外，若已息駕乎洙、泗之上，不必作是語，此可想見者三也。總從魯郭門三字悟出情蹤，誰謂地理不有助於經學歟？

按：春秋隱公三年「齊侯、鄭伯盟於石門」，杜注：「石門，齊地。」非此之石門也。水經洙水注云：「北流逕孔里，又西南枝津水出焉。又西南逕瑕丘城東而南入石門，門右結石爲水，門跨於水上。」此石門近之。皇疏所引又云魯城外門者，見後漢書張皓王龔傳論注引鄭康成論語注如此。高士傳：「石門守者，魯人也。避世不仕，自隱姓名，仕魯守石門，主晨夜開閉。子路從孔子石門宿，因問云云。」據此，是漢、魏以來均以石門爲城門，無作地名解者，集注失之。

【集解】晨門者，閽人也。包曰：「言孔子知世不可爲而强爲之。」

【唐以前古注】後漢張皓王龔傳論注引鄭注：石門，魯城外門也。晨，主守門，晨夜開閉也。

【集注】石門，地名。晨門，掌晨啓門，蓋賢人隱於抱關者也。自，從也，問其何所從來也。胡氏曰：「晨門知世之不可而不爲，故以是譏孔子，然不知聖人之視天下無不可爲之時也。」

【餘論】黄氏後案：皇疏：「石門者，魯城外門也。晨門，守石門，晨昏開閉之吏也，魯人也。自，從也。朝早開見子路，問從何而來。子路答曰：我此行從孔氏來也。」據皇疏，是夫子周流在外，使子路歸魯，值莫而宿於魯之城外，故有此問答之辭。曰知其不可而爲之，正指聖人周流列國，知道不行，而猶欲挽之，晨門知聖也。鹽鐵論所謂孔子生於亂世，悼痛天下之禍，猶慈母之伏死子也，知其不可如何然惡已。四書辨證：姓氏之分，莫著於國語。於禹云姓姒氏，曰有夏。四岳賜姓曰姜氏，曰有吕。朱注於太公姜姓吕氏亦甚明晝。於子文云姓鬭，則以氏爲姓矣。史記於夫子云姓孔氏，則又姓氏合一矣。禮記大傳六世親屬竭則别爲庶姓。陳氏集説曰：「姓爲正姓，氏爲庶姓。」然則謂夫子姓孔，因庶姓姓之也，而孔實爲氏，故云孔氏。

○子擊磬於衛。有荷蕢而過孔氏之門者，曰：「有心哉，擊磬乎！」

【考異】漢書古今人表作「何蕢」。　説文解字引論語「有荷臾而過孔氏之門」。　後漢書逸民傳注引論語「者」作「首」。　七經考文：古本「蕢」作「簣」，注同。「氏」作「子」，足利本同。　説文繫傳通論篇：孔子擊磬於衛，擁塜子聞之曰：「有心哉，擊磬乎！」「擁塜」當作「荷蕢」。

【考證】潘氏集箋：隸釋贈孔宣公泰師碑：「荷蕢微者，反差擊罄之心。」「磬」作「罄」。「荷蕢」，漢書人表作「何蕢」。　説文：「何，儋也。」詩商頌「百禄是何」，「何天之休」，「何天之龍」，傳：「何，任也。」箋云：「謂擔負。」段注謂經典作「荷」者皆後人所竄改，是則此文古本當亦作「何」也。蕢，説文云：「艸器也。臾，古文蕢，象形，論語有荷臾而過孔氏之門。」知古論「蕢」作「臾」，「荷」不作「何」，知許君時古論已然矣。　禮記明堂位「蕢桴」，注：「蕢當爲凷，聲之誤也。」説文：「凷，墣也。从土一屈象形。塊，凷或从鬼。」則蕢亦可讀爲凷。荷蕢者，猶云負土也。亦通。　劉氏正義：孟子告子云「我知其不爲蕢也」，趙注：「蕢，草器。」漢書何武等傳贊「以一蕢障江河」，李賢注：「蕢，織草爲器，所以盛土也。」上篇言「爲山未成一簣」，蕢、簣同。

【集解】蕢，草器也。有心，謂契契然。

【唐以前古注】御覽五百七十六引論語注文：子擊磬者，樂也。蕢，草器也。荷此器，賢人辟世也。有心哉，善其音有所病於世。

按：此注不言爲何人，諸家皆以爲鄭注。潘維城曰：「作者七人，注以荷蕢爲辟言，不應彼此互異，非也。」

【集注】磬，樂器。荷，擔也。蕢，草器也。此荷蕢者亦隱士也。聖人之心未嘗忘天下，此人聞其磬聲而知之，則亦非常人矣。

既而曰：「鄙哉硜硜乎！莫己知也，斯已而已矣。

【考異】史記世家述文無「既而曰鄙哉」五字，「斯已而已矣」作「夫而已矣」。高士傳無「鄙哉」二字。古史孔子傳作「夫已而已」。

【音讀】釋文：「斯已」之已音紀。羣經平議：荷蕢者之意，以爲人既莫己知，則但當爲己，不必更爲人，故曰「莫己知也，斯己而已矣」。何氏增出「信」字，轉非其旨。十駕齋養新録：論語「莫己知也，斯已而已矣」，今人讀「斯已而已」兩已字皆如以。考唐石經「莫已」「斯已」，皆作人己之己，「而已」作已止之已。釋文「莫己」音紀，下「斯己」同，與石經正合。集解：「此硜硜者徒信己而已。」皇氏義疏申之云：「言孔子硜硜，不宜隨世變，唯自信己而已矣。」是唐以前論語「斯己」字皆不作止解，由於經文作「己」不作「已」也。己與已絶非一字，宋儒誤讀「斯己」爲以，未免改經文以就己説矣。

【集解】此硜硜徒信己而已，言亦無益也。

【唐以前古注】皇疏：此鄙哉之事，言聲中硜硜有無知己也。又言孔子硜硜，不宜隨世變，唯自信己而已矣。

【集注】硜硜，石聲，亦專確之意。

【餘論】黄氏後案：依皇、邢二疏，既，已也。鄙哉，磬中之聲可鄙劣也。硜硜乎莫己知，斯已而已者，此鄙哉之事，言磬聲硜硜然，無知己之人，惟堅信於己而已矣。疏申何解如此。一曰：「莫己知也斯已而已矣」二句連讀，言世莫知己，衹一己之孤而已也，與滔滔皆是誰以易之意正同。朱子注本「斯已」之「已」作「己」，乃隸書傳寫之誤。古篆己、已二字迥異，依何氏所見本當作「已」也。史記世家繫此事於三至衛，是時靈公老，怠於政，不用孔子。荷蕢云莫己知，情事亦合。

潘氏集箋：硜硜，論語古義、論語後録並云「硜」古文「磬」。史記載樂記云「石聲硜硜」，即磬字。今禮記作「磬」，論語竢質、陳鱣並同。竢質又謂石聲。磬以其聲名其石，遂名樂石爲磬。石聲磬，單言之；鄙哉硜硜乎，重言之，皆言其聲也，文異而字實同也。陸德明以苦耕反硜，誤矣。

深則厲，淺則揭。」

【考異】說文解字引詩「深則砅」。五經文字：濿音厲，爾雅或以爲「深則厲」之厲。

【考證】潘氏集箋：詩釋文：「韓詩曰：至心曰厲。」說文作「砅」，云：「履石渡水也。」爾雅：「揭者，揭衣也。以衣涉水爲厲，繇膝以下爲揭，繇膝以上爲涉，繇帶以上爲厲。」毛傳同。戴震毛詩鄭考正曰：「説文：『砅，履石渡水也。』引詩作砅，又作濿，省用厲。酈道元水經注河水篇云：『段國沙州記：吐谷渾於河上作橋，謂之河厲。』此足證橋有厲名。詩之意以淺水可褰衣而過，若水深則必依橋梁乃可過，喻禮義之大防不可犯。詩淇梁、淇厲並稱，厲固梁之屬也，足以證説文之有師承。」論語後録亦以許義爲長。爾雅正義云：「戴侗説文以匡爾雅，其説辨矣。然古字叚借，誼相貫通，不得專主一解。衛風言淇厲，無妨橋有厲名。至於深則厲之文，當從爾雅，不可易也。」經義述聞曰：「厲之言陵厲也，陵水而渡，故謂之厲。厲字即承上句涉字言之，故説文以涉爲徒行厲水，義與爾雅同也。宋玉大言賦亦曰：『流血冲天，車不可以厲。』是厲爲涉水之名，非謂橋梁也，自當從雅訓爲是。且深則厲，淺則揭，相對爲文，若以厲爲橋而曰深則橋，斯與淺則揭之揭文不相當矣。」過庭録曰：「揭從手，以手褰衣裳而過，故曰揭。説文：『涉，徒行厲水也。』詩『褰裳涉溱，褰裳涉洧』，謂揭而後厲。鄭注論語云：『由厀以上爲厲。』知涉者正藉乎厲，由帶以上必厲而後渡。雅取對詁，鄭據散文，其説可通也。」

按：厲之言陵厲也，陵水而渡，故謂之厲。深則厲，淺則揭，相對爲文。若以厲爲橋，而曰深則橋，斯與「淺則揭」之揭文不相當矣。爾雅釋厲字具二義，包、鄭同用第一義。説文引詩「深則砅」，此當本三家别一義，雖亦得通，然非經旨也。

【集解】包曰：以衣涉水爲厲。揭，揭衣也。言隨世以行己，若遇水必以濟，知其不可，則當不爲。

【唐以前古注】詩匏有苦葉正義引鄭注：由膝以上爲厲。

按：論語古訓云：「釋水云：『繇膝以下爲揭，繇膝以上爲涉，繇帶以下爲厲。』蓋分舉之則三，縱言之則二，以膝爲準而分上下也。包云『以衣涉水爲厲』，則亦以繇膝以上言之，不謂繇帶以上也。此注當有『繇膝以下爲揭』。」

【集注】以衣涉水曰厲，攝衣涉水曰揭。此兩句衛風匏有苦葉之詩也，譏孔子人不知己而不止，不能適淺深之宜。

【餘論】黄氏後案：鄭君注論語，服氏注左傳皆云「由膝以上爲厲」者，揭止由膝以下，而膝以上至帶以上，涉與厲爲通名。韓詩傳又云：「至心曰厲。」諸説雖異，而涉水濡衣爲厲，其意則同。涉深者衣必濡水，以喻事不可救；揭淺則水不濡衣，以喻世猶可救。皇疏申包注如此。説文引詩作「深則砅」，解云：「履石渡水也。砅或作濿。」許氏意蓋謂深水中有大石可以履而渡者，是謂之砅，今借用厲耳。戴東原詩考正以厲爲石梁，引水經注河水篇云：「段國沙州記：『吐谷渾於河上作橋，謂之河厲。』梁有厲之名，衛詩淇梁、淇厲並稱，厲固梁之屬。詩意以淺水可褰裳而過，水深必依橋梁乃可過，喻禮義之大防不可踰。」王氏述聞駁戴説。式三謂水之深不一，則爾雅、説文、韓傳及戴氏所引諸解皆可通，學者不必偏守一説。

子曰：「果哉，末之難矣！」

【考異】七經考文補遺：古本「矣」上有「也」字。

【音讀】釋文：難如字，或乃旦反。經傳考證：「果哉」六字二字爲句，自成韻語。末，無也，蔑也，言其所見小也。檀弓「末之卜也」、「曾子曰微與，孔子曰亡之」，辭意皆相近。羣經平議：淮南子道應篇「令不果往」，高誘注：「果，誠也。」果哉末之難矣，猶曰誠哉無難矣。蓋如荷蕢者之言，隨世以行己，視孔子所爲，難易相去何啻天壤？故孔子聞其言而歎之，一若深喜其易者，而甘爲其難之意自在言外。聖人辭意微婉，初非與之反唇也。何解失之。

【集解】未知己志而便譏己，所以爲果。末，無也。無難者，以其不能解己之道。

【唐以前古注】皇疏：孔子聞荷蕢譏己而發此言也。果者，敢也。末，無也。言彼未解我意而便譏我，此則爲果敢之甚也，故曰果哉。但我道之深遠，彼是中人，豈能知我？若就彼中人求無譏者，則爲難矣。玄風之攸在，聖賢相與必有以也。夫相與於無相與，乃相與之至；相爲於無相爲，乃相爲之遠，苟各修本，奚其泥也？同自然之異也。雖然，未有如荷蕢之談譏甚也。按文索義，全近則泥矣，其將遠則通理。嘗試論之，武王從天應民，而夷、叔叩馬謂之殺君。夫子疾固勤誨，而荷蕢之聽以爲硜硜。言其未達耶？則彼皆賢也，達之先於衆矣。殆以聖人作而萬物都覩，非聖人則無以應萬方之求，救天下之弊。然救弊之迹，弊之所緣，勤誨之累，則焚書坑儒之禍起；革命之弊，則王莽、趙高之釁成，不揺擊其迹，則無振希聲之極致。又引江熙云：隱者之談夫子，各致此出處不乎。

【集注】果哉，難其果於忘世也。末，無也。聖人心同天地，視天下猶一家，中國猶一人，不能一日忘也，故聞荷蕢之言而歎其果於忘世，且言人之出處若但如此，則亦無所難矣。

○子張曰：「書云：『高宗諒陰，三年不言。』何謂也？」

【考異】書説命：「王宅憂，亮陰三祀。既免喪，其惟弗言。」音義曰：「亮，本又作諒。」又無逸：「其在高宗即位，乃或亮陰，三年不言。其惟不言，言乃雍。」孔傳曰：「信默三年。古文陰作侌，三年或作弎秊。」　毛詩商頌譜正義引鄭氏無逸注：諒闇，轉作梁闇。楣謂之梁。闇，廬也。　公羊傳文公九年注述此章文，「諒陰」作「涼闇」，音義曰：「涼音亮，又音良。闇如字，又音陰。」　禮記喪服四制：「高宗諒闇三年。」注曰：「諒古作梁。闇讀如鶉鵪之鵪。」　書稗傳考異：漢五行志作「涼陰」，大傳作「梁闇」。　趙宧光説文長箋引書作「㾄諳」，又引作「諒瘖」。　論語古訓：左傳正義及史記集解引鄭注，「諒闇」轉作「梁闇」，謂廬也。小乙崩，武丁立，憂喪三年之禮，居倚廬柱楣，不言政事。陰、闇音同，故孔作「陰」。

按：公羊九年注引論語作「諒闇」，當是魯論，後漢張禹傳注引鄭注同，知鄭同魯論而不從古讀也。

【考證】禮記檀弓：子張問曰：「書云：『高宗三年不言，言乃讙，有諸？』」仲尼曰：「胡爲其不然也？古者天子崩，王世子聽于冢宰三年。」　家語正論解與禮記同，惟「讙」作「雍」，「王世子聽于冢宰」作「則世子委政于冢宰」。　尚書大傳：書曰：「高宗梁闇，三年不言。」子張曰：「何謂也？」孔子曰：「古者君薨，世子聽于冢宰三年，不敢服先王之服，履先王之位而聽焉。」　四書稗疏：書注：諒音梁，陰音鶕。諒古作梁，陰古作闇。天子居喪之廬也。楣謂之梁，廬謂之闇。梁闇者，一梁支脊而無楹柱，茅垂於地，從旁出入，今陶人窰廠軍中寙篷似之。集注謂未詳其義，小注謂：「諒，信也。陰，默也。」附會説命恭默思道之説，徒見穿鑿。闇，今文菴字，爲浮屠室之名，以其檐地而無牖，故謂之闇；以其草覆擠而不開户宇，故謂之菴，其實一耳。

論語後録：喪服四制正作「諒闇」。鄭康成注：「諒古作梁，楣謂之梁。闇讀如鶉鶕之鶕，闇謂廬也。」廬有梁者，所謂柱楣也。古者横一木長梁於東墉下著地，以中被之，既葬則翦去中，以短柱柱起長梁，謂之柱楣。柱楣者，梁也。廬與闇同意，孟子言滕文公五月居廬，在未葬前，然則未葬謂之廬，既葬謂之闇歟？　過庭録：書無逸：「其在高宗時，舊勞於外，爰暨小人，作其即位，乃或亮陰，三年不言。」亮，古文當作「諒」，作「亮」是隸古定本。左傳隱元年正義引馬融書注曰：「亮，信也。陰，默也。爲聽於冢宰，信默而不言。」僞孔傳同，此古文書也。論語「諒陰」孔注同，亦古文也。伏生書大傳作「梁闇」，云：「高宗居凶廬。」此今文書也。禮小戴記亦今文，故亦作「梁闇」，而鄭注喪服四制云：「諒古作梁」者，謂古字可叚借作梁，非謂古文書如此也。

惠士奇禮説：葛洪曰：「横一木長梁于東墉下著地，以草被之。既葬，則翦去草，以短柱柱起長梁，謂之柱楣。楣亦名梁，既葬泥之，障以蔽風。」愚謂古之闇，今之庵也。釋名曰：「草圓屋曰蒲，又謂之庵。庵，掩也，所以自覆掩也。」誅茅爲屋，謂之翦屏，非庵而何。庵讀爲陰，猶南讀爲任，古今異音。廣雅：「庵與廬皆舍也。」倚廬不塗，既葬塗廬，塗近乎堊。釋名曰：「堊，亞也，次也。」先泥之，次乃飾以白灰。康成謂堊室者，壘墼爲之。蓋柱楣倚壁爲一偏，壘墼成屋爲兩下。然則既葬塗之，既練壘之加堊，既祥又加黝，總謂之廬。故尚書大傳曰：「高宗有親喪，居廬三年。」此之謂也。唐禮，小祥，毁廬爲堊室。堊猶廬也，焉用毁哉？然則大夫居廬，士居堊室何也？曰非親且貴者不廬。廬，嚴者也，不言不笑謂之嚴。百官備，百物具，不言而事行，非親且貴者乎？言而後事行，及身自執事者，皆不廬。劉氏正義：白虎通喪服篇：「所以必居倚廬何？孝子哀不欲聞人之聲，又不欲居故處。居中門之外，倚木爲廬，質反古也。不在門内何？戒不虞故也。故禮閒傳曰：『父母之喪，居倚廬。』於中門外，東墻下户北面練居。堊室，無飾之室。又曰：『天子七日，公諸侯五日，卿大夫三日而服成，居外門内東壁下爲廬。』」然則廬是倚木爲之，别以一木横卧於地，以上承所倚之木，即葛洪所謂「下著地」者也。孝子於所倚木兩旁出入，或以苫蔽其一旁耳。既葬，則以短柱將所横卧於地之長梁柱起，若爲半屋然。則所謂柱楣者，謂有柱有楣也。梁闇以喪廬稱之。文選閒居賦注以爲「寒涼幽闇之處」，此望文爲義，非古訓也。殷本紀：「帝小乙崩，子帝武丁立。武丁修政行德，天下咸驩，殷道復興。」又漢書五行志云：「劉向以爲殷道既衰，高宗承敝而起，盡涼陰之哀，天下應之也。」是高宗爲殷之中興王，故孟子言「武丁朝諸侯，有天下」矣。馬融書注云：「亮，信也。陰，默也。爲聽於冢宰，信默而不言。」此僞孔所本。楚語言高宗云：「於是乎三年默以思道。」此但釋不言之義。其不言在居喪時，故鄭從伏傳作「梁闇」，解爲喪廬，不用其師説也。

按：書大傳云：「高宗梁闇，三年不言，何爲梁闇也？傳曰：高宗居凶廬，三年不言，此之謂梁闇。」此鄭所本。孔云：「諒，信也。陰，猶默也。」王光禄曰：「下云不言足矣，上言信默，語意複疊，孔說非是，當從鄭說爲正。」

【集解】孔曰：「高宗，殷之中興王武丁也。諒，信也。陰猶默也。」

【唐以前古注】後漢張禹傳注引鄭注云：諒闇，謂凶廬也。

【集注】高宗，商王武丁也。諒陰，天子居喪之名，未詳其義。

子曰：「何必高宗，古之人皆然。君薨，百官總己以聽於冢宰三年。」

【考異】書伊訓：「百官總己，以聽冢宰。」無於字。公羊傳文公九年注述文亦無於字。白虎通爵篇兩引文皆無以字。後漢書陳元傳引亦無以字。

【考證】梁氏旁證：今尚書伊訓，東晉梅氏所上之古文也，其云「百官總己以聽冢宰」，似即因論語而爲之者。然論語云「何必高宗，古之人皆然」，則所謂冢宰者，固不專指殷制。殷官名雖無可稽，而宋承殷之制，備立六卿，屢見左氏。右師實統百官，即周天官之職。書有父師少師，父師右師也，少師左師也，伊尹以阿衡爲官號，其即右師與否固不敢知，要不得以周人之冢宰施之殷人耳。

論語稽：古人三年不言，無可考見，惟竹書紀年載夏十七君，禹之後除少康遺腹，扃受兄禪，癸不諒陰外，餘十三君皆喪畢即位。二世啓、十一世不降、十三世廑，皆於二十七月之外尚有餘月。四世仲康、五世相、七世杼、八世芬、十四世孔甲、十五世昊、十六世發，皆二十七月之數。九世芒、十世泄，則攝政僅一年，或冢宰有疾歟？抑即位於元年之夏初歟？太康獨越四年乃即位，豈性好遊畋，不急於爲君歟？抑有疾不能如期即位歟？至商三十君，俱於先君崩之次年即位，然以高宗命卿士甘盤之文推之，外丙、仲壬、太甲之命卿士伊尹，沃丁之命卿士咎單，太戊之命卿士伊陟、臣扈，皆在即位之初，是外丙、仲壬、太甲、沃丁、太戊皆聽於冢宰也。然自沃丁而後，小庚、小甲、雍己三君皆不諒陰。太戊而後，仲丁、外壬、河亶甲、祖乙、祖辛、沃甲、祖丁、南庚、陽甲、盤庚、小辛、小乙十二君亦不諒陰，至武丁乃又行之。世俗耳目狃於近而忘其遠，故武丁獨著稱也。

【集解】馬曰：「己，己百官也。」孔曰：「冢宰，天官卿佐王治者。三年喪畢，然後王自聽政。」

【唐以前古注】皇疏：孔子答子張古之人君也，言古之人君有喪者皆三年不言，何必獨美高宗，即此言亦激時人也，説人君之喪其子得不言之由。若君死則羣臣百官不復諮詢於君，而各總束己之事，故云總己也。冢宰，上卿也。百官皆束己職，三年聽冢宰，故嗣王君三年不言也。

【集注】言君薨則諸侯亦然。總己，謂總攝己職。冢宰，大宰也。百官聽於冢宰，故君得以三年不言也。胡氏曰：位有貴賤，而生於父母無以異者，故三年之喪，自天子達於庶人。子張非疑此也，殆以爲人君三年不言，則臣下無所禀令，禍亂或由以起也。夫子告以聽於冢宰，則禍亂非所憂矣。

【餘論】四書訓義：三年之喪，宅憂而不正南面之治。天子之爲子，唯盡乎人子之心，則大臣之爲臣，自守其爲臣之節。惟仁孝衰於上，而忠誠亦薄於下，於是當喪制命，而不敢移其柄於大臣，大倫之斁，有自來矣。自康王即位於喪次，其後因之蔑喪踐阼，至於春秋之季，並不知有此禮，故子張讀説命而疑焉。又曰：人同此心，心同此理，爲子者不以天下易其親，則爲臣者自不敢以大權私於己，人倫正而天下化。後世上偷而下竊，下僭而上疑，其廢此也久矣。此周道之所以不及殷，而聖人論禮，必折衷於三代也。

○子曰：「上好禮，則民易使也。」

【考證】春秋繁露立元神云：夫爲國，其化莫大於崇本。崇本則君化若神，不崇本則君無以兼人。無以兼人，雖峻刑重誅而民不從。是所謂驅國而棄之者也，患孰甚焉？又曰：是故郊祀致敬，共事祖禰，舉顯孝弟，表異孝行，所以奉天本也。秉耒躬耕，採桑親蠶，墾草殖穀，開闢以足衣食，所以奉地本也。立辟廱庠序，修孝弟敬讓，明以教化，感以禮樂，所以奉人本也。三者皆奉，則民如子弟，不敢自專。邦如父母，不待恩而愛，不須嚴而使。

【集解】民莫敢不敬，故易使。

【集注】謝氏曰：「禮達而分定，故民易使。」

【餘論】四書約旨：内外上下大小無一物不得其分，斯謂之好禮。今人淺言以禮儀文度數當之，而求深者以心言之，其不識禮則均也。四書翼注：古人無一不用民力，修宫室，築城郭，農隙講武，越境從朝聘，會盟征伐，皆民力也。周禮大司徒之制，上地家可任者三人，中地家可任者二家五人，下地家二人，料民以出兵也。司馬法八家爲井，四井爲邑，四邑爲丘，四丘爲甸，甸出長轂一乘，馬四匹，甲士三人，步兵七十二人；又大車一乘，牛十二頭，炊爨掌衣裝之士二十五人。是料民出兵，即就民家出甲冑器械衣糧牛馬，大率以七家供給一兵。故孫子云：「興師十萬，日費千金，奔走於道路者七十萬家。」

○子路問君子。子曰：「修己以敬。」曰：「如斯而已乎？」曰：「修己以安人。」曰：「如斯而已乎？」曰：「修己以安百姓。修己以安百姓，堯、舜其猶病諸？」

【考異】七經考文補遺：古本「敬」下有人字。翟氏考異：前行人子羽脩飾之，後脩文德，脩廢官，義疏本俱從彡作「修」，於字體爲得其正，他如德之不脩、脩慝辨惑仍同。今作「脩」，字形相近，傳寫易差，故亦不能純耳。

按：翟氏不知所據何本。余所見者，南軒論語解本作「修」，是宋版均作「修」，不止皇本也。今惟監本作「脩」，故讀書須求善本。

【考證】劉氏正義：君子，謂在位者也。修己者，修身也。以敬者，禮無不敬也。安人者，齊家也。安百姓，則治國平天下也。易家人彖傳云：「家人，女正位乎内，男正位乎外。」此安人之義也。凡安人安百姓，皆本於修己以敬，故曰：「君子篤恭而天下平。」黄氏後案：君子，上位之君子也。人，猶臣也。尚書皋陶謨「在知人」，洪範「人無有比德，人用側頗僻」，人皆對民言。詩假樂「宜民宜人」亦同。正身正其臣正其民，敬心充積之盛也。上章言禮，此章言敬，下二章見不敬者之壞於禮。修己以敬，循此禮以踐之而已，安人安百姓者，禮教所達，朝野胥安於敬而已，禮之不可以已也如是。

【集解】孔曰：「修己以敬，敬其身也。人，謂朋友九族。病，猶難也。」

【唐以前古注】皇疏引衛瓘云：此難事，而子路狹掠之，再云「如斯而已乎」，故云過此則堯、舜所病也。又引郭象云：夫君子者不能索足，故修己者索己，故修己者僅可以内敬其身，外安同己之人耳，豈足安百姓哉？百姓百品，萬國殊風，以不治治之，乃得其極，若欲修己以治之，雖堯、舜必病，况君子乎？今堯、舜非修之也，萬物自無爲而治，若天之自高，地之自厚，日月之明，雲行雨施而已，故能夷暢條達，曲成不遺而無病也。

【集注】修己以敬，夫子之言至矣盡矣，而子路少之，故再以其充積之盛自然及物者告之，無他道也。人者對己而言，百姓則盡乎人矣。堯、舜猶病，言不可以有加於此，以抑子路，使反求諸近也。蓋聖人之心無窮，世雖極治，然豈能必知四海之内果無一物不得其所哉？故堯、舜猶以安百姓爲病。若曰吾治已足，則非所以爲聖人矣。

【餘論】論語或問：謝氏以安人安百姓爲擴而大之；楊氏以爲推而至於天下平，然後爲至；尹氏以爲推而及物，皆若近是，而實有可議者。蓋所謂修己以敬者，語雖至約，而所以齊家治國平天下之本，舉積諸此。子路不喻而少其言，於是告以安人安百姓之説。蓋言修己以敬，而極其至則心平氣和，静虚動直，而所施爲無不自然各得其理，是以其治之所及者，羣黎百姓莫不各得其安也，是皆本於修己以敬之一言。然所謂敬者，非若四端之善，始然始達而可擴，由敬而安人安百姓；非若由格物致知以至於正身及物，有待夫節節推之也；非若老老幼幼，由己及物，而待夫舉斯心以加諸彼也，亦謂其功效之自然及物者爲然耳。曰：然則夫子之言豈其略無大小遠近之差乎？曰：修己以敬，貫徹上下，包舉遠近，而充言之也。安人安百姓，則因子路之問而以其功效之及物者言也。然曰安人，則修己之餘而敬之至也。安百姓，則修己之極而安人之盡也。是雖若有小大遠近之差，然皆不離於修己以敬之一言，而非有待擴之而後大，推之而後遠也。

【發明】朱子語類：問：修己如何能安人？曰：以一家言之，一人不修己，一家之人安不安？

四書紹聞編：洪範曰「敬用五事」。人之修身，不過五事，曰貌、言、視、聽、思，五事之則曰恭從明聰叡。有物必有則，惟敬則得之，不敬則失之，故曰敬用五事，即修己以敬之旨也。

松陽講義：今日學者要做君子，須先理會這敬字。先儒謂整齊嚴肅，是敬之入頭處；主一無適，是敬之無間斷處；惺惺不昧，是敬之現成處；提撕喚醒，是敬之接續處，大約不出此數端。若非敬，則雖日講學問，日講事業，都無頭腦，終於無成耳。所以朱子於大學或問中特提一敬字作主，謂古人於小學時，這敬字工夫都做成了，方能去做八條目。今人不曾於敬字上用得功，這八條目如何做得來？子思作中庸，亦先提戒懼慎獨，至於堯、舜、禹之欽，湯之日躋，文之緝熙，無非是這敬，不是説空空一敬便完事了，一切致知力行工夫都是敬做成的，切莫看小了這敬字。

〇原壤夷俟。子曰：「幼而不孫弟，長而無述焉，老而不死，是爲賊。」以杖叩其脛。

【考異】皇本「孫」字作「遜」，「弟」字作「悌」，「賊」下有「也」字。

【考證】羣經義證：墨子天志中篇「紂越厥夷居」，非命上篇「紂夷處」，即此夷俟之文。儀禮士喪禮「奉尸侇于堂」，注：「侇之言尸也。」喪大記釋文：「夷，尸也，陳也。本或作侇。」記云「夷俟」，狀其箕踞如偃屍也。論語補疏：法言五百篇云：「或問禮難以强世。曰難故强世，如夷俟倨肆，羈角之哺果而陷之，奚其强？」宋咸注云：「夷俟倨肆皆驕倨之謂。」廣雅云：「蹲、踑、屍、啓、肆，踞也。」夷俟即是倨肆，俟、肆音相近。夷俟猶踑肆，與鞠躬爲匑匔同。鞠躬，雙聲也。夷俟，疊韻也。馬氏訓俟爲待，而謂踞待孔子，失之。鄉黨圖考：古人之坐，兩膝著席而坐於足，與跪相似，但跪者直身臀不著地，又謂之跽，危而坐安。若坐而舒兩足則如箕矣，曲禮曰：「坐無箕。」說文段注：今人居處字古祇作「凥」，今人蹲居字古祇作「居」。又謂古人跪與坐皆𠨷著於席，而跪聳其體，坐下其髀。若蹲，則足底著地而下其髀，聳其𠨷曰蹲，其字亦作「竢」。原壤夷俟，謂蹲踞而待，不出迎也。

按：史記南越趙陀傳：「椎髻箕踞，以待陸賈。」蓋古人凡坐以凥就踝，今夷俗以凥及地，張兩膝爲箕形，夷俟即箕踞也。馬注：「夷，踞也。俟，待也。踞待孔子。」集注即用其說，其義易明，紛紛異說，殊可不必。

【集解】馬曰：「原壤，魯人，孔子故舊。夷，踞；俟，待也。踞待孔子。」何曰：「賊，謂賊害。」孔曰：「叩，擊也。脛，脚脛。」

【唐以前古注】魏書李業興傳引論語注：原壤，孔子幼少之故舊。

按：陳鱣云：「傳上引檀弓文，下引此注，今檀弓無此注，當是鄭論語注。」

皇疏：原壤者，方外之聖人也，不拘禮敬，與孔子爲朋友。夷，踞也。俟，待也。壤聞孔子來，而夷踞豎膝以待孔子之來也。孔子方内聖人，恒以禮教爲事，見壤之不敬，故歷數之以訓門徒也，言壤少而不以遜悌自居，至於年長猶自放恣無所效述也；言壤年已老而未死，行不敬之事，所以賊害於德也。脛，脚脛也。膝上曰股，膝下曰脛。孔子歷數言之既竟，又以杖叩擊壤脛，令其脛而不夷踞也。筆解：韓曰：「古文叩扣文之誤也，當作指。爲夷俟踞足，原不自知失禮，故仲尼既責其爲賊，又指其足脛，使知夷踞之罪，非擊之明矣。」

按：六朝時道家之説盛行，皇侃以原壤爲方外聖人，蓋囿於風氣，不可爲訓。原壤蓋習爲吐故納新之術者，故孔子以老而不死譏之，説者多謂長生久視之法非出于老子，蓋非也。

【集注】原壤，孔子之故人，母死而歌，蓋老氏之流，自放於禮法之外者。夷，蹲踞也。俟，待也。言見孔子來而蹲踞以待之也。述，猶稱也。賊者，害人之名，以其自幼至老，無一善狀，而久生於世，徒足以敗常亂俗，則是賊而已矣。脛，足骨也。孔子既責之，而因以所曳之杖微擊其脛，若使勿蹲踞然。

【餘論】論語或問：胡氏以爲原壤之喪母而歌也，孔子爲弗聞者矣，今乃責其夷俟，何舍其重而責其輕也？蓋數其母死而歌，則壤當絶；叩其箕踞之脛，則壤猶爲故人耳。盛德中禮，見乎周旋，此亦可見。其説亦善。黄氏後案：養生家譏儒者拘執禮法，迫情拂性，非延年之道，而自以曠遠爲養生。夫子言壞禮傷教，生不如死，責之深矣。此爲養生家解惑，非慢駡故人也。

【發明】四書説約：記此章祇在聖人數語，見人生而無善可稱，便是世間一害，聖人所痛惡者。

○闕黨童子將命。或問之曰：「益者與？」子曰：「吾見其居於位也，見其與先生並行也。非求益者也，欲速成者也。」

【考異】漢書古今人表作「厥黨」。皇本「將命」下有「矣」字。

【考證】日知録：水經注：「孔廟東南五百步有雙石闕，故名闕里。」考春秋定公二年夏五月壬辰，雉門及兩觀災。注：「雉門，公宫之南門。兩觀，闕也。」史記魯世家「煬公築茅闕門」，蓋闕門之下，其里即名闕里，夫子之宅在焉，亦謂之闕黨。四書釋地：闕里首見漢書梅福傳，東漢後方盛稱之，緣魯恭王徙魯，於孔子所居之里造宫室，有雙闕焉，人因名孔子居曰闕里，水經泗水注可徵也。家語孔子始教於闕里，應出王肅手，而非朱子所恨不見之古文家語，古文家語那得有闕里字？又曰：近讀北史，宋版王肅注本七十二弟子解「顔由回父，字季路，孔子使教閭里而受學」，乃是閭字，非闕字，知孔子時斷無闕里名。又曰：顧氏謂闕里因煬公茅闕門而名，闕里即闕黨，不知茅闕門即春秋所謂兩觀，豈孔子士庶而敢居於外朝之地哉？闕里里名，闕黨黨名，今兖州府志闕黨在滋陽縣東北一里，有泉焉，名闕黨泉，流入泗。荀子儒效篇：

「仲尼居於闕黨，闕黨之子弟罔不分有，親者取多，孝悌以化之也。」居者暫居，正所謂所過者化。　擷餘說：毛西河曰：周禮五家爲鄰，五鄰爲里，四里爲族，五族爲黨。闕黨總該五百家，而夫子所居祇在闕里二十五家之中。而里門有師，謂之閭師。夫子幼時，或即爲里門之師而教授焉，故云教學於魯之闕門。然則闕里者，闕黨之里也。

按：釋地辨證云：「新序雜事一：『孔子在州里，篤行孝道。居于闕黨，闕黨之子弟畋漁分有，親者得多，孝以化之也。』此闕黨正孔子所居，即曲阜之闕里甚明。梅福上書於成帝有曰：『今仲尼之廟，不出闕里。』師古注：『闕里，仲尼舊里。』夫曰舊里，當別有其地矣。水經泗水注言夫子教於洙、泗之間，闕里背洙面泗（引從征記），與檀弓『吾與女事夫子於洙、泗之間』相合。潘維城以里黨對文爲異，散文則通，是也。閻氏本兗州府志，謂闕黨非闕里，不足據。兗州府志滋陽縣東北一里有闕黨，此出後世傅會，尤不可信。」

朱子或問：家語記叔仲會少孔子五十歲，與孔璇年相比，每孺子之執筆記事於夫子，二人迭侍左右。所云闕黨童子，豈即斯人歟？　羣經平議：此童子自爲其黨之人將命，非爲孔子將命，亦非孔子使之將命也。正義曰：「此章戒人當行少長之禮也。闕黨，黨名。童子，未冠者之稱。將命，謂傳賓主之語，出入時闕黨之童子能傳賓主之命也。或人見其童子能將命，故問孔子曰：此童子是自求進益之道也與？孔子答或人，言此童子非求進益者也，乃是欲速成人者也。」邢氏此疏深得此章之旨。蓋孔子見此童子違謙越禮，深以爲非，然則闕黨之人使童子將命，亦大非孔子之意也。據荀子儒效篇「仲尼居於闕黨」，是闕黨之地，孔子嘗居之。其時適有童子將命一事，故或人以爲問，而孔子答之如此。論語特記其言，使人知長少之禮不可越也。後人誤會馬注，以爲孔子實使之，於此章之義全失矣。

【集解】馬曰：「闕黨之童子將命者，傳賓主之語出入也。」何曰：「童子隅坐無位，成人乃有位也。」包曰：「先生，成人也。並行，不差在後也，違禮。欲速成人者，則非求益者也。」

【唐以前古注】儀禮既夕記疏引鄭注玉藻：無事則立主人之南北面。皇疏：五百家爲黨，此黨名闕，故云闕黨也。童子，未冠者之稱。將命是傳賓主之辭，謂闕黨之中，有一小兒能傳賓主之辭出入也。或見小兒傳辭，故問孔子曰：此童子而傳辭，是自求進益之道也與？孔子答曰：其非求益之事也。禮，童子隅坐，無有列位，而此童子不讓，乃與成人並居位也。先生者成人，謂先己之生也，非謂師也，禮，父之齒隨行，兄之齒雁行，此童子行不讓於長，故云與先生並行也。

【集注】闕黨，黨名。童子，未冠者之稱。將命，謂傳賓主之言。或人疑此童子學有進益，故孔子使之傳命以寵異之也。禮，童子當隅坐隨行，孔子言吾見此童子不循此禮，非能求益，但欲速成爾，故使之給使令之役，觀少長之序，習揖遜之容，蓋所以抑而教之，非寵而異之也。

【餘論】論語注義問答通釋：禮之於人大矣，老者無禮，則足以爲人害；少者無禮，則足以自害。夫子於原壤、童子皆以是教之，述論語者以類相從，所以著人無老少皆不可以無禮義也。